韩宗英 编著

金融服务营销

JINRONG FUWU YINGXIAO

第二版

化学工业出版社

·北京·

本书将金融营销理论重新梳理，把营销知识、金融知识融合到每一章内容之中。本书共十章，内容分别是：概述、客户经理、金融营销战略、客户调研、营销环境分析、金融营销策略、与客户合作、营销策划、客户关系管理、企业形象。本书的编写本着"务实""有用"的精神，旨在培养既精通金融营销理论知识又具有金融营销实战能力、既能迅速适应营销岗位又具有发展潜力的金融营销专业人才。

　　本书可作为金融类专业本科、高职学生的教学用书，也可作为从事金融管理实际工作的人员学习与参考。

图书在版编目（CIP）数据

金融服务营销/韩宗英编著. —2版. —北京：
化学工业出版社，2018.11
ISBN 978-7-122-32851-9

Ⅰ.①金… Ⅱ.①韩… Ⅲ.①金融市场-市场营销学
Ⅳ.①F830.9

中国版本图书馆CIP数据核字（2018）第188571号

责任编辑：蔡洪伟　　　　　　　　　文字编辑：谢蓉蓉
责任校对：王　静　　　　　　　　　装帧设计：王晓宇

出版发行：化学工业出版社（北京市东城区青年湖南街13号　邮政编码100011）
印　　刷：北京京华铭诚工贸有限公司
装　　订：北京瑞隆泰达装订有限公司

787mm×1092mm　1/16　印张20¾　字数553千字　2019年1月北京第2版第1次印刷

购书咨询：010-64518888　　　　　　　售后服务：010-64518899
网　　址：http://www.cip.com.cn
凡购买本书，如有缺损质量问题，本社销售中心负责调换。

定　价：48.00元　　　　　　　　　　　　　　　　　版权所有　违者必究

前　言

我们正处在一个变革的时代，一个充满机遇与挑战的时代，一个以知识经济与网络经济为双重特征的新时代，随着生产和市场的社会化以及国际化程度的提高，作为经济架构中最活跃的要素，金融机构的业务和体制也发生了深刻而巨大的变革。具体体现在以下三个方面：

1. 金融体制自由化

通过放宽或取消外汇管制，允许资金在国内及在各国间自由流动。

商业银行业务的多样化和一系列金融新业务的产生，出现了许多新的金融资产形式、金融市场和支付转账媒介。取消了银行、证券、保险业之间的限制，允许金融机构同时经营银行、证券、保险等多种业务，形成"金融百货公司"或"金融超级市场"，金融业由"分业经营、分业管理"的专业化模式向"综合经营、综合管理"的全能化模式发展。

2. 金融服务网络化

随着电子化手段的发展，国际互联网已经成为全球最大、用户最多、影响最广的互联系统。与网络繁荣相适应并支撑网络繁荣的是，金融电子化及网络银行的快速发展，21世纪，网络银行以其拥有的广泛信息资源和独特运作方式，为金融业带来划时代变革，网上购物、网上交易、网上支付、网上消费、网上理财、网上储蓄、网上信贷、网上结算、网上保险等成为银行市场竞争的热点。

3. 金融竞争多元化

现代金融的竞争，除了传统的金融同业竞争、国内竞争、服务质量和价格竞争以外，还面临全球范围内日趋激烈的金融业与非金融业、国内金融与国外金融、网上金融与一般金融等的多元化竞争，金融活动跨越了国界、行业，日益多元化。其面临的金融风险也不仅是信用风险，还扩大到利率风险、通货膨胀风险、通货紧缩风险、汇率风险、金融衍生工具风险、政治风险等，从而使经营管理风险日益扩大。

面对日益激烈的竞争，金融业纷纷从被动服务向主动服务转变。金融机构的转型，使人才需求的结构和方向也发生了极大的变化，其变化的焦点是对营销类金融人才或金融营销人才的大量需求。需求是巨大的，供给却远远跟不上。目前，金融企业的营销人员主要来自三个渠道：一是把其他行业的营销人员招聘过来；二是将原有职工分派到前台充实一线营销队伍；三是招聘应届毕业生。由于前两种人员不是缺乏金融投资知识，就是缺乏市场营销能力，结果很不理想。而高校金融人才的培养无论是在数量上还是在方向上，都与现实要求存在相当大的差距。特别是金融营销类教材基本上秉持金融知识简单加入营销理论，或者是将营销理论冠以"金融"就变成了金融营销，人们普遍认为已有的营销概念与策略足以指导一切产品的营销工作，进而疏忽金融营销实践的理论，以及如何用金融营销理论解决金融的实际问题的突破口。

《金融服务营销》以市场营销学为基本理论框架，以银行、证券、保险和其他金融企业为对象，通过把市场营销和金融服务进行融合，研究和展示金融行业的营销观念、营销流程、营销策略和营销技巧等金融服务营销理论与实务，以市场营销学基本理论指导金融实际工作，实现了市场营销学知识和金融实际工作的紧密结合。

针对金融在营销实际工作中出现的各种问题，作者根据几十年的营销教学、金融教学实践以及对金融机构的大量调研，将金融营销理论重新梳理，把营销知识、金融知识融合到第一章客户经理、第二章金融营销战略、第三章客户调研、第四章营销环境分析、第五章金融营销策略、第六章与客户合作、第七章营销策划、第八章客户关系管理、第九章企业形象中。

通过先破后立的大手术，重新构架本书的结构，本着"务实""有用"的精神，根据金融业具体的工作任务对《金融服务营销》这本书进行了融营销战略和金融营销策略两条主线、九个章节的设计（从客户经理要具备的素质出发最后落脚到第九章企业形象），旨在培养出不仅精通金融营销理论知识且具有金融营销实战能力，而且能迅速适应营销岗位又具有发展潜力的金融营销专业人才。

通过系统的教学和操练，使学生掌握市场细分、目标市场选择、市场定位、客户关系管理理论以及谈判技巧、商务礼仪理论在金融实际工作中的运用，培养学生适应经济发展需要，服务地方经济建设，成为能胜任金融企业（各类工商企业、服务行业）的产品销售、市场督导、市场推广、方案策划等岗位，有自信、会沟通、能销售、可策划、学习能力强且具有团队合作意识和创新精神的高素质应用型金融营销人才。

本书具有前瞻性、适用性的特点，可作为从事金融管理实际工作的同志和金融学专业的大学生工作和学习之用，也可作为金融类高校教师的参考书。本书语言活泼生动，文笔特色鲜明，一改传统营销学科生涩枯燥的缺点和不足，为广大读者打开了一扇系统了解现代金融营销理论与实务的窗口，尤其使广大读者能结合金融业实际营销工作将所学的理论知识加以灵活运用，共同为推动中国金融业的改革与发展发挥积极作用。

本书由辽宁金融职业学院教授韩宗英编著。

本书吸收借鉴了近年来国内外金融营销学科和相关科学研究领域的最新研究成果，特别是得到了化学工业出版社、中国人民银行沈阳分行、沈阳市于洪区永安村镇银行、铁岭农业银行、辽宁省人寿保险公司、辽宁金融职业学院的大力支持。在此，谨向上述各有关单位及专家、同仁表示衷心的感谢。

由于水平所限，尽管力求周详和严密，其中疏漏依然难免，敬请各位教正。

编者
2018 年 9 月

目录 CONTENTS

概述 ·· 1
 一、金融和金融机构 ······················ 1
 二、金融机构的业务 ······················ 3
 三、金融服务的主要特点 ··············· 4
 四、金融机构营销与普通企业营销的比较 ·· 5
 五、如何学习金融服务营销这门课程 ·· 5

第一章 客户经理 ··································· 12
第一节 客户经理的基本素养 ··············· 12
 引例 客户经理小吴的大额储蓄战略 ·· 12
 一、客户经理的作用 ······················ 13
 二、金融客户经理应具备的基本素质 ·· 13
 三、客户经理职责 ·························· 17
第二节 客户经理的礼仪规范 ··············· 20
 引例 丰子恺教子女懂礼仪 ··············· 20
 一、日常礼仪及行为规范要求 ········ 20
 二、接待客户的礼仪要求和行为规范 ·· 24
 三、拜访客户的礼仪要求和行为规范 ·· 25
 四、给客户打电话的礼仪要求和行为规范 ·· 26
 五、给客户发送短信的礼仪要求和行为规范 ································ 26
 六、给客户发送信函的礼仪要求和行为规范 ································ 26
第三节 客户经理制度 ·························· 28
 引例 没有规矩，不成方圆 ··············· 28
 一、客户经理制度的内容 ··············· 29
 二、客户经理的选聘 ······················ 31
 三、客户经理的激励机制 ··············· 32
 四、客户经理的主要工作内容 ········ 32
 五、客户经理工作制度 ·················· 32
 六、客户经理的考核 ······················ 33
 七、客户经理的培训 ······················ 34

第二章 金融营销战略 ··························· 44
第一节 对客户分类 ······························ 44
 引例 我国银行目标市场定位分析 ····· 44
 一、金融客户有效分类的原则 ········ 45
 二、市场细分标准 ·························· 46
 三、常用的市场细分标准 ··············· 47
 四、多重细分标准的组合 ··············· 53
第二节 搜寻目标客户 ·························· 54
 引例 寻找目标客户 ·························· 54
 一、利用外部资源寻找客户 ············ 55
 二、利用内部资源寻找客户 ············ 59
 三、目标市场选择的三种模式 ········ 60
第三节 目标客户营销战略 ··················· 63
 引例 制定目标客户营销战略 ··········· 63
 一、目标市场战略选择需考虑的因素 ·· 63
 二、对目标客户信息进行初步评价 ·· 64
 三、整理目标客户名单，制订客户开发计划 ································ 66
 四、客户需求与分类管理战略 ········ 68

第三章 客户调研 ··································· 77
第一节 制定调研方案 ·························· 77
 引例 制作客户调研计划表、资料收集情况比照表 ························ 77
 一、调研前准备 ····························· 78
 二、客户调研计划表的制订 ············ 79
 三、常用的客户调查表格 ··············· 79
 四、确定调研内容 ·························· 86
 五、向客户传递调研内容清单 ········ 89
第二节 实地调研 ································· 89
 引例 现场访谈 ································· 89
 一、实地调查的重要性 ·················· 90
 二、实地调查的原则 ······················ 90

三、实地调查的方法 …………… 90
四、财务因素分析和非财务因素
    分析 …………………………… 96
第三节　撰写调研报告 …………… 108
引例　根据资料填表 …………… 108
一、调研报告必须具备的要素
    和基本结构 ………………… 113
二、调研报告的内容 …………… 114
三、调研报告表 ………………… 115

第四章　营销环境分析 …………… 120
第一节　宏观环境分析 …………… 120
引例　中国光大银行营销环境调查
    分析 ………………………… 120
一、人口环境 …………………… 122
二、经济环境 …………………… 125
三、文化环境 …………………… 128
四、自然环境 …………………… 130
五、科学技术环境 ……………… 130
六、政治和法律环境 …………… 131
第二节　微观环境分析 …………… 133
引例　中国光大银行微观营销环境
    调查分析 …………………… 133
一、客户 ………………………… 134
二、供应商 ……………………… 135
三、营销组织及决策部门 ……… 136
四、营销中介 …………………… 136
五、竞争者 ……………………… 136
六、公众 ………………………… 139
第三节　环境分析的一般方法 …… 140
引例　我国网上银行业务发展的 SWOT
    分析 ………………………… 140
一、EFE 法（外部环境因素） … 143
二、CPM 法（内部环境因素） … 144
三、SWOT 法 …………………… 144
四、SPACE 分析法 ……………… 146

第五章　金融营销策略 …………… 152
第一节　产品策略 ………………… 152
引例　平安金融航空母舰一个客户多
    个产品一站式服务 ………… 152
一、金融产品具有产品的普遍
    特性 ………………………… 153

二、金融产品具有自身的特殊性 … 153
三、金融产品策略 ……………… 154
第二节　价格策略 ………………… 157
引例　日本寿险产品原价公开引
    争议 ………………………… 157
一、金融产品定价的基本内容 … 158
二、金融产品的定价步骤 ……… 160
三、金融产品定价的影响因素 … 161
四、金融产品定价的基本策略 … 164
五、金融产品定价的方法 ……… 166
第三节　渠道策略 ………………… 169
引例　拓宽服务渠道 …………… 169
一、金融产品分销渠道的含义及
    功能 ………………………… 170
二、金融产品分销渠道策略的
    类型 ………………………… 170
第四节　促销策略 ………………… 175
引例　香港银行卡营销策略 …… 175
一、金融产品促销的含义与作用 … 176
二、人员促销 …………………… 176
三、广告促销 …………………… 180
四、营业推广 …………………… 183
五、公共关系促销 ……………… 184
六、金融产品的促销步骤 ……… 185
七、科特勒的营销思想的发展 … 188

第六章　与客户合作 ……………… 194
第一节　设计作业方案 …………… 194
引例　写出与 A 公司的作业方案 … 194
一、明确合作领域 ……………… 195
二、向客户推介合作领域 ……… 196
三、搞好拟推介产品的定价与综合
    收益测算工作 ……………… 197
四、设计作业方案 ……………… 198
第二节　与客户谈判 ……………… 201
引例　谈判流程 ………………… 201
一、为谈判做准备 ……………… 202
二、谈判的基本过程 …………… 204
三、谈判过程中的注意事项 …… 206
第三节　起草协议文本 …………… 210
引例　证券营销推广合作协议文本的
    起草 ………………………… 210

一、协议文本的基本构成要素 …… 211
二、签订合作协议 …………… 211
三、起草协议文本的注意事项 …… 212
四、合作事项的具体运作 ………… 213
五、向客户提交服务成果 ……… 215
六、正式建立合作关系 ………… 216
七、合作关系的定期评价 ……… 216

第七章 营销策划 …………… 221
第一节 营销策划的基本知识 …… 221
引例 日本新生银行的符号化 …… 221
一、营销策划的含义 …………… 222
二、营销策划的步骤 …………… 222
三、策划的三要素 ……………… 223
四、营销策划的原则 …………… 223
五、策划人应该具备的素质 …… 223
第二节 撰写营销策划书 ……… 224
引例 沈阳市邮储银行巧借假日营销 …………………………… 224
一、营销策划书的含义 ………… 225
二、营销策划书的主要内容 …… 226
三、营销策划书的基本结构 …… 228
第三节 营销活动策划 ………… 230
引例 浦发银行开心信用卡 …… 230
一、营销活动策划的目的 ……… 231
二、营销活动策划的原则 ……… 232
三、营销活动策划的内容 ……… 233

第八章 客户关系管理 ……… 237
第一节 客户价值评估 ………… 237
引例 将客户按照贡献大小顺序排列 …………………………… 237
一、客户的分级标准 …………… 237
二、建立客户资料档案 ………… 239
三、客户评估的方法 …………… 243
四、客户价值评估 ……………… 246
第二节 客户关系管理 ………… 247
引例 为基金公司设计客户信息来源与集成管理示意图 …… 247

一、客户关系管理系统 ………… 247
二、客户关系管理的实施 ……… 251
三、客户关系的维护 …………… 252
四、提高客户对金融机构服务的满意度 ……………………… 253
第三节 处理客户流失 ………… 254
引例 制定应对客户流失的策略 …… 254
一、分析客户流失的原因 ……… 254
二、挽留流失客户的措施 ……… 255
三、恰当处理客户的抱怨 ……… 256
四、加强同客户的联系 ………… 257
五、经常检查自己的行为 ……… 258

第九章 企业形象 …………… 262
第一节 塑造金融企业形象 …… 262
引例 渣打的"人设" …………… 262
一、塑造良好的金融企业形象的必要性 ……………………… 263
二、金融企业形象分类 ………… 265
三、塑造金融企业形象的具体方法 …………………………… 266
第二节 金融品牌建设 ………… 267
引例 招商银行联手阿里推出天猫营业厅联名信用卡 ……… 267
一、金融品牌建设的内涵 ……… 268
二、金融产品品牌的作用 ……… 269
三、金融企业品牌建设的内容 …… 269
第三节 企业形象识别系统 …… 274
引例 可口可乐的与众不同 …… 274
一、企业形象识别系统（CIS）的内涵 …………………………… 275
二、企业形象识别系统的构成 …… 275
三、金融业 CIS 的特点 ………… 279

习题参考答案 ………………… 282
参考文献 ……………………… 320
参考网站 ……………………… 320

二、国民义务教育的内容变革 …………… 211
三、强行实施办法 ……………………………… 211
第七节 国民义务教育的普及 ………………… 213
四、合办事业团体的盛行 …………………… 213
五、国防户籍文教之政策 …………………… 216
六、社会教育合作关系 ……………………… 218
七、各种类型的志愿服务 …………………… 219

第七章 学制改观 ……………………………… 221
第一节 学制改革的基本动因 ……………… 221
引例 日本新学制下的近代化 ……………… 221
一、学制改革的含义 ………………………… 222
二、学制改革的方案 ………………………… 222
三、改制的三要素 …………………………… 222
四、课程改革的原则 ………………………… 223
五、学校及大学的发展方向 ………………… 223
第二节 高等教育的变化 …………………… 224
引例 大都市师范院校的问题
出路 ………………………………………… 224
一、高等教育的意义 ………………………… 225
二、高等教育的主要内容 …………………… 226
三、若干改革问题的看法 …………………… 228
第三节 全国学制改观 ……………………… 230
引例 新大学区制成立的过程 …………… 230
一、管理各级教育问题 ……………………… 231
二、高等教育的内在因素 …………………… 232
三、管理高级教师的内容 …………………… 232

第八章 家户关系管理 ……………………… 237
第一节 家户间的接近 ……………………… 237
引例 家户户主新领导人才 ………………… 237
一、新的家户领导者 ………………………… 237
二、新家户的领导条件 ……………………… 239
三、新、旧家户结合 ………………………… 242
四、家户的运行方法 ………………………… 246
第二节 家户关系的维持 …………………… 247
引例 新基层区、各级家户合乎下属
行政文教管理机构 ………………………… 247

一、家户关系的管理内容 …………………… 247
二、家户之关系的维持 ……………………… 251
三、家户之间的联络 ………………………… 253
四、经营管理与业务有关的事项 …………
第三节 家户的管理 ………………………… 254
一、管理不同户主的活动 …………………… 254
二、家庭关系的维持 ………………………… 255
三、内外家务户的关系 ……………………… 256
四、新剧同家户的需求 ……………………… 257
五、家庭均衡与自主的协调 ………………… 258

第九章 企业汇总 …………………………… 262
第一节 国营企业的成立 …………………… 262
一、引例 新的代表公司 …………………… 262
二、新的企业设备与人员的意义 ………… 263
三、引入 ……………………………………… 266
四、新的生态系 ……………………………… 269
第二节 各项相关的任务 …………………… 266
一、新的经营方法 …………………………… 267
引例 集成管理、所有财产的目标大纲 ……
二、业务运营的活动 ………………………… 267
三、各项品质管理的具体 …………………… 268
四、特别实行的目的等等 …………………… 269
五、新兴企业的发展的意义 ………………… 270
第三节 企业间相互的关系 ………………… 274
引例 各自合同关系处理 …………………… 274
一、企业运营的关系（CIS 的） …………… 275
内容 ………………………………………… 275
二、新型企业、品牌消费者的需求 ………… 276
三、各种企业 CIS 的方法 …………………… 279

习题参考答案 ………………………………… 283
参考文献 ……………………………………… 320
参考网站 ……………………………………… 320

概 述

把营销概念引入金融业，并成为金融业管理体制的一个重要组成部分，是标志着中国金融业步入市场经济轨道的一项大变革。

在过去，营销金融服务比现在要容易得多。银行赠给新储户一个暖水瓶，就可以永远地拥有这位客户。保险经纪人基本上不会从他们的公司跳槽到竞争对手那里。证券公司守株待兔就可以获得不菲的利润！今天，金融服务行业竞争日益加剧，销售量和市场份额的增长依靠的是一些基本理念、一个温馨的电话，或是一个便于浏览的网站。不仅竞争在加剧，金融服务本身也发生了结构性变革。

正因为如此，金融服务营销如果争取不到金融消费者的"选票"（钞票），就意味着"下课"，意味着被无情地淘汰出局！应该承认，长期以来处于"朝南坐"地位的我国金融企业，经过40多年的改革和开放，随着金融业经营环境的深刻变化，特别是同业竞争的日趋激烈，金融业的经营理念、经营目标和经营行为发生了明显的改变，等客上门、坐堂放贷的时代过去了，开发市场、主动营销是不可逆转的大趋势。种种迹象表明，我国金融企业已摒弃了"酒香不怕巷子深"的传统观念，不少金融企业已经意识到要想在激烈的竞争中最终赢得胜利，市场营销至关重要。

毋庸置疑，金融作为国家的宏观调控工具，在一个国家的经济发展中起着至关重要的作用。然而在经济的发展中，金融作为典型和特殊的服务行业不仅要为个人消费者以及各行各业提供资金支持和服务，还要为整个国民经济的发展提供大量的就业岗位。同时，从事资金经营获利所导致的风险性、安全性以及流动性等特点使得金融企业具有与一般服务企业不同的特殊性，因此对于金融这一特殊的服务行业的营销问题的研究就显得格外重要。

本概述作为金融服务营销的开篇，就是要勾勒出一幅清晰的金融服务营销框架，让读者理解金融服务营销的内涵和基本范畴，提供掌握良好学习方法的思路，为深入掌握金融服务营销理论知识和实践操作打下良好基础。

一、金融和金融机构

金融涵盖的内容非常丰富，囊括了银行、保险、证券等多个门类，具体内容包括：货币的发行与回笼，存款的吸收与付出，贷款的发放与回收，金银、外汇的买卖，有价证券的发行与转让，保险、信托、国内国际的货币结算等。

（一）金融的概念

金融，顾名思义即资金融通。资金融通的主要对象是货币和货币资金，融通的主要方式是有借有还的信用方式，融通的主要渠道是金融机构。广义的金融泛指一切与信用货币的发行、保管、兑换、结算（货币流通）、融通（信用活动）有关的经济活动；狭义的金融专指信用货币的融通（见图0.1）。

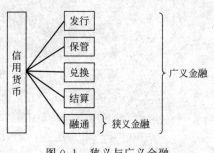

图 0.1 狭义与广义金融

（二）金融机构

金融机构是指从事与金融服务业务有关的金融中介机构。金融服务业包括银行、证券、保险、信托、基金等行业，与此对应，金融中介机构也包括银行、证券公司、保险公司、信托投资公司和基金管理公司等。

其中银行、证券和保险是金融业的三驾马车或称三大支柱（见图0.2）。银行是融资机构，具有简单、安全与收益的理财工具，流动性最好；证券的收益较高，但是风险系数也大；保险主要是为了规避风险。

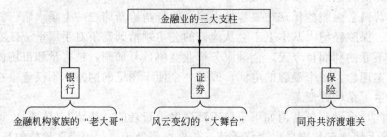

图 0.2 金融业的三大支柱

1. 银行

银行是依法成立的经营货币信贷业务的金融机构，银行的作用是保证资金安全和结算方便。比如说买房，如果需要1000万，通过银行转账或者开支票就可安全、快捷地结算。这种周转也包括在银行与银行之间、银行与证券之间、银行和保险之间。

我们个人把钱存到银行，成为银行的储蓄客户，银行支付我们一定的利息，这就完成了我们个人的投资过程（追求利息）和银行的融资过程（获得资金的使用权）。银行把储蓄客户的存款，借给需要资金的个人和企业使用，这就完成了银行的投资过程和贷款者的融资过程，银行收取贷款者的利息获得利润，扣除了支付给储蓄客户的利息后，就获得了银行自己的利润。利息差是银行的一个利润来源。

2. 证券

证券是多种经济权益凭证的统称，也指专门的种类产品，是用来证明券票持有人享有的某种特定权益的法律凭证。主要包括资本证券、货币证券和商品证券等。狭义上的证券主要指的是证券市场中的证券产品，其中包括产权市场产品如股票，债权市场产品如债券，衍生市场产品如股票期货、期权、利率期货等。

企业经营需要持续不断的资金，获取资金的方法（融资）主要有债权融资（比如向银行贷款，必须还本付息，一般需要抵押物或担保）和股权融资（比如发行股票，不需要偿还，股东的资本金一般不许随便抽逃）。

一个企业发行股票，大概过程如下：经过相关法律程序获得上市资格的承销商（如证券公司）承销→投资者申购（包括机构投资者和个人投资者）。比如发行10亿股，发行价格每股21元，就等于融资210亿元，这笔钱就进入上市公司，作为股东资本和资本公积，成为企业资产，供企业经营使用。无论机构投资者（会成为比较大的股东）还是个人投资者（股民小股东），都不能向企业（上市公司）要回股权投资，只能通过资本市场进行转让。企业经营得好，给股东分红，就等于投入资金的利息。如果企业破产，优先给付的是债权（银行贷款），然后才是股东的利益，往往都不会剩余。因为公司一般是有限责任，所以即使是资不抵债，也不需要股东偿还债务，损失最大额度就是投入的资金。

股票的买卖，是股东股权的转让，与上市公司并不发生直接关系，对上市公司的经营也没有直接影响。股票价格的波动，影响的是上市公司的市值，而不影响公司的实际资产质量。当然，公司的资产质量会影响股票的价格走势。

证券行业的主要利润来自投资者（股民）不断操作的手续费，在成熟市场还有其他的利润。

3. 保险

保险本意是稳妥可靠的保障，后延伸成一种保障机制，是用来规划人生财务的一种工具，是市场经济条件下风险管理的基本手段，是金融体系和社会保障体系的重要支柱。

按照保险公司的发展规律，公司的盈利来源主要分为两部分：一部分来自于业务盈利，即承保盈利；另一部分来自于投资盈利，另即资金运用盈利。从保险业的发展趋势来看，承保盈利越来越小，资金运用盈利越来越大，保险业务发展已开始显现出从保险公司的盈利中心向资金中心转化的趋势。

随着时间的推移，保险公司具有了强大的融资能力（续期保费的收入），也拥有了大量的可投资资金，进而造就了在资本市场的地位，成为举足轻重的机构投资者，甚至号称"第二银行"。

二、金融机构的业务

近年来，随着生产和市场的社会化和国际化程度的提高，作为经济架构中最活跃的要素，金融机构的业务和体制也发生了深刻而巨大的变革，金融业被银行、证券、保险、信托、咨询等传统行业区分的局面正在改变，金融机构类型呈现出多样化的趋势。

（一）金融服务的种类

金融服务是指金融机构运用货币交易手段融通有价物品，向金融活动参与者和顾客提供的共同收益、获得满足的活动。

一般情况下，金融机构主要提供以下六类服务。

① 存、取现金。
② 资金安全性服务，如保管箱、中远期结算汇等安全的货币存取业务。
③ 货币转移服务，如结算、支付、薪水代发等业务。
④ 授信、延期支付服务，如贷款、承兑、担保等业务。
⑤ 金融顾问、代客理财服务。
⑥ 投资、证券、保险业务。

与传统金融业的分业经营格局下的金融机构相比，现在的金融机构已经很难做出明确的分类。

（二）金融产品特征

金融产品具有以下四点特征。

1. 产品的无形性

顾客在购买金融产品之前，一般是无法看见、听见、品尝、触摸、嗅闻服务的，顾客在购买产品之后也只是获得了一种消费经历。如前往银行办理资金结算业务的顾客，只有到服务结束才能完全感知服务质量。这使金融营销比一般的工商企业营销更加困难。在金融营销中，很难让客户像挑选工商企业产品一样，一眼就看到产品的形态和功能。对此在营销中，就需要大量地进行说明、讲解，为了使无形产品能够便于记忆、辨识、选择，金融机构更需要大量的营销人员和营销手段，来吸引客户。

2. 交易的持续性

很多产品在销售完成后，较长一段时间里客户不会再进行重复购买及与企业打交道。但是，金融产品在购买之后，很长一段时间里，客户会不断与金融机构打交道。例如，客户到银行存款，之后可能还会去续存，或者也可能取出一部分；客户购买了基金，如果基金绩效好，有可能还会追加购买；如果一个人购买了养老保险，那么在他的余生数十年里，都要不断地缴费或者领取养老金。所以，交易的持续性使金融机构在营销中需要特别关注客户关系管理。

3. 金融产品的不可储存性

一般的有形产品生产好之后，可以储存下来，等待出售。但金融产品的生产与消费是同一个过程，是无法储存的。只有顾客亲自到服务场所或金融机构员工到顾客家中与顾客接触，顾客才能接受与体验服务，生产与消费基本上是同时进行。如办理现金存款业务的顾客，需要把现金带到营业网点并按规定填写存款凭条，服务人员经过清点现金、审核单据、签发存单等程序后将存单交给顾客，整个服务过程才结束。

所以在金融营销中，客户的参与性很强，金融机构与客户的沟通就显得非常重要，因此，过程管理对于金融机构也尤为重要。

4. 买卖双重营销

一般的交易中，买卖双方扮演着固定的角色，例如客户去逛商场，就是要去购买；客户去健身会所，就是享受健身服务。而金融机构的特殊之处在于，很多金融机构是既买又卖，即资金来源与客户有关，资金运用也与客户有关。客户到银行既可以存钱，也可以贷款；前者是客户提供资金给银行，银行付利息，买入客户的资金使用权；后者是银行提供资金给客户，客户付利息，买入银行的资金使用权。甚至，同一个客户也有可能同时在银行既有存款，又有贷款，买卖双方在不同的金融交易中可以互换身份。在证券市场上也是一样，证券公司有可能今天买入股票，而明天又卖出股票。

三、金融服务的主要特点

金融业属于服务业，金融营销也是服务营销的一个分支。金融营销和工商企业的产品营销非常不同，和其他服务业营销相比，有其鲜明的特性。

1. 金融服务业与其他服务业具有相同性

无形的东西都具有某些共同的特征。金融机构提供的产品其本质就是服务。

股票、债券、活期存款账户可以被"生产"出来，但无法用双眼或双手触摸活期账户或是检查其外观的。尽管在金融世界中经常使用"产品"这一词汇，但金融服务"产品"并不是完全意义上的产品，因为它们是无形的。如个人投资理财业务，需要专业人员提供咨询顾问等专门针对性服务。

2. 金融服务业与其他服务业具有差异性

金融服务业也不完全像其他服务业。金融业是服务业的一种，因此服务营销所具有的特征，对于金融业而言也同样具有。

相对于其他种类的服务行业而言，在客户看来，同一行业的不同金融机构所提供的服务是同质的，利率或汇率都一样，在哪里办理业务的机会成本基本上都是相同的，他们选择金融机构的标准是基于便利原则。

因此，金融服务业的分支机构数量就需要庞大的销售网络，像中国银行，它的分支机构遍及海内外，在国内，从总行到各省的分行，到城市的各大支行，再到支行下辖的营业网点，一级一级呈金字塔式分布。银联的出现、证券公司和保险公司的跨地区客户服务、POS 终端销售系统、ATM 自动提款机、自助银行、网上银行的普及，都是为了满足客户对金融服务随时随地的需求。因此，金融服务营销不仅比其他服务行业需要更多的网点支持，而且还需要更广泛的科技应用，以此来构成强大的客户服务系统。

立足于特征的本身，把握共性找出个性，才能采取相应的营销策略。

四、金融机构营销与普通企业营销的比较

从营销学的角度而言，服务营销是市场营销理论的延展和细化，它是从服务、服务产品和服务产业的层面上讨论营销的基本问题，金融服务营销则关注金融作为服务行业的营销问题。

"现代营销学之父"菲利普·科特勒（Philip Kotler）对营销的定义为：市场营销是个人或组织通过生产和制造并同别人或其他组织交换产品或服务以满足需求和欲望的一种社会和管理过程。金融服务营销指，金融机构以金融市场为导向，运用整体营销手段向客户提供金融产品和服务，在满足客户需要和欲望的过程中实现金融机构利益目标的社会行为过程。

与普通企业的营销活动相比，金融机构的营销具有以下特点。

1. 宏观环境比较严格

普通企业的营销活动只需避免不正当竞争，不触犯法律，所受到的其他限制相对较少，宏观环境比较宽松；而商业银行营销活动则受到货币信贷政策、金融业务制度以及金融监管等的限制，宏观环境比较严格。

2. 营销产品相互联动

普通企业产品的关键因素是质量和价格；而金融机构产品的关键因素则是所能提供的配套服务内容。金融机构产品的这种联动性特点使金融机构的总体协调显得尤为重要。

3. 营销渠道短而直接

普通企业产品营销渠道的环节一般比较多，与中间商联系较多，不直接面向最终消费者；而金融机构产品的营销渠道短而直接，一般都直接面向客户。因此，设立直接的经营机构、营业网点是金融机构扩大业务、占领市场通常采用的分销渠道策略。由此，要求金融机构从业人员需具备很强的综合素质，以维护和提高银行的整体形象。

4. 营销创新的独占性非常有限，竞争周期加快

普通企业的产品和技术创新的独占性由于存在法律保护而比较强。相反，金融产品和信用服务的创新因没有法律保护（金融产品专利法尚未出台）其独占性非常有限，金融机构之间可以相互模仿、采用，从而缩短了产品的市场生命周期，加剧了竞争。所以一家金融机构若要长期维持其产品和服务特色的优势，就需要不断创新。

五、如何学习金融服务营销这门课程

金融服务营销是以市场营销学为基本理论框架，以银行、证券、保险和其他金融企业为对象，通过把市场营销和金融服务进行融合，研究和展示金融行业的营销观念、营销流程、营销策略和营销技巧等金融服务营销理论与实务，以市场营销学基本理论指导金融实际工作，实现市场营销学知识和金融实际工作的紧密结合。

(一) 金融服务营销的基本框架

金融服务营销的涵盖面很宽,但是概括起来有两个方面:即营销战略和营销策略。

营销战略是企业经营管理者在现代市场营销观念指导下,为适应不断变化的市场环境,满足顾客需求,实现企业长期生存、稳定发展的经营目标,根据企业资源条件,对较长时期内市场营销活动制定的总体构想、方针和方案。

营销策略是配合企业完成企业战略和营销战略而制定的多种方案策略,是企业以顾客需要为出发点,根据经验获得顾客需求量以及购买力的信息、营销的期望值,有计划地组织各项经营活动,通过相互协调一致的产品策略、价格策略、渠道策略和促销策略,为顾客提供满意的商品和服务而实现企业目标的过程。

针对营销市场,营销战略是营销目标是宏观规划,营销策略是营销行动是微观计划;营销战略强调的是方向,营销策略注重的是方法。

一个市场营销战略贯穿在企业的各级层次上。在最高层次上,市场营销战略关系到整个企业,主要是从若干年的远景角度出发确定企业所希望的活动组合。在较低的等级层次上,一个市场营销战略的提出,对于上一个层次则可以叫营销策略,而这个层次的营销策略,对于下一个层次又可以称为营销战略(见图0.3)。

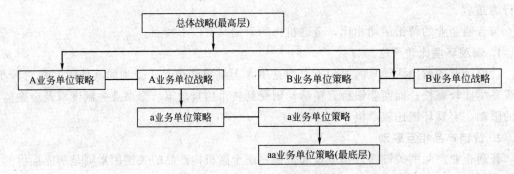

图0.3 金融营销战略的层次

金融服务营销内容框架(如图0.4)所示。

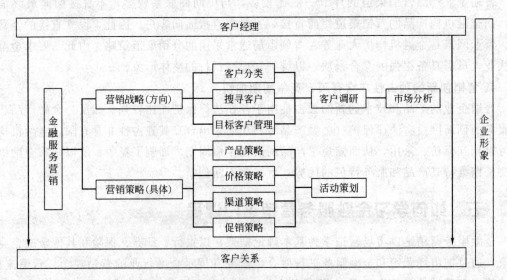

图0.4 金融服务营销内容框架

(二) 本书的学习内容分配建议

学习内容		课时分配（建议）	
		课堂学习	课外学习（推荐）
概述		2	
第一章 客户经理	第一节 客户经理的基本素养	2	
	第二节 客户经理的礼仪规范	4	
	第三节 客户经理制度	2	
第二章 金融营销战略	第一节 对客户分类	2	
	第二节 搜寻目标客户	4	
	第三节 目标客户营销战略	2	
第三章 客户调研	第一节 制定调研方案	2	
	第二节 实地调研	2	
	第三节 撰写调研报告	4	
第四章 营销环境分析	第一节 宏观环境分析	2	
	第二节 微观环境分析	2	
	第三节 环境分析的一般方法	2	
第五章 金融营销策略	第一节 产品策略	2	
	第二节 价格策略	2	
	第三节 渠道策略	2	
	第四节 促销策略	4	
第六章 与客户合作	第一节 设计作业方案	2	
	第二节 与客户谈判	2	
	第三节 起草协议文本	4	
第七章 营销策划	第一节 营销策划的基本知识	2	
	第二节 撰写营销策划书	2	
	第三节 营销活动策划	4	
第八章 客户关系管理	第一节 客户价值评估	2	
	第二节 客户关系管理	2	
	第三节 处理客户流失	2	
第九章 企业形象	第一节 塑造金融企业形象	2	
	第二节 金融品牌建设	2	
	第三节 企业形象识别系统	2	
机动课时		2	
总课时		72	

(三) 学习金融服务营销的技巧

"吃千辛万苦，说千言万语，走千山万水，想千方百计"是说营销人员要具备的素质。

金融服务营销是市场营销学和金融学知识交叉的跨学科理论体系，是市场营销理论及方法向金融行业的延伸和运用。由于是一门理论性和实践性很强的综合学科，因此，许多学生感觉学起来力不从心或不得心应手，往往事倍功半。因此，学习中有效地抓住重点和难点，掌握一定的学习技巧和方法是非常重要的。

1. 掌握正确的学习方法

要想学好、学透一门专业课，点滴积累是必不可少的，掌握良好的学习方法会带来事半功倍的效果。以下简单介绍几种学习方法，希望能对广大同学的学习有所帮助。

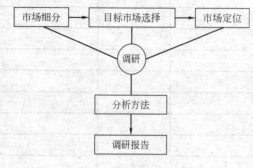

图0.5 营销战略知识点

（1）以点带面法

金融服务营销涉及的主要知识点有：市场细分、目标市场选择、市场定位、产品策略、价格策略、渠道策略、促销策略；还涉及客户关系管理理论以及商务谈判、商务礼仪理论在金融实际工作中的运用等等。这些知识点在教材中起统领全局的作用，各章各节均围绕它们展开。在学习过程中，我们可以抓住某一知识点，以步步深入的方法，搞清此主题的方方面面。例如：关于营销战略这一知识点，主要涉及内容包括如图0.5所示的几个方面。

这样层层分解，以一个知识点调研带动了一个面，将上述内容逐一深入地学习了解，对整个课程的理解会深刻得多。

（2）比较分析法

金融服务营销知识涉及大量的定义和概念，其中许多是存在对应关系的。例如营销战略和营销策略；单一目标市场选择和多目标市场选择；等等。将这些概念对比起来学习，一方面容易牢记，另一方面在分别掌握含义的同时，还能弄清它们之间的关系，一举两得。

这种对比的方法同样还可以运用到大章节的学习中。其对比分析如表0.1和表0.2所示。

表0.1 目标市场选择模式对比

优缺点	无差异性目标市场选择	差异性目标市场选择	集中性市场选择
优点	成本低，具有规模优势	能较好地满足客户的不同需求	"精耕细作"能获得较高的投资回报率
缺点	难以满足所有购买者的需求	费用大	具有一定的风险性

表0.2 CPM 与 EFE 对比

矩阵	分析对象	影响因素		优势	
EFE	企业自身	微观	具体	机会/威胁	有实际数据
CPM	企业自身和竞争对手	宏观	笼统	外部/内部	可和竞争公司比较

通过列表，主要内容一目了然，相关知识就不会混淆。

（3）普遍联系法

在金融服务营销这门课里，每章都有需要掌握的基本概念、基本理论和基本因素等，它们之间表面上没有太多的直接联系，但我们在学习时可运用普遍联系的方法对它们进行分析。例如：关于各要素对经济发展产生何种影响的问题，第二章金融营销战略、第三章客户调研、第四章营销环境分析、第五章金融营销策略、第七章营销策划、第九章企业形象等从不同角度探讨了营销的战略和策略，把它们联系起来看，对课程内涵的理解会全面、深刻得多。又如第一章客户经理、第七章营销策划、第九章企业形象等章节的主要知识点，它们是相互独立的，但也存在着逻辑关系，企业形象包括公司形象和客户经理的形象，客户经理要具备的素质之一就要求会营销策划及活动策划,这些都是需要认真理解掌握的。

2. 以科学的思维方式进行学习

(1) 以辩证的思维分析问题

在学习中要尽量避免非黑即白、非对即错的两极式绝对化思维方式,遵循社会科学的认识规律,坚持真理的相对性,在此条件和此环境下的相对真理,放到彼条件和彼环境下未必是真理。一般来说,经济学中所概括的基本原理和对规律的认识,通常只符合大数定理,即符合大多数情况,代表一种趋势或倾向,可以存在例外。这一点与自然科学有所不同,这主要是因为社会科学的研究对象和所研究的关系有较大的不确定性。因此,我们既不能因为存在例外而否定基本原理,也不能用某个结论去解释一切。

(2) 培养自己具体问题具体分析和辩证看待问题的习惯

检验经济学家们的理论、政策主张的唯一标准是社会实践,要看经济发展的最终效果。但由于社会科学的特殊性,检验效果的时滞很长,即从最初的理论付诸行动到最终效果出现之间有很长的时间滞后性,在这期间初始效果和最终效果很可能不一致,因此,人们在检验其真理性时并不能简单直观地看问题。

比如,现代营销理论认为科特勒是立足于 4P〔产品(Product)、价格(Price)、渠道(Place)、宣传(Promotion)〕,提出以顾客主导的营销战略,对他之前的营销理论进行改造,那么,奥美青年职业网络发起人布莱恩·费瑟斯通豪则是试图乘互联网之威,以新的理念对 4P 取而代之。在思想内涵上,他们实际是相通的,都是从顾客出发,从社会发展出发来看待营销。二者孰是孰非,这需要对以往的营销理论做出基本判断,是已经过时,还是基本可靠?科特勒能不能继续引领营销学的发展趋势,眼下尚未形成明确的答案。也许,科特勒会过时,但显然不是今天已经过时。在一定意义上,科特勒面临的是双重挑战。

因此,经济、金融、营销问题是比较复杂的,这也是金融服务营销的魅力所在,研究金融服务营销需要用各种科学的思维方式和分析方法,如静态与动态的分析,存量与流量的分析,事前、事中和事后的分析,长期和短期的分析等。

(3) 在掌握基本知识的前提下要用发展的眼光、动态的观念来学习

金融服务营销的研究对象是在不断发展变化的,对于各种金融要素、营销要素及其关系、运行规律,人们的认识有一个逐步深化、逐步接近客观真理的过程,所以人们的探讨研究也是永无止境的。我们对金融服务营销范畴的认识还在不断深化着,因此,要用发展的眼光、动态的观念来学习金融服务营销。尽可能自己去查阅相关的文献资料,从新情况、新素材中发现问题,用所学的知识去分析问题和解决问题,同学之间、师生之间应该尽量多交流。例如就现实金融问题用金融学原理来进行讨论或辩论等。

应该说,金融服务营销中有许多问题到目前为止还没有定论,教材中涉及的各种理论、观点及各种范畴的关系等,都是大多数人已有的共识而已,可以毫不夸张地说,几乎所有的问题都是有争论的,有的还争论得很激烈,因此大家在学习过程中,需要在把握共识的基础上,了解主要的争论点,树立多元化的思维方式,激发讨论和研究问题的兴趣,才能把金融服务营销的学习引向深入。当然学习重点和前提还是应该放在基本共识上,掌握基本知识和内在联系是首要任务,如果连基本原理和基本概念都没有把握,就急于切入问题的争论中结果就会是弊大于利。

(4) 开动脑筋去分析和思考问题

在学习基本知识和基本原理的基础上,开动脑筋去分析和思考问题,去探寻科学的认识和解决问题的途径,死记硬背或机械僵化地学习是最不可取的。现实中很多金融服务营销方面的问题,是很难从哪本书上直接找到答案的,即使有答案,也可能是不完全或抽象的;同样,在分析

问题时不要简单地持肯定或否定的态度,要多问几个为什么,只要勤于思考,就会从并无直接答案的论述中领悟到分析解决问题的途径。客观地说,金融服务营销除了介绍一些基本知识外,主要还是为大家提供一些研究问题的思路、剖析问题的方法,而不是简单的答案。所以,在学习中不要以找答案为目标,而要注重掌握认识问题、分析问题和解决问题的入门钥匙。

3. 养成良好的学习习惯与方法

(1) 自学与辅导相结合,以自学为主

教师的讲授、辅导与答疑等教学方式都应该是辅助性的,目的只有一个,就是帮助大家理思路、提要领、抓重点、解难点,是为同学们更好地自学提供帮助的。学习金融服务营销最主要还是靠同学们的自学,靠自己去读书、领会、掌握和运用。自学的能力是培养出来的,也是一种受益终生的能力,因为随着形势的发展我们毕业以后还需要终生不断地学习,不可能永远靠老师教,而只能靠自己自学,因此从现在开始培养自学能力是非常重要的。只要坚持正确的理论指导和科学的方法,自学中的困难就可以克服。

(2) 理论与实际相结合

学习金融服务营销要与现实相结合,经常阅读报刊、关注新闻、关心时局和经济金融问题特别是热点问题,激发对学习的热情和兴趣,带着现实中的问题来学会事半功倍。例如为什么要提高客户对金融机构服务的满意度?如何恰当处理客户的抱怨、挽留流失客户?如何加强同客户的联系?带着这些问题来学习,就有助于理解所学内容,也能解释现实问题。

(3) 课堂学习和课后浏览相结合

现代信息技术已越来越显示其极大的优势,运用的面已经越来越广泛。互联网上有取之不尽、用之不竭的信息资源。课本不是教学的全部内容,教材是可变的、发展的和开放的。因此,有效利用网络技术,发挥网络资源的最大作用,是当代大学生应具备的素质之一。同学们可以在网络中查找、获取大量丰富有效的信息资源,弥补自己书本知识的不足。

① 在学习中可以利用"百度"的搜索功能,来搜索出我们需要的资源。

② 中国经济快速发展,金融市场日新月异,以下网站可以帮助你浏览最新的资讯,从而紧跟时代步伐,时时汲取新的营养。

参考网站:

和讯网 http://www.hexun.com

新浪财经 http://finance.sina.com.cn

金融界 http://www.jrj.com.cn

腾讯网 http://finance.qq.com

中国证券网 http://www.cnstock.com

中国人民银行:http://www.pbc.gov.cn/

中国建设银行:http://www.ccb.com/cn/home/indexv3.html

中国银行:http://www.bank-of-china.com/

中国工商银行:http://www.icbc.com.cn/

中国农业银行:http://www.abchina.com/

中国银行保险临督管理委员会 http://www.cbrc.gov.cn/chinese/newIndex.html

(4) 接受和探索相结合

对于金融服务营销的基本知识,应以接受为主;对人类已取得的文明成果、具有共性和规律性的知识与原理,应该认真学习,不仅要接受,还要掌握、消化它,以便今后能自如应用。同时,对于金融服务营销所涉及的一些问题,也需要有科学求是的精神,勤于思考,勇于探索，不必拘泥于或迷信某一本书里的一句话，或某个专家的一个论点，而需要通过自己运用基本知识和原理分析和思考，以培养自己分析问题和解决问题的能力。这里有一个综合应用所学知识的问题，不要割裂各章讨论的内容，也不能忽视与其他专业的相关性。教材各章后面都有小结、重要词汇、复习思考题等，希望大家能认真地完成。在做题时，尽可能贯通各章的知识，联系实际，培养综合分析和探索问题的能力。

第一章
客户经理

> **学习目标**
>
> 职业知识
> 了解金融客户经理要具备的基本素质：品德素质、文化素质、心理素质。
> 职业能力
> 培养学生专业化与职业化能力、学习创新能力、交流与沟通能力、团队建设与督导能力。
> 职业道德
> 培养学生诚信意识、责任意识、管理意识、敬业意识。

第一节 客户经理的基本素养

引例

客户经理小吴的大额储蓄战略

客户经理小吴是某股份制商业银行客户经理，一天晚上在与同学通电话的过程中，捕捉到江西吴先生八年前从广东到万州辖区的开县投资办厂、经济效益很好、成为很有实力的私营企业家、在广东有数千万元个人储蓄存款的信息。于是，他迅速通过多种方式进一步了解到该客户的经济实力、个人爱好、生活习惯、家庭背景等情况。当确认该客户的确有如此经济实力以后，小吴兴奋不已！

为了替客户保密，小吴一点没有声张，而是先向支行行长做了汇报。行长非常重视，表示支行将全力支持，要求一定要跟进营销，争取成功。在10月中下旬，小吴数次前往开县拜见该客户，与他进行了交流。这位客户的坦诚、质朴和敬业精神，令小吴肃然起敬。在小吴和他同为农民的儿子、都是靠求学读书创业至今的结合点上，找到了彼此共同的感受，谈起了小时候的种种酸甜苦辣，拉近了心与心的距离；当他看到详尽的、规范的《服务方案》时，被××银行和小吴的服务意识所感动；在得知在股份制银行工作压力巨大，如果任务完不成，作为个人业务的分管领导难辞其咎的情况时，他表示深深的理解；在××银行作为上市银行，具有竞争优势方面，小吴与他达成了共识。客户欣然同意与××银行合作……

启发思考：
小吴是如何公关成功地和客户进行合作的？在这次合作中他起到的作用有哪些？

客户经理从事客户开发与管理工作，必须具备一定的素质、知识和技能，这些必备的素质、知识和技能有些是与生俱来的，有些则要通过培训逐步得到。

一、客户经理的作用

客户经理在营销工作中发挥着极其重要的作用,他们的工作质量如何,工作态度积极与否,都会对行业的发展产生一定的影响。

1. 客户经理是金融企业与客户的联系人

客户经理是公司与客户接触的第一线,银行和客户的所有业务关系大都是通过客户经理建立的,客户经理必须能有效地连接客户和银行内部各个业务部门,由于客户经理要直接面对客户,因此其自身的形象就体现了公司的整体形象。如果客户经理的形象是非常专业的,客户就会认为这个公司是一个专业的公司。

2. 客户经理是企业信息的媒介

客户经理是公司的眼睛和耳朵,一个企业的营销策略、经营方式是要跟随市场的发展而变化的,而营销策略、经营方式的改变有赖于得到信息反馈,企业想要得到信息反馈,就需要一线客户经理每天为企业提供有价值的信息。

① 客户的信息和需求要通过客户经理传达给银行内部有关部门。

② 银行的各种信息也需通过客户经理传递给客户。

3. 客户经理是客户经理制的重要载体

客户经理制是金融机构适应市场和客户需求变化而产生的一种营销导向的制度安排和组织架构设计,它要求金融机构必须建立起一支高素质的客户经理队伍,并针对这支客户经理队伍建立起一套管理规范,以激励和约束客户经理努力工作。该制度的核心是为客户配备专职业务经理,提供"一对一""面对面""一站式"的专职服务,主动适应金融竞争的要求。

二、金融客户经理应具备的基本素质

客户经理是为客户提供多层次、全方位业务的服务者,是金融业务的拓展者和金融产品的营销者。客户经理的工作性质决定了其必须具备良好的职业素质。

那么客户经理究竟应当具备哪些职业素质呢?具体来讲,主要包括品德素质、业务素质、有较强的公关能力和具有风险防范控制能力。

1. 品德素质

品德素质是金融业对客户经理在思想品德、事业心、责任感、敬业精神等方面的要求。良好的个人品德素质是客户经理素质要求的基础和关键所在。其具体表现可归纳为以下几个方面。

(1)强烈的责任感和使命感

在全新的市场营销理念下,在开放的条件下,面对激烈的市场竞争,客户经理应在积极开发客户、维护客户关系、防范金融风险的同时,最大限度地实现自身价值。

【教学互动】1.1

为客户雪中送炭

有一个集烟草、机械、军品、物流生产和销售于一体的大型集团客户,集团有个子公司,主营施工业务,规模较小,主要为集团建设配套厂房。客户多次向其他银行申请融资200万元,都被拒绝。

某客户经理为其母公司服务多年,了解到母公司从异地迁到昆明后,将进行大规模厂房扩建,客户前景十分看好。于是,果断上报了客户授信,很快发放了200万元贷款。

这本是笔小业务,但对客户来说,却是雪中送炭。在随后几年里,随着母公司大规模整改扩建,子公司规模急剧扩张,效益成倍增长。

问:此案例中某客户经理为什么发放200万元贷款?

答:某客户经理在服务过客户之后,仍然时刻注意客户的动态,所以才对客户的项目有所了解。对客户前景看好的项目大胆贷款,一方面急客户之所急,赢得了客户的感激,另一方面也得到忠诚客户,创造了效益。

(2) 良好的道德品质

客户经理道德品质的要求体现在客户经理的人生观、价值观、道德伦理、社会公德和诚实守信等方面以及个人修养。要求客户经理具有健康向上的人生观,符合企业取向、时代取向的价值观,遵循道德伦理,维护社会公德,恪守诚实守信的人品,在展示自身良好的道德品质的同时,展示金融业的形象。

(3) 坚强的事业心,爱岗敬业,有激情

坚强的事业心,是成功的一半。爱岗敬业,才能持之以恒,才能吃苦耐劳。工作要有激情,有激情,才有热情,才有积极性、创造性,才能充分发挥个人主观能力。

(4) 自尊、自强、自立、自律

自尊,是自我尊重,有了自尊,才能做到不亢不卑,甚至在关键时刻培养客户经理"忍辱负重"的工作作风,廉洁奉公不为名利所惑。自强,才能促使客户经理付出更多的精力和时间去工作、去学习、去提高。自立,则要求客户经理独立思考、自主工作的能力比一般银行员工要强,并勇于开拓,勇于创新,勇于接纳新鲜事物和挑战性工作。自律,即客户经理要有自我约束、自我控制和自我保护意识。总而言之,要求客户经理诚实守信,全心全意为客户服务;遵纪守法,严格执行银行经营管理制度,自觉约束自己的行为;防范、控制风险,规范作为,维护银行利益。

(5) 团队精神

客户经理承担着对外营销、对内协调的职责,客户经理之间、客户经理与银行之间应相互信任、相互支持、相互依赖,形成上下一心、群策群力的团队,营造一种融洽和谐、充满合力的氛围。

(6) 兢兢业业,秉公办事

这是一种良好工作态度的要求,兢兢业业,勤奋工作,秉公办事,不谋私利,不刁难顾客,全心全意为顾客服务,一心一意为银行工作。

案例透析1.1

东风公司案件

某日,东风汽车公司财务文员与中信银行武汉梨园支行(以下简称"中信梨园支行")对账时被告知,公司持有的1亿元的存款是假的,公司在该支行的账上仅有164.20元。次日,东风公司向武汉市公安局经济侦查大队报案。警方调查发现,这是一起策划得十分周密的公款挪用案,资金流入了李××等人的账户。

东风公司在银行的存款怎么会被私人取走?

警方调查发现,李××因急需资金周转,勾结中信梨园支行客户经理潘某,拿到东风公司全套开户资料,私刻了东风公司的印鉴,并用私刻的东风汽车公司社保中心印鉴、授权书等分两次把东风汽车公司存在中信银行梨园支行的1亿元转走挪用。

李××还通过潘某拿到中信梨园支行印鉴,伪造了虚假的开户资料和存款回执,并通过银行工作人员交给东风汽车公司。潘某从李××处获得好处费45万元。

启发思考:

客户经理潘某为什么会走向犯罪的道路?

2. 业务素质

作为客户经理，首先要对自己所从事的这个职业有所了解。"知己知彼，百战不殆"，客户经理把自己所从事的职业琢磨透了，做好客户经理的工作就有50%的把握了。

① 掌握丰富的金融专业知识。客户经理必须熟悉和掌握丰富的金融专业知识，具备必要的企业经营管理知识，熟悉经济金融法律法规，有超强的市场调研分析能力，熟练金融产品的综合运用与创新技术，具有操作和管理经验，为客户提供综合的金融服务。

② 有出色的业务协调能力。客户经理必须对客户信息熟知。主要包括客户的注册信息、经营现状信息、内部管理信息、管理团队主要人员基本信息等。对于客户信息，要求掌握得越多越好，越详细越好。

一名优秀的客户经理还需是一个"全才"，除专业知识外，金融、经济、管理、法律、心理学、谈判学等都要懂。例如：企业股票融资、购并、银团贷款一些复杂的大型交易，需要金融机构的专家参与决策过程，以帮助企业取得成功。

优秀客户经理一定要具备学习意识，要积极主动地学习与业务相关的知识。因为未来的竞争本质上体现为学习能力的竞争，未来的人才也必然是学习型人才。

银行的客户经理不仅仅要对自己银行的产品业务十分熟悉，还得掌握投资市场、理财市场上的各种动态，考取各种专业资质，如果是服务高端客户的客户经理，还需要懂得红酒、茶艺、奢侈品或者其他客户感兴趣的内容和信息。

案例透析 1.2

董先生的欣喜

董先生接到一条招行的短信，具体为"尊敬的客户，您好，您的理财客户经理为×××，将为您提供优质的服务，如有理财方面的需求请拨打186××××××××"。董先生想起来，不久前单位将工资卡换成了招行的，所以才接到这条短信。

董先生说："虽然我也知道这是银行营销的一种方式，但服务确实让人觉得很受用。"

董先生真的就打电话联系上自己的客户经理。客户经理对他的家庭情况、资产情况进行了解后，为他制定了一套合理的理财方案，还给出了很多建议，这让从未接触过理财的董先生很欣喜，"以前以为客户经理只是推销产品的，没想到人家真有水平"。

启发思考：真正打动董先生的是什么？

3. 较强的公关能力

金融客户经理每天与客户进行业务沟通与商洽，公关能力的强弱关系到其业绩的好坏和客户网络的拓展和维护，而必备的公关能力就是金融客户经理业务素质的基本条件之一。

（1）具有沟通能力

优秀的客户经理应具备活泼开朗、举止文雅、谈吐动听、兴趣广泛、善于交际的性格特征；衣着整洁，举止大方，具有较好的形象和气质；知识面广，阅历丰富，具有较高的文化艺术修养；善解人意，灵活机敏，具有较高的悟性；语言表达能力强，懂得语言的艺术，善用诙谐、幽默的语言调节会谈的气氛；具有豁达、宽容的处世态度，善于合作等。

（2）具备沟通技巧

一个优秀的客户经理应该在更高的层次上有所突破，那就是具有缜密的逻辑思维，以及敏捷的现场反应和应答能力。这在现代企业里越发显得重要。

（3）团队合作精神

随着经营规模、业务范围的不断变化，管理难度也相应加大，这就需要客户经理发扬团队协作精神，做到相互沟通协调，这样方能将自己的工作开展得有声有色，富有生机和活力，以集体的智慧化解各种问题。

团队合作精神是人的社会属性在企业和其他社会团体中的重要体现，事实上它所反映的就是一个人与别人合作的精神和能力。一个优秀的客户经理总是具有强烈的团队合作意识——团队成员间相互依存、同舟共济，互敬互重、礼貌谦逊，彼此宽容、尊重个性、相互信任。

视野拓展 1.1

小张的公关

2017年3月，在一次朋友的婚宴上，A行客户经理小张与兴业化工厂的财务会计相识，小张从交谈中得知该厂近几年经营红红火火，发展势头十分迅猛。一个念头立刻从小张的脑海里闪过："如果这家企业能够在我们A行开户肯定能带来一系列可观的效益。"第二天，小张便来到这家企业，登门拜访了这位财务会计朋友。对方知道了小张的来意后，一方面对他的敬业精神表示赞赏，但也同时对开展业务合作流露出了为难之情，因为他们长期在B银行开户，对A行知之甚少。

第一次上门公关多少有点令人沮丧，但小张却没有因此失去信心，他想："对方对我挺客气，这就有了一次接触的可能，另外人家确实对A行不了解，这也就有了下一次接触的话题。"

就这样，从3月到6月，每隔10多天，小张总要去这家企业"串一次门"，介绍介绍A行业务，拉拉家常，渐渐地成为了这家企业财务科的熟客，以致他们开玩笑说小张不像是银行的员工，倒像是保险公司的营销员。

一次，在"串门"的时候，小张无意间听说财务科长这两天正在为一笔拖欠货款的回收而发愁，这是一笔100万元的原料款，欠款方是大港油田，由于款子拖了3个月，企业的流动资金已出现了紧张状况。于是，小张主动找到财务科长，提出了试一试的请求。

在接下来的一个月里，小张利用休假时间，顶酷暑、冒高温、三下大港，借助多方关系，终于使这笔款项以现金方式收回。在收到款项的那一天，这位财务科长高兴地说了两个想不到：真的想不到你有如此大的能量，拖了几个月的货款跑了三次就收回来了；真的想不到你作为一个局外人竟然能像朋友一样如此真诚热情地给予企业这么大的帮助。于是，这家企业主动将基本结算户挪到A行，成为A行的"铁户"。

4. 风险防范控制能力

客户风险分析与识别是依照客户的特点和账户属性，综合考虑地域、业务、行业、身份、资金规模、交易行为等因素判断客户发生风险的可能性。

风险虽然存在，但可以规避，抑或转变为机遇。客户面临的风险多种多样，且相互交织，因此，只有认真地加以识别，对其进行有的放矢的估计、评价和处理，才能将带来的伤害、损害或损失降到最小。可见，开展客户风险分析与识别工作是防范、化解风险的重要环节。

① 客户经理要努力做到能力多元、业务全面，能够满足客户的各种金融服务。

② 客户经理要对事件有预见性，如在助客户理财时，既能为客户提出负责任的建议方案，给客户以有效的帮助，又能对客户存在的风险有准确的判断和有效控制。

视野拓展 1.2

对续贷的怀疑

2015年某银行受理了一笔钢结构企业续贷申请，金额3000万元，房产抵押，三年前已开展合作,为异地客户。客户经理在受理资料时发现,调查报告中呈现的经营状况较好,企业利润及现金流均很乐观。然而,钢结构行业下游主要针对工业房产需求,受外部环境影响,上市公司业绩在同期均有所下滑,该客户与行业规律不相符。因此,客户经理对其产生质疑,并结合自身熟悉的下游客户直接进行了抽查,通过第三方渠道核实个别下游客户的合同量及付款情况,果然与实际情况不符,这表明上报的经营情况存在虚假。

但此时客户经理仅是怀疑,尚未最终确认,因为主办信贷员的业绩很好,有其他优质基础客户,日均存款也高达2亿元,之前上报的项目质量也不错。也有可能是评审过虑了,产生了误判?因此,客户经理决定与主办信贷员进行电话沟通,在合理怀疑的基础上了解其态度。在沟通过程中,客户经理发现主办信贷员极力陈述客户经营状况良好,且在客户经理反映客户经营状况不符合行业常规时,主办信贷员反应过激(可能为心虚),但是也不能正面回应,只是以客户经理对行业不够了解进行反驳搪塞;当客户经理提出适度压降1000万元(客户既然好,还一部分总是可以的),主办信贷员极度敏感,强调一旦压缩,客户就会寻找其他银行来续做全部还清。主办信贷员的此种状态不符合客户经理对其的一贯印象和认识。种种迹象表明该项目值得进一步怀疑。

因此,客户经理决定重新进行实地调查。到了车间发现,生产经营虽然正常,但存货、应收账款难以核实得很清楚,税控系统相对于去年有下滑,存在大量未开票订单,但是银行流水不足,虽然拿出了大量承兑汇票的收票开票记录,但是存在空转嫌疑,仍然无法说清原由。企业实际控制人对客户经理百般殷勤,在晚餐期间劝酒频频。客户经理产生强烈直觉:主办信贷员和客户的关系很不一般。

客户经理觉得此项目风险较大,决定提前向银行行长汇报。行长较为重视,银行动用自身关系向当地同业了解企业情况,同时通过特定渠道了解主办信贷员与该客户的认识历史及私人关系。最终,明确判断此笔贷款有风险,不予贷款。

三、客户经理职责

客户经理的职责概括起来就是根据市场竞争的需要和客户拓展工作的要求,积极主动地寻找客户、评价客户,向客户推荐和营销适当的产品,联合后勤、产品及风险控制等部门为客户提供高水准的专业化金融服务,在为金融机构选择优质客户并向客户提供金融服务的过程中,实现其收益的最大化。

1. 金融客户经理的职业定位

通常从职能范围来衡量,金融客户经理可以划分为销售、咨询服务与综合服务三种类型。

(1)销售类金融客户经理

只负责开发客户,也就是销售本金融企业的金融产品,而不负责具体的客户服务工作。往往可以根据产品销售量或资金量提取报酬。

(2)咨询类金融客户经理

负责为客户提供个性化、专业化的咨询服务,但不需要进行客户开发工作,通常领取固定收益。

(3)综合服务类金融客户经理

不仅要自己去开发客户、营销金融产品、发展市场,而且要负责为客户提供信息咨询、专业分析等服务,是一项职能范围比较广的专业经理人职业。

此外,从金融客户经理的任职高低来区分,可以把金融客户经理分为初级客户经理、中级客户经理和高级客户经理;从金融客户经理的服务对象来划分,还可以把客户经理分为机构客户经理和个人客户经理。

从上述金融客户经理类型的区分情况看,这几种类型的金融客户经理要求的能力各不相同,所以从业人员要根据自己的特征、兴趣和能力等情况选择适合自己的工作类型。

2. 金融客户经理展业内容

拓展业务是一项极具挑战的工作,它需要客户经理除具备工作的激情外,更主要的是要具备很高的素养和全面的知识。

(1) 搜集目标客户的信息

目标客户信息主要涉及以下内容。

① 目标客户基本信息,如名称(姓名)、所在地、规模、人数、所有制、产品服务种类。

② 目标客户的生产经营状况、销售量的变化情况、产品市场情况、服务质量状况、财务信息、管理资源信息、行业动态信息(如同行竞争的新招、同行推出的新产品等)。

③ 目标客户与其他金融企业的业务关系状况。

④ 客户有关管理决策人员的姓名、年龄、性别、宗教信仰、学历、爱好、社会活动、联系方式等。

⑤ 目标客户与客户的关系状况和评价。

⑥ 国内外市场和需求的变化情况。

⑦ 其他需要搜集的相关信息等。

(2) 分析客户资料

客户经理将搜集到的资料信息加以整理,建立和管理客户档案,及时更新以保证信息资料的连续性、完整性和真实性。

① 及时给出关于客户或行业的综合评价报告以及风险分析报告,供金融企业有关业务决策及风险控制部门参考。

② 对金融企业决策部门、相关产品或服务部门以及综合管理部门提出的问题或要求提供的其他信息,及时做出回答或提交。

③ 根据客户情况做出客户初步评价、相关产品方案设计、业务建议等。

④ 研究客户的现实情况和未来发展,发掘客户对金融产品的潜在需求,并根据客户需求与客户探讨合作方案。

(3) 对潜在优质客户的鉴定

由于金融客户主体不同,对金融客户进行的分类及其各自的评价标准也不同。

① 对优质公司客户的主要鉴别标准。工商执照,从业资格证照和相关许可证、授权书等齐全,从事符合国家产业政策鼓励和扶持的行业和产品的经营活动;行业或产品技术科技含量高,产品或服务处于成长或成熟前期,有广阔的市场需求,在行业中具有领先地位或在行业中的位置比较靠前;具有特有的核心竞争力,连续多年经营业绩良好,机制灵活,管理科学,治理结构合理;在短期内有比较好的现金流;纳税大户;客户众多,经营状况良好,在其他金融企业无不良信用记录,各项财务比例指标合理,尤其是债务比例低或无负债;社会形象好、地位高,市场地位牢固,已经发行股票并公开上市;主要经营管理和决策人员素质高、经验丰富,有良好的人际关系和雄厚的社会背景,且有成功的经营管理业绩;重合同守信誉,有良好的企业文化和凝聚力,主要骨干人员相对稳定,重视员工福利和教育;本金融企业能够为其提供具有优势的金融产品和服务,且金融产品和服务需求量大。

经营和赢利能力、信用水平、有金融产品和业务的需求是其中的主要指标。

② 对优质个人客户的主要鉴别标准。有良好的个人素质,较为完善的教育经历,法律

意识强，注重社会公德和个人品质修养，社会关系良好，个人信用等级高；有较好的经营、创业能力；个人从事较高收入的职业，地位、级别、职称高，主要负责管理和高技术工作；连续多年交纳个人所得税税额高；有远大的人生追求和个人抱负；热爱生命，生活观念积极，身体状况良好，宗教信仰正常，无赌博、吸毒、道德败坏等恶习；在其他金融企业无不良信用记录；无犯罪记录；有金融意识，主观上有经常性的金融产品和服务需求，客观上有金融产品的购买能力和行为。

（4）制订目标客户访问计划

能在营销前了解目标客户状况，迅速掌握营销重点，准备好适宜的营销话语和技巧，能充分运用宝贵的时间，制订出可行、有效的营销计划。

① 拟订计划。在对客户尤其是重点的优质大客户拜访前，应该根据该客户的实际情况，研究和拟订出有针对性的、具体详细的客户拜访计划表，客户拜访计划表的具体格式和内容可根据实际情况做修改、删减和添加，有的放矢。

② 选择拜访时机。在制订拜访客户的计划时，确定一个比较适合拜访的时机很重要。

（5）客户经理接触客户

在开发客户的过程中，通过接触客户、和客户交谈是不可或缺的环节。通过接触客户，进而了解客户需求，摸清客户的消费心理，对把握客户的动态、采取相应的策略和具体方法都十分重要。

① 了解客户，剖析客户，分析客户需求特点。

第一，个人客户的具体金融需求。符合金融企业开发的个人优质客户，主要是大中型公司、外资企业的高层精英、一些垄断性的国有企业，如电力、电信的中高级管理人员、热门行业的经理、高等院校的高级教学人员和中层以上的教学管理人员，以及诸如演艺体育明星等。这些个人优质客户喜欢接触一些有创新意义的、含高科技的、综合性强的金融品种，如广州某知名高档住宅小区，由银行、商场、房地产开发商和网络公司开发的集身份智能识别、储蓄、消费信用、购物交易、小区各种缴费等功能于一身的多功能卡受到小区绝大部分业主的追捧和响应。第二，公司客户的具体金融需求。公司企业的金融需求呈现以下特点：企业资金缺口面大，通过从金融企业贷款成为解决企业资金缺口的主要渠道；大部分企业认为目前获得银行贷款困难，手续烦琐；企业保险意识增强，购买保险品种齐全，且对保险公司提供的服务较为满意；企业对中介机构在融资、投资、收购兼并等活动中所提供的服务收费价格判定模糊，对其所提供的服务水平评价褒贬参半。

② 约见客户。金融客户经理约见客户的方式很多，主要有五种：电话约见、媒体约见、信函约见、中介约见和随机约见。

③ 与客户商谈。客户经理是经常与人打交道的工作。开发客户的主要办法是洽谈，通过微笑让客户喜欢您，使客户感到快乐。适度的赞美，可使对方产生亲和心理，为交往沟通提供前提。利用幽默这个工具时，要根据不同的对象、不同的情境，选择幽默的形式和内容，否则，容易弄巧成拙。

（6）签订合作协议

金融客户经理如果与目标客户就洽谈达成一致意见，则需要用协议的方式确定下来。

一个完整的协议一般由下列要素构成：协议名称（标题），协议签订者名称、地址和法人代表姓名，签订协议的出发点（依据和目的），合作的基本内容，各方的权利和义务，经济责任和违约责任，争议的解决，协议的有效期限，协议的份数与保存，未尽事宜，协议的签章、日期。

第二节
客户经理的礼仪规范

引例

丰子恺教子女懂礼仪

丰子恺是浙江桐乡人,我国著名的现代画家、文学家、教育家。早年从事美术和音乐教学,"五四"运动以后,进行漫画创作。

丰子恺在平时生活中,经常给孩子们讲要对人有礼貌,还非常细致地说:"礼仪",就是待人接物的具体礼节和仪式。

丰子恺是名人,家里经常有客人来访。每逢家里有客人来时,父亲总是耐心地对孩子们说:"客人来了,要热情招待,要主动给客人倒茶、添饭,而且一定要双手捧上,不能用一只手。如果用一只手给客人端茶、送饭,就好像是皇上给臣子赏赐,或是像对乞丐布施,又好像是父母给小孩子喝水、吃饭。这是非常不恭敬的。"他还说:"要是客人送你们什么礼物,可以收下,但你们接的时候,要躬身双手去接。躬身,表示谢意;双手,表示敬意。"这些教导,都深深地印在孩子们的心里。

有一次,父亲在一家菜馆里宴请一位远道而来的朋友,把几个十多岁的孩子也带去作陪。孩子们吃饭时,还算有礼貌,守规矩。当孩子们吃完饭后,他们之中就有人嘟囔着想先回家。父亲听到了,也不敢大声制止,就悄悄地告诉他们不能急着回家。事后,丰子恺对孩子们说:"我们家请客,我们全家人都是主人,你们几个小孩子也是主人。主人比客人先走,那是对客人不尊敬,就好像嫌人家客人吃得多,这很不好。"孩子们听了,都很懂事地点头。

在父亲的正确教导下,丰子恺的孩子个个懂规矩、讲礼貌,长大后都成了有出息的人。

启发思考:
谈一谈生活中还有哪些需要遵守的礼仪规范?

生活在现代社会,拥有良好的礼仪,无疑会增加我们的处世资本,更会提高做人的价值与交际效果。礼仪虽是生活小节,但优雅的行为举止、得体的仪态和言语、真挚的情感和规范的礼仪,无疑是构建人与人之间沟通的桥梁,也是成功的重要基石。

相反,一次失礼带来的往往不仅是失意与沮丧、难堪和尴尬,更可能是生意的失败、事业的阻碍和人生的灾难。因而,身处社会之中,别让那些看似平凡而被忽略的小节成为破坏我们形象的杀手。注重仪表形象,掌握交往礼仪,融洽人际关系,应是每一个人在人生旅途中重要的一门必修课。

客户经理行为规范是提升客户经理自身素质的重要手段,是提高销售的有效工具,是考核客户经理的标准尺度之一。

一、日常礼仪及行为规范要求

1. 服务形象

(1) 着装

① 男女职员必须着职业套装(行服)。男职员必须以浅色、素色衬衣搭配领带,着深色西裤及深色鞋袜,配深色西装外套,注意鞋袜颜色不得浅于西裤。

视野拓展 1.3

男士的着装

人靠衣服马靠鞍，看脸时代也是看外包装时代。在众多服饰中，西装通常是现在公司企业从业人员、政府机关从业人员，在较为正式的场合男士着装的一个首选。西装的穿着，有其自身的要求。

1. 穿西装的三方针

（1）三色原则

穿西装正装时，全身上下的颜色不能多于三种。

（2）三一定律

鞋子、腰带、公文包三个要件应该是同一个颜色，并且应该首选黑色。

（3）三大禁忌

① 袖子上的商标必须拆掉。

② 出席非常正式的场合忌脱下西装挽起衬衫的袖子。

③ 忌袜子出现问题。一是不穿白袜子，要穿深色袜子；二是不穿尼龙丝袜，要穿棉袜或者毛袜。

2. 五个细则

穿西装时还有细则要求。

（1）衣扣的系法

① 单排扣西装的扣子的系法：下面那粒扣子永远不系。

② 两个扣的系法：下面可不系。

③ 三粒扣、四粒扣的系法：下面那个不系或最上面的扣子不系，这是比较时尚的穿法。

④ 只是下面那粒扣子不系。

⑤ 不要所有的扣子都不系。

（2）西装口袋里面放的东西越少越好

西装上衣，下面两侧口袋里面原则上是不装东西的，东西只装在内兜里，如装笔、名片。

（3）衬衫的穿法

衬衫只能穿一件。在正式场合穿的衬衫，应为白衬衫，单色的，没有过多图案的，格子的、条纹的之类尽量少穿，彩色的一般不要穿。长袖衬衫是正装，短袖衬衫则是休闲装，后者不宜用来搭配西装。长袖衬衫里面要穿内衣、背心的时候，要注意，领型要选 U 形或者 V 形，不能使之露出来。如果打领带的话，上面扣子要系上。不打领带的话，衬衫上面那个扣子可以不系。如果是 T 恤配休闲装也可以，但是配正装就不可以。

（4）领带及配饰

领带可打可不打，穿套装一定是要打领带的，不穿套装是可以不打领带的，不穿西装是绝对不打领带的。领带一般要注意颜色。正式场合最好选单一颜色，不要有花纹。可以和西装一个颜色，比如蓝西装打蓝色的领带，灰色的西装打灰色的领带。此外还可以选紫红色领带，比较庄重而热情。艳色领带，如粉的、白的、绿的，尽量少打，领带如果有图案的也可以，但是图案要简洁，格子、条纹、点最佳。不要让领带上面色彩纷呈。

（5）领带夹的用法

讲究的男士在重要场合，饰物要少而精。穿西装时，手表与包是最重要的饰物。领带夹可用可不用。一般时尚的穿法，是不用领带夹的。

② 女职员着职业套装 女职员搭配与正装协调的皮鞋，所穿鞋子要前包，即不露趾。穿裙装时必须配肤色丝袜，无破损。正装衣物必须平整、清洁，领口、袖口无污迹，上装口袋不放物品。

视野拓展 1.4

女士的着装

女士决定该穿哪套服装出门,不是因喜好或情趣,也不是希望打扮得漂亮出众,而是依据今天到哪里去,去做什么,希望得到什么,即国际通用的着装规范——TPO 原则,TPO 是三个英语单词的缩写,分别代表时间(Time)、地点(Place)和场合(Ocasion),具体就是着装要符合时间、地点和场合,不同场合的服装有不同的着装特点。

1. 职业装

较为正式的场合,应选择正式的女性职业套服;较为宽松的职业环境,可选择造型感稳定、线条明快、富有质感和挺括的服饰,以较好地表现职业女性的职业能力。服装的质地应尽可能考究,色彩应纯正,不易皱褶。服装应以舒适、方便为主,以适应整日的工作强度。

办公室服饰的色彩不宜过于夺目,以免干扰工作环境,影响整体工作效率。应尽量考虑与办公室的色调、气氛相和谐,并与具体的职业分类相吻合。袒露、花哨、反光的服饰是办公室服饰所忌用的,服饰款式的基本特点是端庄、简洁、持重和亲切。

2. 外出职业装

服装款式应注重整体和立体的职业形象,注重舒适、简洁、得体,便于走动,不宜穿着过紧或宽松、不透气或面料粗糙的服饰。正式的场合仍然以西服套裙最为适应;较正式的场合也可选用简约、质地好的上装和裤装,并配以女式高跟鞋;较为宽松的场合,虽然可以在服装和鞋的款式上稍作调整,但切不可忘记职业特性是着装标准。

外出工作,最忌着装具有强烈的表现欲,这是需要努力克制和避免的。色彩不宜复杂,并应注意与发型、妆容、手袋、鞋相统一,不宜咄咄逼人,干扰对方视线,甚至造成视觉压力。所用饰品则不宜夸张。手袋宜选择款型稍大的公务手袋,也可选择优雅的电脑笔记本公文手袋,表现女性自信、干练的职业风采。

(2)发型

要保持头发洁净,清爽整齐,不染异色头发。男职员必须理短发,发型轮廓要分明,做到前发不覆额、侧发不掩耳、后发不及领;女职员可留各式短发,长发须束起或夹起,不能散开。

(3)面部

男职员面部保持整洁,及时刮理胡须和鼻毛;女职员须化职业淡妆。

2. 仪态礼仪

仪态是指人在活动中各种身体姿势的总称,人们通过各种姿势的变化来互相沟通,对人的评价往往就来源于对他一言一行、一举一动的观察和概括,因此,在面对客户的服务过程中,优雅的仪态会给客户一种美的享受。

(1)微笑

与客户接触时要与对方保持正视的微笑,即眼睛要正视对方,同时坦然接受对方的目光。微笑应贯穿礼仪行为的整个过程,以提升营销人员的亲和力。

视野拓展 1.5

原一平的亲和力

日本的保险销售之神原一平应该是一个代表人物。原一平身高 1.5 米多,相貌也极其一般,外观的弱势给他的销售工作带来了一定的困难,虽然他非常努力,每天都拜访 40 名客户,但几个月下来他还是没有成交。有一次他去一家寺院推销保险,寺院的主持说,"就你现在的样子,我是不会买你的保险的,你满脸的焦虑、疲惫,没有任何快乐的成分,我怎么敢向你买保险呢?"

原一平被老和尚的话点醒了，回去他就刻苦地练习微笑。有一段时间，他因为在路上练习大笑，而被路人误认为神经病；也因练习得太入迷，半夜常在梦中笑醒。历经长期苦练之后，他可以用微笑表现出不同的情感反应，也可以用自己的微笑让对方露出笑容。后来，他把"笑"分为38种，针对不同的客户，展现不同的笑容，并且深深体会出，世界上最美的笑就是发自内心的真诚笑容，如婴儿般天真无邪，散发出诱人的魅力，令人如浴春风，无法抗拒。

(2) 目光

与客户接触时要保持目光接触。一个良好的交际形象，目光是坦然、亲切、和蔼、有神的。特别是在与人交谈时，目光大部分时间应注视着对方，不应该躲闪或游移不定。正确的目光是自然地注视对方眉骨与鼻梁三角区，不能左顾右盼，也不能紧盯着对方；道别或握手时，应该注视着对方的眼睛。

(3) 站姿

站姿要挺直，抬头目视前方，肩平，双臂自然下垂，收腹，双腿并拢直立，脚尖分呈V字形，身体重心放到两脚中间，也可两脚分开，比肩略窄，双手合起，放在腹前或背后。

服务中在站立时间较长的情况下，为缓解疲劳可以采用一些变化的站姿，但在变化中力求姿态优雅，勿给人以懒散的感觉。例如，可将身体的重心向左或右腿转移，让另一条腿放松休息。但如有客户走近，应立即恢复标准站姿。

(4) 坐姿

轻轻入座，一般坐满椅子的2/3，后背轻靠椅背，双膝自然并拢（男性可略分开）。对坐谈话时，身体稍向前倾，表示尊重和谦虚。如果长时间端坐，可将两腿交叉重叠，但要注意将腿向回收。

(5) 蹲姿

一脚在前，一脚在后，两腿向下蹲，前脚全着地，小腿基本垂直于地面，后脚跟提起，脚掌着地，臀部向下。

(6) 行姿

从容、轻盈、稳重。基本要求：方向明确，步幅适度，速度均匀，身体协调。

3. 语言

常用的礼貌用语有：请、对不起、麻烦您……劳驾、打扰了、好的、是、清楚、您好、某先生或小姐、欢迎、贵公司、请问、哪一位、请稍等、抱歉……没关系、不客气、见到您很高兴、请指教、有劳您了、请多关照、非常感谢、谢谢、再见（再会）。根据客户和环境情况也可适当使用方言。

4. 会客入座

一般将上座礼让客户和他人。见图1.1所示A座为上座。

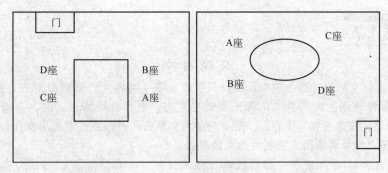

图1.1 会客入座图

二、接待客户的礼仪要求和行为规范

1. 迎接客户

① 迎接客户前准备好所有的资料，了解客户基本信息，记住客户的姓名、称谓，随身携带名片，并事先为客户准备好茶水。

② 客户经理应主动迎接客户。客户经理邀请的钻石级（含）以上客户来访时，客户经理应主动出门迎接，引导进入理财中心时应让客户先行，保持1米距离左右。对白金级客户可根据重要程度及手头工作情况选择是否出门接待。

视野拓展1.6

握手礼仪

1. 位尊者有决定权

握手讲究"位尊者有决定权"，即由位尊者决定双方是否有握手的必要。在不同场合，"位尊者"的含义不同。

上下级关系中，上级应先伸手，以表示对下级的亲和与关怀；主宾关系中，主人宜先伸手以表示对客人的欢迎；根据年龄判断时，年长者应主动伸手以表示对年轻同事的欣赏和关爱；根据性别判断时，女性宜主动伸手，以表示大方、干练的职业形象；根据婚姻情况做出判断时，已婚者应向未婚者先伸手以表示友好。在送别客人时，应由客人先伸手告别，避免由主人先伸手而产生逐客之嫌。

2. 握手细节

无论在哪种场合，无论双方的职位或年龄相差有多大，都必须起身站直后再握手，坐着握手是不合乎礼仪的。握手时上身应自然前倾，行15°欠身礼。手臂抬起的高度应适中。

握手时必须用右手，即便是习惯使用左手的人也必须用右手来握手，这是国际上普遍适用的原则。握手时伸出的手掌应垂直于地面，手心向下或向上均不合适。握手时应掌心相握，这样才符合真诚、友好的原则。

握手的时间不宜过长或过短，两手交握3~4秒，上下晃动最多2次是较为合适的。一触即把手收回，有失大方；握着他人的手不放则会引起对方的尴尬。握手的力度能够反映出人的性格。太大的力度会显得人鲁莽有余、稳重不足；力度太小又显得有气无力、缺乏生机。因此，建议握手的力度把握在使对方感觉到自己稍加用力即可。

在握手的过程中，假如你的眼神游离不定，他人会对你的心理稳定性产生怀疑，甚至认为你不够尊重他。握手的同时给对方一个真诚的微笑，会使气氛更加融洽，使握手礼更加圆满。

视野拓展1.7

交换名片

① 递名片应起身站立，走上前去，使用双手或者右手将名片正面对着对方，递给对方。若对方是外宾，最好将名片印有英文的那一面对着对方。将名片递给他人时，应说"多多关照""常联系"等语话，或是先作一下自我介绍。与多人交换名片时，应讲究先后次序，或由近及远，或由尊至卑进行。位卑者应当先把名片递给位尊者。

② 接受名片：a. 他人递名片给自己时，应起身站立，面含微笑，目视对方。b. 接受名片时，双手捧接，或以右手接过。不要只用左手接过。c. 接过名片后，要从头至尾把名片

认真默读一遍，意在表示重视对方。d. 最后，接受他人名片时，应使用谦词敬语，如，"请多关照"等。

③ 互换名片时，应用右手拿着自己的名片，用左手接对方的名片后，用双手托住。遇到难认字，应事先询问。在会议室如遇到多数人相互交换名片时，可按对方座次排列名片。会谈中，应称呼对方的职务、职称，如"×经理""×教授"等。无职务、职称时，称"×先生""×小姐"等，尽量不使用"你"字，或直呼其名。互换名片时，也要看一遍对方职务、姓名等。

2. 客户面谈

① 与客户面谈时要充分了解客户信息。客户经理应尽量在与客户的往来中收集客户的信息。

接受客户名片时，应留意客户名片上的手机、电子邮箱等信息，若名片上未写明，应想办法获取。与客户交流时，应注意了解客户的爱好、生日（注意区分是公历还是农历生日）、子女等信息，以便后续客户关系的维护。

② 客户面谈时要充分聆听客户需求并携带笔记本进行登记。当我们聆听时，要目视对方，全神贯注，注意及时用微笑、点头等动作表示同意，并且要适时地通过"嗯""是"等短语让对方充分了解你在认真聆听。

③ 根据客户需求做金融产品推荐，按照营销指引介绍产品，注意用语规范，按照语言脚本以及产品销售技巧向客户进行推荐。

④ 在与客户交谈过程中，要将手机调整为振动或无声状态。

⑤ 需要暂时离开座位或接电话时应向客户说明，请示客户同意后方可离开或接电话。

3. 送别客户

① 送别客户时应主动为客户开门，待客人走出后，再紧随其后。

② 可在适当的地点与客人握别，对于白金级客户可送至理财室门口或支行门口，钻石级（含）以上客户可送至支行门口或停车场等。

③ 在送别客户后，客户经理应向白金级（含）以上客户发送短信表示感谢。若为第一次见面，则应在短信中向客户说明自己是其专属理财经理，客户若有问题可向自己咨询。

4. 后续服务

① 客户经理在接待完客户后，应在信息平台更新联系计划，记录沟通结果，记录客户需求，对有需求的客户拟好下一次联系计划。同时，将收集到的客户信息在信息平台的客户信息表中进行更新。

② 对达成销售的客户要进行销售感谢、产品确认、产品信息告知等工作。

三、拜访客户的礼仪要求和行为规范

① 拜访客户前应事先通知对方，并约好会面时间和会面地点，应尽量避免突然造访。

② 约好拜访时间后，应准时赴约，提前15分钟在门口等候，不要过早到或迟到。若因紧急事由不能如期赴约的，要尽快通知对方，并致歉。

③ 访谈应提高效率，达到沟通交流目的即可，应避免过多打扰对方。

④ 拜访完客户当天晚上需要发送短信或致电给客户表示感谢。对白金级客户发送短信表示感谢，对钻石级（含）以上客户可视情况致电或发送短信表示感谢。若为第一次见面，则应在短信中向客户说明自己是其专属理财经理，客户若有问题可向自己咨询。

⑤ 拜访完客户应该在信息平台更新联系计划，记录沟通结果和客户需求，对有需求的客户拟好下一次联系计划。同时，将收集到的客户信息在信息平台的客户信息表中进行更新。

⑥ 对拜访的客户所提出的需求，应在第二天答复办理情况。

四、给客户打电话的礼仪要求和行为规范

① 给客户打电话前准备好此次打电话的内容，制定沟通交流的目的，了解客户的基本信息及资产信息，确定客户称谓。

② 打电话时，保持语速平缓，声音甜美，称呼对方后介绍自己，具体按照网点标准语言脚本执行。客户不在时，咨询对方何时回电话比较方便；客户很忙时，向客户表示打扰了，咨询何时回电话比较方便，然后再回电。与客户约好时间回电的，一定要准时，不能过早或过迟，切忌不回电（可借助个人手机提醒功能）。

③ 电话结束后需要在信息平台更新联系计划，记录客户需求。

④ 打电话时要简明，尽量不要在电话中详细介绍产品，做简单推荐即可，邀请客户来金融机构详细了解。若客户不感兴趣，记录客户需求。

⑤ 给客户第一次致电时，不要介绍产品，应向客户问候，介绍自己是对方的专属客户经理，以后有什么需求可以直接找自己。电话结束后，给客户短信表示感谢，告知自己的联系方式。

五、给客户发送短信的礼仪要求和行为规范

① 向客户发送短信要遵守短信规范要求，严格按照公文规范形式、短信模板、语言规范、发送时间和对象等要求执行。

② 向客户发送短信必须使用统一的短信平台或者信息平台的短信发送功能发送。特殊情况如接待客户及拜访客户后，或第一次致电给客户后，可以用自己的手机向客户发送感谢短信。

利用短信平台发送短信注意安排好节假日的短信订制。

③ 客户经理必须按时转发按要求发送的产品营销短信，以提高产品宣传和品牌宣传。

六、给客户发送信函的礼仪要求和行为规范

信函主要是指与客户书面的沟通，客户经理使用的信函主要包括活动邀请函、生日贺卡、各种贺信、感谢信、网点转型标准信函要求的贵宾业务介绍、告知客户归属、客户经理变更等。

信函使用规范的总体要求和规范有以下四点。

① 信函的内容一般由抬头、启词、正文、祝词、落款以及附言等几部分组成。若提前未打印姓名的标准信函，抬头可以先印好"尊敬的××女士/先生"的称谓，手工填写客户姓名；若直接打印客户姓名的，则抬头必须使用准确的称谓。落款包括金融机构（支行）和客户经理的署名和日期。

② 使用金融机构（支行）统一的信封和信纸。

③ 活动邀请函为客户确认参加活动后，向客户发送邀请函，部分活动有门票、优惠票的可以将其跟邀请函一起发送，如需要凭邀请函参加的活动请提示客户携带相应资料。

④ 生日贺卡。有需要的重点客户可以寄送生日贺卡，可以参照短信模版的内容，或者自行设计生日贺卡。

视野拓展 1.8

宴席礼仪

主人应提前到达,在靠门位置等待,并为来宾引座。如果是被邀请者,那么就应该听从东道主安排入座。

一般来说,如果领导出席的话,应该将领导引至主座,请最高级别的客户坐在主座左侧位置。除非这次招待对象的领导级别非常高。

忌讳点菜时问服务员菜肴的价格,或是讨价还价,这样会让你公司在客户面前显得小家子气,而且客户也会觉得不自在。

如果领导在酒席上,千万不要因为尊重他,或是认为领导应酬经验丰富,酒席吃得多,而让他来点菜,除非是领导主动要求,否则会令人觉得不够体面。

如果你是赴宴者,点菜时就不要太过主动,而应让主人来点菜。如果对方盛情要求,你可以点一个不太贵又不是大家忌口的菜。记得征询一下桌上人的意见,特别是问一下"有没有哪些是不吃的"或是"比较喜欢吃什么"?让大家感觉被照顾到了。点菜后,可以请示"我点了菜,不知道是否合几位的口味""要不要再来点其他的"等等。

对客人不要反复劝菜,可向对方介绍菜的特点,吃不吃由他。有人喜欢向他人劝菜,甚至为对方夹菜。客人没这个习惯,你要是一再客气,没准人家会反感。

一、主人举杯示意,宴席开始。
① 嘴里的骨头和鱼刺不要吐在桌子上,可用餐巾掩口,用筷子取出来放在碟子里。
② 掉在桌子上的菜,不要再吃。
③ 进餐过程中不要玩弄碗筷,或用筷子指向别人。
④ 不要用手去嘴里乱抠,用牙签剔牙时,应用手或餐巾掩住嘴。
⑤ 用餐结束后,可以用餐巾、餐巾纸或服务员送来的小毛巾擦擦嘴,但不宜擦头颈或胸脯。
⑥ 餐后不要不加控制地打饱嗝。
⑦ 在主人还没示意结束时,客人不能先离席。

二、众欢同乐,切忌私语

大多数酒宴宾客都较多,所以应尽量多谈论一些大部分人能够参与的话题,得到多数人的认同。因为个人的兴趣爱好、知识面不同,所以话题尽量不要太偏,避免唯我独尊,天南海北神侃,出现跑题现象,而忽略了众人。特别是尽量不要与人贴耳小声私语,给别人一种神秘感,往往会产生"就你俩好"的嫉妒心理,影响宴席的效果。

三、瞄准宾主,把握大局

大多数酒宴都有一个主题,即喝酒的目的。赴宴时首先应环视一下各位的神态表情,分清主次,不要单纯地为了喝酒而喝酒,而失去交友的好机会,更不要让某些哗众取宠的酒徒搅乱东道主的意思。

四、语言得当,诙谐幽默

酒桌上可以显示出一个人的才华、阅历、修养和交际风度,有时一句诙谐幽默的语言,会给客人留下很深的印象,使人无形中对你产生好感。所以,应该知道什么时候该说什么话,语言得当、诙谐幽默很关键。

五、劝酒适度,切莫强求

在酒桌上往往会遇到劝酒的现象,有的人总喜欢把酒桌当战场,想方设法劝别人多喝几杯,认为不喝到量就是不实在。

① "以酒论英雄",对酒量大的人还可以,酒量小的就犯难了,有时过分地劝酒,会将原有的朋友感情完全破坏。

② 敬酒有序，主次分明。敬酒也是一门学问。一般情况下敬酒应以年龄大小、职位高低、宾主身份为序，敬酒前一定要充分考虑好敬酒的顺序，分明主次。如果与不熟悉的人在一起喝酒，也要先打听一下身份或是留意别人如何称呼，这一点心中要有数，避免出现尴尬或伤感情的局面。

敬酒时一定要把握好敬酒的顺序。有求于席上的某位客人时，对他自然要倍加恭敬，但是要注意，如果在场有更高身份或年长的人，则不应只对能帮你忙的人毕恭毕敬，也要先给尊者长者敬酒，不然会使大家都很难为情。

敬酒原则：
① 主人敬主宾。
② 陪客敬主宾。
③ 主宾回敬。
④ 陪客互敬。顺时针敬酒，领导相互喝完才轮到自己敬。
⑤ 可以多人敬一人，绝不可一人敬多人，除非你是领导。
⑥ 自己敬别人，如果不碰杯，自己喝多少可视情况而定。
⑦ 自己敬别人，如果碰杯，一句"我喝完，你随意"，方显大度。

第三节
客户经理制度

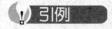

没有规矩，不成方圆

合格率的检查制度

"二战"期间，美国空军降落伞的合格率为99.9%，这就意味着从概率上来说，每一千个跳伞的士兵中会有一个因为降落伞不合格而丧命。军方要求厂家必须让合格率达到100%才行。

厂家负责人说他们竭尽全力了，99.9%已是极限，除非出现奇迹。

军方就改变了检查制度，每次交货前从降落伞中随机挑出几个，让厂家负责人亲自跳伞检测。

从此，奇迹出现了，降落伞的合格率达到了百分之百。

付款方式

英国将澳洲变成殖民地之后，因为那儿地广人稀，尚未开发，英政府就鼓励国民移民到澳洲，可是当时澳洲非常落后，没有人愿意去。英国政府就想出一个办法，把罪犯送到澳洲去。

这样一方面解决了英国本土监狱人满为患的问题，另一方面也解决了澳洲的劳动力问题，还有一条，他们以为把罪犯都送走了，英国就会变得更美好。英国政府雇佣私人船只运送犯人，按照装船的人数付费，多运多赚钱。

很快政府发现这样做有很大的弊端，就是罪犯的死亡率非常之高，平均超过了百分之十，最严重的一艘船死亡率达到了惊人的百分之三十七。

政府官员绞尽脑汁想降低罪犯运输过程中的死亡率，包括派官员上船监督，限制装船数量等等，却都实施不下去。最后，他们终于找到了一劳永逸的办法，就是将付款方式变换了一下：由根据上船的人数付费改为根据下船的人数付费。船东只有将人活着送达澳洲，才能赚到运送费用。

新政策一出炉，罪犯死亡率立竿见影地降到了百分之一左右。后来船东为了提高生存率还在船上配备了医生。

启发思考：

通过以上两则小故事，分析"没有规矩，不成方圆"这句话的含义。

一、客户经理制度的内容

人人都应遵守规则,规则有两类:一类是必须遵守的强制性规则,主要由法律、法规和制度组成;另一类是鼓励遵守的自律性规则(实际上也是应该遵守的),主要由行业协会制定的相关规则组成。"以法为鉴可以晓规则"。

没有规矩不成方圆,对于一个企业来说,更是如此。一套高效科学、行之有效的管理制度,可以让这个组织的管理更有序,企业的资源也会得到合理地利用。

【教学互动】1.2

如何选择

有一天,一个火车司机,开着一个火车头在预定的轨道上飞驰前进,在轨道的尽头,突然发现五个工人在轨道上工作。于是司机尝试刹车,但力不从心,刹车失灵了,汽笛也坏了。他感到非常绝望,知道如果冲向这五个工人,他们必死无疑。

这时,他看到在轨道的右侧上有一条侧轨,并在该轨道的不远处,只有一个工人在那条轨道上工作。

他可以把车转向,转到岔道撞死这名工人,但挽救了那边五个人。如果不这样做,这五个工人的生命则葬送在他的手中。

问:如果你是这名司机,你将如何选择?为什么?

答:世界上的一切都必须按照一定的规矩秩序各就各位,人类的一切活动都与制度有关。制度能够维护公正、公平、激励、奖励。如果有人违反了制度规定,而不予处罚,甚至处罚那些遵守制度规定的人,显然有失公允。

客户经理制度是近年来我国金融行业新兴的以向客户提供高品质、全方位金融服务为内涵的业务拓展模式。客户经理制度是一种经营的机制,是现代金融企业管理的一种理念,是金融企业为适应市场和客户需求变化以客户经理为主体所进行的组织结构设计和营销制度安排。以商业银行为例,商业银行分为决策机构和执行机构。

(一) 商业银行的执行机构

商业银行的执行机构主要是商业银行的业务部门和职能部门。

1. 商业银行的业务部门(如图1.2A部分)

商业银行的业务部门是由市场营销、前台处理和后台处理组成的业务流程运行体系,分别面对由政府、金融同业、公司和个人客户组成的细分市场,并形成相对独立的业务体系。业务部门的职责是拓展市场、"销售银行"、服务客户,直接为银行创造利润。业务部门大多数是按照公司银行业务和零售银行业务两条线来设立和归并。

商业银行业务部门的职责如下:

(1) 各个业务部门被定位为利润中心,主要负责:业务部的收入;业务部门的具体战略、经营计划及相应目标;业务部门内部资源分配和协调;业务部门内部日常的人力资源管理;业务部门内部日常的营运管理。

(2) 各个业务部门必须定期上报以下重要事项:年度经营计划与关键业务指标;重要人士调动及任命;超过权限或预算的支出项目;计划进行的重大变革活动。

(3) 各业务单元的财务经理、客户经理分别向财务总临、高级信贷经理等职能部门汇报。

2. 商业银行的职能部门(如图1.2B部分)

商业银行的职能部门由管理系统和支持保障系统构成。

(1) 管理系统

商业银行有公共关系、财务管理、信贷管理、风险控制、审计法律等管理部门。商业银行管理中心不直接从事业务操作,跟业务系统是分离的,只是负责对业务系统进行目标设立、检查、评估、考核、管理和控制,主要职责体现在制定规章制度、制定业务服务标准和规范、制定工作指引、检查督导全行各业务系统等。

(2) 支持保障系统

支持保障系统包括信息技术、人力资源、研究与发展、后勤保障等部门。从节省成本和提高服务效率的角度出发,越来越多的银行开始将支持保障系统中的部门镶嵌到各业务系统中去。

商业银行职能部门职责如下:

(1) 制定人力资源、财务渠道、营运等政策;
(2) 稽核各个业务部;
(3) 确定业务部的总体发展目标;
(4) 审批经营计划和人事任命;
(5) 评估各业务部业绩。

(二) 商业银行的决策部门

商业银行"统帅三军"的决策指挥系统是银行的董事会和负责日常管理的行长班子及执行机构。各银行在其董事会内和行长室下各设有若干委员会。这些委员会有些是专业政策和事项的最后决定者,有些是执行层面上的组织者、协调者和执行者,如图1.2所示。

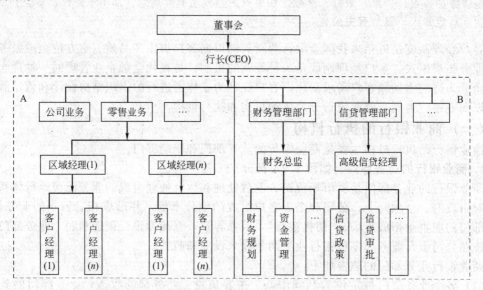

图1.2 商业银行客户经理制度构架

(三) 商业银行决策部门和执行部门的关系

商业银行决策指挥系统统领商业银行的各个系统,如总行领导层及相关部门被定为为战略中心、政策中心及管控中心,负责确定前台业务部总体方向并提供业务指导和监控,商业银行部门设置、业务配合如图1.3所示。主线是业务拓展系统,这是银行生存和发展的基石;管理系统是业务部门的"制动"系统,负责用专业眼光建议甚至决定哪些事情该做,哪些事情不该做,评价哪些事情做得妥当,哪些做得不妥当;支持保障系统是业务部门的"加油"系统。三条线职责明晰，分工清楚，各自都努力以服务者的身份做好本职工作，既服务于客户，又服务于行内其他部门和相关的机构。

图1.3　商业银行决策部门和执行部门的关系

 二、客户经理的选聘

1. 客户经理的选拔标准

客户经理是面向市场、为客户提供金融服务的专门人才，应具备以下基本条件。

① 良好的道德品质

② 具有一定的学历

③ 丰富的知识储备

银行产品和服务的专业化要求客户经理必须具有丰富的专业知识积累，熟悉并掌握金融法律法规及金融管理规定，了解国内外市场基本动向，掌握相关专业知识。

④ 全面的业务能力

合格的客户经理应该能满足客户多方面的需求，既能提供传统的结算、存款、贷款业务，又能提供现代银行理财等多样化的金融服务。

⑤ 高超的公关艺术

优秀的客户经理应该能够在为原有客户提供优质服务的同时，不断地挖掘新客户，为银行的可持续发展提供源源不断的客户群体。因此，客户经理需要具备丰富的社交经验和公关能力，有灵活机变的谈话技巧，这样才能拉近与客户心理距离，在银行与客户之间架起合作的桥梁。这样的能力与素质需要在不断的实践中去磨炼积累。

⑥ 良好的职业形象

客户经理是银行形象的代言人。客户经理的言谈举止会影响银行在客户心目中的形象。因此，客户经理在与客户交往时要做到彬彬有礼、温文尔雅，这样才能产生亲切感、亲和力，取得客户的信任和信赖。

2. 客户经理的选拔程序与途径

选拔、招聘金融客户经理一般可以从内部招聘、对外招聘和高校选拔三种渠道和途径进行。

(1) 内部招聘

①内部公开招聘；②择优选聘；③内部晋升；④内部培养。

(2) 对外招聘

对外招聘是指从金融企业外部招聘选拔金融客户经理，主要方式有：①广告招聘；②猎头公司猎取；③内部员工引荐。

(3) 从高校毕业生中选拔

根据金融客户经理的层次要求，从高等学校毕业生包括专科、本科、研究生中选聘金融客户经理，是一个非常重要的途径，每年高校毕业生人数众多，优秀人才济济，从这些毕业生中可以挑选到很多优秀的、有很大发展潜力的金融客户经理人选。

通常来说，金融客户经理的选聘包括三个程序：①笔试；②心理测试；③面试。

三、客户经理的激励机制

金融客户经理的激励机制体现在物质和精神激励两大方面,主要激励措施包括以下几点。

① 注重金融客户经理的职业生涯管理和职业价值
② 目标激励
③ 薪资福利的激励

薪资福利是激励机制中的根本性条件,是现实货币收益和预期收益的总和,具体包括股权激励、年薪制激励、弹性福利制度和奖励旅游激励等。

④ 精神文化激励
　a. 培育自主创新和注重团队精神的企业文化。
　b. 造就学习型组织和学习型个人。
⑤ 组织激励
　a. 充分授权,委以重任,提高金融客户经理的参与感。
　b. 实施自我管理。
⑥ 工作激励
　a. 工作环境激励。
　b. 提供挑战性工作。
　c. 采取宽容式管理。

四、客户经理的主要工作内容

(1) 开发客户,营销产品

客户经理应积极主动并经常与客户保持联系,及时发现并引导客户需求。

(2) 内部协调

客户经理应发挥协调中心的作用,引导客户的每一笔业务在银行中顺畅、准确的完成。

(3) 制定业务合作方案

客户经理按照商业化经营原则,与客户洽谈合作内容,起草银企合作协议,报有权审批人批准,签订合作协议。

(4) 监测客户

了解国家产业政策、产品市场信息,密切跟踪客户的经营情况,及时发现客户风险,分析风险产生的原因,适当调整客户营销方案,制定相应的风险防范措施。

五、客户经理工作制度

(1) 报告制度

客户经理应定期或不定期地访问客户,了解客户的经营状况及对银行各项业务和服务的需求,听取他们的意见和建议。访问情况应每月向主管领导汇报一次。对客户急需的业务需求以及重大意见和建议,应随时向领导汇报。

(2) 例会制度

各级客户部门应每月组织一次客户经理会议,总结交流工作经验,研究、解决客户提出的意见和建议,协调处理客户经理工作中遇到的问题,制定加强客户营销和改进客户服务的措施。

(3) 信息反馈制度

对客户提出的各种需求、意见和建议，客户经理要通过口头或书面的形式及时反馈受理情况，通报处理结果。

（4）工作日志制度

客户经理要将每天的工作情况、遇到的问题及处理结果、客户提出的意见和建议记入工作日志。客户部门负责人应定期或不定期对客户经理的工作日志进行检查。

六、客户经理的考核

1. 完善绩效考核体系

为全面评价客户经理的工作绩效，应根据不同岗位的职责要求，以销售业绩为核心，从销售业绩、服务质量与内控合规等多个方面，科学设定金融企业客户经理绩效考核指标。以个人客户经理为例，绩效考核指标可分为业务量指标、过程性指标、行为态度指标等类型。业务量指标主要衡量客户经理完成的产品销售数量或客户发展数量；过程性指标主要衡量客户经理完成职责要求和实现销售业绩过程中的工作成效和质量；行为态度指标主要衡量客户经理工作过程中所应具备的能力素质和工作态度。

（1）考核的原则

金融客户经理的考核应体现客观、公正、合理、公开、制度化、全方位、重实绩的原则，做到权责对等、兼顾合作与竞争、兼顾短期目标与金融企业长期利益、兼顾激励与约束，考核结果要和奖罚挂钩。

（2）考核内容

对金融客户经理的考核可包括绩效、行为指标和能力指标三方面，并按照主次要求对三个方面的基本指标分别确定权重。基本上可以按以下要求设置。

① 绩效方面的考核应占较大的权重。考核包括：工作任务指标完成情况、完成质量、工作强度和工作效率。考核的内容应包括业务的规模、质量、信息反馈和业务办理速度等。

② 行为方面应包括敬业精神、工作态度和客户的满意度。具体内容可设立客户评价、纪律性、协调性、责任感、积极性等指标。

③ 能力方面可设立公关能力、市场竞争和营销能力、新产品开发和推广能力、客户分析能力等考核指标。

（3）考核方式和方法

对金融客户经理的考核是综合评定金融客户经理的业绩，应做到日常考核与定期考核相结合，定量考核与定性考核相结合。具体体现在五个方面。

① 常规考核和非常规考核。

② 现场考察与非现场考察。

③ 定期考察与随机抽查相结合。

④ 全面考核和重点考核相结合。全面考核是指对金融客户经理各方面的工作及表现进行全方位的考核，重点考核是为提高考核效率，各金融企业在全面考核的基础上，有针对性地对重点人员、重点环节进行重点考核，使影响金融企业客户经理制度稳健经营的关键因素得到有效的控制。

⑤ 外部考核与内部自律相结合。金融客户经理的外部考核主要是法律手段、行政手段、经济手段。在市场经济成熟的国家，金融企业考核高度法制化，考核者和被考核者都必须受到法律约束。

（4）考核程序

对金融客户经理考核的程序包括如下几个步骤。
① 制订计划。制订的考核计划包括目的、原则、内容和时间。
② 技术准备。确定考核方法、制订考核标准和培训考核人员。
③ 收集信息资料。考核信息必须注意随时收集、准确全面，并形成制度。
④ 分析评价。对同一项目的考核结果进行综合评价。
⑤ 考核结果的使用。

2. 坚持以"人"为本

健全以人为本的客户经理内在式自主管理模式，充分尊重客户经理个性要求和发展，更多地考虑员工的长远发展，即如何为员工的职业生涯勾勒出完整的前景图，以利于员工的职业战略经营，并在决策上发扬民主，在管理上激发员工参与。弘扬舍我其谁、勇争一流的进取精神，营造比学赶帮的良好氛围。

七、客户经理的培训

培训是指为适应各种业务工作的需要，采用补习、进修、考察等方式，对金融客户经理进行有计划的培养和训练。

1. 金融客户经理培训的内容

要加强金融客户经理培训、提高培训质量，必须确定有针对性的培训内容。要围绕金融客户经理的现状及日常实践操作的需要，设计培训课程。

(1) 金融企业整体运作概况
① 金融企业的金融产品开发和金融服务的性能及特点。
② 整体业务运作程序和具体的每一项金融产品和金融服务的业务程序。
③ 金融企业基础业务知识，包括会计业务、国际业务、信贷业务、银行结算、中间业务、证券业务、保险业务等。
④ 同业经营特色，主要金融产品和金融服务，与本金融企业的比较优势等。

(2) 各项相关业务
① 投资理财业务知识。针对不同行业、不同客户设计金融产品的方法，如存款结构设计、贷款结构设计、结算工具设计、投资组合设计等。
② 市场营销知识。主要包括：与客户接洽中增强沟通的公关技能、与客户谈判的技巧、与人沟通的方法等。
③ 经济法律、法规。重点是与金融企业经营管理密切联系的金融法律、法规，如：《中华人民共和国中国人民银行法》《中华人民共和国商业银行法》《中华人民共和国票据法》《中华人民共和国担保法》《贷款通则》《中华人民共和国民事诉讼法》等。
④ 企业经营管理知识。金融客户经理要了解企业经营管理的相关知识，如公司治理、企业项目管理、企业会计报表分析、企业的市场前景分析、行业市场分析等。
⑤ 电脑操作运用。学会科学管理客户信息，掌握相关的办公自动化技术等。

(3) 金融客户经理的职业道德教育

通过强化金融客户经理的职业道德教育培训，提高金融客户经理的政策水平，加强金融企业文化教育，培养其爱岗敬业的工作作风，并不断强化金融客户经理的廉洁奉公的思想品德，防止其道德风险对金融企业利益的危害。

2. 金融客户经理培训的形式

(1) 集中培训

集中培训是对金融客户经理采取的最主要培训方式，具体形式包括：传统授课式的培训；全封闭式的军事化培训；交流式的培训；操作式的培训。

（2）考察学习培训

通过参加有关部门组织的相关学术研讨会，金融系统的客户经理经验交流会等多种途径，通过现场考察、观摩学习，汲取先进单位的先进经验与做法。

（3）跟班式的培训

对刚加入金融客户经理队伍、经验不足的金融客户经理，可由经验丰富、水平较高的金融客户经理采取师傅带徒弟的方式，让其进行跟班式的培训，在日常工作中的各个环节进行言传身教，让新手与优秀的金融客户经理一道去真正面对市场客户，现场学习实战经验。

3. 金融客户经理培训的组织形式

（1）初级金融客户经理培训的组织形式

对初级金融客户经理的培训，主要是根据培训的金融客户经理业务知识较薄弱、实践经验较少等状况，集中培训。在培训内容方面着重专业知识的基础性培训，这种培训方式具有简单、直观性，属于技能培训。

（2）高级金融客户经理培训的组织方式

高级金融客户经理可组织境外学习考察，如商业银行组织相关人员到花旗银行、汇丰银行考察，汲取他人的先进经验；另外可进行远程网络教育培训，培训内容侧重于高层次、前瞻性、更新性和谋略性方面，并且要不断提高、创新培训要求。

视野拓展 1.9

××银行客户经理等级管理办法

为完善我行市场营销体制，加强对客户经理的管理，提高客户经理队伍的整体素质和展业能力，充分调动和激发客户经理的工作积极性、主动性、创造性，形成有效的竞争和激励机制，促进各项业务的持续稳定发展，更好地推进我行精细化管理与职业化建设，特制定本办法。

第一章　客户经理岗位等级设定

第一条　本办法所称客户经理是指为客户提供资产、负债、中间业务等金融服务，承担相关业务开发与客户关系管理职责的市场营销人员。客户经理是我行对外展业代表，负责开拓市场，了解客户需求，推介产品，争揽业务，同时协调、会同行内有关部门为客户提供全方位金融服务，在主动防范金融风险的前提下，建立、保持与客户的长期密切联系，实现业务稳步发展，并努力降低成本，增加收益，提高经济效益。

第二条　按照"资格认定、管户对等、业绩优先、阅历适度、优胜劣汰"的原则，客户经理按年聘用，按季考核，能上能下。各级客户经理每年进行一次全面业绩考核，对达到年度规定的业绩标准，考核合格者予以聘用。客户经理实行绩效挂钩的考核奖励办法，在聘用期间，根据季度考核所达到的业绩标准，按季享受业绩奖金以及相应等级的职位工资、两费津贴以及其他福利待遇。

第三条　我行客户经理职位分为高级、一级、二级、三级、四级、见习六个等级。对由于综合能力、身体或年龄等原因，不适合一线营销工作岗位，经组织安排在各中心支行营销科从事内部资料管理等工作的内勤人员，不享受客户经理相关待遇。

第四条　客户经理职位等级与行员等级对应为：客户经理等级、行员等级、高级客户经理 5 等；一级客户经理 6 等；二级客户经理 7 等；三级客户经理 8 等；四级客户经理 9 等；见习客户经理 9 等。

第五条　客户经理实行资格认定，聘用上岗。每个岗位等级客户经理上岗前，均需达到分行对其岗位所要求的任职条件，并由分行客户经理管理小组根据其综合素质和业绩进行资格审查，合格者方可获得相应级别客户经理资格。获得客户经理资格的人员，分行可根据工作需要及其本人实际能力聘用为相应岗位的客户经理。

第六条　见习客户经理见习期为一年。

第二章　客户经理岗位条线设置与配备原则

第七条　公司客户经理指承担各类内外资产负债业务、中间业务、新产品推广、营销策划等职能，做好公司客户关系管理的营销人员。

第八条　已被聘用为高级客户经理者，对外统称"高级客户经理"；已被聘用为各岗位的客户经理，对外统称"客户经理"。

第九条　客户经理配备原则及在岗最低业务指标。

一、公司客户经理管户原则上按贷款或日均存款在 50 万元以上的客户配备。

二、公司客户经理每年在营销岗位需达到以下在岗最低及格线标准。

（一）见习公司客户经理所经管客户项下本外币日均存款余额不得低于 1000 万元［统计范围确定在单户日均余额 50 万元（含）以上的客户］。

（二）其他等级的公司客户经理所经管客户项下的本外币日均存款余额不得低于 1500 万元［统计范围确定在单户日均余额 50 万元（含）以上的客户］。

第三章　客户经理的基本职责、任职条件

第十条　客户经理的基本职责。

一、开拓市场。主动寻找、发掘潜在客户，发现并把握业务发展机会，积极向客户营销我行产品和服务。

二、客户服务。根据总分行营销目标计划，在研究市场、客户和竞争对手的基础上，选择、确定目标客户，设计对经管客户的最佳营销服务方案；主动了解客户需求，对我行的产品和服务及各种可借助的外部资源进行组合，提出解决方案并具体实施。

三、客户维护。不断跟进客户需求，检查营销效果，稳定并提高客户在我行的业务总量、综合效益和资产质量；保持与经管客户的密切联系，关注客户经营状况、信用变动状况，对可能发生的风险，及时发现和提出服务中存在的问题，主动采取措施，控制可能产生的各类风险。

四、新产品推广。按照总分行确定的新产品、新业务发展要求，加强自身培训，掌握新产品、新业务的相关知识及业务流程，制订营销计划，提出营销推广建议，迅速抢占市场份额。

五、关注收集市场信息。客户经理对市场信息要具备高度的敏感性，主动收集和分析目标客户的各种信息，并提前拟定应对措施，及时向上级分管领导反馈，争取把握市场先机。

六、日常管理。各级客户经理要定期整理、更新业务档案资料，做好日常管理工作。并对所负责的见习客户经理要做好各项业务的理论和实际操作培训，搞好"传、帮、带"工作，同时不断加深业务学习，提高自身业务素质。

第十一条　客户经理的任职条件。

具有良好的思想品质和职业道德，自觉遵守国家法律法规和我行各项规章制度、行为规范，无不良嗜好和违规违纪记录。原则上具备大学专科及以上学历或初级及以上专业技术资格，经分行模拟银行考试成绩合格。各类、各等级客户经理除必须符合以上条件外，还需具备以下素质要求和业务指标要求。

一、素质要求

（一）高级客户经理

1. 在本行连续从事营销工作 3 年以上。
2. 能独立开发重大客户，有较强的产品组合和本外币营销能力，同时应具备较强的组织协

调能力和一定的管理水平,对其他等级营销人员能给予业务上的指导。

3. 有较强的风险防范、转化能力,能及时发现问题,并具备解决疑难问题的能力。

4. 有较强的财务分析、文字表达、社会交往能力,每年应向分行就全行业务发展或行业客户分析等提交一份专题报告。

(二) 一级客户经理

1. 在本行连续从事营销工作3年以上。

2. 熟悉我行的各项产品和服务,具备较强的银行产品组合营销能力,能稳定和发展银企关系。

3. 有较强的风险防范、转化能力,能及时发现问题,并具备解决复杂问题的能力。

4. 有较强的财务分析、文字表达、社会交往能力。

(三) 二级及以下客户经理

1. 二级客户经理在本行连续从事营销工作1年以上及以下客户经理不作此项要求。

2. 熟悉我行的各项产品和服务,能稳定和发展银企关系。

3. 有较强的风险防范、转化能力,能及时发现问题、解决问题。

所有各等级客户经理除具备以上相对应的素质要求外,还应达到相对应的业务指标要求。

二、业务指标

1. 高级客户经理

(1) 必须在以下条件中同时具备两项:

① 经管客户本外币日均存款余额(不含协议存款)2.5亿元以上(其中必须有单户日均存款余额在1亿元以上的客户);

② 本外币日均贷款余额3.5亿元以上(其中必须有单户日均贷款余额在1.5亿元以上的客户);

③ 年国际结算额3000万美元以上;

④ 年新增本外币日均存款5000万元以上。

(2) 按贷款五级分类口径当年所经管客户授信业务正常类贷款占比要进一步提高,同时不得发生后三类贷款、欠息以及其他授信业务垫款。

(3) 高级客户经理业务指标统计均不包括日均存款余额在500万元以下的客户。

2. 一级客户经理

(1) 必须在以下条件中具备其中二项:

① 所经管客户本外币日均存款(不含协议存款)1.5亿元以上(其中必须有单户日均存款余额在3000万元以上的客户);

② 本外币日均贷款余额2亿元以上(其中必须有单户日均贷款余额在7500万元以上的客户);

③ 年国际结算额2000万美元以上;

④ 年新增本外币日均存款3000万元以上。

(2) 按贷款五级分类口径当年所经管客户授信业务正常类贷款占比要进一步提高,同时不得发生后三类贷款、欠息以及其他授信业务垫款。

(3) 一级客户经理业务指标统计均不包括日均存款余额在300万元以下的客户。

3. 二级客户经理

(1) 必须在以下条件中具备其中一项:

① 所经管客户本外币日均存款(不含协议存款)7500万元以上(其中必须有单户日均存款余额在2500万元以上的客户);

② 本外币日均贷款余额1.8亿元以上(其中必须有单户日均贷款余额在5000万元以上的客户);

③ 年国际结算额1000万美元以上;

④ 年新增本外币日均存款2500万元以上。

(2) 按贷款五级分类口径当年所经管客户授信业务正常类贷款占比要进一步提高，同时不得发生后三类贷款、欠息以及其他授信业务垫款。

(3) 二级客户经理业务指标统计均不包括日均存款余额在 100 万元以下的客户。

4. 三级客户经理

(1) 必须在以下条件中具备其中一项：

① 本外币日均贷款余额（不含协议存款）3800 万元以上；

② 经管客户本外币日均贷款余额 7200 万元以上；

③ 年国际结算额 500 万美元以上；

④ 年新增本外币日均存款 1500 万元以上。

(2) 按贷款五级分类口径当年所经管客户授信业务正常类贷款占比要进一步提高，同时不得发生后三类贷款、欠息以及其他授信业务垫款。

(3) 三级客户经理业务指标统计均不包括日均存款余额在 50 万元以下的客户。

5. 四级客户经理

(1) 必须在以下条件中具备其中一项：

① 本外币日均贷款余额（不含协议存款）1500 万元以上；

② 经管客户本外币日均贷款余额 3600 万元以上；

③ 年国际结算额 1000 万元以上；

④ 年新增本外币日均存款 1500 万元以上。

(2) 按贷款五级分类口径当年所经管客户授信业务正常类贷款占比要进一步提高，同时不得发生后三类贷款、欠息以及其他授信业务垫款。

(3) 四级客户经理业务指标统计均不包括日均存款余额在 50 万元以下的客户。

6. 见习客户经理

必须达到在岗最低及格线标准，即本外币新增日均存款额不低于 1000 万元。见习客户经理业务指标统计均不包括日均存款余额在 50 万元以下的客户。次年根据本人实际业绩对照相应客户经理标准进行聘任。见习期不得办理授信业务。各行客户经理配备标准及各类、各等级客户经理任职资格、业务指标、在岗最低及格线，依据分行业务发展状况按年度进行调整。

第四章 客户经理的待遇

第十二条 客户经理的工作待遇。

一、在业务授权范围内，有相应的业务发展建议权。报销：高级客户经理 300 元/每人每月，一级客户经理 260 元/每人每月，二级客户经理 200 元/每人每月，三级及以下客户经理 160 元/每人每月。非管户客户经理按分行现行管理办法执行。

二、客户经理的业绩奖金与业绩考核挂钩，根据客户经理业绩考核指导意见中规定的考核内容和计分方法，由各经营单位按季考核发放。

第五章 客户经理岗位等级管理的组织和程序

第十三条 客户经理经济待遇。

一、除业绩奖金外，客户经理的职位工资、两费补贴及其他福利待遇标准随聘任职位等级而定。

二、××费按分行规定标准执行；通信费按客户经理等级项业务指标的情况。

三、根据综合考核结果，各中心支行岗位等级管理小组对申请人做出综合评价，写出考评意见，提出聘任、晋升、破格晋升、低聘或解聘的建议，经中心支行（营业部）行长（主任）室研究同意后，报分行人力资源部审核。

第十四条 分行成立客户经理岗位等级管理领导小组，负责对客户经理岗位等级评定、报审工作的指导。领导小组由分行领导、人力资源部、公司业务处、国际业务部、授信处、风险资产管理处等部门负责人组成。

第十五条 人力资源部是客户经理岗位等级管理领导小组办事机构，负责高级和一级客户经理岗位的审核及报批工作。

第十六条 各支行（部）相应成立客户经理岗位等级管理小组，由行长（主任）室、综合科、公司科、会计科负责人组成，具体负责本单位客户经理岗位等级申报和考核工作。

第十七条 客户经理岗位等级申报及考核每年进行一次，与行员年度考核一并完成。其具体程序如下所示。

一、客户经理（含直接管户的公司科副科长）根据各岗位等级基本职责及任职资格要求，提出任职申请，呈送所在单位岗位等级管理小组。

二、各中心支行（营业部）岗位等级管理小组，根据客户经理不同职位等级任职资格，按德、能、勤、绩进行全面考核。考核内容重在工作能力、工作业绩及工作态度。

三、在综合考虑我行整体利益与客户情况的基础上，对客户拟定包括提供优惠措施等内容的营销方案；按授权有限原则经批准后，对客户做出承诺。

四、根据已获批准的营销方案，在授权范围内，与有关方面沟通协调，并调动相应的资源予以实施。

五、客户经理有业务文件阅知权，有些重要或急办的业务文件可优先传阅。

六、可优先安排参加总分行的相关业务培训及带薪休假。

第六章 客户经理的聘任

第十八条 客户经理聘任期为一年。

一、高级客户经理和一级客户经理的聘任，由中心支行（营业部）提出聘任建议名单，人力资源部进行任职资格审查，公司业务处、国际业务部、授信处、风险资产管理处负责业绩和业务能力的审核以及其个人在管户工作中所发挥作用的认定；由人力资源部形成综合考察意见，报分行党委研究批准，分行发文聘任。

二、二级客户经理的聘任，由各中心支行（营业部）在考核的基础上提出聘任建议名单，人力资源部会同公司业务处、国际业务部、授信处、风险资产管理处审核同意后，由中心支行（营业部）发文聘任。

三、三级及以下职位客户经理的聘任，由各中心支行（营业部）按任职资格和考核结果予以聘任，并报人力资源部备案。

第十九条 人力资源部根据年度考核结果决定客户经理晋升、破格晋升、续聘、低聘或解聘。

一、客户经理在聘任期内完成年度目标任务较好，年度考核结果为称职及以上，并达到上一职位等级客户经理任职条件的，经分行组织升级考试合格后可予以晋升，业绩特别突出的可以破格晋升。

二、客户经理在聘任期内完成年度目标任务，年度考核结果为称职及以上，并继续达到本职位等级客户经理任职条件的可续聘；未达到本职位等级客户经理任职条件的予以低聘。

三、客户经理在聘任期内未完成主要业务指标或连续两个年度考核在后3名之内者，视实际情况予以低聘，或退出客户经理序列。

四、客户经理在聘任期内未达到第九条第二款关于在岗最低及格线标准的，次年则退出客户经理序列，并待岗由分行人力资源部组织培训，考核合格后另行安排。

五、应届毕业生作为见习客户经理见习期定为一年；其他人员包括调入员工转到客户经理岗位的，先进行上岗培训，根据实际情况，见习期不少于6个月；其××费、通信费标准按原职位执行，奖金根据业绩发放。见习期满经分行组织考试合格后，当年按原行员等级套改相对应的客户经理职位，享受客户经理待遇，第二年按本规定进行考核，重新核定等级。对考试达不到客户经理要求的退回原岗位。

第七章 客户经理的管理

第二十条 客户经理在中心支行行长室的领导下开展工作,日常管理由市场营销科科长负责。客户经理在日常工作中,凡有以下情形之一者,可提出诫勉。

一、经管的主要客户,在半年内出现存、贷款余额、结算量连续下降,所占份额缩小。

二、对所管贷款客户出现欠息、逾期等风险情况的。

三、连续两个季度主要业务指标完成情况达不到计划的80%。

四、其他因工作失误造成不良影响,需要诫勉的。

五、经管的授信客户出现贷款逾期1个月以上或贷款欠息1个月以上或银行承兑汇票出现垫款者。

第二十一条 客户经理在日常工作中,凡有以下情形之一者,可提出黄牌警告。

一、连续两个季度未完成任务者。

二、年度考核不合格者。

三、未达到最低及格线任职标准者。黄牌警告由中心支行具体组织实施,各行实施情况应及时报分行人力资源部和公司业务处备案。

第二十二条 客户经理凡有以下情形之一者,视情节轻重予以解聘。

一、有违法、违规行为者。

二、因玩忽职守造成我行资产出现重大风险或损失,或影响我行信誉者。

三、经管客户的授信业务发生逾期、欠息、垫付属管户客户经理重大过失等原因造成的。

四、不服从组织管理者。

五、受黄牌警告后,第二年再次受到黄牌警告者。

第二十三条 经管的授信客户后三类贷款、欠息或银行承兑汇票垫款超诫勉期仍未清收转化的,并最终造成贷款损失的,将按照分行有关办法进行责任追究,对经认定承担主要责任的客户经理将降低和取消其任职资格,并进行有关经济和行政处罚。

第二十四条 分行相关职能部门每季将客户经理主要业务指标完成情况向人力资源部通报,由人力资源部对未完成主要业务指标的客户经理提出诫勉要求,并督促各经营单位具体实施。

其中对授信业务出现风险的情况,分行风险监控部门将把该笔授信业务列入监察名单进行重点监控。诫勉期一般为6个月。诫勉期满后,工作仍无起色者,分行将予以低聘或退出客户经理序列。

各中心支行对人力资源部提出诫勉的名单,未予以诫勉的,应书面说明原因。客户经理从受到诫勉之日起,两费补贴按50%发放;同时职位工资及其他福利按有关规定发放。诫勉期满,受诫勉客户经理仍未能完成主要业务指标,分行将予以低聘或退出客户经理序列。

第二十五条 本办法于×××年××月××日起执行。

第二十六条 本办法由分行人力资源部负责解释。

本章小结

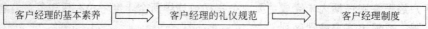

综合练习

一、概念识记

客户经理 客户经理制度

二、单项选择题

1. "今天工作不努力,明天努力找工作",这话说明了( )的重要性。
   A. 敬业精神　　　　B. 责任心　　　　C. 团队精神　　　　D. 职业操守

2. 客户经理的选拔标准,( )放在第一位。

A. 具有一定的学历层次
B. 良好的道德品质
C. 丰富的知识储备
D. 全面的业务能力

3. 下面对女性客户经理的仪表要求中哪项是错误的（　　）。
A. 上班时必须佩戴工作卡
B. 可化浓妆，面带微笑
C. 指甲不宜过长，并保持清洁，涂抹指甲油必须自然色
D. 必须保持头发清洁，发型文雅，庄重，梳理整齐

4. 下面说法错误的是（　　）。
A. 介绍时应先介绍自己一方的人，再介绍对方的人，在顺序上，应先介绍领导和长者
B. 客户初次来访，应主动自报姓名和职务，并双手将名片递给客户，递送名片时应注意让文字正面朝向对方；接收客户名片时要用双手，接过后认真看清客户的姓名和称谓
C. 对来营业网点的所有客户，大堂经理都须点头微笑并问好，见到熟悉的客户要能正确称呼
D. 同客人交谈时，应正视对方，注意倾听，表现出真诚、友好的态度，谈话间如遇急事需要马上处理，可先行离开

5. 下面说法错误的是（　　）。
A. 拜访客户前应事先通知对方
B. 约好拜访时间后，应准时赴约
C. 访谈应提高效率，为达到沟通交流目的不怕打扰对方
D. 拜访前要制订目标客户访问计划

6. 管理决策一般由企业的（　　）作出。
A. 高层管理人员　　B. 中层管理人员　　C. 基层管理人员　　D. 顾问人员

7. （　　）是一种事先设计好的做事的程序。
A. 组织　　　　B. 决策　　　　C. 计划　　　　D. 控制

8. 以下哪个不属于人际沟通媒介（　　）。
A. 交谈　　　　B. 谈判　　　　C. 动作　　　　D. 组织

9. 以下哪个不属于客户经理品德素质（　　）。
A. 专业　　　　　　　　　　B. 团队精神
C. 秉公办事　　　　　　　　D. 强烈的责任感和使命感

10. 对拜访客户时所提出的需求，应（　　）办理情况。
A. 立刻答复　　　　　　　　B. 第二天答复
C. 一周之内　　　　　　　　D. 一个月之内答复

三、多项选择题

1. 金融客户经理应具备的基本素质有（　　）。
A. 品德素质　　B. 文化素质　　C. 业务素质　　D. 心理素质

2. 客户经理制度的内容是（　　）。
A. 组织管理模式　　　　　　B. 客户经理选聘机制
C. 客户经理的激励机制　　　D. 建立客户经理培训体系

3. 市场部的职责有（　　）。
A. 组织客户经理的人员选拔与招聘
B. 对客户经理岗位聘任、变动退出等进行审查

C. 建立和维护客户经理动态管理档案
D. 制定客户经理绩效考核等相关制度办法

4. 客户经理的主要工作内容有（　　）。
   A. 开发客户　　　　　　　　　B. 内部协调
   C. 制定业务合作方案　　　　　D. 监测客户

5. 客户经理的内部招聘有（　　）。
   A. 内部公开招聘　B. 择优选聘　C. 内部晋升　D. 内部培养

6. 客户经理的对外招聘有（　　）。
   A. 广告招聘　　B. 猎头公司猎取　C. 内部员工引荐　D. 学院招聘

7. 客户经理工作制度有（　　）。
   A. 报告制度　　B. 例会制度　C. 信息反馈制度　D. 工作日志制度

8. 客户经理究竟应当具备哪些职业素质（　　）。
   A. 品德素质　　　　　　　　　B. 业务素质
   C. 有较强的公关能力　　　　　D. 具有风险防范控制能力

9. 一般而言，员工选聘的标准主要包括以下哪几个方面（　　）。
   A. 道德素质　　B. 身体素质　C. 学历水平　D. 工作经验

10. 以下哪些属于客户经理的品德素质（　　）。
    A. 强烈的责任感和使命感
    B. 良好的道德品质
    C. 坚强的事业心，爱岗敬业，有激情
    D. 自尊、自强、自立、自律
    E. 团队精神

四、判断题

1. 客户经理从事客户开发与管理工作，因此必须具备一定的素质、知识和技能，这些必备的素质、知识和技能有些是与生俱来的，有些则要通过培训逐步得到。（　　）
2. 客户经理是金融企业与客户的联系人。（　　）
3. 客户经理是企业信息的媒介。（　　）
4. 客户经理是客户经理制的重要载体。（　　）
5. 对拜访客户所提出的需求，应在第二天答复办理情况。（　　）
6. 拜访完客户应该在信息平台更新联系计划，记录沟通结果，记录客户需求。（　　）
7. 对有需求的客户拟好下一次联系计划。（　　）
8. 客户经理邀请的钻石级（含）以上客户来访时，不用出门迎接，可在办公室等候。（　　）
9. 对白金级客户可根据重要程度及手头工作情况选择是否出门接待客户。（　　）
10. 优秀的客户经理应该做好本职的工作，无须挖掘新客户。（　　）

五、简答题
客户经理的作用是什么？

六、分析题
读以下故事，并谈一谈故事对你的启示。

知识的价值

20世纪初，美国福特公司正处于高速发展时期，一个个车间、一片片厂房迅速建成并投入使用。福特公司销售处的客户订单接连不断。每一辆刚刚下线的福特汽车都有许多人等着购买。突然，福特公司一台电机出了毛病，造成整个车间都不能运转，相关的生产工作也被迫停了下来。公司调来大批检修工人反复检修，又请了许多专家来察看，可怎么也找不到问题所在，更谈不上维修了。福特公司的领导真是火冒三丈，别说停一天，就是停一分钟，对福特来讲也是巨大的经济损失。这时有人提议去请著名的物理学家、电机专家斯坦门茨帮助，大家一听有理，急忙派专人把斯坦门茨请来。

斯坦门茨仔细检查了电机，然后用粉笔在电机外壳画了一条线，对工作人员说："打开电机，在记号处把里面的线圈减少16圈。"工作人员立刻照办，令人惊异的是，故障竟然排除了！生产立刻恢复了！

福特公司经理问斯坦门茨想要多少酬金，斯坦门茨说："不多，只需要1万美元。"1万美元？就只简简单单画了一条线！当时福特公司最著名的薪酬口号就是"月薪5美元"，这在当时是很高的工资待遇，以至于全美国许许多多经验丰富的技术工人和优秀的工程师为了这5美元月薪从各地纷纷涌来。1条线，1万美元，一个普通职员100多年的收入总和！斯坦门茨看大家迷惑不解，转身开了个清单：画一条线，1美元；知道在哪儿画线，9999美元。福特公司经理看了之后，不仅照价付酬，还重金聘用了斯坦门茨。

第二章 金融营销战略

学习目标

职业知识

掌握金融客户分类的方法；掌握寻找目标客户的方法；掌握目标市场策略选择需考虑的因素。

职业能力

能够对金融客户进行分类；能够正确的选择恰当的目标客户；会用合适的方法对目标客户信息进行初步评价、整理目标客户名单、制定客户开发计划。

职业道德

具有高度的热忱和服务心、勇敢坚韧和强烈的自信心和意志力；具有吃苦精神和严谨的工作态度、具有团队合作意识、协作能力和勇于实践、勇于创新的精神；具有良好的社交能力、语言表达能力、应变能力。

第一节 对客户分类

引例

我国银行目标市场定位分析

1. 四大国有商业银行

具有资产规模大、经营品种多、金融产品创新能力强、网点分布广泛的特点。

对公司业务应抓好抓优，对个人业务应以中等收入阶层为核心，定位于存款、中间业务和消费信贷并举的多元化服务。

2. 上市股份制商业银行

在整个金融市场范围内同竞争对手竞争，也可以选择若干细分市场开展有针对性的服务作为辅助策略。

如定位于公司型、中产阶层客户，或定位于高附加值的产品或服务，如招商银行定位于发展网上银行和个人金融业务。

3. 地方性中小商业银行

充分利用贴近地方政府、中小企业和市民的有利条件，定位于中小企业、个人金融和中间业务等细分市场。

4. 邮政储蓄银行

充分依托和发挥邮政的网络优势，完善城乡金融服务功能，以零售业务和中间业务为主，为国民经济和社会发展以及广大居民提供金融服务;逐步开展零售类信贷业务和公司业务,与国内其他商业银行形成良好的互补关系,有力地支持社会主义新农村建设。

启发思考:

找出资料中商业银行市场细分的变量。

在现代广阔而复杂的市场中,营销者根本无法获得整个市场,也不可能用一种产品和销售模式应对所有的客户,更不可能对所有的客户提供所有需要的产品,金融营销者也是如此。面对资源有限、客户众多和需求差异等情况,各家金融机构只有通过市场细分,才能发现能充分发挥其资源优势的细分市场,并在该细分市场中取得竞争优势,达到扬长避短的目的。

为此,有必要对客户进行分类,设计一套用以指导营销者选择客户的基本标准。当然,各种类型的客户具有不同的特征和属性,其选择的标准也各不相同。以商业银行为例,通过对不同客户群体的细分及评价,进行客户分类管理,有效利用银行的有限资源,使效用达到最大化。

【教学互动】2.1

问:一个企业是否能满足市场上所有人的所有需求?客户需求具有差异性,那么细分市场的意义是什么?

答:任何一个企业的资源、人力、物力、资金都是有限的,所以不可能满足市场上所有人的所有需求,客户需求具有差异性又有相似性,通过细分市场,选择适合自己的目标市场,企业可以集中人、财、物及资源,去争取局部市场上的优势,然后再占领自己的目标市场。

一、金融客户有效分类的原则

市场细分就是企业根据客户需求的差异性和购买行为的差异性,把整个市场区分为若干个由类似需求的顾客群体组成的小市场的过程(活动)。

为保障分类结果的针对性和有效性,应选择合适的分类方法和采取有序的实施步骤。

1. 可衡量性

可衡量性是指每个细分市场的特性,如规模、效益及可能带来的业务量的增加等指标都是可以确定和度量的。例如,邮币卡和字画古董收藏的投资市场,以分散的民间活动方式为主,不容易获得足够、准确的信息,其资料的可获得性较差。

2. 可进入性

可进入性即细分市场之后,企业可以通过适当的营销组合策略进入该市场。如果细分后的市场无法进入,可望而不可即,则这种细分市场的划分毫无意义。如票据业务细分市场很难出现在现金交易盛行的地方,而在金融市场发达成熟的地区较为盛行。此外,垄断性行业和政策限入业务会影响市场的可进入性,如证券公司为客户理财,提供的金融产品不能包括储蓄和借贷业务,在储蓄倾向较强的地区,可能会排斥一大批客户,使得市场规模难以扩大。

3. 可营利性

可营利性即企业的每个细分市场都应具有产生利润的潜力,其成本是合理的,市场规模是合适的,最终可以使企业有利可图。如一个普通大学的餐馆,如果专门开设一个西餐馆以满足少数师生酷爱西餐的要求,就会由于这个细分市场太小而得不偿失;又如当我国私人财富处于以"万元户"为骄傲的阶段时,开展私人银行业务就是不可取的。

4. 可操作性

可操作性是指能够设计出吸引和满足细分市场的有效方案,并有能力向该市场提供服务。当然即使再有吸引力的细分市场,如果无法提供服务,这种划分也会失去意义。例如,一家银行的社区支行发现了七大有吸引力的细分市场,但是它的雇员太少,难以对每个细分市场单独制定市场营销方案,即使有了方案,也没有能力去实施,只好放弃。

5. 差异性

差异性即每个细分市场的差异应该是明显的,由此,每个细分市场应对应不同的、具体的营销活动,对不同的促销活动也应有不同的反应。

二、市场细分标准

市场细分的基础是顾客需求的差异性,所以凡是使顾客需求产生差异的因素(变量)都可以作为市场细分的标准。

细分市场时,营销人员要想获得企业开展营销活动所需要的细分结果,关键是要选择恰当的细分变量。采用的细分变量不同,结果也就不同。

以下以商业银行为例进行市场细分。

商业银行开展客户分类管理时,分类因素可包含客户自身客观属性,还可与银行经营目标、关注点等因素相关,使分类结果可理解、可解释、可应用。

1. 侧重客户自身

按照企业自身特性进行分类,如企业规模、企业生命周期(如成立时间、所处发展阶段等)、企业类型等。以下以企业类型分类为例:

① 按照所在国家/地区:可分为本国、外国,或亚洲、美洲、欧洲等;国内区域可以按华北、华东、华南等分类,也可按省市区划分。

② 按照主营行业:对国标行业大类或细分子类分类,或基于本行关注重心归并成几类自定义的大行业统称(如传统行业、新兴行业、受管控行业);也可根据行业景气周期特点进行划分,如周期性行业和非周期性行业。

③ 按照所有制形式:分成国有、股份制(民营)、外资、混合所有制等。

④ 按照组织架构分为集团企业(含母公司和下属企业)、单一企业等。

该类方法除了便于统计分析,还可设定与企业运营模式、业务特点、发展阶段、银行债务承载能力等相适应的业务发展策略和管理机制。

2. 偏重银行视角

从银行关注的重点出发进行分类,如服务层级分类、内部信用评级分类、风险预警档级分类等。其中服务层级分类是根据本行认为的客户重要程度进行划分,这既可能是客户本身知名度高、影响力大,如行业龙头企业,有利于彰显本行的竞争优势地位(即使银行获得的实际收益不高,甚至赔本赚吆喝),也有可能是客户对于本行过往或未来发展的支持力度很大、贡献程度很高或是正好契合本行的业务发展重点,能够填补自身短板。此种分层的着重点是有机匹配内部政策和外部服务,打造不易替代的核心专业优势和声誉,提升客户黏性,或根据分类结果的变化及时采取针对性措施。

3. 关注银企交互

根据银行和企业在业务等方面的交互成果、发展状况等进行分类,如以合作关系、交易频率、资产质量等分类。这样做法的有利点是能够细化展示各项产品需求、满足程度和业务拉动效果,剖析业务贡献来源、分布和瓶颈,提升薄弱领域的覆盖率和贡献度,夯实高层级客户保有率，提高低层级客户提升率，以及密切管控和适时退出低质量客户。

分类方向的思路框架，具体如何选择取决于银行经营目标核心关注点和实施客户分类管理的根本目的等因素。

三、常用的市场细分标准

对于金融机构而言，客户首先被分为性质差异较大的两大类，即个人客户和公司（企业）客户，然后再分别按不同的标准进一步细分。

由于个人客户在年龄、性别、职业、收入、文化程度以及公司客户在企业规模、产品特征、业务特点、经营状况、风险大小等各方面存在差异，他们对金融产品和服务的需求也各不相同。拥有这些具有不同需求的客户，究竟以什么标准加以细分，自然影响和制约着市场细分能否达到最终目的。

（一）个人客户市场细分标准

个人客户的特点是单笔业务资金规模小但数量巨大。一般而言，个人客户市场的细分标准通常分为地理标准、人口标准、心理标准、利益标准等。

1. 地理细分标准

世界地区或国家行政区划、地理位置、气候、城市大小、密度等，都可成为划分依据。

美国纽约的华尔街，英国伦敦的金融城，中国的香港等，它们既是世界的名城名街，又是闻名于世的国际金融中心。它们既代表着一个国家的著名金融品牌，也代表着某个地区的金融品牌。

按行政地区、县城、乡镇、街道划分、分布和布局，我国金融机构可根据各地区之间的需要和偏好的不同，及自身的实力决定在其中一个或一些地理区域中开展业务。如设置新的营业机构或营业网点时，即是按照地理变量来划分的，任何一家金融机构都不会随随便便设立一处营业机构，因为作为一家自主经营、自负盈亏的企业，它总是要最大限度地用好它有限的资源以求获得最大收益。这就决定了它只会把自己的营业机构或网点设置在最有发展前途的区域内。

分析地理因素目的在于便于金融机构选择设置网点的数量和位置，并正确确定金融产品的品种和档次。主要的地理因素分为：

① 国外客户和国内客户。对这两类客户提供服务的方式与手段要有差异，如交流的语言和金融产品载体的文字、输入有关业务时所要履行的手续等要有所不同。

② 城市客户、城郊客户、农村客户。城市客户更需要的是多元化的金融产品和服务，城郊和农村客户则主要选择便利的位置。

【教学互动】2.2

问：将市场划分为城镇市场和农村市场，其划分标准是（　　）。
A. 人口因素　　　　B. 地理环境
C. 心理因素　　　　D. 购买行为
答：B

2. 人口统计细分标准

人口统计细分标准指的是根据人口的特征如年龄、性别、收入、职业和地位来对服务对象进行划分，同组归纳，或者说同组同质化。如根据职业上的差别，金融机构可以把律师、会计师、医生或其他白领阶层选择作为特定的服务对象。而针对购房者提供各种住房信用抵押贷款服务，则是以收入作为根据进行市场细分。客户群体最常用的标准主要有以下两点。

（1）年龄

不同年龄阶段的人，有不同的生活工作经历和生活观念，对待风险和收益的态度也不同。例如，25～34岁年龄组，注重财富积累和高消费，对财产的增值要求高于保值要求，愿意为获取高额投资回报承担高风险；35～45岁年龄组，大多数面临着"上有老下有小"的家庭环境，他们一要考虑家庭消费，二要考虑子女教育开支，三要准备个人和家庭其他成员的养老基金等，他们渴求财产的保值与增值，厌恶高风险，因此既重视消费理财，又需要投资理财；46～60岁年龄组，对储蓄、政府债券和保险特别是养老和医疗保险较为感兴趣。

（2）收入

收入和职业也是重要的细分因素。高收入者的工作比较繁忙，偏爱由中介为其理财，对高风险的投资理财有较好的心理承受力；中等收入者的职业稳定，对消费理财和投资理财有兴趣，不喜欢风险；低收入者的职业不稳定，对储蓄存款的搭配感兴趣，尤其对国债理财更感兴趣，一般不考虑投资理财。

视野拓展 2.1

正确理解优质客户

有记者曾经参加过某行北京分行的新春茶话会，那天的活动是在北京东三环一家无比时尚的酒吧里举行的，到会的人很多，活动也很丰富精彩，看得出来该银行为这次茶话会没少下功夫。到会的多是20多岁的年轻人，而且大家彼此似乎都认识，相互打着招呼，合作做着游戏，显然他们中间的许多人来自同一个公司。

他们是高端客户或重点客户吗？该行为什么要为这样一群人费那么大劲？

记者问边上坐着的一群姑娘小伙："你们都是这家银行的持卡者吗？"

"对呀。"

"为什么都用他们的卡？"

"不为什么，就是他们到写字楼里来推销，我们单位就给所有的员工办了。"

"你经常刷卡吗？平均每个月用卡消费的数额大吗？感觉还好吗？"

"没准，能刷卡的地方就刷了，也没多大，一年就几千块钱吧。感觉还行，他们会时不时送些小礼物，比如送个台灯什么的。"

这显然不是我们印象中的高端客户，于是就有了这样的问题：优质客户到底有哪些标准，银行凭什么来判定呢？

其实，不同的银行判定的标准不同，但是主要依据金融资产来确定优质客户。资产类业务优质客户的划分通常是以客户可投资的稳定性资产作为标准。贷款和信用卡类优质客户的定义通常是以客户前期的还款记录是否有问题，以及未来的收入、职业是否稳定为依据。

（3）家庭生活周期

根据家庭生命周期理论，年轻单身，由于收入有限，对资金需求量较大，但家庭积蓄较少，对消费理财感兴趣；已婚且有一定积累的家庭，其理财目的重在对子女的教育支付。他们不仅需要生活理财，更需要投资理财；中老年家庭一般与子女分居，在个人理财上关注消费、医疗和养老，重视对低风险金融产品的投资（见表2.1）。

表 2.1　家庭生活周期

人生阶段	年龄	生活方式	金融产品要求
学生	18 岁以下	主要靠父母资助，经济来源有限	简单方便的储蓄账户
年轻人	18～23 岁	离开学校或接受高等教育，或开始工作，收入水平低	转账、投资或信贷简便的储蓄账户
年轻夫妇	23～28 岁	准备结婚或已结婚，双方都有工资收入，生活安定，为家庭各项开支制订计划，准备积蓄	联名账户、预算服务、储蓄账户、消费贷款、保险和旅游服务
有子女的家庭	28～45 岁	收入增加，孩子已出世或长大成人，购买耐用品、住房和高价品	联名账户、住房按揭、教育基金、长期储蓄、保险和消费贷款
中老年人	45 岁～退休之前	收入较高或有遗产，个人可支配收入增加，需要财务顾问和计划	储蓄和投资、偶尔借款、还清按揭、财务顾问服务
退休人士	60 岁以上	已积累了资金或一次性取得退休保障收入	现金收入管理、信托服务和财务顾问

【教学互动】2.3

问：下列细分变量中，属于人口变量的是（　　）。
A. 消费者的职业　　　B. 消费者的生活方式
C. 消费者的个性　　　D. 消费者所追求的利益
答：A

3. 心理标准

人群的心理特征与所属的社会阶层、生活方式和个性有关。

（1）社会阶层

社会阶层是指人们之间关系有相对的同质性或持久性，按一定等级序列排列的群体集合，每一个阶层成员具有类似的价值观、兴趣爱好和行为方式。因此，不同社会阶层对金融产品和服务的感受是不一样的。较低阶层群体比较喜欢储蓄，因为储蓄账户带来的是切实、具体感受到的价值；不愿意承担风险，倾向能迅速变现的金融产品。社会阶层越高，以投资方式保存财产的可能性越大。他们愿意承担较高风险和较长期限，以寻求较高回报。

社会阶层的划分常常用于信用卡的销售和服务。我国银行为了使信用卡适应社会不同阶层，在普通的大众卡以外，还为显示高收入者身份，打造了白金卡、金卡。例如招商银行推出的金葵花贵宾卡，专为在该行各项存款余额 50 万元以上（本外币存款、基金、保险、受托理财、国债、第三方存管）的客户提供免费专属服务电话、快易理财服务以及网上个人银行"金葵花卡"专属通道服务。

【教学互动】2.4

问：使用者情况属于（　　）。
A. 人口因素　　　B. 地理环境
C. 心理标准　　　D. 购买行为
答：C

（2）生活方式

客户的生活方式可以表现为追赶时髦，或讲究经济实惠等。为了迎合人们生活方式的差异,中国建设银行推出了量身定做的"精彩人生"系列产品:青少年是"花样年华"品种;公司业务经理是"白领一族"品种;公务人员是"行政精英"品种;海外回国人员是"海外归鸿"品种;老年人是"悠闲晚年"品种。广东发展银行为频繁搭乘飞机往返的商务、公务人员提供"南行明珠信用卡",为喜欢到香港旅游购物者提供"香港旅游购物卡"。

西方有些保险公司根据生活方式和行为来细分市场,如针对已婚妇女比男人开车小心谨慎,索赔的概率相对较低的特点,降低保费标准;同样对于不吸烟者、已婚司机和不动产所有人,由于他们重视自己的生命而行为谨慎,也收取较低的保费。

(3)个性

个性是指一个人特有的心理特征,它使一个人对其所处环境做出一系列和连续不断的反应,常常用自信、支配、被动、顺从、保守、爱冒风险和适应等来描绘。

保守型个性的客户在购买金融产品时总是选择相对安全、可靠、风险小的金融企业及其产品,他们关心的是自身投资的安全,收益则放在第二位。而爱冒险的客户刚好相反,他们更注重投资收益或财产的增值,愿意冒一些风险来换取可观的回报。我国基金市场上有许多不同类型的基金产品,其意在对不同投资者偏好的细分和选取。

4. 利益标准

一个产品或服务能带来多大利益,不同的消费者对它的重视程度不同。

例如,对银行服务的看法,老年蓝领阶层或地位稍低的下层白领,将便利放在第一位;而上层白领人士则倾向于寻求高质量的、个性化的服务,更看重服务中所体现的诚实正直和自我完善等因素。同样,对于金融产品具有的利率、期限、风险等要素,如果按利益重要性排序,不同阶层的表现是不同的。金融机构通过利益标准分析客户群,设计并推出适应不同利益追求者的差异性产品和服务。

视野拓展 2.2

香港恒生银行的个人客户细分

分类	条件	策略
私人银行客户	资产在 1000 万元以上	有私人客户经理提供贴身资产管理服务
优越理财客户	资产在 100 万元以上	有特定客户经理提供投资及各项理财服务
悠娴/翱翔理财客户	资产在 20 万元以上	银行提供综合户头、特快柜位及电话专线服务
纵横理财客户	资产在 2 万元以上	银行提供快捷综合户头及电话理财服务
普通客户	资产在 2 万元以下	提供一般银行服务

(二)公司客户的市场细分

金融机构的公司客户,通常按照机构营业额、种类、行业属性、企业规模、地理位置和心理因素进行细分。公司客户所涉及的金额是个人客户所不能比拟的,其向金融机构提供的业务种类和业务范围也要比个人业务更丰富、广泛和复杂。因此,企业客户是金融机构的重要客户。

1. 企业规模划分细分标准

企业规模的差异在很大程度上决定着企业对于金融产品需求的差异。企业规模一般分为大型企业(在我国这样的企业绝大多数都是关系国计民生和把持经济命脉的行业,而且基本都由国家掌控,如铁路、电力、石化等)、中型企业和小型企业。如表 2.2 国家统计局企业规模划分标准所示。

表 2.2 国家统计局企业规模划分标准

行业名称	指标名称	计算单位	大型	中型	小型
工业	从业人员(X) 销售额(Y)	人 万元	$X\geqslant 1000$ $Y\geqslant 40000$	$300\leqslant X<1000$ $2000\leqslant Y<40000$	$20\leqslant X<300$ $300\leqslant Y<2000$
建筑业	从业人员(X) 资产总额(Z)	人 万元	$Y\geqslant 80000$ $Z\geqslant 80000$	$6000\leqslant Y<80000$ $5000\leqslant Z<80000$	$300\leqslant Y<6000$ $300\leqslant Z<5000$
批发业	从业人员(X) 销售额(Y)	人 万元	$X\geqslant 200$ $Y\geqslant 40000$	$20\leqslant X<200$ $5000\leqslant Y<40000$	$5\leqslant X<20$ $1000\leqslant Y<5000$
零售业	从业人员(X) 销售额(Y)	人 万元	$X\geqslant 300$ $Y\geqslant 20000$	$50\leqslant X<300$ $500\leqslant Y<20000$	$10\leqslant X<50$ $100\leqslant Y<500$
交通运输业	从业人员(X) 销售额(Y)	人 万元	$X\geqslant 1000$ $Y\geqslant 30000$	$300\leqslant X<1000$ $3000\leqslant Y<30000$	$20\leqslant X<300$ $200\leqslant Y<3000$
邮政业	从业人员(X) 销售额(Y)	人 万元	$X\geqslant 1000$ $Y\geqslant 30000$	$300\leqslant X<1000$ $2000\leqslant Y<30000$	$20\leqslant X<300$ $100\leqslant Y<2000$
住宿和餐饮业	从业人员(X) 销售额(Y)	人 万元	$X\geqslant 300$ $Y\geqslant 10000$	$100\leqslant X<300$ $2000\leqslant Y<10000$	$10\leqslant X<100$ $100\leqslant Y<2000$

注：1. 表中的"工业企业"包括采矿业，制造业，电力、燃气及水的生产和供应业。

2. 工业企业的销售额以现行统计制度中的年产品销售收入代替；建筑业企业的销售额以现行统计制度中的年工程结算收入代替；批发和零售业的销售额以现行报表制度中的年销售额代替；交通运输和邮政业、住宿和餐饮业企业的销售额以现行统计制度中的年营业收入代替；资产总额以现行统计制度中的资产合计代替。

3. 大型和中型企业须同时满足所列各项条件的下限指标，否则下划一档。

4. 本划分办法为国家统计局制定：国统字（2011）75 号。

2. 机构种类和行业分类标准

机构种类用来区分工业、商业、社会团体、慈善机构法人和非法人等各类社会机构。金融机构主要面对的是从事制造、贸易、服务等商业活动的法人机构。工商行业分类，还可以从产业分工的角度分为三种产业，即第一产业——农业；第二产业——制造业；第三产业——服务业。其中，各个产业又可以进一步划分成分工更细、经营更具体的行业。例如，制造业具体分为钢铁、电力、交通等基础制造业，以及机械、化工、汽车制造业和电器设备行业等；服务业可细分为贸易、房地产、通信、餐饮、娱乐、航空、物流、教育、金融和法律、财务咨询等行业。许多金融机构在内部针对自己关注的细分市场，设立与之对应的业务部门，并有研究部门给予宏观、中观的分析研究报告，以及业务发展对策的支持。

视野拓展 2.3

美国花旗银行的市场细分与营销策略

近年来，美国花旗银行在根据客户不同情况提供不同的、多层次服务方面提供了较好的经验。

花旗的客户战略首先是对客户群进行细分。在公司业务方面，采取特别服务的市场体制，专门设立全球关联银行（Global Relationship Banking）业务部门，为全球跨国公司及其子公司提供各种商务结算服务。如在其选定的享受特别服务的 220 家大公司中，有三分之一的企业来自亚太地区的日、韩等国。在零售业务方面，花旗银行把目标瞄准了亚洲新兴的中产阶级，认为随着他们财富的增加，他们对个人金融服务的需求也在增加。例如，花旗把具有较高收入的中层管理人员作为自己的特殊客户,为他们提供支票账户、周转卡、晚餐卡以及特别服务花旗金卡等一揽子金融服务。

此外,花旗银行还采取客户服务差别化战略,依据客户收入、消费习惯的不同,提供各种不同的服务组合。同时,还积极发展多品种交易客户,不仅为其提供贷款、信用卡、消费贷款服务,还提供投资信托、年金以及保险类金融商品的综合服务。

为了争取更多的客户,花旗银行的营销手段层出不穷,除了积极利用广告媒体和各种宣传资料外,还注重市场调查和信息的搜查工作。如在印度,花旗的工作人员通过查阅电话号码簿把信用卡发放给那些安装电话的人,因为除了个别例外,只有富裕人士能装得起电话。而在印度尼西亚,花旗的目标则是那些拥有卫星电视接收器的家庭。成功的营销策略使花旗的信用卡业务在亚太地区赢得了广泛的客户群。

3. 信用等级标准

信用等级标准是国际通用的传统划分方法。如把企业作为授信对象可将其划分成AAA级、AA级、A级、BBB级、BB级、B级等,银行用此来掌握对不同企业的授信方式和授信额度,提供相应服务,也作为营销的细分市场。

4. 企业生命周期阶段与风险承受标准

一个企业一般经历建立阶段、扩大阶段、增长阶段、停滞阶段、衰退阶段,这为细分公司市场提供了又一个依据。例如,风险资本投入高成长、高风险的新技术企业,一般在其创业阶段进入,追逐高收益。而商业银行借贷资本一般在企业的扩大和增长阶段介入,获取的收益相对较低,但因为风险较低使得收益有较高的稳定性。

5. 地理位置标准

一般的划分标准与个人客户市场类似,但要特别注意我国的区域经济发展规划,要将其作为一个符合国情的重要地理位置标准。区域发展规划是国家经济战略布局的重心,更会成为依靠主题驱动而进行投资配置的市场参与者最关心的政策变动,在实施过程中,既离不开金融业的支持,也给金融业带来巨大机会。

(三)其他重要的细分市场

1. 旅游者市场

随着人们收入的增加,旅游的人越来越多。对金融企业,这些金融产品和服务项目是备受旅游者欢迎的:各种形式的旅游保险、旅行支票、信用卡、度假前的储蓄计划、度假贷款、货币兑换等。

2. 出国人员市场

一国公民长期或短期到他国就业或接受教育,也可以形成一个客户群体。金融企业服务于这些特殊的出国人员有三大好处:第一,通过对他们提供财务咨询、投资比较、保险、建立离岸的资金账户等业务,从中获取利润和佣金;第二,人员跨境往来一定伴随资金往来,进而增加货币汇兑、结转业务,带来相关收益;第三,他们最终回国时,大部分拥有大量财富,金融企业借助以往建立起来的友好关系,可以在国内仍与其保持合作关系。这是一个富有吸引力的潜在市场。

3. 妇女市场

妇女几乎占总人口的一半,过去金融机构大多忽视了这个重要的市场。现在妇女少有待在家里的,大多有自己的职业和收入。越来越多的妇女受过较好的教育并位居管理地位,具备了施加商业影响的能力。具有独立地位的女性,如单身妇女、已婚或未婚母亲,她们的生活方式和态度(比如对待生孩子)也在发生改变。这对于金融机构意味着新的细分市场,为金融顾问、贷款服务、投资、抵押等金融服务提供了新的机会。

再以年龄进一步细分出老年妇女市场,她们拥有的财富在社会总财富中占相当的比重。参考美国的统计数据:美国老年女性控制43%的美国家庭财产,美国5100万名股东中,妇女占35%;美国成人女性购买人寿保险单的数量占总数的40%,保险费为总数的30%;等等。由于男女寿命上存在的差异,老年女性一方面控制着自己半生的劳动收入,另一方面又接管丈夫去世留下的财产,成为一个有巨大潜在利润的细分市场。许多年迈的妇女往往不清楚各种纳税规定,也没有能力选择最佳的投资机会,这就为金融企业提供了更多的盈利机会。

4. 学生市场

这个细分市场是金融机构未来的市场。金融机构对学生市场的营销,期待的是学生毕业以后,继续保持对银行的认同和忠诚。在英国,学生市场是界定清楚、发展迅速的细分市场之一。著名的巴克莱银行最先将其营销活动直接定位于学生,为学生的小额贷款和透支提供各种鼓励性优惠利率。今天的学生可能就是明天商界的成功人士。银行越早得到这些客户,以后留住这些客户的可能性就越大。

四、多重细分标准的组合

以上介绍了许多市场细分的标准和方法,但并非每一种细分方法都有效。金融机构进行市场细分时,往往不是也不该只按照某一种标准来进行,而是把几种细分标准结合来使用。一家银行按照地理变量把全国市场细分为若干区域,而一旦选定其中的某一区域原则,又有可能按照营业额变量、行业变量来划分设立只集中于某一特定的行业上的业务部门,或者在另外一些区域上则按照人口统计变量来进行细分。

如以个人投资理财市场细分,可先根据地区、家庭收入水平、投资喜好组合,接着按资产规模和交易频率进行次级细分。这样的分法,为基层客户经理的客户关系管理提供了依据(见图2.1)。进出口商市场细分,可以是地区、企业规模、信用等级的组合。这样的分法,为基层营销人员的客户关系管理提供了依据(见图2.2)。

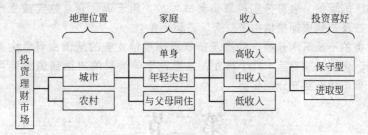

图2.1 个人投资理财市场细分的方法

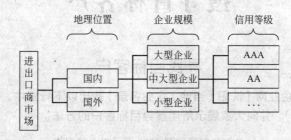

图2.2 进出口商细分市场的方法

从理论上讲,细分市场时使用的因素越多,分得越细,越容易找到市场机会,当然,操作起来也越麻烦,成本也会越高。所以,在细分某一个具体市场时究竟使用几个因素为好,要通过综合权衡确定,既不是越少越好,也不是越多越好。

视野拓展 2.4

深圳发展银行新的细分市场

一天,有客户找到深圳发展银行某分行申请授信融资。这家公司以经营有色金属原材料为主,是该地区铝型材生产厂家的重要供货商。由于是贸易企业,尽管每年销售额很大,利润情况也很好,但自身负债比例较高,也没有不动产向银行抵押,一时又难以找到符合银行要求的企业担保。一般情况下,大多数银行会拒绝企业的融资要求。

这时,深圳发展银行意识到:可否用客户手中的铝锭做银行贷款的抵押品呢?可是,深圳发展银行发现将面临以下问题。

1. 用企业手中的铝定质押,银行要面对押品的质量认定、存放、监管等一系列问题。

2. 如果到期客户不赎货,银行是否能在最短时间内将货物变现,以便将银行与客户的损失都保持在最小水平。

3. 对客户来说,所抵押物资为在销售商品,只有实现销售才能有钱偿还银行借款。货物质押给银行,企业又如何进行销售。

面对市场需求,经该行分析后,决定延伸原有业务流程,将其扩展至铝锭仓储、运输以及授信客户上下游业务合作伙伴等整个业务链,通过借款人自有动产(铝锭)质押方式向其融资。

这项业务的成功,使深发人对有类似需求的潜在客户进行了广泛的深入调研。结果,一个新的细分市场展现在深发人面前:企业参与物流交易频繁,是商品流通中的一个环节;企业流动资金相对紧张、规模不太、财务报表有虚假成分或相对较差;企业货物价值波动较小、存储稳定且相对可控。孤立地审核这些企业,它们均无法满足银行正常的放贷要求,但这些企业的销售收入均为其自有或采购物资在向其下游企业销售过程中实现。

深发人意识到:企业物资和资金的双向流通是银企合作的有效切入点。于是,在将融资企业上下游业务伙伴一并纳入银行信贷业务流程,以企业法人自有动产或货权为质押,以贷款、承兑、商票保贴、国际贸易融资等多种融资形式发放,用于满足企业物流或生产领域配套流动资金需求的"动产及货权质押授信融资业务"应运而生。

随着该项业务的不断深入开展,动产及货权质押授信业务的范围由有色金属逐步扩大到钢铁、建材、石油、化工、家电等十几个行业,甚至连电信公司的电话储值卡都可以拿到银行来融资,银行的目标市场得到充分细化。

第二节 搜寻目标客户

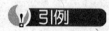

寻找目标客户

通过沈阳(当地)企业网【沈阳(当地)企业名录】找出以下行业中,年销售规模达到3000万以上的客户(填表格),并向大家展示所用搜寻目标客户的方法。

年销售规模达到 3000 万元以上的客户

行业名称		年销售额/万元
1. 工业企业		

续表

行业名称	年销售额/万元
2. 建筑业企业	
3. 批发业企业	
4. 零售业企业	
5. 交通运输业企业	
6. 邮政业企业	
7. 住宿和餐饮业企业	

开发客户的首要问题是选择目标客户。目标客户是企业在既定的市场细分的基础上确定重点开发的客户群。谁能拥有更多的优质客户资源，谁就能抢占市场先机，在竞争中处于有利地位。

随着我国市场经济的发展和对外开放的扩大，金融客户在金融需求方面呈现出多样化和个性化趋势。营销者不能瞎跑乱撞，必须根据自己金融企业所提供产品的内容及特点，采取一定的方法，才能发现那些可能成为银行目标客户的潜在客户。最常用的九种方法(见图 2.3)。

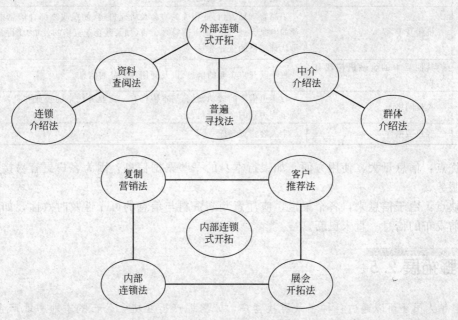

图 2.3 开发客户的九种方法图

一、利用外部资源寻找客户

(一) 普遍寻找法

这种方法也称逐户寻找法或者地毯式寻找法。其方法的要点是，在营销人员特定的市场区域范围内，针对特定的群体，用上门、邮件、电话、电子邮件等方式对该范围内的组织、家庭或者个人无遗漏地进行寻找与确认。比如,将某市某个居民新村的所有家庭作为普遍寻找对象。

优点:既可锻炼营销人员的陌生拜访能力,又可了解市场和客户。

缺点:费时费力,成果无法预测,并带有一定的盲目型。

(二) 资料查阅法

营销者要有较强的信息处理能力,通过资料查阅寻找客户,既能保证一定的可靠性,也可减小工作量、提高工作效率,同时可最大限度减少业务工作的盲目性和客户的抵触情绪,更重要的是,可以展开先期的客户研究,了解客户的特点、状况,提出适当的客户活动针对性策略等。

需要注意的是资料的时效性和可靠性,此外,注意对资料的积累(行业的或者客户的),日积月累往往更能有效地展开工作。

有关政府部门提供的资料,有关行业和协会的资料,国家和地区的统计资料,企业黄页,工商企业目录和产品目录,电视、报纸、杂志、互联网等大众媒体,客户发布的消息、产品介绍,企业内刊等都是营销者可利用的资料(见表2.3)。

表 2.3 资料查阅法的途径

资料		途径
外部资料来源	网络	搜索引擎(谷歌、雅虎、百度等);财经网站(如新浪财经、和讯等);行业网站如房地产网站——焦点网、钢铁网站——兰格网等
	文献报纸	中国各行业的年鉴、财经类报纸(如《中国证券报》《上海证券报》《经济日报》和本地的一些重要报纸);市场专家报告
	机构及专家	工商管理局、与行业相关的协会及研究机构(如发改委综合信息中心)、各行业的专家、一些重要的工商管理公告(如某些企业资格的公布、获得某项管理质量认证资格的企业等)
	其他竞争的金融机构现有客户	收集其开户企业的信息,以及使用其产品的信息
内部资料来源	人员网络	收集可借鉴的成功案例,与本银行有一定业务往来的企业并且发展势头猛、竞争能力强的企业资料
	客户数据库	个人客户资料库

优点:信息量大,使用方便,如银行本身的一些票据信息,因为客户更容易接受银行产品和服务。

缺点:由于信息来自各个渠道,应注意判断资料与信息的可靠性及时效性,如有些网站几年前发布的信息一直未更新。

视野拓展 2.5

营销人员还可以通过各种名录寻找客户,如房地产行业协会公布的本地房地产企业名录,国家商务部公布的获准经营成品油的企业名单,本地的钢铁流通百强企业名单等。

营销人员应当养成每天晚下班半个小时看报纸的习惯,从新闻中找客户信息,或者每天做所负责行业的剪报,一定不要把时间浪费在娱乐专栏上。例如发现某公司一年后要上市,可以记录下来,第二天早上,赶紧联系,可以先打公司总机问清楚财务总监姓名,然后再打电话要求面见,这样做一般效果不错。

(三) 连锁介绍法

连锁介绍法又称为"关系开拓法",这种方法是营销者通过他人的直接介绍或者提供的信息进行寻找顾客，可以通过熟人、朋友等社会关系，也可以通过企业的合作伙伴、客户等由他们进行介绍，主要方式有电话介绍、口头介绍、信函介绍、名片介绍、口碑效应等。

利用这个方法的关键是营销者必须注意培养和积累各种关系，为现有客户提供满意的服务和可能的帮助，并且要虚心地请求他人的帮助。口碑好、业务印象好、乐于助人、与客户关系好、被人信任的营销者一般都能取得有效的突破。

连锁介绍法由于有他人的介绍或者成功案例和依据，成功的可能性非常大，同时也可以降低营销费用，减小成交障碍，因此营销者要重视和珍惜。

优点：客户可靠性高、风险相对较低，对金融产品的认可度高。

缺点：客户容易产生比较心理，在融资产品定价上灵活性降低。

案例透析 2.1

通过客户介绍营销

某大型化工企业是客户经理的贷款客户，在对这家大型化工企业做贷后检查时，客户经理发现其资金主要流向某个原料供应商。客户经理发现这个情况后，考虑到是否把资金流向的那个原料供应商也开发成自己的客户呢，这样一来，资金就可以封闭运作，不仅能够增加存款，还容易控制客户风险。于是客户经理找到了大型化工企业的老总，请他帮忙引荐，并告诉这位老总，如果本行能够与对方合作，就能通过对原料供应商的支持，更有效地保证对化工企业的原料供应，这是合作多赢的局面。这位老总明白了客户经理的想法后特别支持，并亲自带客户经理去那家公司，帮客户经理又成功开发了一个优质客户。通过这种"客户推荐客户"的方法，客户经理的客户群体就会像滚雪球一样，越滚越大。

启发思考：

客户经理是如何找到原料供应商这个优质客户的？赢在哪些方面？

【教学互动】2.5

问：营销人员与某石油化工企业业务往来频繁，如何开拓客户？营销人员与某发电企业业务往来频繁，如何开拓客户？

答：营销人员可通过其介绍向上游油料供应企业、开采企业、勘探企业和下游销售公司、加油站、化工材料使用企业延伸营销。

营销人员也可通过其介绍向上游煤炭销售企业、煤炭开采企业、煤炭勘探企业、洗煤企业与下游电网公司、城市供电企业延伸营销。

（四）中介介绍法

关系作为"媒介"在现代营销中起着一定的作用，营销人员充分利用个人家庭、朋友、同事等关系，甚至延伸朋友的朋友以外的任何人，最大限度延伸自己的社交半径，甚至发展一定的专门信息提供人员、机构和组织等，搭建自己的信息采集渠道。总之，利用和开拓一切可以利用的关系，加大个人客户存量，从而提高业务成功概率。

常见的中介类型有以下几种。

1. 政府部门

如政府财政部门通过招标选择好财政资金的代理支付或税费资金的代理收缴银行后，相应的政府机构就要在银行开立账户，以备资金划拨。又如海关、税务局选择好代理收缴银行后，各纳税企业就必须与银行建立业务往来。

视野拓展 2.6

某银行营销交通厅

某支行准备营销本地的交通厅，通过接触，了解到目前交通厅需要 4 亿元的贷款。其用途主要有项目人员的开支、水电费支出、工程款支出、购买材料设备支出。

客户经理在仔细分析企业的支出项目后，根据每个支出项目提供了相对应的授信品种。设计出的服务方案为：提供 4 亿元最高授信，其中 1 亿元贷款（对应项目人员的开支、水电费等支出），1 亿元商业承兑汇票（对应工程款支出，要求在本行办理贴现），2 亿元银行承兑汇票（对应材料设备等支出，要求在本行办理贴现）。

可以看到这种授信操作比较合理，获得回报也比较高，增加了银行的中间业务收入。而且，银行可以借助交通厅，很合理地营销其上游客户，如施工企业、材料供应商。

2. 社会团体

银行的某项服务若能获得社会团体的认可并向社会公布，就可增加客户对银行的信任感。

3. 银行的现有客户

现有客户是银行口碑、服务最好的宣传者。主要是通过现有企业客户的财会部门负责人和办事人员（他们普遍是一些企业集团的下属公司，会经常在一起接受培训，人脉相通），靠他们传播银行的某项服务，会使信息接受者感到可信、放心。

4. 非银行金融机构部门负责人和工作人员

如证券公司、信托公司、财务公司等机构。

5. 营销人员选定的信息提供者

这些人一旦发现潜在客户就会立即告知客户经理。为激发信息提供者的积极性，营销人员应通过适当方式给其以激励。此类人主要包括医生、律师、学校领导、班主任等，这些人员接触的人面较广，属于人际关系交往的集合点，可以重点接触，将其作为营销的信息源。

6. 亲朋好友

对新加入银行的营销人员来讲，找这些人支持业务往往比较可行。

优点：既锻炼营销人员社交能力和市场敏感度，又可有效盘活身边可利用资源；营销人员通过中介介绍有可能需要金融企业服务的客户，需要中介提供客户的名称及简单情况。这种方法有助于减少营销人员的盲目性，增加被介绍客户对其的信任度。

缺点：如个人搭建信息渠道，需要一些经营支出；维系关系时也会产生支出。

（五）群体介绍法

一些组织，特别是行业组织、技术服务组织、咨询单位等，他们手中往往集中了大量的客户资料和资源以及相关行业和市场信息，通过群体介绍的方式寻找客户，不仅是一个有效的途径，有时还能够获得这些组织的服务、帮助和支持，比如在客户联系、介绍、市场进入方案建议等方面。

如商会是一个联合组织，其成员都是自愿加入的，商会存在的目的也是为其会员解决一些单个会员不能解决的问题。营销人员通过商会切入企业，成功开拓几个客户，通过商会里个体与群体之间的相互影响从而引起"群体效应"，达到以点及面的发散营销。

优点：企业切入较容易，借用团体和主管部门的影响力，提升金融品牌和亲和度。

缺点：实力强劲的团体和主管部门，单凭营销人员孤军作战较难深入，需要领导甚至总行领导配合切入。

视野拓展 2.7

企业团体——商会

在我国，有一种经济组织是从事商业活动的各个主体为了共同的目标而自愿组织起来的，我们把它统称为商会。国内的商会首先是一个联合组织，也就是说成员之间是相互独立、相互平等的。其次，参加商会一般应遵循自愿原则，政府不会强制企业入会。而商会建立的目的是要做单个企业和会员所无法做到的事情，或者说联合起来共同做事情。因此，商会经常会与银行合作，为其会员寻找融资的渠道，所以商会对其会内的企业影响力是比较大的。

二、利用内部资源寻找客户

（一）复制营销法

以银行为例，通过深入研究银行内部现有的成功案例来复制营销。营销人员在营销时，从资深的客户经理、部门领导等得到有价值的信息资源，然后充分研究本行的授信产品，同时认真研究产品成功的使用案例，在确定的行业、确定的客户方位内寻找客户，力求形成自己的品牌。不要盲目出击一个客户，先评估一下：银行能否接受这样的客户？用什么样的产品与客户建立合作？银行能够得到什么？本行是否有同类客户的先例？通常本行曾有先例的客户，说明同类客户的贷款好通过，这样操作成功率会很高。

优点：节省客户经理的营销成本和营销时间；商业价值可靠，容易被同类客户所接受；并且抵消了竞争者领先产品的影响。

缺点：本行的成功案例都是资深客户经理的营销成果，需要和他们搞好关系以便能得到他们的指点；而其他银行的成功案例不容易获取，又具有局限性。

（二）内部连锁法

内部连锁式开拓客户方法，就是通过银行内部的票据作为沟通的桥梁，营销其上下的关联客户。其最有效的方式就是从银行承兑汇票、增值税发票中寻找到关联人或者相关联信息。如寻找收款人和出票人。从表 2.4 中就可以看到清晰的客户资料。

销货单位的名称、地址、电话非常准确，因为企业一旦信息变更都必须及时告知税务部门。

表 2.4　××省增值税专用发票票样

开票日期：

购货单位	名称： 纳税人识别号： 地址： 开户行及账号：		密码区				
货物及应税劳务名称	规格型号	单位	数量		单价	金额	税率
价税合计（大写）							
销货单位	名称： 纳税人识别号： 地址、电话： 开户行及账号：		备注				

收款人：　　　复核：　　　开票人：　　　销货单位：

（三）客户推荐法

企业融资有时会比较急，尤其是中小企业客户。此类客户经常主动上门，并且需求明确，所以成单率较高。另外，因其需求迫切，所以议价能力一般较弱。不过客户一般会同时向多家银行提出融资需求，这种情况下客户经理需要靠便捷、高效的服务来吸引客户，做好自我介绍，主动出示证件并说明意图，消除客户戒心。另外，合理对该部分客户提出的风险性服务要求的客户做全面的资信评估，并通过参加交流会或利用媒体等多种渠道收集目标客户信息，深入了解客户风险和价值。

优点：客户由于急需融资，成单率较高。

缺点：由于客户急于融资，客户经理及本身银行审核效率和风险容忍度可能会造成客户对服务不满意。

（四）展会开拓法

"展会"顾名思义就是银行以展示自身产品为由，创造与客户面对面沟通机会的一个载体。银行一般会定期举办一些展会（也称为"产品说明会"），在说明会上，客户经理拥有与许多潜在客户或现有客户面对面交谈的机会，在这短暂的时间里所获得的客户资源要比平时奔波一个月甚至更多时间找到的客户资源还要多。

在说明会上，银行会用专业的方式介绍本行的产品，比客户经理自己介绍产品的效果要好很多。一般在会议的茶歇或吃饭期间，是客户经理与客户沟通的最好时机。客户经理要利用好这个时机，跟客户建立互信的关系，并全面地收集客户资料，以及做好公司产品的宣传与介绍，为了之后挖掘客户需求和超越客户期望做好准备。

优点：客户经理与客户之间建立互信，以更专业的方式向客户介绍和宣传产品。

缺点：说明会不经常有，客户不一定都有时间来参加。

有效地寻找客户的方法远远不止这些，只要客户经理仔细观察和研究，就会发现有效的方法无处不在。

以上九种方法具有一般性和普遍性。客户经理还可以根据个人的能力和资源寻求符合自己的营销方式。

视野拓展 2.8

如何锁定目标客户

ABC 公司经过调研发现，有一部分潜在客户至今既未进入该公司的视野，也未引起其他证券公司的普遍重视，这部分客户就是可投资现金资产在 10 万～100 万元的白领阶层。这个阶层年龄在 25～45 岁之间，年收入一般在 5 万～30 万元，最低受过大学本科教育，有车有房，熟悉电脑操作，爱好分析问题并有主见，风险承担能力强，但由于平时工作繁忙没有时间去证券公司营业部，因此很少为证券公司所重视，所以证券公司就没有为他们提供相应的服务。

ABC 证券公司地处经济发达地区，周边有很多大公司的总部，这部分潜在客户群数量较大，公司认为，只要通过相应的服务和营销安排，就能够开拓和持续维护该客户层，因此把该客户群定位为核心客户群。

三、目标市场选择的三种模式

一般来说，银行选择何种目标市场，首先取决于其采取以下哪种目标市场策略（见图 2.4）。

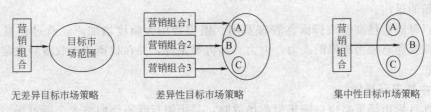

图 2.4 三种不同的目标市场策略图

1. 无差异性目标市场选择

无差异营销策略是指银行将产品的整个市场视为一个大的、同质的目标市场,从而推行单一的产品和标准化服务,运用单一的营销组合与营销策略,来满足尽可能多的市场需求。可口可乐公司在20世纪60年代以前曾以单一口味的品种、统一的价格和瓶装、同一的广告主题将产品面向所有顾客,就是采取的这种策略。

采取无差异营销策略时,银行推销功能单一的借记卡,通过设计密码系统、ATM布置、发展广泛的特约商户,以单一产品、单一价格、单一促销方式和单一分销渠道就可满足需要。

优点:银行提供的金融产品和服务的产品品目、产品线以及产品标准等简单、统一,利于标准化生产和推广销售。由于这种策略经营品种少、批量大、市场调研费用低,可降低管理成本和营销支出,有利于用低价格争取客户,具有规模优势。

缺点:难以满足所有购买者的需求,特别是在同一市场中有多家银行施行无差异营销时,竞争压力将会特别巨大,利润实现会比较困难。

通常,这种大细分市场竞争日益激烈之后,许多金融机构转而追求市场中其他较小的细分市场,不再采取无差异性的营销策略。例如银行从借记卡到信用卡、联名卡以及各种各样个性化的卡,就是一个不断从无差异大众市场逐步细化为小众市场的过程。同样,保险市场也在发生类似变化。

2. 差异性目标市场选择

差异性目标市场策略是指银行依据客户不同类型、不同层次的需求特点,将整个金融市场划分为若干细分市场,从中选择两个或两个以上的细分市场为目标市场,并对不同的目标市场制度实施不同的营销组合策略。比如,服装生产企业针对不同性别、不同收入水平的消费者推出不同品牌、不同价格的产品,并采用不同的广告主题来宣传这些产品。又如,可口可乐公司针对市场的变化,调整了目标市场策略,实施差异化营销。它不仅继续生产销售可口可乐,还针对不喜欢可乐型的消费者推出了芬达、雪碧等不同口味的饮料。产品包装不仅有塑料瓶装,还有玻璃装以及罐装;不仅有小包装;还有大瓶装;甚至还推出水壶式的包装,以迎合儿童的需要。

金融业采取差异性目标市场选择策略针对客户投资理财的不同需求,设计了名目繁多的金融产品和服务。证券公司对客户施行差异性市场策略,按客户收入高低、风险偏好、交易总量和频率等,将客户分为VIP、中档、普通等不同级别,分别享受不同的交易渠道、不同的设备、不同的信息内容和咨询建议。少数高级客户甚至可以享受研究专家的特别服务。

优点:差异性营销具有明显的优点,因为面对多个细分市场,有多样的产品,能较好地满足客户的不同需求,增强金融机构对目标市场的渗透能力,赢得更多的顾客群,从而扩大市场份额。另外,由于企业是在多个细分市场上经营,一定程度上可以减少经营风险;一旦企业在几个细分市场上获得成功,有助于提高企业的形象和市场占有率,如果失败则只是某一细分市场的退出。

缺点：可能会使商业银行面临管理费用、销售费用大幅度增加，经营过程复杂化等问题。银行需要拥有较为雄厚的人力、财力、物力等条件，并在权衡成本收益后决定是否实施这种策略。

3. 集中性市场选择

集中性目标市场策略也称密集型市场战略，是指银行既不面向整个金融市场，也不将力量分散到若干个细分市场，而是集中人力、财力、物力进入一个或少数几个细分市场，提供高度的专业化服务。

当金融机构的资源有限时，可考虑第三种策略——集中性市场战略。

采取这种策略的商业银行追求的是在一个较小的细分市场上占有较大的市场份额，而非在一个较大的细分市场上占有一定的市场份额。如将目标市场定位于中小企业，采取这种策略时，银行可以集中全部力量为一个或几个细分市场提供银行产品服务，通过专业化经营来降低经营成本，提高市场占有率，获取市场竞争优势。

与以整体市场作为营销目标的差异性营销战略和无差异营销战略不同，这种策略主张不要在若干个较大市场上占有较小的份额，而要在较小的细分市场上占有较大的份额。例如，美国一家专为现役和退役军人及其家庭提供保险的公司——USAA，就采取了这样的目标市场策略，使其成为美国最好的前100家公司之一。

这一策略特别适合于资源力量有限的中小企业。中小企业由于受财力、技术等因素制约，在整体市场可能无力与大企业抗衡，但如果集中资源优势在大企业尚未顾及或尚未建立绝对优势的某个或某几个细分市场进行竞争，就有可能取得成功。例如，美国花旗银行确定的细分市场策略，使其成为世界上最大的债券和商业票据交易商，另一些银行把信贷资金集中在使用短期贷款的商贸企业市场，还有些银行专门针对中长期大型基础设施项目的建设项目市场。美国通用金融公司，专门做以通用车型为主的汽车融资服务，以专业化的汽车金融闻名全球。一些专业性的金融机构往往都倾向集中市场的策略，如信用卡公司、汇兑公司、房地产金融公司、社区信用社等。保险机构的财产保险、寿险的分工，也在一定程度上体现了集中性目标市场经营理念。这些以提供某一专门服务见长的金融机构，往往是其所在细分市场中的佼佼者。

优点：集中性市场策略有许多优点，通过对少数几个甚至是一个细分市场进行"精耕细作"，对目标细分市场有较深入的认识，更能建立特殊的声誉。由于设计、销售和推广的专业化，金融机构能享受许多经营上的规模经济性，往往能获得较高的投资回报率。

这种战略特别适用于那些资源有限、实力不强的中小金融机构。将有限的人力、物力和财力资源集中，实行专业化服务经营，以节约成本和支出，进而在目标市场上占据优势地位。

缺点：集中性目标市场策略具有一定的风险性，最为突出的风险在于由于目标市场划分过细，经营目标领域过分狭窄，可能会因为某种市场环境因素突变而使银行陷入困境，并且因无法寻求风险分摊而导致银行风险集中爆发。因此，银行在采用这种策略时，需要密切关注市场动向，并制定适当的应急措施或预案，以求做到"进可攻、退可守、进退自如、减少风险"。

显然，上述三种策略各有利弊。银行需要根据自身资金实力、市场地位、人力储备、内部经营管理等各种因素综合考虑。实际运用中，既可以选择单独一种策略，也可以并用多种策略。

第三节 目标客户营销战略

引例

制定目标客户营销战略

企业全面地了解、分析目标客户后,就要有针对性地对他们采取促销活动,着力宣传一些能使目标市场产生最大震动的差异性的产品和服务,并使顾客知道并且喜欢这样的差异化,以便吸引更多这种类型的顾客成为自己的客户。对此,客户经理就需要了解目标客户营销战略的要求。

一、目标市场战略选择需考虑的因素

一般来说,金融机构做出目标市场决策时,要根据自己的资源、产品差异性、产品生命周期、市场特点、竞争策略等因素综合考虑决定。

1. 自身资源

如果金融机构人力、财力、物力资源充足,实力强大,可以采用无差异营销策略。当资源有限时,最好采用差异性策略或集中性策略。

2. 产品特点

对于同质性的产品和服务,可以采取无差异策略。而对于产品差异较大的则采取另外两种市场策略为宜。如钢铁、大米、食盐等差异性较小,竞争主要集中在价格上,比较适合无差异性市场策略;对另外一些差异性较大的产品,如汽车、照相机、服装等,就适合采用差异性市场策略或集中性市场策略。商业银行的ATM取款可采用无差异策略,而私人银行则应采取差异策略。

3. 市场特点

如果大多数交易者的需求和嗜好比较接近,而且每个时期内购买金融产品的数量或交易额变化不大,对营销的刺激反应不明显,或者相反有比较趋同的反应,则应选择无差异营销策略。如果市场内顾客群体差异比较大,则应采取差异性或集中性营销策略。

4. 产品在其生命周期所处的阶段

当推出一项新产品或服务时,由于处于投入期,主要满足客户初次拥有产品的愿望,而不是多样化、差异化的需求,所以推出一种产品就可以了。如果一下子推出多种产品,金融机构的连续开发能力就会有限,客户也不容易全部接受。但如果产品和服务趋于成熟,客户也熟悉了,需求有了进一步深化发展的必要,同时竞争也空前激烈,则应该采取差异性或集中性营销策略。

5. 竞争者的市场策略

一般而言,金融机构在市场竞争中可采取的竞争策略大致有两种:针锋相对或避实就虚。如果竞争者采用差异性或集中性营销策略,而企业仍然采取无差异营销策略,则无异于自杀。应该避其锋芒,采取与其类似的策略,寻找适合自己的细分市场,或抢先深度发展。当竞争者采用无差异性营销时,金融机构既可以采用无差异性营销策略去抢地盘、争份额,也可以采用差异性或集中性的营销策略,向市场深度发展,以满足客户更高层次的需求。

视野拓展 2.9

战略的选择

香港有家保险公司，正是洞察到赛马在香港的巨大市场并及时调整自身的业务重心，进而使其从一家普通的保险公司成为专门为赛马比赛提供全方位保险等金融服务的专业保险公司，并取得了令人瞩目的市场份额和丰厚的利润。在泰国的曼谷，有一家银行被称为"水上银行"，因曼谷河道纵横，被誉为"东方的威尼斯"，该银行便选择成为水上的移动银行，每天定时起航为湄南河以及运河沿岸的居民提供金融服务，由于其别出心裁和独特的选择，赢得了泰国人民的认可，最终获得了巨大的成功。

二、对目标客户信息进行初步评价

目标客户指尚未成为本银行现实客户的潜在客户，仅为拟开发的对象。客户经理的工作就是把目标客户培育成现实客户，并逐步培育成现实的重点客户。

金融企业收集目标客户的基本信息，目的是为了加深对目标客户的了解，为制订开发计划准备基本的素材。

（一）需了解的基本信息

① 目标客户主要决策管理人员的情况。包括姓名、性别、年龄、文化程度、家庭情况、个人偏好、联系途径等。

② 目标客户及关联企业的基本情况。如企业的生产经营活动必须由另一企业提供的特许权利（包括工业产权、专有技术等）才能正常进行；企业生产经营购进原材料、零配件等（包括价格及交易条件等）是由另一企业所控制或供应的；企业生产的产品或商品的销售（包括价格及交易条件等）是由另一企业所控制等。

③ 目标客户的生产经营、市场占有、资金运作情况，目标客户企业发展历史以及目标客户目前遇到的问题。

④ 目标客户与金融机构的业务开展情况。

⑤ 与客户所在行业有关的知识。

⑥ 与其他金融机构的合作情况以及下一步有可能的业务需求。

（二）对目标客户进行价值判断

营销者根据获得的目标客户的基本信息，对客户进行初步的价值判断，以决定该客户是否具有开发价值。价值判断包括主要风险与收益的匡算（如表 2.5 所示）。

表 2.5 目标客户开发价值初步评价表

评价内容	正（+）		负（-）	
资产规模	大	☐	小	☐
客户原料供应/产品销售区域	全省或全国范围	☐	本地	☐
市场占有量/市场影响	大/是知名品牌	☐	小/为一般产品	☐
年销售量	大	☐	小	☐
现金流量净额	大	☐	小	☐
利润	大	☐	小	☐
资产负债率	小	☐	大	☐
信用记录	好	☐	坏	☐

续表

评价内容	正（+）		负（-）	
法律诉讼	无	☐	有	☐
是否为上市公司	是	☐	否	☐
其他金融企业的争夺态势	激烈	☐	不感兴趣	☐
行业情况	发展中或成熟的行业	☐	萌芽或衰退行业	☐
目前对金融产品的需求	金融意识强，急欲获得银行支持；或自身发展快，没意识到对银行产品的需求	☐	遇到困难时需要银行支持	☐
企业核心负责人工作两年以上	是	☐	否	☐
评价说明：按上述评价内容，如有两项以上得正分，则表明该客户具有开发价值				

（三）分析客户资料

① 及时给出关于客户或行业的综合评价报告以及风险评估报告，供金融企业有关业务决策及风险控制部门参考。

② 对金融企业决策部门、相关产品或服务部门以及综合管理部门提出的问题或要求提供的其他信息，及时做出回答或提交。

③ 根据客户情况做出客户初步评价、相关产品方案设计和业务建议等。

④ 研究客户的现实情况和未来发展，发掘客户对金融产品的潜在需求，并根据客户需求与客户探讨合作方案。

（四）对潜在优质客户的鉴定

由于金融客户主体不同，对金融客户进行的分类及其各自的评价标准也不同。

1. 优质公司客户的主要标准

① 有工商执照、从业资格证照和相关许可证、授权书等齐全，从事符合国家产业政策鼓励和扶持的行业和产品的经营活动；

② 行业或产品技术科技含量高，产品或服务处于成长或成熟前期，有广阔的市场需求，在行业中具有领先地位或在行业中的位置比较靠前；

③ 具有特有的核心竞争力，连续多年经营业绩良好、机制灵活、管理科学、治理结构合理；

④ 在短期内有比较好的现金流；

⑤ 纳税大户；

⑥ 客户众多，经营状况良好，在其他金融企业无不良信用记录，各项财务比例指标合理，尤其是债务比例低或无负债；

⑦ 社会形象好、地位高，市场地位牢固，已经发行股票并公开上市；

⑧ 主要经营管理和决策人员素质高、经验丰富，有良好的人际关系和雄厚的社会背景，有成功的经营管理业绩；

⑨ 重合同守信誉，有良好的企业文化和凝聚力，主要骨干人员相对稳定，重视员工福利和教育；

⑩ 本金融企业能够为其提供具有优势的金融产品和服务，且金融产品和服务需求量大。

2. 优质个人客户的主要标准

① 有良好的个人素质，较为完善的教育经历，法律意识强，注重社会公德和个人品德修养，社会关系良好，个人信用等级高；

② 有较好的经营、创业能力；
③ 个人从事较高收入的职业，地位、级别、职称高，主要负责管理和高技术工作；
④ 连续多年交纳个人所得税税额高；
⑤ 有远大的人生追求和个人抱负；
⑥ 热爱生命，生活观念积极，身体健康，宗教信仰正常，无赌博、吸毒、道德败坏等恶习；
⑦ 在其他金融企业无不良信用记录；
⑧ 无犯罪记录；
⑨ 有金融意识，主观上有经常性的金融产品和服务需求；客观上有金融产品的购买能力和行为。

三、整理目标客户名单，制订客户开发计划

目标客户确定后，营销者应将确定的目标客户及其背景资料记录下来，最好列成表格的形式，这样便于查找。客户信息要做到及时、连续、准确、详细，尤其是不可记录错误信息。

对目标客户的相关信息进行分析，然后全面制定客户培育计划、培育方案及拜访的具体步骤。营销者应按照客户培育计划进行客户培育活动。在客户培育过程中，营销者可根据实际情况对培育计划进行适当调整（见表2.6、表2.7）。

表2.6 目标客户名单表

目标客户名称	主要业务范围	通信地址	联系方式	成为现实客户的可能性	拟投入的开发资源

注：表中的"资源"包括时间、人员、财力等各种有形和无形的东西。

表2.7 客户开发计划表

时间/月份	工作安排		工作进度	
	工作目标	具体策略	计划进度	实际进度
1				
2				
3				
4				

续表

时间/月份	工作安排		工作进度	
	工作目标	具体策略	计划进度	实际进度
5				
6				
7				
8				
9				
10				
11				
12				

案例透析 2.2

信海公司的服务

信海公司为医药行业药品销售流通企业，虽然该公司属于中小企业，但该公司具备以下三点优势。

第一，在历次地方政府组织的药品招标采购中，该公司药品中标量均属前列。良好的中标情况为公司的快速发展奠定了基础。主要供货商（上游客户）为全国知名的药品生产企业，其中全国独家代理品种 14 个，区域独家代理品种近 50 个。

第二，销售对象均为当地各级医疗单位（医院）。公司依托良好的品牌、信誉和优质的服务以及经营代理品种的优势，成为当地各大中型医疗机构最好的供应商。

第三，该公司具有完整的内部控制的组织架构和规章制度，尤其是作为药品销售企业，从库房管理到医院供药都有财务结算，有一整套严格的管理办法以及完整的 ERP 系统管理。

银行客户经理得知这一情况后，首先对信海公司的业务流程进行了了解，发现该公司业务流程如下：

（1）生产厂家与配送公司签订委托经销合同。

（2）销售代理企业针对各个药品品种进行投标竞价，招标机构公布中标结果，中标配送公司与招标公司签订采购合同。

（3）医院在中标目录中向指定配送企业采购药品，一般为电话采购或网上采购，不再另外签订相关合同。

（4）配送企业给医院送货，医院药库人员清点签收。

（5）3~9 个月后，医院付款。

根据该公司的上述经营特点和业务流程模式，针对销售过程中产生的赊销情况，银行客户经理决定先谨慎介入。虽然保险理赔业务在当地市场不多见，企业使用也较少，但客户经理由于前期对这一业务进行了充分的了解和学习，遂推荐客户办理保险业务，希望通过该业务参与企业贸易链、给予客户信贷支持。然后，再根据企业自身实力的增强和经营规模的扩大，逐步扩大银行授信规模，丰富授信品种。

经过长期的业务往来，客户经理对该公司的授信规模由最初的 3000 万元增大到 1.3 亿元，授信品种由最初单一的保理业务发展为以保理业务为核心涵盖多种贸易金融产品的综合授信。公司也在此期间得到了较大规模的发展。

启发思考:
请大家分析以上案例中客户经理是如何针对客户经营特点提供相应服务的?
(案例来源:宋炳方.商业银行客户营销.北京:经济管理出版社,2011.)

四、客户需求与分类管理战略

针对客户的需求特点进行分类管理,有助于我们针对不同类型的客户群体,进行个性化的服务,以满足客户的需求。

(一) 公司客户需求与分类管理

1. 小型企业客户需求以及管理战略

小型企业规模小,经营方式灵活,经营周转较快,具有特殊的经营发展模式。由于贷款需求笔数较多,金额小,融资时间短,频率高,而商业银行审批手续烦琐、核准时间较慢,导致小企业资金需求得不到满足。同时,由于规模小,抗风险能力低,更是很难得到充足的资金支持。

(1) 主要需求

主要需求为存款及存款组合、担保贷款、抵押贷款、国内结算业务、保管箱业务、信托业务、单位信用卡业务、公司理财、代理业务、工资支付、代理企业财务等。

(2) 管理战略

① 以市场为导向引领客户需求,开发出更多适合客户的个性化需求的金融产品,如开展应收账款和存货质押融资业务以适应小企业不动产资源少的现状。

② 重塑业务流程,高效配置资源,在不影响风险控制的前提下,尽量减少一些不必要的业务环节,如降低小型信贷门槛,缩短业务流程,深入了解小型企业的经营发展情况,提供特色专业的服务方式。

③ 尝试担保公司、商户联保等贷款担保方式,针对一些专业商品市场,可以推出商户联保贷款。商户之间若彼此了解便可以结成小范围的联保群体,谁需要贷款时就由该群体联合提供担保。联保借助商户之间的信任关系,在一定程度上克服了缺少足够抵押物的问题。

④ 采取租赁融资,降低贷款风险。

视野拓展 2.10

小客户也能成为优质客户

优质客户有两类:一类是现实的优质客户,他已经存在了,要介入现实的优质客户,必须要靠你为客户提供的独特的解决方案。另一类可以说是银行创造或培养的。优质企业并非都是与生俱来的,它也有一个从小到大的成长过程。银行通过对这些有潜力的中小企业的高水准服务,提高了企业的竞争力,帮助企业创造价值和成长壮大。举个例子,英斯泰克是一家生产电视转播车的厂家,原来的资产规模有 2000 多万元,是个小企业,民生银行为它提供服务以后,帮助它引进租赁公司,迅速扩大了产品销售。现在,英斯泰克已成长为一家优秀的上市公司,资产已达到 3.6 亿元,一年有 5 亿多元的销售额,税后利润超过 5000 万元,获得了进入香港二板市场的资格。另外,由银行培养创造的优质客户具有更强的忠诚度。

2. 中型企业客户需求以及管理战略

我国多数中型企业的财务管理不健全,多数中型企业在生产经营的同时为规避风险,将大量闲置资金存入银行,而企业主管和财务人员对银行理财了解甚少,又因银行也没有专职的中型企业营销顾问,最终导致企业资金利用率降低。

(1) 主要需求

主要需求比小型企业多了国际结算业务、租赁业务、投资理财业务、代理外汇买卖业务。

(2) 管理战略

加强中型企业客户投资理财营销，银行可增加专职的中型企业营销顾问，适时的给中型企业提供有效帮助，以促进他们的银行融资实行和自由资金的有效利用，进而提高它们的银行还款能力。

3. 大型企业客户服务需求以及营销战略

大型企业是国家产业实力和竞争力的重要标志，同时也是各个金融机构重点拓展的客户群体，是金融机构重要的收入和利润来源。

(1) 主要需求

对于我国大型企业来说一般会是一个联合体或以控股的几家上市公司为代表，因此出现了多家金融机构针对同一客户集团进行营销的现象，而该企业也会与多家金融机构签订授信协议。一般情况下，这些企业会集中管理资金，重点考虑如何有效地保证收款、付款、资金集中于共享。

(2) 管理战略

对于金融机构来说，要成功营销这种大型企业，如何做好服务是关键。由于多家金融机构共同分享统一集团客户导致同行业竞争加剧，为确保在竞争中取得优势地位，首先要从服务质量下手；其次要从客户的角度，考虑如何为客户解决需求。在金融产品的提供上比前两者多了代理股票上市、进出口服务、银团贷款、资产管理、银行表外业务等。

现在银行争夺激烈的行业细分市场有：高速增长并成为经济支柱的房地产业和汽车业的信贷业务；发展刚刚起步但潜力巨大的针对供应链上下游融资的物流金融；由于我国对外贸易规模巨大，国际贸易融资与结算也是一个诱人的细分市场。表2.8列出了商业银行专门对进出口贸易细分市场的客户—进出口商提供的一系列授信服务产品。

表 2.8 商业银行对进出口企业细分市场的授信产品

进出口企业（含外资企业）	1. 国内存款，并通过国内银行海外分支机构取得当地货币的活期和储蓄账户，保付支票等 2. 进出口信贷、福费廷、融资租赁、票据贴现 3. 信用证结算、托收票据等 4. 货币兑换、外汇买卖 5. 国外担保、银行保函、国外信托业务	1. 国外票据贴现 2. 资金调查报告 3. 国际银行支票 4. 表外业务 5. 国外信息咨询

(二) 个人客户需求与分类管理

1. 私人银行客户需求与分类管理

私人银行起源于一种私密性极强的专门提供给贵族和富人阶层的金融服务。银行通常将在银行存放现金资产为100万美元以上的客户定义为私人银行客户，这些客户通常占社会总人口的0.4%但却掌握着50%以上的社会财富。

从私人银行客户的构成上不难看出，私人银行客户基本都有自己的企业背景为依托，他们的需求是企业业务与个人业务相结合的。

(1) 主要需求

① 私人银行客户由于多为成功人士，在社会中也拥有较高的地位，因此更希望被重视并享有优先的权利。私人银行客户对于银行的基本需求，是银行可以及时响应、快速方便的解决他们遇到的金融方面的问题，并为其提供全方位的个人财产投资与管理的服务。

② 私人银行客户对于个人信息保密和安全性的要求也是非常高的，同时他们也希望银行可以为其搭建一个信息交互的平台，并且可以利用银行或金融机构的特殊背景为私人银行客户提供个人很难单独得到的一些社会资源。

（2）管理战略

对私人银行客户提供专属的服务空间、专属的服务团队、全面的解决方案，特别定制的服务和回馈全天候处理问题的能力以及良好的私密环境，以及对个人账户信息的严格保密和惠及家人的贴心关怀服务。

视野拓展 2.11

浙江银行业开始争抢高端个人客户

2002年10月15日下午，太平洋财产保险公司杭州分公司总经理李增培从招商银行杭州分行领到了一份银行为其制订的理财规划书。这是这家银行首次为个人客户"量身定做"金融产品。

专门针对资产雄厚的高端个人客户展开服务，目前已成为浙江银行业的新尝试。根据招商银行杭州分行推出的这项名为"金葵花"的金融计划，该行今后将为高端个人客户提供"一对一"的人性化理财服务，包括拟订理财规划书、适时建议客户投资房地产等实业或者购买基金等。

据悉，在该行现有的客户群中，年收入在5万元以上的个人已经超过7成，这些人士主要是商人或者高层主管、专业技术人员等。

2. 贵宾客户需求与分类管理

贵宾客户通常是指在银行资金存量达到50万～700万元人民币不等客户群，这部分客户大约占银行总客户数量的20%但资金的存量却达到银行资金存量的60%。

贵宾客户通常是处于事业上升期的个人，主要由小企业主、企业的中层管理者、家庭主妇等组成。

（1）主要需求

贵宾客户的主要需求是银行可以为他们提供方便快捷的结算业务和网上银行、电话银行等业务的支持。贵宾客户需要有专属的柜台，专属的服务经理，以及符合市场情况的金融理财产品。

（2）管理战略

① 对于事业支持。对于正处于事业上升期的中小企业主，银行在普通业务外可以给客户提供一个广泛的交流平台。中小企业主借助这个平台能够结识很多与自己社会地位大致相同但背景各异的人士，从而在事业上得到他们的帮助。

② 帮助家庭实现财务的合理规划。贵宾客户的年龄大都在35～50岁，对于家庭的关注度比较高，银行提供的服务可以帮助家庭实现财务的合理规划。

③ 提供国际化的视野与信息。银行提供的服务可以帮助家庭客户的事业发展以及各项规划提供参考依据。

视野拓展 2.12

个人优质客户的管理

符合金融企业开发的个人优质客户，主要分布在大中型公司、外资企业的高层精英、一些垄断性的国有企业如电力、电信的中高级管理人员、热门行业的经理、高等院校的高级职称的教学人员和中层以上教学管理人员，以及诸如演艺体育明星等。这些个人优质客户喜欢接触一些有创新意义的、高科技的、综合性强的金融品种，如某知名高档住宅小区，由银行、商场、房地产开发商和网络公司开发的集有身份智能识别、储蓄、消费信用、购物交易、小区各种缴费等功能于一身的多功能卡就受到小区绝大部分业主的追捧和响应。

3. 普通客户需求与分类管理

银行通常将在银行存放资产在 50 万元人民币以下的客户定义为普通客户，这部分客户是银行中数量最庞大的、年龄结构也比较复杂的群体。

（1）主要需求

普通客户希望银行提供一些资金周转方面的需求以及服务速度和服务手段的多样化。

（2）营销战略

银行通过一些促销活动以期带来额外收益。

视野拓展 2.13

担保客户分类管理试行办法

为科学规范地开展担保业务管理工作，针对公司目前不同层次的客户，实行差异化的管理，根据客户的不同类别，采取"重点支持、谨慎发展、维持现状、逐步退出"四种措施，为更好地实施"有进有退、有保有压"的业务方针，特制定本办法。

一、客户分类原则

为培育优质客户群，实行差异化管理，针对公司不同层次的客户，根据客户具体情况，遵循以下分类原则进行客户分类。

1. 真实性原则：应以客户的基本情况、财务状况、经营情况、现金流量、信用记录等为主要依据，对客户进行准确分类，真实反映客户的类别。

2. 动态性原则：在定期进行客户分类的基础上，及时、动态地掌握影响客户分类的变化情况，对发生变化的客户应及时进行重新分类认定。

3. 风险性原则：客户分类应以担保的内在风险为主要依据，内在风险指潜在的、已经发生但尚未实现的风险。

4. 发展性原则：遵循客户业务发展态势灵活调整。

二、客户分类标准

根据对客户的基本情况和信息全面了解，从国家政策、行业地位、产品市场、经营能力、客户信用评级、财务指标、合作情况等方面，结合担保公司的特点，采取定性定量分析相结合的方法，具体分为五类：重点合作类客户、重点培育类客户、重点关注类客户、一般合作类客户、逐步压缩退出类客户。划分标准如下：

（一）"重点合作类客户"划分标准：

1. 国家政策：符合国家产业政策及市场发展要求，能得到国家扶持和享受国家优惠政策。

2. 行业地位：具有显著区域经济特点，当地知名度高，行业地位突出；在本区域行业内属一流企业。

3. 产品市场：市场开拓能力强、产品适销对路、获利能力较强、收益率连续两年在同行业平均水平以上。

4. 经营管理能力：经营期限 3 年以上，具有先进经营理念，经营管理能力卓越，市场竞争能力强、经济成长性较好。

5. 客户信用情况：与我公司合作期间履约情况良好。

6. 财务指标：财务指标良好、资产负债率处于合理水平（一般不高于 75%）。

7. 合作情况：持续与我公司保持良好合作关系，符合我公司业务发展的策略导向，具备长期合作并有深度开发价值的客户。

8. 反担保能力：资产实力强，抗风险能力强。

（二）"重点培育类客户"划分标准：

1. 国家政策：符合国家产业政策及市场发展要求。
2. 行业地位：具有显著区域经济特点，当地知名度高，行业地位突出；在本区域行业内属一流企业；有一定的产品供货合同在手的资源垄断型客户。
3. 产品市场：市场开拓能力强、产品适销对路、获利能力较强，有较大的发展空间。
4. 经营管理能力：经营期限1年以上，具有先进经营理念，经营管理能力卓越，市场竞争能力强、经济成长性较好。
5. 客户信用情况：与我公司合作1年以上，履约情况良好，无不良信用记录。
6. 财务指标：财务指标合理，具有良好的成长性，资产负债率处于较低水平，有流动资金需求，能保障担保贷款的偿还。
7. 合作情况：未来与我公司有较大的合作空间，符合我公司业务发展的策略导向，具备长期合作并有深度开发价值的客户，有较高的忠诚度。
8. 反担保能力：主动配合我公司掌控其所有的核心资产。

（三）"重点关注类客户"的划分标准

1. 国家政策：国家产业政策及市场发生了变化，对生产经营产生了一定的影响。
2. 行业地位：在本区域行业内属中等水平，有一定的产品销售合同。
3. 产品市场：产品竞争力以及获利能力发生变化。
4. 经营管理能力：股东及管理层结构发生变化，对未来的持续经营具有不确定性。
5. 客户信用情况：还本付息可能出现或已出现逾期情况，督促后能履约。
6. 财务指标：资产负债结构发生重大变化，资产负债率较高，流动性存在问题。
7. 合作情况：与我公司业务合作一般，能配合我公司的工作。通过盘活及相关措施能够增强盈利或反担保能力。
8. 担保金额：在保余额较大并且长期借新还旧的客户、存在较大风险隐患的存量客户。

（四）"一般合作类客户"划分标准

1. 国家政策：符合国家产业政策及市场发展要求，行业未纳入国家禁止之列。
2. 行业地位：具有区域经济特点，在本区域行业内属中等偏上企业，有一定知名度，有一定的产品销售合同。
3. 产品市场：产品适销对路、获利能力一般、盈利水平维持在同行业平均水平。
4. 经营管理能力：经营期限1年以上，商业信用良好的客户。市场需求稳定，经营管理能力强，有一定的市场竞争力。
5. 客户信用情况：履约情况良好，能正常还本付息，无逾期、无欠息。
6. 财务指标：财务指标较好，资产负债率处于能接受的水平（一般不高于75%），收入稳定、有正常的现金流，能按时还本付息。
7. 合作情况：能配合我公司工作，保持一定的忠诚度。
8. 反担保能力：具备一定的组合反担保能力。

（五）"逐步压缩退出类"客户的划分标准

1. 国家政策：行业或产业政策发生不利变化，对生产经营将产生重大影响。
2. 行业地位：在本区域行业内市场竞争力呈下降趋势。
3. 产品市场：产品滞销，盈利能力差、无固定销售合同，发展空间不大。
4. 经营管理能力：股东结构不合理，管理高层发生变化。
5. 客户信用情况：还本付息能力减弱。
6. 财务指标：财务指标不合理，财务管理不规范。
7. 合作情况：在与我公司合作期间已出现违约情况，合作空间不大。

8. 反担保能力：反担保措施偏弱，抗风险能力不强。

三、客户分类流程

担保客户分类工作，由风险控制部制订分类管理办法，管理部提出初分方案，报评审委员会审议，客户分类具体流程及各部门人员职责如下：

（一）客户分类具体流程要求

1. 分类准备：包括管理部客户经理搜集客户信息，提供分类资料，分析整理客户档案，按要求填写《担保业务客户分类情况表》。根据客户的具体情况按照客户分类标准对客户进行初分分类报部门主管领导签署意见。

2. 审核意见：管理部将部门初分结果与理由报风险管理部门进行分类认定，风险管理部门对初分人员提供的客户实际情况说明资料、初分理由和结果及相关档案资料进行严格审查，审核无误后报部门主管领导签署意见。

3. 上会评定：风险管理部门将审核无误后的客户分类上报评审委员会讨论，评审委员会对分类准备阶段所提供的分类资料、分类认定工作底稿、背景材料中的有关问题进行讨论。按照评审委员会讨论结果对分类认定工作底稿内容进行调整，对不符合要求的分类资料和背景材料要重新补做。

4. 分类认定：分类认定是指根据分类资料和上会讨论意见进行综合判断，提出分类认定意见，填写分类认定记录。

5. 领导签署：客户分类最终结果由负责人签署意见。

（二）客户分类时间要求

担保业务客户分类结合保后管理开展，每年划分1次，如有异动，根据实际情况进行调整。

四、分类管理办法

担保客户分类管理是指担保业务发生后直到担保责任解除的全过程担保管理行为，针对客户风险的逐步增大，管理力度将不断加强，由正常维护向清户退出由松到紧过渡。下述五种类别的客户除采常规管理外，针对不同类别客户应采取相应的管理措施，达到"活而不乱、管而不死"的管理效果。

（一）"重点合作类客户"具体管理办法

1. 对客户进行综合授信，在授信额度内循环使用。
2. 对客户担保费率的优惠，制定相应的优惠标准。
3. 保后检查突出择重点检查。
4. 可根据客户要求提供绿色通道，包括免准入、现场评审、临时评审、走签评审。
5. 反担保措施可适当灵活。
6. 加强与客户的全面合作，包括股权、项目等方面。

（二）"重点培育类客户"具体管理办法

1. 积极推荐银行，放大担保额度。
2. 客户可适当享受担保费率优惠，制定相应的优惠标准。
3. 加强保后管理工作，详细了解企业的真实情况，及时掌握企业的变化情况。
4. 可根据实际情况为客户提供绿色通道，包括免准入、现场评审、临时评审、走签评审。
5. 寻求其他业务合作方式。

（三）"重点关注类客户"具体管理办法

1. 对待项目要做到"一户一策"，提出盘活措施，化解流动性风险。
2. 根据不同情况，委派不同层次的人员参与企业经营管理，包括公司高层、部长、客户经理、外派人员等。
3. 重点进行保后检查，及时全方位了解企业情况，发生异常变动，逐级及时上报。
4. 通过盘活加强反担保措施，提高反担保能力。

（四）"一般合作类客户"具体管理办法
1. 按公司业务操作流程和保后管理办法进行常规管理。
2. 一般情况下维持现有的担保额度。
（五）"逐步退出类客户"具体管理办法
1. 担保额度方面：采取逐步退出压缩额度。
2. 管理措施方面：针对客户情况制定相应的压缩方案，落实责任人。
对客户实行双章监控；委派高管参与企业经营管理；派驻财务人员在担保额度未退出前全过程掌控企业的资金流向；积极寻找合作伙伴帮助企业盘活。
3. 反担保措施方面：加强反担保措施，包括适时办理股权过户、尽力劝服企业变更法人代表，采取一切手段挖掘客户的资产并办妥相关手续。

本章小结

对客户分类 ⟹ 搜寻目标客户 ⟹ 目标客户营销战略

综合练习

一、概念识记

客户分类　目标客户　客户资料　开发计划

二、单项选择题

1. 经营产品单一，市场份额有限，经营风险较大，但经营灵活是以下哪一类型企业（　　）。
   A. 特大型企业　　　B. 大型企业　　　C. 中型企业　　　D. 小型企业
2. 以下哪种不属于介绍寻找法（　　）。
   A. 电话介绍　　　B. 口头介绍　　　C. 资料查阅　　　D. 口碑效应
3. 当商业银行资源有限时，可考虑（　　）。
   A. 集中性市场战略　　　　　　B. 差异性市场战略
   C. 无差异性市场战略　　　　　D. 单一营销战略
4. 金融企业对市场细分是对（　　）的细分。
   A. 金融市场　　　B. 金融机构　　　C. 金融产品　　　D. 客户
5. 市场细分的标准是静态的，是不随着社会生产力及市场状况的变化而不断变化。这个判断（　　）。
   A. 不完全　　　B. 完全正确　　　C. 错误　　　D. 不确定
6. 下列选项对年轻人群的消费观念描述正确的是（　　）。
   A. 容易接受新事物
   B. 有一定经济基础，理财观念较为稳重
   C. 观念保守
   D. 购买教育储蓄产品的主力军
7. 以单一产品、单一价格、单一促销方式、单一分销渠道就可以满足营销需要的是（　　）。
   A. 差异性目标市场选择　　　　B. 集中性目标市场选择
   C. 无差异性目标市场选择　　　D. 金融目标市场选择
8. 以下哪一项不属于商业银行核心客户和银行的关系（　　）。
   A. 银行盈利度好　　　　　　　B. 银行运营成本低
   C. 银行风险成本低　　　　　　D. 客户对价格的敏感性高
9. 以下哪一项不属于无差异性目标市场选择（　　）。
   A. 只需推出单一的产品　　　　B. 只需标准化服务

C. 只需设计一种营销组合战略　　　D. 用多种的营销战略开拓市场
10. 以下哪一项表述是错误的（　　）。
A. 能较好地满足客户的不同需求　　B. 赢得更多的顾客群
C. 一定程度上风险增加　　　　　　D. 增加营销成本

三、多项选择题

1. 企业集团具有哪些特质（　　），对银行具有很大吸引力。
A. 跨行业　　　B. 跨地区　　　C. 经营多种产品　　D. 经营灵活
2. 选择目标客户应该考虑哪些问题？（　　）
A. 是全国性客户还是地方性客户
B. 是大客户还是中小客户
C. 是工业领域的客户还是其他领域的客户
D. 是国有性质的客户还是非国有性质的客户
3. 银行的公司类目标客户应该在具备以下特征的企业中产生。（　　）
A. 国家重点支持或鼓励发展
B. 与同类型企业相比，有一定的竞争优势
C. 有良好的市场信誉，信用等级较高
D. 已经发行股票并公开上市
4. 目标客户应该具备的基本条件有以下几种？（　　）
A. 产品技术含量高、成长性好、财务结构合理
B. 机制灵活、管理科学、治理结构合理
C. 属高科技行业
D. 目前的经营状况良好
5. 搜集目标客户的方法有哪些？（　　）
A. 普遍寻找法　　　　　　　　B. 广告寻找法
C. 介绍寻找法　　　　　　　　D. 资料查阅寻找法
6. 普遍寻找法即地毯式寻找法可以通过的方式有哪些？（　　）
A. 上门　　　　B. 邮件　　　　C. 电话　　　　D. 电子邮件
7. 营销者经常利用的资料有哪些？（　　）
A. 有关政府部门提供的资料
B. 有关行业和协会的资料
C. 国家和地区的统计资料
D. 企业黄页
8. 金融企业要收集目标客户的基本信息有哪些？（　　）
A. 姓名、性别、年龄、文化程度、家庭情况、个人偏好、联系途径等
B. 生产经营情况、市场占有情况、资金运作情况、目前遇到的问题
C. 目标客户与金融机构的业务开展情况
D. 与客户所在行业有关的知识及该行业的历史现状
9. 优质公司客户具体的鉴别标准主要有哪些？（　　）
A. 纳税大户，从事符合国家产业政策鼓励和扶持的行业和产品的经营活动
B. 行业或产品技术科技含量高，产品或服务处于成长或成熟前期，有广阔的市场需求，在行业中具有领先地位或在行业中的位置比较靠前
C. 具有特有的核心的竞争力，连续多年经营业绩良好、机制灵活、管理科学、治理结构合理
D. 在短期内有比较好的现金流
10. 金融机构作出目标市场决策时，要根据哪些因素综合考虑决定？（　　）
A. 自己的资源　　　　　　　　B. 产品差异性和生命周期
C. 市场特点　　　　　　　　　D. 竞争策略

四、判断题

1. 商业银行开发客户的首要问题是选择目标客户。（　　）
2. 目标客户是商业银行在既定的市场细分的基础上确定重点开发的客户群。（　　）
3. 在确定目标客户时，营销者只能按规模大小来搞"门当户对"。（　　）
4. 营销者要有较强的信息处理能力，通过资料查阅寻找客户，虽能保证一定的可靠性，但增加了工作量。（　　）
5. 金融机构作出目标市场决策时，要根据自己的资源、产品差异性、产品生命周期、市场特点、竞争策略等几方面的因素综合考虑决定。（　　）
6. 优质企业重合同守信誉，有良好的企业文化和凝聚力，主要骨干人员相对稳定，重视员工福利和教育。（　　）
7. 介绍寻找客户法成功的可能性非常小。（　　）
8. 介绍寻找客户法增加了营销费用。（　　）
9. 所挑选的目标市场只需要有充足的客源。（　　）
10. 目标客户指尚未成为本银行现实客户的潜在客户，仅为拟开发的对象。（　　）

五、简答题

什么是普遍寻找法？其优缺点是什么？

六、分析题

请分析以下案例"花旗攻镇'只贷不存'"中，花旗贷款有限责任公司与其他外资银行的不同之处是什么？为什么选择中国的农村地区？

花旗攻镇"只贷不存"

2009 年，大连瓦房店花旗贷款有限责任公司正式成立，这是继湖北公安和赤壁之后，花旗在内地设立的第三家贷款公司。与此前的两家模式相似，目标客户群体主要是城乡居民、个体工商户及微型企业。

区别于其他外资银行，花旗银行选择了用贷款公司（以下简称"花旗贷款公司"）的形式接触中国广大的农村市场。

选择"只贷不存"来自于花旗现实的权衡。花旗的初衷是满足农村地区信贷供给不足和多元化金融服务体系的需求，在大量的市场调研和实地考察中，花旗发现农村地区吸收存款的渠道相对健全，而当地贷款的需求却远远得不到满足。对于花旗贷款公司的目标客户，花旗贷款公司针对的对象是乡镇个人创业者、个体工商户和农村地区的种植、养殖农户等微型企业。

即使没有抵押物的微型企业，也可凭借信用、订单等凭证向花旗贷款公司申请到贷款。根据需求不同，发放贷款金额从 3 万元到几十万元，而资料齐备者，最快 3 个工作日就可获得放款。

贷款抵押仍是村镇银行业务的一大难点，农村地区的地域差距大，信用环境参差不齐，加之操作不规范（如缺失土地证，营业执照等），这些都是外资银行"下乡"面临的挑战。将先进的运营及风险管理技术和农村经济实际情况紧密结合非常重要，不仅需要考虑抵押物本身的状况，还要优先考虑客户的还款来源、收入负债比率以及信用记录等。

客户李先生，在当地从事竹编生意多年，有稳定的客户来源，并且带动了周边农民的竹编产业。2009 年，李先生由于生产经营规模扩大，急需周转资金。由于缺乏抵押物，李先生未能在当地银行申请到贷款。花旗贷款公司了解到客户经营状况良好、有稳定收入来源等实际情况，在认真测算其财务状况和还款能力后，为客户提供了 8 万元的无抵押贷款。

花旗贷款公司"只贷不存"的特点，将建立一种具有"普惠性、稳定性、创新性和可持续发展"的新型农村金融机构业务模式。

农村市场虽然亟待开发，然而也并非没有竞争对手。网点众多的当地农村信用社、农村合作银行、邮政储蓄银行以及小额贷款公司等都是外资银行"下乡"的潜在竞争对手。

对于银行来说，"下乡"关键是要创造适合当地的运营模式。

未来网点布局上，花旗会优先考虑信贷需求较大、金融服务缺乏的农村地区。

第三章 客户调研

CHAPTER 3

学习目标

职业知识

了解市场调研方案的概念；掌握调研内容；掌握实地调研的方法；掌握撰写调研报告的要求；掌握撰写调研报告的注意事项；掌握财务分析方法。

职业能力

能够确定调研方案的调研范围；会设计客户调查表；能够撰写调查报告。

职业道德

具有吃苦精神和严谨的工作态度、具有团队合作意识、协作能力和勇于实践、勇于创新的精神；具备良好的心态和饱满的激情；具备优秀的策划能力、组织能力、沟通能力、书面表达能力；具备良好的自控能力、敏锐的洞察能力和市场反馈能力；具备基本的应酬能力、调查征信能力和非凡的亲和力；有明确的目标和较强的计划性。

第一节 制定调研方案

制作客户调研计划表、资料收集情况比照表

根据所给资料，制作沈阳市道义农机服务公司(当地)客户调研计划表、资料收集情况比照表。

资料：

1. 沈阳市道义农机

沈阳市道义农机服务公司办公地址：沈阳市于洪区道义镇；注册资本：30万元人民币；联系电话：13888233699；成立时间：1992年6月4日；注册地址：沈阳市道义镇；营业执照号：210114000062562；贷款卡号：2101140000296918；基本户：沈阳农村商业银行股份有限公司道义支行；法定代表人、总经理：张红；性别：女；年龄：46岁；任职时间：2003年；授权经办人：李艳丽；职务：业务经理；联系电话：02486789133；身份证号：210103196810200940。

2. 经营范围 主营：农机服务、农机修理；兼营：销售农机配件、柴油、汽油、机油、齿轮油。

3. 申请贷款业务品种：流动资金贷款；申请金额：500万元；申请期限：12个月；申请贷款原因及用途：扩大生产购买农机配件及成品油；担保方式：连带责任保证担保；第一还款来源：销售收入；贷款利率：9%/年；股东构成情况：道义机管站持股比例10%；自有资金30万元。

4. 沈阳市道义农机服务公司成立于1992年，是由沈阳道义镇农机管理站投资成立，现聘请张红担任企业法人代表，现有员工13人，企业主要为服务农村生产型企业，主营业务为农机服

务、修理，兼营销售农机配件、柴油、汽油、机油、齿轮油。目前该企业要扩大经营，供应沈阳兴玖玖商品混凝土有限公司运输车的燃油及车辆维修、生产设备维修业务。已于沈阳兴玖玖商品混凝土有限公司签订了供应合同。

该企业法人代表张红，家住沈阳市于洪区陵园街15-3栋411号，1986—1999年在沈阳衬衣厂工作，1999—2003年在沈阳石油经销处工作，2003—2004年在沈阳市道义农机服务公司担任法人代表同时兼任沈阳大兴商品混凝土有限公司董事长。法人代表张红女士信用报告良好，无不良记录。

（1）银行借款情况：2010年12月30日有笔280万元借款，已于2011年11月20日还清。

（2）对外担保情况：无。

（3）诉讼记录：无。

该企业信用报告良好。

本笔业务第一还款来源由企业的销售收入还款，分析该企业的销售情况，企业在2012年营业收入为1838万元，净利润为140万元。

客户调研工作可在拜访客户的同时进行。但由于调研工作比较复杂，而拜访的目的主要在于沟通感情、推销金融产品和服务或就专门话题进行会谈，故一般不适合进行大规模的客户调研工作。所以客户调研可在经过初步拜访达成合作意向后进行。

实地调查的过程可分为准备、现场调查和整理资料三个阶段，具体包括：拟定调查方案、实地调查和访谈、撰写调查报告。

一、调研前准备

古代孙武曾说："用兵之道，以计为首。"无论办什么事情，事先都应有个计划和安排。有了计划，工作就有了明确的目标和具体的步骤，就会增强工作的主动性，减少盲目性，使工作有条不紊地进行。同时，计划本身又是工作进度和质量的考核标准，对大家有较强的约束和督促作用。

（一）调研方案拟订

在市场调研之前要先有计划，即制定调研方案，市场调研方案又称为市场调查计划书、市场调研策划书。其是根据调查研究的目的和调查对象的性质，在进行实际调查之前，对调查工作的各个方面和各个阶段任务的通盘考虑和安排，是整个调研项目的一个构架和蓝图。

市场调查的总体方案设计包括整个调查工作过程的全部内容，调研活动应力求在尽可能短的时间内完成，因为这样既避免了长时间打扰客户，还能给客户一个工作效率高的好感，有利于下一步合作关系的建立。因此，为提高调研效率，在调研前制订调研方案（见表3.1）是很重要的。

调研方案要有以下内容。

① 调研目的（调查中要解决的中心问题）、调研时间、调研内容（分定点调查与面上调查）；调研形式、参加人员；调研活动的日程安排；组织机构及职责分工。

② 组织有关部门实地勘察调研路线。

③ 修改完善调研方案、审定印发调研方案、召开会议安排部署。

（二）前期准备

① 资料准备：制作会务手册，制发通知或函件，制作展板图纸，撰写调研点简介，安排线路及乘车等。

② 物品准备：话筒、音响、照相机、帽子、雨伞、饮用水等。

③ 协调服务：工作人员及时与调研点领导对接，通知并组织人员，组织安排车辆，准

备会议室，通知新闻报道人员等。

④ 后勤保障：安排就餐住宿、安全保卫工作。

(三) 组织实施

① 出发前：分发调研相关资料，落实参加人员、车辆，组织乘车，安排车辆行进次序。

② 出发后：保持车队队形，把握行进路线和行进速度，安排停放、掉头等。

③ 调研中：准备好话筒、音响，做好记录、录音、拍照及相关协调服务工作。

④ 召开会议：按照会议流程做好会前、会中、会后的各项准备和协调服务工作。

⑤ 后勤服务：安排就餐、住宿事宜，做好安全防范及后勤保障等工作。

二、客户调研计划表的制订

营销人员应首先学好设计调查表，并运用调查表进行调研（见表 3.1）。

表 3.1 调研计划表

调研对象名称		调研时间安排	
调研对象地址		联系方式	
调研范围	□客户本身调查　□所在行业调查　□所在区域调查		
被调研方 接待人员	□客户主要决策者(董事长、总经理、财务总监等) □中层干部（部门负责人） □一般干部		
我方调研人员及分工	1.	2.	3.
	4.	5.	6.
调研要达到的目标			
调研的方式	□实地调查　□与主要人员谈话　□收集财务报表、规章制度等书面资料　□问卷调查 □电话调查　□其他		
调研的 主要内容	□基础调查　□客户竞争力调查　□市场状况调查　□项目调查　□行业状况调查 □关联方调查		
调研结果的 整理与分析	整理与分析责任人	调研形式	大致完成时间

发放调查表请客户填写是获取客户有关资料的好方式，营销人员在设计调查表时，应注意以下事项：

① 调查表应根据调研对象和调研目的进行设计。

② 必须经过测试、调整、试用后才可大规模试用。

③ 调查表中所列问题是应该能够回答的问题，而不是不能回答、不愿回答或无须回答的问题。

④ 多设计些回答不受限制的问题，以获得更多的信息。

⑤ 多使用简洁、直接、不带偏见的词语。

⑥ 问题的排列应符合逻辑顺序，先排布能引起兴趣的问题，不易回答的问题放在后面。

三、常用的客户调查表格

1. 工商企业类客户常用调查表

（1）企业概况调查表

企业概况应该有企业名称、企业法人、企业性质、企业的地理位置和面积、企业建立时间、企业的机构组织建设情况等（见表3.2）。

表3.2 企业概况调查表

企业名称		地址		经营范围	
所属行业	□商业　□建筑安装　□房地产开发　□外贸 □工业　□投资管理　□公用事业　□综合				
法人代表		联系电话		成立日期	
所获认证资格	□资质等级　□质量认证　□技术成果奖励　□专利 □荣誉（知名公众机构进行的排名） □进出口经营权或其他国家特许经营权				
营业执照号码			企业法人代码		
财务报表审查机构			是否为新客户	□是	□否
贷款卡号			是否为本银行股东	□是	□否
是否为上市公司	□是　□否		主营业务		
资产状况	总资产：	净资产：	注册资本：		

股东情况				
股东名称	股东性质	出资比例	出资方式	资金到位时间

资产类别	原有名称	原有价值	评估价值	登记机构	评估方法
实物资产					
无形资产					

企业结构及人员状况

子公司及参股公司	名称	控股比例	注册资本	经营范围	职工情况	人数总计 其中： 管理人员数量
						每年新招职工人数
						职工年均收入
						职工每年受培训天数
						大学学历职工占比

主要合作银行

银行名称	合作内容	贷款金额	贷款期限	贷款用途	信用记录

续表

对外担保情况			
被担保人名称	担保性质	金额	期限

企业管理系统					
决策层情况		姓名	任职时间	学历及专业资格	主要经历
	董事长				
	总经理				
	财务主管				
管理部门	部门名称	部门职能			

企业重大事件记录			
近3年发生的重大事件		重大债务及税务纠纷	
应收账款大户名单及收回可能性			
简述企业发展历程			
简述企业发展规划,包括经营发展战略、发展目标、生产经营规划、市场发展规划、投资计划、创新计划、融资计划及重要改革措施			
简述行业近期发展状况			

注:表中"近3年发生的重大事件"含分立、重组、资产剥离、收购、股东变更和公司名称变更等。

(2) 企业生产状况调查表(见表3.3)

3.3 企业生产状况调查表

企业所属工厂情况			
分厂名称	建立时间	生产主管姓名及专业背景	主要产品

生产车间占地面积		生产车间能使用期限		生产车间已使用年限	
交通便利情况					
主要建筑物					

主要生产设备					
名称	生产厂家	购进价格	技术先进程度	用途	已使用年限

续表

目前生产能力			最高生产能力	
简述主要产品工序与品质控制程序				
简述生产管理制度建设情况				
简述企业提高生产效率的可能性及方法				

生产经营状况是指企业的产品在商品市场上进行生产、销售、服务的发展现状。经营规模的大小，对财务管理模式复杂程度的要求有所不同。好的环境有利于财务管理目标的实现，反之，将阻碍目标的实现。

(3) 企业竞争能力调查表（见表3.4）

表 3.4 企业竞争能力调查表

企业的主要客户			
名称	类型	占总销售额的比重	试说明企业与此客户保持关系之能力
企业的主要供应商			
名称	类型	占总供应量的比重	试说明与此供应商保持关系之能力
企业的主要竞争者			
名称	类型	与之相比的竞争优势	拟采取的竞争对策
简述客户的付款方式及原因			

企业竞争能力是指在竞争性的市场中，一个企业所具有的能够比其他企业更有效地向市场提供产品和服务，并获得赢利和自身发展的综合素质。

(4) 企业产品状况调查表（见表3.5）

表 3.5　企业产品状况调查表

项目	企业产品目录		
	产品一	产品二	产品三
研制时间			
推向市场时间			
批量生产时间			
产品质量及质量稳定性评价			
产品技术含量评价			
过去3年产品年销售增长率			
每天产品销量预测			
主要原材料			
主要原材料供应商			
进口原材料占原材料的比重			
近3年主要原材料价格变化			
原材料占成本比重			
原材料采购过程描述			
以往有无采购不到原材料的情况？简述原因：			
存货政策及管理流程			
原材料供应商要求的付款方式			
近3年的原材料采购量			
近3年的产品销售量			

企业产品状况包括企业产品生产及质量控制能力、企业的服务、成本控制、营销、研发能力等。

（5）企业产品市场调查表（见表3.6）

表 3.6　企业产品市场调查表

国内市场占有率		国际市场占有率	
年出口创汇额		年进口支汇额	
外汇结算方式		主要汇率风险	
产品出口鼓励政策			
企业市场销售计划及实施细则：			
销售网络分布地区		销售人员数量	
请列出手头现有之订单			
请预测国内市场前景及预测之依据：			

企业产品市场指本企业产品在何种市场上销售较好，有无发展潜力；在哪个具体的市场上预期可销售数量是多少；如何才能扩大企业产品的销售量；企业服务如何；如何掌握产品的销售价格；如何制定产品价格，才能保证在销售和利润两方面取得双赢；怎样组织产品推销，销售费用又将是多少；等等。

（6）企业开发能力调查表（见表3.7）

表 3.7　企业开发能力调查表

研发人员数量		科研开发费用占净利润之比重	
产品独特性评价		产品改良计划	
产品开发受哪些因素影响？请预测产品市场寿命：			
近 3 年企业开发的新产品介绍			
新产品市场销售额		近 3 年新开发产品销售额占总销售额的比重	
已开发但尚未投入市场的新产品介绍			
新产品市场前景预测及预测依据：			
请介绍企业当前科研开发重点及进展情况：			
产品专利情况	名称		专利号
产品获奖情况介绍：			

企业开发能力是指企业的技术创新能力。企业的技术创新能力直接决定着企业的市场竞争能力。企业有了较强的技术创新能力，才能够研发并生产出满足市场需求的高技术和高质量的产品，进而不断提高自己的市场竞争力。

(7) 企业合资意向调查表（见表 3.8）

表 3.8　企业合资意向调查表

拟合资项目名称		选址		
合资项目产品				
合作规模		企业出资比重		
合资企业职工人数		合资企业占地面积		
合资企业管理机构介绍：				
拟合资项目近 3 年销售及利润情况				
年份	总收入	出口收入	净利润	市场占有率
				国内　国际
引进资金用途：				
合资企业是否具有完全独立的销售与采购能力：				

注：" 引进资金用途 " 栏主要填写由何处引进何种技术及原因；是否为提高产品质量而购买机械设备；是否通过具体市场调查来支持此方案等内容。

合资企业一般指中外合资经营，是由中国投资者和外国投资者共同出资、共同经营、共负盈亏、共担风险的企业。企业合资可以实现资源互补，拥有国际品牌，提升企业形象、提高企业效益。如今全球经济一体化，企业越来越呈现跨国界发展趋势。

(8) 企业资本运营状况调查表（见表 3.9）

表 3.9　企业资本运营状况调查表

是否有上市打算？如有,拟聘请哪家券商担任财务顾问？	
目前为上市做了哪些准备工作？有何效果？处于哪个阶段？	
是否有过并购行为？如有,是如何进行的？	
并购活动产生了什么效果？有哪些经验教训？	

企业资本运营是指企业将其各类资本不断地与其他企业、部门的资本进行流动与重组,达到本企业自由资金不断增加。如在从事产品生产或经营的同时,拿出一部分资金专门从事诸如炒股票、产权转让、并购等。

2. 其他表格（见表 3.10 和表 3.11）

表 3.10　机关团体类客户基本情况调查表

客户名称		主要负责人		联系电话	
业务范围		社会影响力、知名度			
职员数量		资产总额			
经费来源		主管部门			
资金流量分析					
目前合作银行及从该银行获得的服务					
发展前景展望					

表 3.11　金融同业类客户常用调查表

客户名称		地址		主要负责人	
联系电话		注册资本			
业务范围		主要产品			
总资产		财务报表审计机构			
是否上市		网点数量		职工人数	
净利润		市场占有率			
电子化应用水平					
主要股东情况	股东名称	股东性质	出资比例	出资方式	
主要下属企业	企业名称	净资产	控股比例	主要经营范围	

续表

	债权人名称	金额	期限及到期日	主要用途
主要债权人				

	被担保人名称	担保金额	期限及到期日	成为负债的可能性
或有负债				

发展战略与改革措施描述	

四、确定调研内容

在调研计划中，调研内容的确定直接关系到调研能否达到调研目标，能否为金融机构决策提供正确的参考意见。调研内容取决于调研要达到的目标及调研对象的具体特征。

（一）客户的概况信息

① 客户名称。客户名称在交货合同及各种单据中，具有法律效力，合同中出现的名称应是客户注册登记中的名称，两者要完全相符。对一切具有法律效力的文件，都要核实其名称的准确性。

② 注册地址。客户地址在交货合同及各种单据中，也具有法律效力。公司地址是一些信用不良公司为日后逃避责任故意不真实提供的一种欺骗客户的常用手段，如果不能有效识别，将成为企业回收货款的一个隐患。

③ 法人代表。应审查客户的法人代表是否与合同中签字的人是同一人，如不是，则应审查签字人是否有足够的权力代表法人行使签字权。

④ 法定代表人资格认定书、企业代码证书、贷款卡（复印件）、公司章程、董事会成员名单。

⑤ 客户的注册资本。通过客户的注册资本可以了解到客户的资金实力，通过客户总资产及净资产能对客户的负债情况、自有资金实力的大小、经营状况等做出判断。

⑥ 客户的注册号码。通过客户的注册号码、注册日期等相关注册信息的记录是判断客户是否合法的重要依据。

⑦ 客户的经济性质与上级主管部门决定了客户在经营方面是否会受到政府有关部门的行政干预和支持。

⑧ 客户的股东构成、股东名称、持股比例及客户的母公司、所属子公司及分支机构情况方面的信息表明：客户的资金来源以及客户与各个股东间联系的紧密程度；客户的可能关联方交易；公司经营规模的大小；经营区域的广度；实力是否强大等情况。

⑨ 客户的发展历史表明了客户如今所处的发展阶段、发展的稳定性。

⑩ 客户近期发生的重大事件，如重大合同诉讼或交易纠纷对于判断客户的资信状况也

会有所帮助。

⑪ 客户的地理环境是指其所在地区的经济结构、资源条件、人口分布、交通运输、文化教育等社会经济条件及自然条件环境，以上这些因素都可能影响到客户的产品运输、资源供应和信息收集。

⑫ 客户的行业类型及经营范围。我们可以根据客户所处行业的特点以及业务类型的不同，对客户的前景做出判断。这是因为不同行业的发展前景是有分别的：有的行业处于停顿、静止状态；有的处于蓬勃发展期等等。客户身处其中将不可避免地受到影响。

⑬ 客户的成立时间。刚成立的企业肯定没有老企业风险低。客户的成立时间会告诉我们该客户是否已度过了艰难的创业时期而进入稳定发展的时期（这一时间为3年），客户如能顺利度过这个阶段并生存下来，则说明它已在市场上占有一席之地，具有相当的竞争能力。从这个意义上来说，关注客户的成立日比只关心客户的注册日更有价值。

⑭ 客户的规模及雇员。雇员，包括雇员人数以及管理人员、技术人员占雇员总数的比例。客户的规模是判断客户的大小及实力的指标。

⑮ 客户的注册资本。客户的注册资本有助于我们了解到客户的资金实力。

⑯ 客户最近的财务状况。客户最近的营业收入及净资产有助于我们对客户的现状及资产情况、实力的大小、经营是否顺利作出判断。

此外，注册机关、注册号码与注册日期等相关信息组成的注册记录，也是客户是否合法存在、合法经营的重要依据。

（二）客户的组织管理

这部分内容包括客户的股东结构、管理组织结构、附属机构及主要管理人员的背景。

1. 客户的股东结构

客户的股东结构说明了客户的所有权情况，包括股东名称、持股比例、实收资本等内容，清楚地说明了客户的资金来源以及客户与股东间联系的紧密程度。

2. 客户的组织管理

客户的组织管理详细列出了客户的管理结构、职能部门的划分，对了解客户的现行管理体系体制及所带来的影响有重要参考价值。

3. 客户的母公司、子公司及分支机构

客户的母公司、子公司及分支机构的内容说明了公司经营规模的大小、经营区域的广度、实力是否强大等情况。以供调研人员参考。

4. 客户主要管理人员的背景

包括主要董事和主要负责人，以及企业主要部门（财务、供销）主管的姓名、性别、职务、出生年月、学历、有无诉讼记录、本行业从业时间、财产状况在内的个人履历。这有助于我们对主要管理人员的领导风格与管理水平的高低及其业务经验的丰富程度做出初步的判断。

（三）公司历史

公司的沿革情况介绍、重大变迁事项、企业近期大事记，企业可以通过这部分内容清楚地了解到客户的详细背景，并对一些重大变迁事项及其对客户的影响作出基本的判断。这种重大变迁可能包括法定代表人的变更、注册资本的变更、经济性质的转变等内容，其中任何一项的变更都会对客户造成深远影响。

（四）工业产权

工业产权，包括商标和专利两项，工业产权表明企业持有的无形资产及开发新产品的能力。

（五）质量认证

质量认证即客户是否通过 ISO 质量认证，质量认证表明企业产品所执行的质量标准。

（六）客户的经营状况

该部分包括以下内容。

① 客户的主营业务是什么，经营业绩是否突出。

② 客户原材料的采购地域及付款方式，主要的供应商有哪些，彼此关系如何。

③ 经营地域。包括主要供应商名称及原材料来源地；主要客户及销售地区客户的销售区域集中在哪里，收款方式如何，主要客户有哪些，彼此关系如何。

④ 客户是否有进出口权，如果有，进出口额有多大。

⑤ 客户的经营场所有多大，是否为自有，如租用则租金为多少，用作何种用途，客户的人员构成情况，各级人员所占比例，客户的人力资源状况，管理人事工作的效率。

⑥ 客户的主要产品的生产能力、实际产量和品牌，以及各产品在产品系列中所占的比例（主要指销售方面）。

（七）财务报表

包括流动资产、流动负债、营运资本、其他固定资产、净资产 5 项数据。

① 损益表，包括年销售额、毛利、税前收入、扣税、净利润 5 项数据。

② 主要财务比率，包括流动比率、速动比率、负债/净资产、销售毛利率、销售净利率、投资报酬率、权益资本报酬率 7 项数据。

（八）客户所处行业的分析

1. 行业分析

行业分析主要是对客户所处行业自身特征及行业财务特征的分析。

行业自身特征包括行业的产品概况、行业产品的需求、行业竞争环境、行业构成、行业经营管理。

2. 财务特征

财务特征包括付款方面的行业惯例、以往发生坏账的情况、行业利润的增减情况、行业的流动清偿能力、行业的资本结构、股东资金的报酬率。通过将客户的情况与行业的平均水平相比较，了解客户在所处行业中的位置以及未来的发展前景。

（九）客户的信用记录

客户的信用记录包括客户在银行、法院的公共记录、同行评价等。

1. 客户的交易付款记录

包括客户与本企业之间的付款记录，也包括客户与其他企业之间的交易记录，由此可以充分看出客户是否及时付款、信用是否良好、客户的付款习惯等内容，这是极为重要的信息来源。客户同行对客户的评价，虽然有时缺乏公允，但在绝大多数情况下仍可以帮助企业对客户的信用以及在行业中的地位、声望作出判断。

2. 银行往来情况

表明往来银行的名称、地址、联系电话及银行的评语。

3. 法院记录

包括原、被告名称、受理法院、纠纷、标的、卷宗号 6 项。

（十）抵押记录

抵押记录，包括抵押项目、抵押日期、估价额、受抵押方 4 项，以及担保手段风险评估（抵押质押企业担保、自然人担保等）。

五、向客户传递调研内容清单

调研前应将拟调研的大概内容告知客户,以便客户在调研前做好相应的准备。一般通过传真方式将调研内容传至客户,再辅以必要的电话说明。如果只通过电话告知,恐怕就不易说清楚,因没有书面的记录还易使客户忘记。

传真给客户的调研内容要力求简洁,便于客户准备,调研内容太多易使客户产生畏惧心理,也无须将所有调查内容均传真至客户。下面所列是对客户财务方面进行调研的资料清单。

调研内容清单

××××公司:

按×月×日拜访贵公司时与贵公司达成的意见,我们拟于×月×日对贵公司的财务方面进行专题调研,望大力支持。我们的调研拟从以下几个方面展开。

(1) 公司财务制度、会计核算制度的有关资料;
(2) 近3年的财务决算报告及说明材料;
(3) 公司销售收入结构、应收应付账款结构、应收账款账龄及坏账情况;
(4) 公司实行的投、融资政策及管理制度的资料;
(5) 公司现金流量表的编制情况;
(6) 利润分配方式,含盈余公积金、公益金的提取率,股利分配等;
(7) 财务报表,包括:资产负债表,损益表,财务状况变动表,应交增值税明细表,利润分配表,主营业务收支明细表(生产成本、期间费用及营业外收支表),主要产品生产成本明细表,制造费用明细表,财务费用、销售费用明细表,产品销售利润明细表,辅助生产单位成本明细表,管理费用明细表,主要产品辅助材料消耗明细表,主要经济指标完成情况表等。

感谢贵公司的大力支持!

××银行××部门(签章)

×××(客户经理签字)

×××年×月×日

第二节 实地调研

 引例

现场访谈

① 设计访问的三个具体问题,根据访谈内容填写访谈记录表;② 进行现场访谈模拟训练。

访谈记录表

访问者			职务/职业	
被访问者		工作单位		
职务/职业		专业/专长		联系电话	
访问时间		访问地点		访问方式	
访问主题				
访问目的				
访问提纲				
访问记录				

要求：两人一组，一个模仿访问者，一个模仿高层管理人员或部门经理，用设计好的三个问题进行提问。然后两人进行角色互换。体会访问者应注意哪些问题才能获得满意的访谈效果？

要注意的问题：问题的表述要清晰、具体；问题排列要从简单到复杂，从易到难。

一手资料是指自己亲手收集的资料，如获得的实物资料，或亲自进行的调查研究资料，但不包括从别人的文字材料中获取的信息。二手资料是指用间接或直接的方式从其他人那里获取的资料，如参考其他人的文献、节目之类而获得的信息。

实地调查是指由调查人员亲自深入客户现场搜集第一手资料的过程。当市场调查人员得不到足够的第二手资料时，就必须收集原始资料。

二手资料收集过程迅速而简单，成本低，用时少，范围广，可是不一定适用，有时候二手资料中包含一些错误和偏差，也有可能是过时数据，甚至可能包含一些分析者的感情因素，或故意隐瞒一些真实数据。所以需要调查者实地调查。实地调查能收集到较真实可靠的第一手材料，可信度较高。

一、实地调查的重要性

古语云，纸上得来终觉浅，绝知此事要躬行。

现场调查主要包括对客户进行实地考察（面访）获得的信息和印象，通过实地访问，企业的调查人员可以了解到客户管理层的构成，弄清董事会成员及各部门主管的姓名、履历乃至工作风格，了解"客户的客户"的情况，了解客户所处的竞争环境、客户对产品开发和营销的计划，还可以借参观厂区的机会，观察员工的精神面貌，厂区的规划布置、生产的真实效率等，这种直观观察所得的结论对信用决策的作用非常之大。

二、实地调查的原则

实地调查应该遵循三个原则：客观性原则、谨慎性原则、重要性原则。

1. 客观性原则

客观性原则是指对于客户提供的信息或者调查人员的个人判断，都必须提供合法、合规、合理的书面依据。

2. 谨慎性原则

谨慎性原则是指不能片面听取客户的口头介绍和承诺，对调查现场的细节问题应仔细关注，对异常问题要反复甄别，对没有确切依据的数据要保守计算。

3. 重要性原则

重要性原则是指受调查时间的限制，对于一般性的问题可采取抽样的方式进行调查，对于异常以及重点的问题应该全面核实，取得充分的依据。

三、实地调查的方法

实地调查可以通过观察、访谈、调查问卷以及通过使用照相机和录像机等工具记录的多种方法收集资料，其中观察和访谈是实地调查中收集资料的重要方式，并且实地调查中的观察与访谈不同于一般的观察与访谈。

（一）观察法

观察法是指调查者在现场对被调查者的情况直接观察、记录，以取得市场信息资料的方法，主要是凭调查人员的直观感觉或是借助于某些摄录设备和仪器来跟踪、记录和考察被调查者的活动和现场情况，来获取某些重要的市场信息。

1. 观察法的优点
（1）直观可靠

观察调查是在被观察者没有觉察到自己的行动正在被观察的情况下进行的，被观察者能够保持正常的活动规律，从而可以客观地搜集、记录观察现场实况，搜集到第一手资料，使调查资料真实可靠、调查结果更接近实际。

（2）简单、易行、费用低

观察法灵活性较强，只要选择好合适的时间和地点就可以随时进行调查，而且不需要特别的费用。

2. 观察法的缺点
（1）深度不够

观察法只能观察被观察对象工作的表面现象，其内在因素和动机则观察不到，有些时候还需投入大量的人员，长时间地观察方可发现某些规律性。

（2）限制性比较大

观察法在实施时，常受到时间、空间和经费的限制，由于一般需要大量人员到现场长时间观察，调查费用支出较大，比较适用小范围的微观市场调查。而且，一旦特定的时空条件发生变化，便无法控制。例如，在调查中遇到突发事件，使原来的调查计划无法进行等。

视野拓展 3.1

神秘顾客

由中国平安银行保险推出的"神秘顾客"计划，在业内引起人们的关注。据悉，将调查技术运用于银行保险销售和服务过程评估，这在国内尚属首次。

"神秘顾客"与其他用户一样，到银行网点办理业务，咨询产品和服务内容，并买下一份保险单，然后拨打售后服务电话，办理保全变更等业务……他们的言行举止表面上看，与普通顾客没什么差别，可实际上，他们是被称为"007"的神秘顾客。他们的购买行为和感受，将成为中国平安保险公司对其保险服务质量进行提升和评判的一项重要标准。

（二）问卷调查法

问卷调查法是调研者通过问卷的形式向目标群体进行资料收集、征求意见或了解情况的一种方法。

1. 问卷调查法的种类

问卷调查法主要分为两种，即自填式问卷法和访问式问卷法。

（1）自填式问卷法

自填式问卷法指的是调查者将调查问卷发送给（或者邮寄给）被调查者，由被调查者自己阅读和填答，然后再由调查者收回的方法。自填式问卷一般都是采用纸质的问卷形式或者是网络调研的形式，因此，可以收集到很多身份学历不同的人员填写的问卷，可以说收集的内容是很广泛的。

自填式问卷法具有标准化访问的特点，根据发放的方式，自填式问卷又可分为邮寄问卷、报刊问卷、发送问卷和网络问卷四种形式。

自填式问卷法的优点和缺点如下所示。

优点：

① 节省时间、经费和人力。

② 具有很好的匿名性。对于某些社会现象或者有关个人隐私、社会禁忌等第三性问题，被调查者往往难以同陌生人交谈。自填式问卷法有利于他们如实填答问卷，进而收集到客观真实的资料。

③ 可避免某些人为误差。自填式问卷法采用的是统一设计和印制的问卷，就尽可能地避免某些人为原因所造成的偏误。

缺点：

① 问卷的回收率有时难以保证。由于自填式问卷法十分依赖于被调查者的合作，因此，问卷的有效回收率常常受到影响。

② 自填式问卷法对被调查者文化水平有一定要求。因为被调查者起码要求看得懂问卷，能够理解问题及答案的含义，能够理解填答问卷的正确方式，才能按要求填答问卷。

③ 调查资料的质量常常得不到保证。这主要是因为采取自填式问卷法时，被调查者往往是在没有调查人员在场的情况下进行问卷的填答，也就是说，他们填答问卷的环境是调查人员无法控制的。

视野拓展 3.2

调查问卷设计的注意事项

1. 问卷的结构要合理

问卷的前言和附录部分要尽可能短些，以突出正文部分。

一般来说，问卷的开头都要向受访者简要介绍问卷的背景。这段文字语气要亲切，态度要诚恳。

问卷的正式内容开头几个问题通常是被调查者的基本资料，如姓名、年龄、职业、通讯地址等；若调查对象是经销商，则基本资料应包括企业名称、地址、注册资金、年销售额等。

2. 问卷语句设计

(1) 围绕主题；

(2) 概念明确；

(3) 杜绝一词多义。

3. 问题应能得到被调查者的关心与合作。

4. 问题措辞要简单、通俗。

5. 措辞要准确。

6. 避免诱导性提问。

7. 提问要有艺术性，避免引起反感。

8. 问卷不要提不易回答的问题。

9. 问题设计排列要科学。

10. 使用统一的参考架构。

11. 对敏感性问题处理的技巧。

12. 问卷不宜过长。

13. 有利于数据处理。

(2) 访问式问卷法

访问式问卷是指由调查人员通过现场询问，根据被调查者口头回答的结果代为填写的问卷。

与自填式相比，访问式问卷能够更好地对调查过程进行控制，使调查结果更加真实，同时回答率也会高于自填式问卷，对调查问卷的有效度与可信度都能有一个更加准确的评估。

自填式问卷法的主要特征是依靠问卷,而访问式问卷法的主要特征则是依靠访问员。正是由于这种差别,使得这两类方法具有许多不同的特点。

访问式问卷法的优点和缺点如下所示。

优点:

① 调查的回答率较高。调查的回答率和成功率普遍比自填式问卷法高。

② 调查资料的质量较好,可以对被调查者回答问题的质量加以控制,使调查资料的真实性和准确性大大提高。

③ 调查对象的适用范围广。既可以用于文化水平比较高的调查对象,也可以用于文化水平比较低的调查对象。

缺点:

① 调查员和被调查者之间的互动有时会影响到调查的结果。

② 访问调查的匿名性比较差。

③ 访问调查的费用高,代价大,它在客观上就限制了调查样本的规模和调查的空间范围,对它的具体运用就造成了一定的局限性。

④ 访问式问卷法对调查员的要求更高,调查员具有比较高的访问技巧和比较强的应变能力,是成功地完成访问调查的必不可少的条件。

2. 问卷调查优点和缺点(见表 3.12)

表 3.12 问卷调查优点和缺点

优点	①能节省时间,人力和体力。 ②问卷调查结果更加容易量化。 问卷调查法是一种结构化的调查方式,调查的表现形式、提问的序列和答案的给出都是固定不变的,是用文字的方法表现出来,因此,这种方式好量化。 ③问卷调查法的结果更容易统计处理和分析。我们可以利用分析软件进行数据分析,非常简便。 ④能够大规模的调查。不管调查者是否参加了调查,都能从问卷上了解被调查者的想法、态度、行为
缺点	问卷调查法面对设计方面的问题比较困难。因为这样的问题需要得知被调查者的目的、动机、思维的过程。而问卷调查很难把这些方面的问题设计出来,如果问卷设计的问题是开放的,被调查者的回答就容易参差不齐,很难回收、分析、统计。并且被调查者不一定愿意写大段的开放性的问题

(三) 访谈法

访谈法是指调研人员通过与员工进行面对面的交流,加深对员工工作的了解以获得工作信息的一种分析方法,其具体做法包括个人访谈、同种工作人员的群体访谈和主管人员访谈。

1. 访谈法的类型(见表 3.13)

表 3.13 访谈法的类型

按照访谈对象的人数	个别访谈	集体访谈
按照与被访谈者是否直接接触	直接访谈	间接访谈
按照操作方式和内容	结构式访谈	非结构式访谈、半结构式访谈

(1)结构式访谈

结构式访谈也称标准化访谈或封闭式访谈,是指访问者根据事先设计好的有固定格式的提纲进行提问,按相同的方式和顺序向受访者提出相同的问题,受访者从备选答案中选择,实际上是一种封闭式的口头问卷。

案例透析 3.1

客户经理是否应该拒绝客户?

某客户是经销保健品的公司,房产三年前在银行被用于办理住房按揭贷款,目前房产仍处在抵押中,由于急需一笔生意周转金,现在来银行要求办理住房按揭贷款。

由于三年来,沈阳房产价格几乎升值 2.5~3 倍,客户的房产按现在的评估估值扣除剩余住房贷款余额,可以申请到一笔近 40 万元的加按揭贷款。

客户经理在与客户交流到他的贷款偿还能力的时候,客户说他可以开出银行需要的收入证明。原因是:公司是他自己开的,收入证明爱怎么开就怎么开。客户经理告诉客户:银行要的不是一纸收入证明,银行更注重他真实的还款能力。要求他出具能证明他年收入状况的个人税收缴纳证明或是他拥有的一些资产证明。

客户回答房产只有目前仍在抵押的这套,没有银行存款、没有股票、基金,公司刚开业不久,拿不出税务证明。

启发思考:

面谈时需要了解什么?

优点:

研究的可控(问题的控制,环境的控制)程度高,应答率高,结构性强,易于量化。例如:人口普查调查员调查时就采用结构式访谈。

局限:

不灵活,不深入。

(2) 非结构式访谈

非结构式访谈是指不采用固定的访问问卷,不依照固定的访问程序进行的访谈,鼓励受访者自由表达自己的观点。

优点:

具有较强的灵活性,并且细致深入,可以对感兴趣的问题细致追问,挖掘出生动的实例,得到更为深入的信息。例如座谈会。

局限:

费时、费力,结构不完整,难以量化。

(3) 半结构式访谈

半结构式访谈有访谈提纲,有结构式访谈的严谨和标准化的题目,也给被访者留有较大的表达自己想法和意见的余地。同时,访谈者在进行访谈时,具有调控访谈程序和用语的自由度。

半结构式访谈兼有结构式访谈和非结构式访谈的优点。

2. 访谈法的优点和局限性

(1) 访谈法的优点

① 灵活性强。与观察法、问卷法相比,访谈法更具有灵活性。在观察法中,观察者具有一定的被动性,在很多情形下,只能等待观察对象行为的出现,且只能获得"是什么""怎么样"等外在信息,无从了解被观察者的内在动机和情感。在问卷法中,研究对象只就研究者所呈现的确定的问题进行回答,研究者对于研究对象为什么如此作答是无从知晓的。而访谈法则不然,研究者可以对感兴趣的行为表现、活动结果刨根问底。

② 能够使用比较复杂的访谈提纲。访谈法与其他科学研究方法一样,具有目的性和一系列的操作规范,不是随意、无目的的聊天,而是为回答某些问题或检验研究假设而谈,对访谈的人数、谈话的内容、谈话的程序等都有明确的规定。同时,能够使用比较复杂的访谈

提纲，使访谈有序进行。

③ 能够获得直接、可靠的信息和资料。因为访谈通常是面对面的交谈，容易引导被访谈者深入交谈，进而获得可靠有效的资料。

④ 不受书面语言文字的限制。与问卷法不同，访谈法不受书面语言文字的限制，被访谈者的思想观点的表达一般不受文化水平的限制。

⑤ 容易进行深入调查。追问是访谈法特有的一种方式。在访谈过程中，访谈者根据访谈对象的回答情况，可以不断追问，让访谈对象对自己的回答做出解释、补充和澄清，从而保证获得的资料是全面、深入和具体的。

（2）访谈法的局限性

① 样本量有限，且需要较多的人力、物力和时间，应用上受到一定限制。

② 无法控制被试受主试的种种影响（如角色特点、表情态度、交往方式等）。

③ 干扰因素、不可控因素较多。诸如访谈者的偏见、访谈对象的情绪状态、访谈地点等均会对访谈结果产生直接影响。

④ 访谈结果不易量化处理。鉴于上述局限性，访谈法一般在调查对象较少的情况下采用，且常与问卷、测验等方法结合使用。

【教学互动】

问：访谈与日常谈话是不是一回事？有什么区别？

答：访谈是一种有目的、有计划、有准备的谈话，是紧紧围绕研究的主题进行的谈话。

视野拓展 3.3

中国人保"和谐人生"调查问卷

调查的目的：了解消费者对万能保险的需求，收集消费者资料，从中挖掘潜在客户。

调查的方式：面谈。让消费者感受到我们的真诚，在他遇到不了解的问题时，我们的业务员可以马上给予解析。同时，给消费者留下我们的名片，以便以后可以随时联系到我们。

调查对象：地方居民

调查地点：柳州市柳北区

调查时间：2016.10.25—2016.11.07

调查方法：抽样法

发出份数：70

收回有效问卷：58

中国人保"和谐人生"调查问卷

亲爱的女士/先生

您好。人寿保险为了更深入地了解居民购买保险的意向，特意进行这次问卷调查，请您提供宝贵的意见，它将帮助我们以后为您和您的亲友提供更好的服务，请您填写你认为合适的答案。谢谢您的合作。

1. 您觉得保险重要吗？
A. 重要　　　　　　B. 不重要
2. 您目前有购买保险的打算吗？
A. 有　　　　　　B. 没有　　　　　　C. 考虑当中
3. 您知道什么是万能保险吗？
A. 知道　　　　　　B. 不知道

4. 您是否愿意了解和谐人生的保险产品?
   A. 愿意　　　　　　　B. 不愿意
5. 您希望我们为您提供怎样的服务?
   A. 寄送资料　　　　　B. 讲座
6. 您买保险主要的原因是什么?
   A. 保障　　　　B. 投资　　　　C. 熟人介绍　　D. 其他
7. 您一年可以拿出多少钱投资在保险上?
   A. 1000~2000元　　　　　　　　B. 2000~3000元
   C. 3000~4000元　　　　　　　　D. 更多的
8. 购买保险最看重什么?
   A. 保险保障功能　　B. 公司可信度　　C. 业务员素质　　D. 其他
9. 您的家庭住址和联系方式?(我们会随机发放小礼品)

调查分析:

通过以上问题我们可以很清楚地了解到消费者的基本资料和对保险的看法:有35%的人群对万能保险有需求,20%的人群已经买了一份保险认为没有必要再买了,5%的人群不相信保险,23%的人群还在考虑中,10%的人群不相信保险公司,7%的人群不需要保险。

根据与消费者的交流,我们还了解到一定要注重提升业务员的专业素质,加大对业务员的培训力度,加强售后服务的力度。在宣传保险的保障和功能的同时,更要加大自身对理赔的宣传,在理赔上树立信誉,最终拥有较多的潜在客户。

四、财务因素分析和非财务因素分析

实地调研的最大好处就是研究者能够在行为现场观察并且思考,在调研时最重要的是进行财务分析和非财务分析。

财务因素分析和非财务因素分析犹如西医和中医,既相互独立、相互区别、自成一体,又相互联系、互相补益,缺一不可;二者你中有我,我中有你,相互印证,相互补充,不能绝对割裂。

(一) 非财务因素分析

非财务因素分析主要是对借款人的经营风险、行业风险、管理风险以及宏观经济因素等方面进行分析。由于市场经济环境的复杂性,企业经营中不确定因素的增加,使商业银行在对企业风险分析的过程中,非财务因素分析显得尤为重要。非财务风险可以很好地解释财务指标产生的背景、未来的趋势,有助于信贷人员建立全面风险管理理念,提高信贷分析决策能力,完善信贷风险预警体系,及时发现潜在风险。

非财务因素分析以定性分析为主要手段,如同传统中医的望、闻、问、切。优点是对借款人提供的资料依赖性不强,分析人员可以从多方面搜集、了解相关信息。

缺点是对分析人员的经验和素质要求较高,需要分析人员对客户情况有全面、准确的了解,而且不像定量分析可以校验,对同一客户不同的人员分析可能会得出不同的结论。

例如,自然人不能提供规范的会计信息,无法及时、全面、准确地了解其收入、家庭财产、对外经济往来等财务情况,只能依靠对非财务信息情况的分析,判断其还款可能性;即使借款人为法人客户,所提供的会计信息不完全、不真实的现象也比较普遍,仅依靠客户提供的会计报表得出的财务分析结论,很难准确判断其还款能力,必须借助非财务分析来弥补财务分析的缺陷。

视野拓展 3.4

非财务因素，分为五大类：
1. 管理者分析，包括人品、诚信、经验、组织架构、授信动机、道德水准等。
2. 产品分析，包括产品定位、核心产品、市场表现、研发能力等。
3. 生产过程分析，包括是劳动型或是资本密集型、供应链依存度、设备与技术状况等。
4. 行业分析，关注的是行业准入门槛、结构、特征、政策等因素。
5. 宏观经济环境分析，包括社会购买力、利率、汇率等宏观经济因素。

1. 宏观经济环境分析

（1）经济周期

经济发展速度时快时慢，经济紧缩时企业销售下降，生产下降，固定资产重置推迟，折旧累计的现金增加，短时间内企业有过剩现金，但随着销售额的进一步减少，大量的经营亏损会出现，现金将被逐步的消耗掉，如此循环下去直至企业破产。反之，经济过热时，企业不断地扩充生产力，现金需求增加，经济过热必然导致利率上升，过度扩张的结果必然导致企业背负过多的利息负担，一旦国家治理经济过热，企业必将首先遭到打击。

（2）国家产业政策

在很大程度上决定了一个行业是否能够得到资金支持和政策优惠，进而影响企业的系统性风险的大小及其未来的变化趋势。例如，属于国家重点支持发展的行业，这类企业在正常有效期内发展条件优越，风险相对较小；属于国家允许发展的行业，则市场竞争较为充分，风险度适中；属于国家限制发展的行业，则发展空间较小，风险度自然较大；属于国家明令禁止发展的行业，如小水泥、小玻璃、小火电等，则风险度极高。

（3）通货膨胀

通货膨胀会导致企业现金流急剧紧张，由于原材料价格的上涨，企业保持存货所需的现金必将增加，人工和其他现金支付的费用也将增加。由于售价的提高，销售时的应收账款占用的现金增加，企业唯一的希望是利润也增加，否则企业现金流会越来越紧张，现金购买能力被蚕食，最终导致企业的偿债能力减弱。

（4）财政金融政策

当财政政策紧缩时，相关行业的信贷风险会增加，反之则会下降。货币政策对各个行业的影响都比较大，由于不同行业的成本构成不同，资金成本占比不同，所以货币政策对不同行业影响的力度也会不同。通常情况下，扩张的货币政策有利于改善行业经营状况，紧缩的货币政策则不利于行业的经营状况。

（5）国际经济环境

中国加入世贸组织后，垄断程度较大的传统行业，如电力、铁路、建筑等受冲击较小，而那些开放程度较高、竞争较充分的行业或者较为落后的行业，如电信、汽车、金融、某些高新技术产业、农业等则面临严峻的考验。

视野拓展 3.5

宏观因素对行业的影响

原材料价格上涨	2007 年以来，钢材、能源、农副产品、化工等原材料价格相继大幅上涨，生产企业成本上升，给小家电、化纤纺织、造船、食品加工、集装箱、火力发电（重油发电尤其突出）等行业带来负面影响

续表

劳动力成本上升	劳动密集型、产品技术含量低、盈利能力低的中小型企业受到冲击；低档纺织、成衣、制鞋、玩具、小家电行业受影响最大
新《企业所得税法》颁布实施	电力、有色金属冶炼、运输、医药生物、纺织服装、汽车、家电、机械设备、电子元器件等；一些"假外资"企业，失去避税保护
出口退税政策调整	对出口依赖程度高、"两高一资(外资)"、劳动密集型行业影响较大。具体是纺织服装(包括成衣、鞋帽、纺织纱线、织物及制品)、箱包、皮革制品、塑料制品、染料、涂料、家具、初级钢铁制品、低档机械电子产品、高能耗高污染建材、农药、电池、化学原料、无机和有机砷类等
环保政策	对"高污染、高耗能"行业形成高压,提高了企业运营成本；规模小、技术更新能力差、成本承受能力低的企业生存压力大；而具有环保优势和技术更新能力的大中型企业，环保压力可能转化为竞争优势
人民币升值	对航空、造纸、通信等一般原材料进口较多的行业有利；对国际市场依存度高的纺织、机械、电子、玩具、制鞋、化工等行业不利

2. 行业风险分析

行业风险应是实际调查中首先分析的因素，具体分析该行业的总体特征、在国民经济中所处的地位、所处的生产周期等。对一个行业的分析判断可从成本结构、成熟度、周期性、盈利能力、依赖性、可替代程度、监管环境七个方面进行。

(1) 成本结构

客户的成本结构对行业风险、利润和业内公司间的竞争有重大影响，成本结构分为固定成本和变动成本。如果一家公司的固定成本比变动成本高，说明它的经营杠杆高，随着产量的提高，平均成本会降低；如果一家公司的固定成本比变动成本低，说明它经营杠杆低，当整个行业的产量下降时，这样的公司就会有优势，因为它可以很容易地降低变动成本。生产能力的初始成本(如研发和生产设备投入)将分摊到大量的产品中去形成规模经济。经营杠杆和规模经济将影响一个行业和单个公司的盈利能力，在销售量很大且波动不大的行业中，经营杠杆高的公司比经营杠杆低的公司安全，反之，当一个行业的销售量波动大且难以预测时，经营杠杆低的公司比经营杠杆高的公司安全。

(2) 成熟度

行业发展经历三个主要阶段：新生、成熟和衰退。新生行业成长迅速，市场增长率每年可达到20%～100%；成熟行业成长较缓，市场增长率可能每年超过15%，但不像新生行业那样爆发式的成长，产品和服务更加标准化，新产品的开发速度不频繁；衰退行业市场需求逐渐萎缩。行业分析可以根据行业销售增长率、新公司进入和原公司关闭、离开行业的比率推断出公司所属行业所处的发展阶段。

贷款给处于不同发展阶段的行业时风险是不一样的，成熟期的行业风险较小，这是由于成熟期的行业有足够长的存续期并有良好的业绩记录，产品已标准化，行业格局基本明朗化，发生意外的可能性不高，由于行业正在成长繁荣，可以合理地相信未来几年该行业将继续成功。相反，处于新生期的行业风险就比较大，新生行业缺乏业绩记录，变化很大，新产品推出频繁。

(3) 周期性

即该行业受经济定期起伏影响而形成的波动。不同的行业对经济波动的影响是不同的，有的正相关，有的则是负相关。例如，汽车修理和配件业，在经济衰退期，人们可能更倾向于修理汽车而不是购买新车。有的行业无周期性，如食品业等必需品行业，其业务不受经济周期的影响。在实际的信贷调查中必须弄清楚其受周期性影响的程度、行业的销售和利润与经济升降的相关程度。风险最小的行业是那些不受经济周期影响的行业。

(4) 盈利能力

维持公司的运营需要盈利能力,一个长期不盈利的公司必将倒闭。整个行业也是一样,如果一个行业的多数公司由于费用超过收入而赔钱,行业的持续存活能力就受到了质疑。对于一个银行来说,信贷的最小风险来自于一个繁荣与萧条时期都持续大量盈利的行业,最大风险则来自于一个普遍不盈利的行业。

(5)依赖性

即需要判断该行业受其他因素的影响程度,需要分析借款人的行业和其所依赖的行业,应从供给和需求方面考虑其依赖关系。例如当房地产行业不景气时,木材业也会不景气,其他明显依赖的关系存在于钢铁、玻璃、轮胎业,它们为汽车业供货。总之,借款人对一个或两个行业的依赖程度越大,贷款给该行业的风险就越大。行业的供给线和客户群越分散,风险就越小。

(6)可替代程度

在调查对替代品的脆弱性时,既要看整个行业,又要看市场或行业的一部分,通常行业的各个部分也有竞争,当一个行业的产品与替代产品的价格相差太大时,消费者将转向替代品,因此,替代品在平时限制了利润,在繁荣时减少了暴富。如果贷款给其产品很容易被替代的行业或行业部分,风险将大于贷款给其产品没有替代产品的行业。如果没有替代品,行业对成本价格差就控制得更牢。

(7)监管环境

监管可能对一个行业有利,亦可能使其在某一时期不盈利,在衡量行业风险时,尤其要关注正在构思中的监管是否会极大地改变行业的经济性。例如,保护自然环境的监管规定会影响许多行业,生产过程中产生有毒物质的行业明显地处于风险程度表的最前列。

视野拓展 3.6

借款人行业分析中的风险预警信号

1. 行业整体衰退,销售量呈现负增长。
2. 行业为新兴行业,虽已取得有关产品的专利权或技术认定,但尚未进入批量生产阶段,产品尚未完全进入市场。
3. 出现重大的技术变革,影响到行业、产品和生产技术的改变。
4. 政府对行业政策进行了调整。
5. 经济环境发生变化,如经济开始萧条或出现金融危机,行业发展受到影响。
6. 国家产业政策、货币政策、税收政策等经济政策发生变化,如汇率或利率调整,并对行业发展产生影响。
7. 有密切依存关系的行业供应商或顾客的需求发生变化。
8. 与行业相关的法律规定发生变化。
9. 多边或双边贸易政策有所变化,如政策对部分商业的进、出口采取限制或保护措施。

3. 企业经营风险分析

(1)借款人在行业中的地位

将借款人置于其行业之中,考察其经营规模及所处地位,规模暗示着市场份额及公司稳定性方面的信息。如果借款人享有很高的市场份额,损益表又显示盈利,则可以较合理地认为公司不会在短时间内遭遇破产,公司的经营风险及不确定性就小。当然市场份额与规模并非绝对的风险指标,一些小公司成功着眼于市场空白点,这些市场空白点是大公司因为成本较高而无法关注的地方,在这种情况下,小公司只要保持其特色,集中精力、资源,就能获取丰厚的利润,而不会受到竞争的冲击。

(2) 目标及战略分析

首先要对企业目标进行分析，是否切实、易于实施；其次是对企业目前竞争情况进行分析，如企业的总体竞争力、行业优势、实施经营战略目标和赢得竞争优势的具体计划。再次，分别对企业的市场战略、财务目标和管理方式进行有针对性的分析，以此来印证企业的竞争优势、财务战略对实现目标的支撑和管理层对瞬息万变的市场的应变能力。

(3) 产品市场

企业只有提供了适应市场和消费者需求的产品，才能够获得利润，并继续生存和发展。考察企业的产品市场应分析市场份额、销售能力、销售前景等。

① 市场份额。可以通过两个指标分析企业的市场份额，即绝对市场占有率（该公司一定时间内主导产品销售额与整个行业该产品的销售额之比）和相对市场占有率（一定时期内该公司的绝对市场占有率与主要竞争对手的绝对市场占有率之比），前者只能反映本企业的市场占有情况，后者则可以反映企业的相对竞争情况，实际分析时结合上述两个指标可以更清楚地掌握企业的市场份额。

② 渠道建设。企业有了好的产品，如果没有健全、畅通、快速简洁的分销渠道，产品就不能快速地从厂家分销到各地市场，那么再好的产品也不能为企业创造现实的利润，另外，企业的销售范围越广，客户越分散，企业的销售风险就越小。

③ 客户满意度，即企业的产品能否以及在多大程度上满足客户的要求，只有当客户的购买经历完全或特别满足时，企业才能获得更大的客户忠诚度。实际分析时可以采用两个指标，即老客户保持率（一定时期内对老客户的销售额占企业总的销售额之比）和新客户获得率（一定时期内对新客户的销售额占企业总的销售额之比），通过不同时期的连续比较，大致可以分析出企业的客户稳定情况。

④ 市场竞争情况。实践证明，一个企业会受到四个方面的压力，即供应商、客户、竞争对手和替代产品。而一个行业的竞争强度取决于五种基本力量，即现有公司间的竞争、客户的讨价还价能力、供应商的讨价还价能力、潜在进入者的威胁和替代产品的威胁。实际调查中可以根据以上理论进行分析。

4. 企业管理风险分析

(1) 核心管理层

企业的兴衰与它的核心管理层息息相关，一个好的领导班子往往能在逆境中力挽狂澜，而一个不称职的领导班子往往会将一家蒸蒸日上的企业搞垮。在实际担保调查中应注重对企业核心管理层的考察。

① 主要负责人的品德和才能。主要负责人的品德好坏通常就是企业信誉高低的标准，主要负责人的才能关乎一个企业的竞争力大小。

② 决策机制。企业的决策机制是否符合企业的现实发展需要；是民主式的还是独裁式的；决策组织、决策程序是否积极有效；等等。

③ 核心管理层的年龄结构。企业管理人员的年龄结构合理与否，事关整个管理层群体功能的发挥和企业的可持续发展，企业领导成员的合理搭配最好是年轻人与年龄较大的人各占相当比重，这样可以把年轻人的朝气与年龄较大的人的经验智慧有机地结合起来，充分发挥各自的优势。

④ 知识水平和专业结构。学历是衡量个人文化素质和专业水平的一个重要标志，随着现代企业的分工越来越细，一个人不可能具备所有方面的知识和专长，这就要求企业的管理层要有一个合理的专业知识结构。

⑤ 经历。企业管理是一门艺术，它需要企业管理者具有创造性的解决实际问题的能力，因此经验对于一个企业管理者来说是十分重要的。一般来说，企业主要经营者从事本行业的

时间越长，他们对本行业的特征就越熟悉，处理企业经营中出现的实际问题的能力就越强。

⑥ 能力。企业管理者需要具备准确预测外部环境变化并据此进行正确决策的能力、组织协调与控制能力、公关能力以及创新能力。通常情况下，对一家公司核心管理层的考察是比较难的，一般是参考企业以往的经营业绩来间接评价，如果一家企业以往的经营业绩比较好，就说明其管理者的能力较强。同时还应考察定性方面的因素，如企业在公众当中的知名度、企业获得的各种荣誉称号，管理层在职工中的威信、规章制度的完整性及其贯彻执行状况、内部协调合作的有效性。

⑦ 管理层的稳定性。如果企业的管理层不稳定，高级管理人员更换频繁，这将对企业的持续、正常经营产生不利的影响，使企业的未来偿债能力具有很大的不确定性。

⑧ 管理层的经营思想和经营作风。如果企业管理层过度地追求短期利润最大化，就有可能导致种种消极后果，而忽视在新技术开发、新产品开发、市场开拓、人力资源开发等方面下功夫，对企业的长期发展不利；管理层的经营作风对企业经营和发展的稳健型也具有实质性的影响，过于冒险的经营作风既可能给企业带来丰厚的利润，也有可能带来巨大的损失，使企业的未来偿债能力具有很大的不确定性。

（2）财务管理能力

对企业管理层的财务管理能力分析可以从以下几个方面着手。

① 资产流动性（包括流动比率、速度比率）。
② 周转率，包括应收账款周转率、存货周转率。
③ 稳定性，主要通过企业的资产负债率来评估。
④ 获利能力，包括资本金利润率、销售利润率、成本费用率。

案例透析 3.2

某集团公司的财务管理

某集团公司在 2015 年、2016 年两年时间内，将分散于各大银行的账户进行集中整顿，取消多头开户，在工商银行和建设银行分别设立人民币资金结算中心，将所有的对外业务集中于结算中心，并借鉴国外经验在结算中心推行"自动划款零余额管理"：即在资金管理部门的委托授权下，由银行在每日营业结束后，将收入户中的余额和支出户中未使用完的余额全部划回到资金管理部门的总账户中，各部门的收入和支出账户的余额为零。

实行新的资金调度方式需要准确的资金计划以及对各银行的资金余额了如指掌，为此，资金管理部门要求各部门将每日的具体用款以周计划的方式上报。同时，资金管理部门通过电脑联网等方式，从银行获得每日的存款额，以便平衡调度各银行间的资金存量，这样使整个公司的资金沉淀降到最低。2016 年，银行日平均存款余额减少了约 3 亿元，节约利息支出 3000 多万元。

启发思考：

请分析某集团公司资金管理部门如何进行财务管理？分析财务管理的重要性是什么？

5. 重大或有因素和未决因素

这类因素的特点是发生的可能性不确定，但是一旦发生就可能给企业造成重大影响。实际调查中要充分了解事件的性质、涉及的金额、发生的条件以及发生的概率，据此判断对企业的影响程度。这类因素有：

① 重大法律纠纷、未结诉讼。如果存在要充分调查事件的经过、进程、预测事件结局与后果。

② 衍生金融工具投资。期货、期权等衍生金融工具可能会导致企业未来财务状况及盈

利能力发生剧烈变化,具有高杠杆性和高风险性。

③ 其他重大或有资产、或有负债。如已经取得的银行授信额度、大额对外担保、大额票据贴现等。

视野拓展 3.7

《商业银行授信工作尽职指引》

第二十五条 商业银行应对客户的非财务因素进行分析评价,对客户公司治理、管理层素质、履约记录、生产装备和技术能力、产品和市场、行业特点以及宏观经济环境等方面的风险进行识别。

案例透析 3.3

对美丽服饰集团的分析

美丽服饰集团成立于2013年,是一家服装制造商,产品以外销为主。公司产品销量从2013—2016年稳步增加,销售额由1300万元增加到2900万元。公司良好的经营状况归因于其主要客户——美国某著名服饰经销商持续增加的生产订单,目前该公司负责美丽服饰集团90%的销售量。

2016年末公司的总资产价值为6330万元、资产净值为2060万元,并且具有良好的流动性,过去三年的流动性比率分别为1.8、1.6和1.7。2017年公司为扩展其他海外市场,向C银行申请1500万元的贷款,并以公司建筑物和土地进行抵押,银行对其抵押物进行的专业估价为1770万元。

启发思考:如果你是业务经理,如何分析评价美丽服饰集团的还款能力?

(二)财务因素分析

财务因素分析主要是根据借款人提供的财务报表,揭示其财务状况、现金流特征、偿债能力和未来发展趋势,为做出正确的信贷决策提供依据,侧重于定量分析。由于财务因素分析受外在环境的影响以及其自身的局限性,所以单纯依靠财务因素分析具有一定的缺陷。

财务因素分析是以定量分析为主要手段。优点是简单直观,精确度高,可以通过数学公式、模型进行复核、验证。缺点是对客户提供的资料要求高,如果收集的资料不全或不真实,财务因素分析可能严重失真。

1. 财务基本状况及规范性分析

1)通过客户提供的资料以及与客户的沟通,了解客户的注册资本及出资人情况、业务经营范围及主营业务情况、是否存在关联方关系及关联交易、有无对外大额担保、有无未决诉讼情况。

2)通过对财务报表数据的观察,了解企业资产负债的总额和结构,收入总额和来源,净利润以及现金流量数额等,从而对客户基本财务状况做出总体判断。

3)核对财务数据的表面规范性和逻辑关系,并对财务报表中反映的一些主要科目进行简单分析。

① 应收账款:侧重分析账龄结构是否合理,尤其要了解一年以上账龄的应收账款的占比是否合理及大额应收账款中有无明显不符合常规的情况。

视野拓展 3.8

应收账款

应收账款是企业在正常的经营过程中因销售商品、提供劳务向购买单位收取的货款。企业赊销行为一方面提高了企业销售业绩，另一方面形成应收账款，加大了坏账损失的可能性。由于应收账款直接与销售收入相关，所以造成虚构销售与应收账款一起发生，这成为企业惯用的提高销售收入与利润的主要手段之一。常见的应收账款项目存在风险的表现方式包括：一是通过关联交易虚假销售，达到增加应收账款与销售收入的目的；二是对长期挂账的应收账款不提坏账准备。识别的方式主要有：查看应收账款形成时间，如果排除季节性变化，期末大额异常的应收账款往往存在较大的虚假交易风险，此时应进一步跟踪销售合同及下一期期初是否存在销售退回的情况；查看企业应收账款收款政策，严重超过信用期的大额应收账款，一般存在坏账准备提取不足的风险，一般而言，一年以上的应收账款，有较大的坏账风险；将应收账款与销售收入和销售商品、提供劳务得到的现金两个数据的比率与往年数据进行比较，识别应收账款、销售收入的质量与应收账款的回收情况。

② 其他应收款和其他应付款：侧重分析真实性，尤其关注是否存在利用两个科目进行股东变相抽逃出资或企业间融资行为。

视野拓展 3.9

其他应收款

其他应收款是企业应收款项的另一重要组成部分，是企业除买入返售金融资产、应收票据、应收账款、预付账款、应收股利、应收利息、应收代位追偿款、长期应收款等以外的其他各种应收及暂付款项。可以说其他应收款是一个企业应收项目的兜底项目。如果该科目数额较大，一般存在大股东占用企业资金之嫌疑，主要手段可能包括：大股东直接长期无息占用企业资金；大股东借款，企业担保，大股东不能或不愿按期还款时，企业承担连带责任，由此企业对大股东形成其他应收款。上述情况都导致其他应收款看似为企业资产但实际并不能给企业带来经济利益，不符合资产定义。识别上述情况，应追根溯源，查找其他应收款的明细科目，查看书面合同与原始凭证等资料。

③ 存货：侧重分析组成情况。

视野拓展 3.10

存　货

存货作为流动资产，一方面能提高短期偿债能力，另一方面由于其变现能力相对较差，因此需要关注存货金额的大小。如果企业有虚构资产的动机，多计存货往往是主要方式之一，其表现形式主要有：一是对积压、变质的存货不提或少提跌价准备；二是利用特殊存货不宜查看的特点直接虚构存货；三是将代保管的存货列入本企业资产负债表中。对此，识别方式主要包括：实地查看企业仓存能力及存货摆放情况，初步估计是否存在存货高估的风险；将存货与主营业务成本作对比，如果存货相对主营业务成本较大，很可能表明存货被高估或主营业务成本被低估；直接检查主要存货购货合同等原始凭证，了解其所有权是否归属于企业。

④ 长期投资：侧重关注真实性及组成情况。
⑤ 无形资产：侧重关注组成情况，入账金额的合理性。

视野拓展 3.11

无形资产

无形资产指企业拥有或者控制的没有实物形态的可辨认非货币性资产，通常，会计上的无形资产可以理解为专利权、商标权、土地使用权等。无形资产形成方式主要有外购、自行开发或投资者投入。如果企业有大额无形资产,就需特别关注无形资产是否存在被高估的风险。对于自行开发的无形资产往往存在费用资本化的风险。此外,还应该检查无形资产是否存在减值迹象,虚增无形资产,或少提费用与减值,都会直接导致企业增加利润。

⑥ 各种借款:结合人民银行征信体系和财务报表附注查证反映是否真实。

特别注意的是:对于出具了保留意见和否定意见的审计报告,要重点关注揭示的情况及原因。

2. 企业的会计报表分析

财务分析是依据企业提供的财务报表来完成的。企业的会计报表主要包括:资产负债表、利润表、现金流量表、各种附表(如利润分配表、股东权益增减变动表等)及附注说明,其中前三张报表为金融机构进行财务分析的必需报表,是财务分析的基础。

(1) 资产负债表

资产负债表是用来向人们展示企业的财务状况、对客户的偿债能力、资本结构是否合理、流动资金是否充足等。它像一部照相机,是企业一个时点上全部资产的影像。

(2) 利润表

利润表是反映企业一定期间内生产经营成果的会计报表,它能够反映企业的盈利能力、盈利状况、经营效率,对企业在行业中的竞争地位、持续发展能力作出判断。一般而言,企业盈利能力越强越好。

(3) 现金流量表

现金流量表也称账务状况变动表,指企业在一固定期间(通常是每月或每季)内,现金(包含现金等价物)流入和流出的数量。

通过分析现金流量表,可以了解和评价一段时间内企业的资金来源和运用的变化情况,并据此预测企业未来的现金流量。

财务报表的各个组成部分是相互联系的,它们从不同的角度说明企业的财务状况、经营成果和现金流量情况。

3. 常用的财务分析方法及分析指标

财务分析是通过对企业的经营成果、财务状况以及现金流量情况的分析,据此评价企业经营管理者的管理业绩、经营效率,进而达到识别企业信用风险的目的。

主要内容包括:财务报表分析、财务比率分析以及现金流量分析。

(1) 财务报表分析

财务报表分析主要是对资产负债表和损益表进行分析。主要关注财务报表的编制方法及其质量能否充分反映客户实际和潜在的风险。

(2) 财务比率分析

商业银行应当根据主要财务指标来研究企业类客户的经营状况、资产/负债管理等状况,主要内容分为以下四大类。

① 盈利能力比率,用来衡量企业将销售收入转换成实际利润的效率,体现企业控制费用并获得投资收益的能力。主要指标有:

销售毛利率=[(销售收入−销售成本)/ 销售收入]×100%

销售净利率=(净利润 / 销售收入)×100%

资产净利率(总资产报酬率)=净利润/[(期初资产总额+期末资产总额)/2]×100%

净资产收益率(权益报酬率)=净利润/[(期初所有者权益合计+期末所有者权益合计)/2]×100%

总资产收益率＝净利润/平均总资产＝(净利润/销售收入)×(销售收入/平均总资产)

案例透析 3.4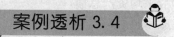

分析 A 公司的利润情况

A 公司 2016 年利润表如下表所示：

A 公司 2016 年利润表　　　　　　　　　　　　单位：万元

项目	上年（略）	本年累计数
一、主营业务收入		550
减：主营业务成本		420
二、主营业务利润		130
减：营业费用		30
管理费用		52
财务费用		18
加：其他业务利润		6
三、营业利润		36
加：投资收益		40.4
营业外收入		2.13
减：营业外支出		12
四、利润总额		66.53
减：所得税		19.96
五、净利润		46.57

启发思考：

计算 A 公司的销售毛利率、销售净利率，并说明进行销售毛利率、销售净利率分析应注意的问题。

销售收入是企业利润的初始源泉，主营业务毛利是企业最终利润的基础，销售毛利率越高，最终的利润空间越大；

销售净利率可以从总体上考察企业能够从其销售业务上获得的主营业务盈利；

销售毛利率和销售净利率都可以进行横向和纵向的比较，以便及时发现企业存在的问题并找出整改对策。

② 效率比率，又称营运能力比率，体现管理层管理和控制资产的能力。主要指标有：

应收账款平均数＝(期初应收账款＋期末应收账款)/2

存货平均数＝(期初存货＋期末存货)/2

存货周转次数＝产品销售成本/[(期初存货＋期末存货)/2]

存货周转天数＝360/存货周转次数

应收账款周转率＝销售收入/[(期初应收账款＋期末应收账款)/2]

应收账款周转天数＝360/应收账款周转率

应付账款周转次数＝购货成本/[(期初应付账款＋期末应付账款)/2]

应付账款周转天数＝360/应付账款周转次数

流动资产周转率＝销售收入/[(期初流动资产＋期末流动资产)/2]

总资产周转率＝销售收入/[(期初资产总额＋期末资产总额)/2]
资产回报率(ROA)＝[税后损益＋利息费用×(1－税率)]/平均资产总额
权益收益率(ROE)＝税后损益/平均股东权益净额

一般来说，资产周转率越高越好，但在分析该类指标时还应该结合企业所处的发展阶段。例如，一个新成立的企业和成立多年的企业相比，由于资产计提折旧较少，即使营业收入相同，资产周转率也必然会较低，但这并不一定表明新成立的企业营运能力就比成立多年的企业差。

案例透析 3.5

计算 B 公司的营业周期

B 公司会计报表中部分项目的数据如下：

项目	年初数/万元	年末数/万元
应收账款	32	36
存货	84	96
销售成本		450
销售收入		680

启发思考：计算该公司的营业周期。

③ 杠杆比率，用来衡量企业所有者利用自有资金获得融资的能力，也用于判断企业的偿债资格和能力。

资产负债率＝(负债总额/资产总额)×100%
有形净值债务率＝[负债总额/(股东权益－无形资产净值)]×100%
利息偿付比率(利息保障倍数)＝(税前净利润＋利息费用)/利息费用
＝(经营活动现金流量＋利息费用＋所得税)/利息费用
＝[(净利润＋折旧＋无形资产摊销)＋利息费用＋所得税]/利息费用

案例透析 3.6

分析 C 公司存在的问题

C 公司 2016 年年末的资产负债表如下：

2016 年 12 月 31 日　　　　　　　　　　　　　　　单位：元

资产	金额	权益	金额
现金	26890	应付票据	5634
交易性金融资产	10478	应付账款	54258
应收账款净额	176674	应交税费	9472
存货	321830	其他应付款	66438
预付账款	16442	应付债券	172470
固定资产	212134	长期借款	41686
无形资产	75008	实收资本	92400
其他资产	8946	未分配利润	406044
资产总计	848402	权益总计	848402

启发思考：

计算该公司的资产负债率、产权比率和权益乘数，并简要说明三个指标的共同经济含义，指出分析中存在的共同问题。

④ 流动比率，用来判断企业归还短期债务的能力，即分析企业当前的现金偿付能力和应付突发事件和困境的能力。

流动比率＝（流动资产合计/流动负债合计）×100％

速动比率＝（速动资产/流动负债合计）×100％

其中：速动资产＝流动资产－存货

或：速动资产＝流动资产－存货－预付账款－待摊费用

现金比率＝（货币资金＋交易性金融资产）/流动负债×100％

案例透析 3.7

分析大华公司货币资金的利用情况

大华公司 2016 年底的部分账面资料如下表：

单位：元

项目	2016 年
货币资金	1503600
短期投资——债券投资	30000
其中:短期投资跌价准备	840
应收票据	60000
固定资产	24840000
其中:累计折旧	300000
应收账款	210000
其中:坏账准备	12000
原材料	450000
应付票据	90000
应交税金	60000
预提费用	1000000
长期借款——基建借款	1800000

启发思考：

（1）计算该企业的营运资本；（2）计算该企业的流动比率；（3）计算该企业的速动比率；（4）计算该企业的现金比率；（5）将以上指标与标准值对照，简要说明其短期偿债能力的好坏。

（3）现金流量分析

现金流量表分为三个部分：经营活动的现金流、投资活动的现金流、融资活动的现金流，如表 3.14 所示。

表 3.14　现金流量表

类别	定义	现金流入	现金流出
经营活动	指企业投资活动和筹资活动以外的所有交易和事项	销售商品或提供劳务、经营性租赁等收到的现金	购买货物、接受劳务、制造产品、广告宣传、缴纳税款等支付的现金

续表

类别	定义	现金流入	现金流出
投资活动	指企业长期资产的购建和不包括在现金等价物范围内的投资及其处置活动	收回投资；分得股利、利润；处置固定资产、无形资产和其他长期资产收到的现金	购建固定资产、无形资产和其他长期资产支付的现金；进行权益性投资支付的现金
融资活动	指导致企业资本及债务规模和构成发生变化的活动	吸收权益性投资所收到的现金、发行债券或借款收到的现金	偿还债务、发生筹资费用支付的现金、分配股利、利润或偿还利息支付的现金

现金流量分析：首先分析经营性现金流；其次分析投资活动的现金流；最后分析融资活动的现金流。

针对不同类型的贷款，对于企业现金流量的分析侧重点也是不同的。

① 对于短期贷款，应当考虑正常经营活动的现金流量，是否能够及时而且足额偿还贷款。

② 对于中长期贷款，应当主要分析未来的经营活动，是否能够产生足够的现金流量以偿还贷款本息，但在贷款初期，应当考察借款人是否有足够的融资能力和投资能力来获得所需的现金流量以偿还贷款利息。

③ 由于企业发展可能处于开发期、成长期、成熟期或衰退期，进行现金流量分析时需要考虑不同发展时期的现金流特征。

第三节 撰写调研报告

引例

根据资料填表

根据以下资料填写表3.15。

银行对Z集团系列公司调研报告

调研时间：2016年4月15日

调研行：香江支行

调研成员：赵、钱、孙、李

主要内容：2016年4月15日，省分行审批人到香江支行对贷款单位Z（集团）系列公司进行实地调研，通过对Z（集团）系列公司的实际经营、管理情况的了解，反映物流商贸行业存在风险问题，提出审批人对该行业的管理意见。

一、Z（集团）系列公司的背景材料和审批决策情况。

Z（集团）系列公司包括：4家全资公司（含集团）。

目前Z（集团）系列公司中使用我行贷款额度，只有××市香江区××贸易公司及××市A电器有限公司，而这两家公司是Z（集团）系列公司中的主要部分，也是Z（集团）系列公司中实力最强的公司，而Z（集团）系列公司前期资本积累基本通过这两家公司完成。

Z（集团）有限公司成立于2014年11月，注册资本10000万元，股东包括：冯××，出资比例90%；马××，出资比例5%；莫××，出资比例5%，公司法人代表冯××。Z（集团）公司成立目的是逐步将冯××先生直接投资或控股一系列企业进行统一管理和运筹。但Z集团公司暂时还未能完全发挥作用，公司并没有编制合并报表。目前Z（集团）有限公司没有贷款，只为下属子公司××市海珠区××贸易公司及××市A电器有限公司贷款作担保。

1. ××市香江区××贸易公司是我行AA级信用企业，成立于20世纪90年代，前身为××

贸易商行，后于 2006 年变更为现名，属集体所有制企业，主营业务为批发、零售各种饮料、食品、日用品等。目前，该公司注册资本 2680 万元，实收资本 15000 万元，资产总额 62443 万元，员工 500 多人，320 台大、中型运输车辆，拥有华南地区规模最大的物流中心。2014 年 8 月该公司被××市政府评为优秀民营企业，同年 9 月被我分行评为"双 50"工程的重点客户。

当前，公司经营已达一定规模，综合竞争力较强，主导销售产品中众多品牌获得区域内一级代理权，市场前景较好。

2. ××市 A 电器有限公司是我行 AA 级信用企业，公司成立于 2008 年 3 月 5 日，是一家集空调、冰箱、洗衣机及小家电为主的商业批零公司，现拥有资产 41069 万元，员工 500 人，下属分公司分布市内各区和深圳特区、东莞、佛山、肇庆等地区，在同行业中有良好的声誉。随着企业经营规模的不断扩大，客户的市场竞争力也不断增强。

3. 2016 年 2 月 11 日经省行审批通过给予 Z（集团）系列公司一般额度授信 20000 万元，期限两年，其中流动资金贷款 7000 万元，银行承兑汇票 13000 万元。具体额度分配为：××市香江区××贸易公司一般额度授信 14000 万元（其中流动资金贷款 5000 万元，银行承兑汇票 9000 万元）；××市 A 电器有限公司一般额度授信 6000 万元（其中流动资金贷款 2000 万元，银行承兑汇票 4000 万元）。同意的条件为：①落实合法有效的第三人保证手续；②开立银行承兑汇票按照总行有关规定交存保证金；③追加大股东冯××个人合法、有效的连带责任担保。同时，要求我支行关注企业未来有无固定资产投资、企业的结算方式及经营方式的变化。

二、应收账款及存货占用大是商贸业的共性，也是银行面对的风险。

商贸批发业应收账款回收不仅是企业自身同时也是银行所面对的风险。商贸批发对相当一部分大型超市、商场和分销商，都不同程度给予一定的赊销额，一旦大型超市、商场和分销商经营出现问题，商贸批发公司将面临货款不能回收、坏账等情况，必然影响银行贷款回收，审批人对这些问题早应高度重视。通过对 Z 集团调研了解，该公司管理人员到财务人员、检察部层层对应收账款把关，并制定严谨的规章制度，根据客户的信誉、偿还能力设定三级的资信等级，对每级制定不同赊货限额、结算期限等。同时让业务人员、送货人员与对应的客户挂钩，要求业务人员对客户进行高密度拜访，在每次送货或业务走访时均负责考察客户的经营情况、货物销售情况、有无异常等，如发现客户经营情况发生变化，即刻提前催收或上门收回货款，缩短赊销期，同时对有关业务人员及送货人员进行处罚。这种措施在实际操作中非常有效，从而有效避免了坏账损失，保证资金良性周转。

该公司在存货管理方面都有一套完善的管理体制，并拥有较具规模的物流中心，同时拥有一支庞大的运输车队和专业装卸配送人员。其中香江区××贸易公司已建立华南地区最大的物流中心，仓储总面积达 10 万平方米，并完成了部分货仓的电子化改造，已经达到每天吞吐货物量 30 万件，日配送客户最多达 3000 家的水平，在物流行业中具有较强的竞争力。另外 A 公司正加紧建设一个现时化的电器产品配送的物流中心，从而进一步提高工作效率和营运能力。目前两家公司正朝着向集代理、配送、电子化仓储管理于一体的经营模式发展。对公司储存货物两家公司都有严格的进出货管理，通过安装电子信息系统，实时监控商品的进出情况、储存情况，并对储存商品实行先进先出法，有效提高工作效率，同时对仓存商品保持在公司月销售配送量内，加快存货周转，避免资金不合理占用，保证公司资金流动性。

由此可见，商贸行业应收账款和存货占用的风险防范，关键是由经办行贷前测算其合理量和贷后加以严格管理，并根据借款人周转次数和管理水平高低确定其流动资金的需求。

三、银行重点选择有诚信的商贸批发一级代理商为营销对象，以避免银行的信贷风险。

Z 集团两家公司所代理产品均为市场上适销、名牌饮料、食品、日用品、电器等产品，并且已取得这些品牌在××市的独家代理权。同时分别在珠江三角洲地区建立较大的销售网络及营销代理队伍，并通过完善的经营管理和规范的运作模式，向华南地区进行推广，建立相互支持、互相呼应的分销经营实体，并逐步扩张分销地域，构建一个稳定、完善的南中国消费品物流、配送、分销网络。在销售资金占用结构及回笼方面两家公司均相近。以××贸易公司销售资金占用及回笼情况为例说明，目前公司已取得珠江啤酒、怡宝、可口可乐、娃哈哈、红牛等几十个产品的代理权，单就珠江啤酒和怡宝蒸馏水产品年销售额就超4亿元，由于产品品种多、销售量较大，使公司增加对代理产品的购入存货，增加公司资金占用，另外公司给予客户一定的赊销金额和结算期限、办理银行承兑汇票缴存的保证金也占用公司资金，致使××贸易公司占用资金相对较大，根据2015年××公司财务报表数据测算，销售资金占用约为1.5亿元，每年仓储商品销售周转次数为8次。其中××贸易公司2015年全年销售收入达12.13亿元，净利润达3620万元，比上年增长20%、78%，每月回笼资金11000万～12000万元。而A公司2015年全年销售收入达7.3亿元，净利润达3719万元，比上年增长50%、72%，每月回笼资金约为6000万～7000万元。由此可见，一级代理商十分重视其经销权，其销售网络完善、经营和财务状况良好，还款来源充足，货款回笼稳定，能保证以销售收入偿还银行贷款本息，一般不轻易对银行承诺违约。

四、审批人严格审查关联企业对银行信贷资金占用。

Z集团公司不直接参与下属子公司经营，对下属子公司短期资金需求，统一由集团公司调配，容易造成银行借款统一使用的风险。

Z集团公司成立的目的是把冯××直接投资或控股的一系列企业进行统一管理，集团公司不直接参与系列企业的经营。在集团下属子公司中只有××市A电器有限公司、××市香江区××贸易公司、××市恒飞贸易有限公司、××市胜美皮具服装有限公司在运作，而这些下属子公司经过多年发展，自身拥有一定资金实力和市场竞争力，如下属企业想进一步扩大销售经营，而自有资金不足，一般通过向金融机构融资取得。对于子公司之间的短期资金周转需求，统一由集团公司运筹调配，集团公司规定对子公司间资金调配周期一般不能超过三个月，主要是因为银行信贷资金有被挪用的可能，所以经办行必须高度重视对银行信贷资金的监管。

五、对Z（集团）系列公司进行授信，我行应采取风险防范的措施

（1）积极利用市场信息引证搜集的信息，判断公司发展道路的准确性。

（2）定期通过人民银行系统查询Z集团公司、香江区××贸易公司、A公司三家企业在各家银行的总体负债情况，动态判断偿债压力，在保持我行一定业务份额的同时，注意我行在公司总体负债中的占比，避免承担过高风险。

（3）密切注意公司的发展动向，定期、不定期对公司进行走访，动态掌握企业的经营状况与财务状况。通过收集第一手资料来正确检测财务分析的质量和准确性。另外定期对企业存货商品进行实地盘查，测算企业销售资金合理占比，判断企业资金的使用情况。

（4）建立完善的贷后跟踪机制，增强贷后管理的能动性。提高对企业存在的风险源、风险点、风险程度和风险趋势分析，并随时关注企业的市场表现和财务状况，判断企业的创新能力和发展潜力。

（5）加强对企业的信息收集、整理、分析和挖掘，动态分析企业的生命周期和所处的阶段，并及时发现和处置贷款风险，正确把握退出时机，最大限度确保贷款资金安全。

六、通过对Z（集团）系列公司的信贷支持，从而启发我行对物流、贸易批发、超市零售行业的信贷监管措施。

（1）在人民银行暂未开通融资性的票据业务前，我行对其所开立票据业务的贸易行为进行严密监管，对其真实性的判断来源于供货商的资信、入库单及税单等材料，并实行定期实地查看存货与每笔开立的票据务必收集增值税发票相结合的方式进行监管。

（2）对其流动资金的需求，我行将对贸易外的资金需求进行严格区分，防止股东将资金用于与主业无关的其他投资行为，对我行贷款资金的用途与其他商业银行的贷款流向结合起来综合分析，动态测算客户的资金需求，确保其保持正常商业运作的流动资金。

（3）对民营性质从事批零业务的商贸业，对其原始资金的积累过程、股东利润的分配模式、

扩大经营规模的资金筹集来源以及控股股东的爱好、禀赋、性格等方面也需要纳入日常的管理范畴，有针对性地调整营销或维护客户的策略。

表3.15　Z集团系列公司调研报告

一、授信项目概况								
企业				性质：	股份：	行业：	批零：	
授信	总量		品种及金额（存量余额）	期限	利率	保证措施		
	存量							
	申请							
业务简述：								
二、企业资信								
人行资信	贷款卡号				卡状态			
	□正常　□不良（详细情况）：							
信用等级	级别：				五级分类			
调查评价：								
三、企业主体								
（一）注册情况								
法定代表人：		注册资本：			实收资本：			
实际控制人：		经营年限：			□新建　　□改制			
注册地址及电话：								
办公地址及电话：								
工厂（或仓库）地址及电话：								
工商执照号：				年检状况：				
工商记录：□正常　□不良（详细情况）：								
国税登记号：				地税登记号：				
税务记录：□正常　□不良（详细情况）：								
基本账户开户行：				账号：				
结算账户开户行：				账号：				
（二）股东及实际控制人								
股东名称		出资额		出资比例	出资方式		到位情况	
四、管理与经营								
（一）经营范围								
（二）信息披露								
（三）领导层履历								
（四）员工结构								

续表

总人数		管理人员	技术人员	普通职工
中专以下		大专	本科	本科以上

五、财务分析

（一）报表概况

报表类型：□单一　□合并(范围)：

审计情况：　　　　□已审　□未审　　审计机构：

（二）财务数据

存货周转率			
主营业收入(月)			
销售资金占用			
利润总额		净利润	比上年增长
		净利润：	
销售收入		销售收入	比上年增长
用电量			
用水量			

六、抵押担保：

七、调查评价：

八、企业其他重大事项：

九、风险因素及对策：

十、调查记录

时间	地点	人员	内容

十一、综合结论：

本人承诺对以上陈述的真实性负责。

　　客户经理(签名)：　　　　　部门主管(签名)：

　　联系方式：　　　　　　　　部门公章：

　　　　　　　　　　　　　　　　年　月　日

撰写调查报告是整个调查活动的最后一个阶段,也是十分重要的一个阶段。营销人员完成实地调查工作以后,需要撰写调查分析报告,进行项目的上报审批,以便对客户价值进行评估。因此撰写调查报告是营销人员必须掌握的重要技能。能否撰写出一份高质量的调查报告,是决定调查本身成败的重要环节。调查报告的内容和质量非常关键,它是通过文字、图表等形式将调查结果表现出来,使人们对所调查的项目、现象或问题有一个全面系统的了解和认识。

一、调研报告必须具备的要素和基本结构

(一)要素

调研报告必须具备的要素,包括材料、分析和结论。

这三个要素融合在调研报告结构的三个部分中。材料是从调查和学习中得来的,是客观的东西;分析和结论是调查人员用材料证实得来的,是主观的东西。项目的基本情况既要有材料,也要有分析。存在问题部分要有分析,但必须有足够的材料作基础,同时,分析和材料还要能体现出结论来。解决办法部分要有结论但也必须有大量的事实材料和分析。

(二)结构

1. 标题

标题可以有两种写法。一种是规范化的标题格式,即"发文主题"加"文种",基本格式为"××关于××××的调研报告""关于××××的调研报告""××××调研"等。另一种是自由式标题,包括陈述式、提问式和正副标题结合使用三种。陈述式如《东北师范大学硕士毕业生就业情况调研》;提问式如《为什么大学毕业生择业倾向沿海和京津地区》;正副标题结合式,正标题陈述调研报告的主要结论或提出中心问题,副标题标明调研的对象、范围、问题,这实际上类似于"发文主题"加"文种"的规范格式,如《高校发展重在学科建设——××××大学学科建设实践思考》等。作为公文,最好用规范化的标题格式或自由式中正副标题结合式标题。

文章题目可以直接表述观点,文章开头要概述此次调查研究的经过,起始时间,在什么范围,对哪项工作或哪项工作的哪个方面问题,进行怎么样的调查,开了什么范围的座谈会,走访了多少基层单位和人员,到实地考察多少次,掌握了多少材料,达到了什么目的。

正文就是上面讲的结构中的三部分。

2. 正文

(1) 基本情况

第一部分基本情况要说得细一些,但也不要把调查来的东西全写上去,只有与你后面的分析、观点、解决问题有关系的材料才能写上去。有很多调研报告,根据需要,有主要特点这一部分,实际是基本情况的特点,这部分可以放在基本情况中,也可以单写。如果特点单写,基本情况部分就可以简单写。主要特点实质上是基本情况的一部分。

(2) 存在问题

第二部分存在问题必须明确,一个大问题总是由若干个小问题组成。每一个小问题都需要大量的归纳、分析,证实确实存在你所说的问题。同时,必须分析一个问题所产生的多方面的原因,为最后的解决方法做铺垫。都要分析原因,原因找准了,才能确定有效的解决方法。

(3) 解决办法

第三部分解决问题的方法就是要求对调研的对象,要做细致全面的了解。在对大量材料进行归纳研究的基础上再找出特点,提出问题。运用大量的事例来证明提出的观点是正确

的，方法是可行的。提出的方法要具体、要有步骤、有可操作性。你的调研报告的解决问题的部分，应该含有解决方案的内容。按你说的方法一步一步地做下去，问题就能够迎刃而解。

要想我们的结论正确，解决问题的方法变为成功的经验，必须要做到以下三点。

① 必须强调知识水平、政策水平、理论水平的提高。我们的社会是法制的社会，法制是方向，如果得出的结论或解决问题的方法偏离了这个方向，就是不可取的。有些做法在国际或国内早已过时了，如果你不知道，还以为是自己的新探索，那就会出笑话了。知识水平、政策水平、理论水平的提高，没别的办法，只有多看书，多学习，多思考。这就要求大家必须养成良好的学习和思考习惯。

② 必须以全面深入地调查所掌握的丰富的事实材料为依据。材料少，得出的结论就可能片面；材料是浮在表层的东西，由此确定的方法是行不通的。总之，调查面要广，调查点要深。既要有宏观的全面的东西，又要有非常具体的东西。

③ 正确的分析，合乎逻辑的分析，符合实际的分析。有了材料，有了理论水平，有了专业知识，还要用心去琢磨，要有耐心。以先进的理论做指导，把所有的材料反复地仔细地分析，一件事一件事地想，再看看其他地区或国际上的经验，肯定能找到最好的解决方法。

3. 结尾

结尾的写法也比较多，可以提出解决问题的方法、对策或下一步改进工作的建议；或总结全文的主要观点，进一步深化主题；或提出问题，引发人们的进一步思考；或展望前景，发出鼓舞和号召。

4. 附件

附件内容包括一些过于复杂、专业性的内容，通常将调查问卷、抽样名单、地址表、地图、统计检验计算结果、表格、制图等作为附件内容，每一内容均需编号，以便查寻。

二、调研报告的内容

以商业银行贷款为例，公司客户的流动资金贷款调研报告的内容一般包括：

1. 客户基本情况

包括客户概况、股东情况及组织结构、管理情况、关联企业或关联人物等情况的分析；成立批文、营业执照、法律地址、章程、借款申请等。

2. 客户经营活动分析

包括客户经营活动总体情况、生产销售情况（主要产品、原材料情况、生产情况、销售情况）、研究开发能力、行业情况（行业现状、行业发展趋势、核心竞争能力）、重大事项揭示（或其他需说明的情况）等方面的分析。

3. 客户财务分析

财务分析的资料来源主要是客户提供的财务报表且必须是经过会计事务所审计、报送税务机关的财务报表。

在对客户进行财务分析时，主要运用结构分析法、比率分析法进行趋势分析等。

4. 银企往来及信誉情况

包括在其他金融机构的往来情况、贷款卡查阅情况、银企关系及信誉评价等。

5. 担保情况分析

担保分析主要包括：抵押物的名称、位置、估计变现价值及变现价值的计算方法，需要扣除管理费、运输费、法律费用和销售佣金等；评估公司及评估方法简介；在发放抵（质）押贷款时，要就抵（质）押物的占有和控制程度、流动性、价值评估、抵押率、变现能力等方面进行分析。如有必要，还要分析抵押登记手续、安全保管措施、抵押物进出账控制措施、投保费率设定等细节的可行性。在发放保证贷款时，要坚持保证人综合实力优于借款人的原则。其分析内容及重点类似于对借款人的调查分析。应该注意的是，无论是抵押还是保证都必须分析法律手续的完备有效性及法律依据，做到担保具有法律效力。若是保证，要说明保证人的流动资产情况（现金及等价物和有价证券）、有形净资产、最近一期的销售收入和净利润、或有负债及评级情况。

6. 授信的用途及还款来源分析

还款来源包括第一还款来源和第二还款来源。第一还款来源是指借款人通过正常的营业收入、经营利润等现金流来偿还银行授信；第二还款来源是指动用担保（抵押、质押或保证等）偿还银行授信。授信人员应就其还款来源的合理性及风险程度的高低、资金缺口测算或项目的可行性、还款来源测算及企业的还款计划等方面进行分析。应重点分析第一还款来源。第二还款来源实际上并非还款手段，而是风险防控手段。

7. 风险分析及防范措施

营销人员根据授信业务特点，从提高收益和规避风险的角度，分析授信业务所面临的政策法律风险、行业风险、财务风险、经营管理风险、道德风险等，并提出防范措施。在此基础上，还要评价授信业务的总体风险判断、主要风险要素及防范措施。

8. 综合收益测算

一笔授信业务，其综合收益主要包括利息收入、存款收益、中间业务收入和其他收益等。

三、调研报告表

表格让繁复的数据分门别类，让人一目了然地弄清整体情况，有时候有些工作用表格比用许多文字说明要简单明了得多。在各单位团体甚至各家庭的管理文件中，不同的表格应占重要的位置。因表格可以将许多工作、许多数据、许多资料进行有效的处理和管理。

不同类型的调查报告，具体内容有所不同。但基本写法是相通的。为了简化和规范工作程序，金融机构也常常制定调查报告的表格形式（见表3.3）。

填表的内容包括以下几个方面。

（一）授信项目概况

① 企业：企业名称。
② 性质：国有、民营。
③ 行业：GB/T 4754—2002 标准的大类。
④ 品种及金额：多个品种的分项列明。

（二）企业资质

贷款卡状态：有效、过期、失效。

（三）企业主体

① 实际控制人：未出现在企业股东或管理层中，但对企业起实际控制作用的人。
② 注册地址及电话：同时注明自有或者租赁、结构、面积、房款或租金支付情况。
③ 办公地址及电话：同时注明自有或者租赁、结构、面积、房款或租金支付情况。
④ 工厂（或仓库）地址及电话：同时注明自有或者租赁、结构、面积、房款或租金支付情况。
⑤ 工商记录：来源于主管工商部门。
⑥ 税务记录：来源于主管税务机构。

⑦ 其他资质及效期：企业获得的其他行业资质或专利权以及重大荣誉。
⑧ 资金到位情况：是否已到位、到位计划。
⑨ 调查评价：法人股东的财务简况，个人股东的资产状况。

（四）管理与经营

① 经营范围：企业营业执照上的经营范围及实际主要经营的品种。
② 公司治理架构：企业所有者与企业经营者的关系是直接经营还是委托经营；企业经营决策人、董事会与总经理的授权关系以及部门之间的协作关系。
③ 信息披露：企业对外宣传情况；编制了几套会计报表，每套报表之间是否有较大出入；通过员工了解情况，看是否与企业领导介绍的情况及宣传资料一致；外界信息对企业评价。
④ 领导层履历：董事长、总经理、财务负责人及实际控制人等。
⑤ 其他：工资是否及时支付等。
⑥ 行业市场及本企业地位：企业所处行业的政策环境、现状、发展前景，该行业有无准入限制和标准（如医药行业的 GMP 认证、环保限制），行业标准及特色等，客户在该行业经营历史，借款人行业优/劣势分析，主要产品特色、生产能力、鉴定证书、市场份额、可替代性等（并说明相关数据的来源）。
⑦ 本企业优势：主要竞争对手、竞争的方式以及与竞争对手优劣势比较（并说明相关数据的来源）。
⑧ 业务流程和周期分析：企业生产、销售经过的步骤和周期。
⑨ 产品：主、副产品的名称、用途。
⑩ 产能：企业现有条件下可生产的产品年产量、开工率。
⑪ 技术装备：主要的技术设备名称、用途、性能指标、先进程度、制造商等。
⑫ 合作年限：企业之间开始合作至今的年限。
⑬ 占比：在借款人所需同类型原材料中所占供应份额。
⑭ 合同签约及履行情况：企业以往合约是否及时履行、是否发生过违约纠纷；现有在履行合约的汇总内容，如产品、数量、金额、期限等。

（五）财务分析

① 审计结论详情：若审计意见不是"无保留"类型，则说明有关情况。
② 主要变动分析：各项财务数据发生重大变动的原因。
③ 应收账款分析：形成原因、账龄、质量、关联企业占比、坏账准备等。
④ 存货分析：存货结构合理性、是否存在过期或者积压情况等。
⑤ 固定资产、无形资产分析：在建工程的概算总投、完工情况及企业折旧的合理性等。
⑥ 用电量：核实电费缴交情况。
⑦ 用水量：核实水费缴交情况。
⑧ 设备开工率：实际产量与设备产能做对比。

（六）授信内容

① 银行存量：授信品种、金额、期限、利率、余额、保证措施及执行情况。
② 非金融机构借款及或有负债：其他机构借款及对外担保详情。
③ 授信合理性分析：贸易融资授信应说明具体业务品种，银行承兑汇票开给关联企业的应分析其原因和合理性。
④ 授信可行性分析：还款来源分析。

（七）授信担保

抵押担保：抵押物名称、所处位置、物品类型、数量单位、权利类型、权证情况、现有状态、评估价值、评估机构估值方法、抵押率、抵押值、周边对比、所有权人、彼此关系、提供抵押原因。

(八) 企业其他重大事项

本报告其他部分未涉及的企业重大事项，如：借款人及其股东是否涉及诉讼，未来股权或领导层变动的可能性，政府管制、制裁以及外界其他可能影响企业经营的事项等。

(九) 综合效益

结算量：客户去年及目前在银行的日均存款情况、本外币结算情况（要剔除贷款发放部分和国际结算折人民币部分），分析结算份额与银行授信份额是否配比。

本章小结

综合练习

一、概念识记
调研方案　实地调研　调研报告　调研报告表

二、单项选择题

1. 撰写调研报告常犯的错误是？（　　）
   A. 适用、精练　　　　　　　　B. 合乎逻辑
   C. 解析充分、结论正确　　　　D. 简单罗列内容

2. 对撰写调研报告描述正确的一项。（　　）
   A. 蜻蜓点水式　　B. 赞歌式　　C. 传话筒式　　D. 以上都不对

3. 找出以下说法正确的一项。（　　）
   A. 撰写调研报告应按照调研活动展开的顺序前后衔接环环相扣
   B. 调研报告结构要合理，符合逻辑
   C. 调研报告要简单罗列内容
   D. 调研报告应该简洁、有效、重点突出

4. 以下哪种说法错误？（　　）
   A. 二手资料收集过程迅速而简单
   B. 二手资料收集过程成本低，用时少，范围广
   C. 二手资料准确性高。
   D. 二手资料的相关性和准确性都不高。

5. 以下哪一项不符合撰写调研报告的要求？（　　）
   A. 合乎逻辑
   B. 解析充分，结论正确
   C. 调研报告应该是散文式
   D. 定量与定性分析相结合

6. 以下哪一项说法是错误的？（　　）
   A. 在市场调研过程中常常需要获取一手资料和二手资料
   B. 一手资料是通过科学的系统的调查方法从市场取得的信息
   C. 二手资料是已经形成的资料文件不能直接拿来参考
   D. 二手资料收集过程迅速而简单，成本低，用时少，范围广

7. 以下哪一项说法是错误的？（　　）

A. 二手资料的准确性有时难以保证
B. 二手资料不一定适用
C. 二手资料的相关性和准确性都不高
D. 二手资料收集过程复杂，成本高

8. 从以下4个选项中，选出错误的一项。（　　）
A. 资产负债表为金融机构进行财务分析的必需报表
B. 利润表为金融机构进行财务分析的必需报表
C. 现金流量表为金融机构进行财务分析的必需报表
D. 资产负债表、利润表、现金流量表为金融机构进行财务分析的必需报表

9. 以下哪种说法是错误的？（　　）
A. "中心的围绕者"指政府部门
B. "前"指目标客户的过去，"后"指目标客户的将来
C. "左"指目标客户的原材料供应商，"右"指目标客户的客户
D. "上"指目标客户的出资者、主管部门，"下"指目标客户的投资项目、子公司

10. 以下哪种说法是错误的？（　　）
A. 撰写调查报告应遵循适用、精练和标准化
B. 撰写调查报告要体现"尽职调查"
C. 结论要公正、明确
D. 撰写调查报告要模棱两可

三、多项选择题

1. 市场调研方案又称什么？（　　）
A. 市场调查计划书　　　　　　　B. 市场调研策划书
C. 市场调研报告　　　　　　　　D. 市场调研分析书

2. 客户资料的来源渠道主要包括哪些？（　　）
A. 客户内部
B. 行业研究部门
C. 客户的供应商及客户的竞争对手
D. 专业咨询机构

3. 第二还款来源是指动用？（　　）
A. 担保　　　　B. 抵押　　　　C. 质押　　　　D. 保证

4. 财务调研主要指对（　　）的分析。
A. 资产负债表　　B. 利润表　　C. 现金表　　D. 财务表

5. 撰写调研报告要求（　　）。
A. 合乎逻辑　　　　　　　　　B. 解析充分，结论正确
C. 重视质量，篇幅适当　　　　D. 定量与定性分析相结合

6. 调研报告的内容一般包括哪些内容？（　　）
A. 客户基本情况、担保情况分析
B. 客户经营活动分析、授信的用途及还款来源分析
C. 客户财务分析、风险分析及防范措施
D. 银企往来及信誉情况、综合收益测算

7. 属于财务分析的内容有哪些？（　　）
A. 存货分析　　　　　　　　　B. 固定资产分析
C. 应收账款分析　　　　　　　D. 无形资产分析

8. 一笔授信业务，其综合收益主要包括（　　）。
   A. 利息收入　　　　B. 存款收益　　　C. 中间业务收入　　D. 其他收益等
9. 在对客户的贷前调查中，应当坚持（　　）。
   A. 倾听　　　　　　B. 查看　　　　　C. 核实　　　　　　D. 分析
10. 工商企业类客户调研的基础资料包括哪些？（　　）
   A. 企业设立的协议、合同、验资报告、批准文件及营业执照（复印件）
   B. 公司出资人状况及出资方式、到位情况
   C. 法定代表人资格认定书、企业代码证书、贷款卡（复印件）、公司章程、董事会成员名单
   D. 出资人状况含所在行业、规模、产品、财务及资信等方面的情况

四、判断题
1. 市场调研方案是指在进行实际调查之前，对整个调研项目的一个构架和蓝图。（　　）
2. 为尽可能收集全面的资料，除对目标客户进行直接调查外，还应通过其他渠道来收集有关资料。（　　）
3. 财务分析的资料来源主要是客户提供的财务报表；可以不经过会计事务所审计。（　　）
4. 二手资料是通过科学的系统的调查方法从市场取得的信息，一手资料是已经形成的资料文件直接拿来参考。（　　）
5. 在市场调研过程中只能获取一手资料。（　　）
6. 实地调研分为财务调研和非财务调研。（　　）
7. 还款来源包括第一还款来源和第二还款来源。（　　）
8. 第一还款来源是指借款人通过正常的营业收入、经营利润等现金流来偿还银行授信。（　　）
9. 一份好的调研报告不仅要精心设计报告内容，同时要合理地组织安排报告结构和格式。（　　）
10. 一份好的调研报告重要的是应以客户导向为基础。（　　）

五、简答题
调研报告必须具备的要素和基本结构是什么？

六、分析题
A 公司是 H 市一家知名的外商独资企业，由于开业后经营形势较好，加上拥有雄厚的外资背景，深受 H 市地方政府和金融机构追捧。在众多竞争者中，D 银行经过调查，了解到 A 集团在台湾、香港、深圳、漯河、太仓、张家港等地都注册有公司，公司经营范围包括进出口贸易、制药、化纤、纺织等领域，经营规模均较大，都是当地比较知名的外商投资企业，从而确认 A 公司经济实力雄厚；而且，根据 A 公司财务报告，对其进行的财务因素分析和现金流量分析，结果非常理想。2016 年年底，D 银行决定与 A 公司建立紧密的合作关系，并向 A 公司贷款 700 万元，以 A 公司房地产加设备作为抵押。由于 A 集团和 A 公司实际上是台湾 X 氏的家族公司，公司生产、销售、经营管理、财务等活动均高度依赖 X 氏夫妇，其他人员根本对公司决策产生不了影响。2017 年 8 月，X 氏因涉嫌犯罪被刑事拘押，后来其妻 XC 氏也被收审。导致 A 集团在大陆投资的所有企业在一夜之间完全陷于停顿。

启发思考：
D 银行失误在什么地方？

CHAPTER 4

第四章
营销环境分析

学习目标

职业知识
理解金融营销环境的概念及特点，了解营销环境与金融营销的关系。

职业能力
掌握金融企业营销环境分析的一般方法、会针对某一金融现象做环境分析，具有分析问题和解决问题的能力。

职业道德
通过本项目的学习和训练使学生具有良好的文化素质和业务素质，为以后的学习奠定良好的基础。

第一节 宏观环境分析

引例

中国光大银行营销环境调查分析

一、中国光大银行介绍

中国光大银行成立于1992年8月，总部设在北京，是经国务院批复并经中国人民银行批准设立的金融企业，为客户提供全面的商业银行产品与服务。

在英国《银行家》杂志2011年按资产总额排名"世界1000家大银行"中，光大银行位列第89位。自成立以来，伴随着中国金融业的发展进程，中国光大银行不断开拓创新，锐意进取，在为社会提供优质金融服务的同时，取得了良好的经营业绩，在综合经营、公司业务、国际业务、理财业务等方面培育了较强的竞争优势，基本形成了各主要业务条线均衡发展、零售业务贡献度不断提升、风险管理逐步完善和创新能力日益增强的经营格局。

中国光大集团（China Everbright Group，简称光大集团）是中国中央政府管理的国有企业，1983年5月在香港创办，国务院国发[1983]89号文批复光大集团章程明确：光大集团是直属国务院的部级公司。集团现是以经营银行、证券、保险、投资管理等金融业务为主的特大型国有企业集团。中国光大集团通过中国光大（集团）总公司（北京）和中国光大集团有限公司（香港）管理境内外业务。最高决策机构为集团董事会，经由国家授权，经营管理国家投入集团的国有资产。集团党委在集团中发挥政治核心作用。集团监事会由国务院委派。

集团在境内拥有全资企业6家，控股企业2家，参股企业7家，合资企业1家，其中包括中国光大银行、光大证券股份有限公司、光大永明人寿保险公司和中国光大投资管理公司等金融机构和企业。在香港拥有光大控股、光大国际2家上市公司，全资公司37家，合资及联营公司

12家。

二、宏观营销环境

（1）经济环境。通过对经济发展状况、商品市场的情况、产业周期的变化、通货膨胀情况等经济形势的分析，找出有利于或制约营销业务的因素，把握未来的变化趋势。对居民收入的变化、居民家庭支出模式的变化、居民储蓄和消费信贷情况的变化等家庭收支状况进行分析，从而确定金融市场容量和购买力的大小。

（2）政策法律环境。通过对经济政策和计划的研究、分析，确定银行未来的资产业务规模和方向；通过对财政预算政策和财政收支状况的分析，预测未来银行资产负债业务的变化趋势；通过对金融政策和法规（主要是信贷货币政策、利率政策等）的研究，预测银行未来业务变化趋势，规范业务行为。

（3）人口环境。通过对人口数量、教育程度、年龄结构、人口增长、地理分布及地区间流动等因素的分析，预测金融市场的资金流向和规模。

（4）社会文化环境。通过对社会成员的道德规范、风俗习惯及行为方式等方面的分析，找出对银行市场营销策略和工作方式的影响。

（5）技术环境。通过对电子计算机技术和现代化电讯设备的研究，分析由此带来的新的市场机会、金融创新能力、新的分销渠道和新的服务功能对目标市场的影响。

（一）国内环境

自改革开放以来，随着金融改革、金融开放的推进，按需求分设相应的专业银行已转变为国有商业银行，股份制商业银行的建立和外资银行的相继进入，中国银行业引入了竞争机制，银行体制和服务技术发生了很大变化，但与发达国家的银行相比，国内银行还有很大差距。除了国有商业银行的产权制度、治理结构、激励与约束机制等根本性制度还需进一步改革外，银行服务功能的同质化、同质性问题甚为突出。国内银行的具体产品、经营理念、经营方式、市场定位和发展策略等基本类同，使中国银行业的服务功能存在严重缺陷，服务功能的同质化制约了银行的竞争力。银行同质化是银行低水平竞争的表现，不适应市场经济发展对银行的需求，不能很好发挥信息技术的推动作用，不利于培养核心竞争力和形成与发挥竞争优势。另外，客户金融业务需求的层次不断提升，对银行综合金融服务提出了新的要求。个人客户尤其是富裕客户，对银行服务产品的数量质量要求日益提高。随着国内市场经济发育程度的不断完善和提高，企业作为市场经济的主体，越来越关注市场变化和竞争、关注成本的核算和效益的提高，产供销一条龙、科工贸一体化的趋势日益明显，大型企业集团财务管理集中化、资金管理集约化、闲置资金趋利化日益突出。这些特点和变化对银行服务提出了更高的标准、更新的要求，对服务质量和效率的要求越来越高，对手续的方便和价格的优惠要求越来越多，对表外业务、规避风险业务、网络化的服务、财务顾问服务、理财服务的需求更加层出不穷。

（二）国际环境

金融自由化、全球化的宏观环境，迫使商业银行实行差异化战略。从全球金融市场来看，竞争日益严峻，商业银行在传统业务上遭到了非银行金融机构替代和国内外同行的挑战。商业银行传统业务的利润空间缩小，从而不得不扩大业务范围，推出以收费为主的各类中间业务。同时，伴随着金融自由化的发展，金融风险不断增强，为规避和降低风险，寻找新的增长点，商业银行经营战略开始由过去的风险较高的资产业务优先增长转移到风险低的非资产业务优先增长。此外，随着经济全球化进程的加快，一方面是外国企业走进来，另一方面是国内优秀企业走出去，跨国集团及其投资企业，对国内商业银行服务提出了国际化的要求，即要求银行按照国际商业银行惯例、服务机制、服务标准、服务方式，来提供优质的、高效的、便捷的服务。若不能适应客户的需求变化将会被淘汰出局。

启发思考：
中国光大银行是从几个方面进行宏观环境分析的？

市场营销环境是在营销活动之外，能够影响营销部门发展并保持与目标顾客良好关系的能力的各种力量和因素体系。因此，对环境的研究是企业营销活动最基本的课题。

金融服务营销作为一种营销活动，和其他任何行业一样，都是在一定的社会政治、经济、文化环境中进行的，金融机构不断会受到因环境变化而带来的各种挑战，成功或失败取决于金融机构对于环境的认识和分析。因此，只有了解营销环境的特点才能更好地认识到环境对金融机构的作用，并以此作为依据，分析这些作用是如何影响金融机构的服务营销活动的。

广义上的金融营销环境是指所有能影响金融机构实现其经营目标的一切因素的总和。宏观环境即在某一国家，所有企业都面临的环境问题。

营销宏观环境是企业营销外部的不可控制的因素和力量，并且是不断变化的，企业要采取积极主动的态度去适应营销环境，通过营销努力去影响环境，使环境有利于企业的生存和发展，有利于提高企业营销活动的有效性。

案例透析 4.1

三个旅行者

三个旅行者同时住进一家旅馆。早上出门时，第一个旅行者带了一把雨伞，第二个拿了一根拐杖，第三个则两手空空。晚上归来时，拿着雨伞的人淋湿了衣服，拿着拐杖的人跌的全身是泥，而空手的人却什么事都没发生。前两个人都很奇怪，就问第三个人这是为什么。第三个旅行者没有回答，而是问拿伞的人，"你为什么淋湿而没有摔跤呢？"

"下雨的时候，我很高兴自己有先见之明，撑着雨伞大胆走在雨中，但衣服还是淋湿了不少。泥泞难行的地方，因为没有拐杖，走起来小心翼翼，就没有摔跤。"再问拿着拐杖者，他说："下雨时，没有伞我就拣能躲雨的地方走或者是停下来休息。泥泞难行的地方我便用拐杖拄着走，却反而跌了跤。"

空手的旅行者哈哈大笑，说："下雨时我拣能躲雨的地方走，路不好走时我小心翼翼走，所以我没有淋着也没有摔着。你们有凭借的优势，就不够仔细小心，以为有优势就没有问题，所以反而有伞的淋湿了，有拐杖的摔了跤。"

杰克和约翰

有两个青年，一个叫杰克，一个叫约翰。他们不约而同去某个海岛寻找金矿。到海岛的邮船很少，半个月一班。为了赶上这趟船，两个人都日夜兼程地走了好几天。当他们赶到离码头还有 100 米时，邮船已经起锚。天气奇热，两个人都口渴难忍。这时，正好有人推来一车柠檬茶水。邮船已经鸣笛发动了，杰克只瞟了一眼茶水车，就径直飞快地向邮船跑去，而约翰抓起一杯茶就灌，他想：喝了这杯茶也来得及。杰克跑到时，船刚刚离岸一米，于是他纵身跳了上去。而约翰因为喝茶耽搁了几秒钟，等他跑到时，船已离岸五六米了。于是他只能眼睁睁地看着邮船一点点地远去……杰克到达海岛后，很快就找到了金矿，几年后，他便成为亿万富翁。而约翰在半月后，勉强来到海岛，因为生计问题只得做了杰克手下一名普通的矿工……这短短的几秒钟，就决定了两个人的命运。

启发思考：
如何理解环境的优势劣势是相对的，优势与劣势并存，机遇与挑战同在？

金融营销的宏观环境与其他企业所面临的环境相似，包括六大方面：人口、经济、文化、自然、科学技术环境、政治和法律。

一、人口环境

人口构成市场环境的首要因素。金融机构的活动同样要围绕人口的需求而展开。人口数量、分布、年龄结构、婚姻状况、家庭结构和受教育水平、教育程度等形成了金融营销中的人口环境。金融机构在进行营销规划、开展销售活动时,需要充分、细致地分析一国或地区的人口环境。

(一) 人口规模

1. 人口规模决定市场规模

人口规模也即人口数量,指总人口的多少。它是决定市场规模的一个基本要素。人口绝对量的增减(即人口规模的大小)会导致社会消费的总体增减,进而促进或者阻碍消费品生产企业的业务,最终体现在这些企业的金融业务量的增减上。

2. 人口规模决定金融机构的市场规模

金融营销首先要关注所在国家或地区的人口数量及其变化,通过人口出生率、人口死亡率等指标确定现在市场规模和预测未来市场规模。

据统计,2016 年年末中国大陆总人口(包括 31 个省、自治区、直辖市和中国人民解放军现役军人,不包括香港、澳门特别行政区和台湾省以及海外华侨人数)138271 万人(见表 4.1)。我国作为世界人口最多的国家,金融市场蕴藏着巨大的潜力,目前许多跨国金融机构都开始关注这一情况,纷纷将其业务拓展到中国。

表 4.1 2016 年中国人口总量

人口总量/万人	出生人口/万人	出生率/‰	死亡人口/万人	死亡率/‰
138271	1786	12.95	977	7.09

(二) 人口结构

人口结构变化决定着金融机构的结构变化。

1. 年龄结构

不同年龄的客户对金融产品的需求会不一样。金融机构通过了解不同年龄结构所具有的需求特点,可以决定金融产品的投向,寻找目标市场。

年龄因素对客户选择金融产品消费的影响主要有:年龄较小的孩子需要家长为其挑选教育类的金融产品;年轻夫妇一般则选择消费信贷和保险等金融产品;具有稳定收入的年老者更需要金融机构提供储蓄投资等服务。

联合国规定,凡是 65 岁以上的老年人口占总人口的比例达 7% 以上或 60 岁以上的老年人口在总人口的比重超过 10% 的,属老年型国家或地区。目前,我国正呈现"人口老龄化"的趋势(见表 4.2)。金融机构在进行市场人口环境因素分析时,必须对这一新的趋势给予足够的重视。一般说来,老年人口作为一个特殊群体,对高风险金融产品相对趋于回避,而对储蓄、养老保险和医疗保险等金融产品投入较多。因此,金融机构对老年人的营销活动,最好能体现方便、简捷和稳定的特点。

表 4.2 2016 年中国人口结构

项目	男性	女性	16~60 岁	60 岁以上	65 岁以上
人口数量/万人	70815	67456	90747	23086	15003
占总人口比率/%	51.21	48.79	65.60	16.70	10.80

2. 教育与职业结构

(1) 教育

教育兴,人民兴;教育强,国家强。教育是推动经济发展、实现人民富裕和国家强盛的根本途径,尤其是对我国这个世界上人口最多的国家而言,教育是富民强国的"一本万利"。回顾历史,1949年,我国文盲率达到80%,高等教育人口只有18.5万人,占总人口的万分之三点六,人口平均受教育年限只有1年。经过60多年的教育发展,到2016年,全国共有各级各类学校51.2万所,全国各级各类学校教育在校生达2.65亿人,非学历教育注册人数5325.5万人。高等教育占世界高等教育总规模的比例达到20%,成为世界高等教育第一大国。

人口的受教育程度与职业的不同,对金融产品需求表现出不同的倾向。随着高等教育规模的扩大,人口的受教育程度普遍提高,收入水平也逐步增加。教育水平的高低影响着金融营销策略的选择。处于不同教育水平的国家或地区的居民,对金融商品的需求也会存在较大差别,采取的营销方式和手段也不相同。例如,在文盲率较高的地区,文字性的广告宣传难以收到好的营销效果,而通过电视、广播方式宣传,金融产品更易于被人们所接受。因此,金融机构的营销活动必须从各地受教育水平的实际出发。

(2) 职业

职业会影响一个人的收入,进而影响其消费模式。经济状况是客户个人购买能力的决定因素。收入高的人可能会将富余的资金拿出来投资,进而提高自己的生活质量,因此会积极地参与消费信贷;而收入低的人在满足基本生活需求之后没有多少富余的资金,只能将其储蓄起来,为将来储备资金。另外从事不同职业的人往往思维方式也不相同,对金融产品的理解也存在一定的差异,如从事风险性较高的职业的人会对保险险种的需求更大。

3. 家庭结构

家庭是商品购买和消费的基本单位。一个国家或地区的家庭单位的多少以及家庭平均人员的多少,直接影响到某些产品的需求数量。同时,不同类型的家庭往往有不同的消费需求。当前在家庭结构方面,家庭户数在不断增加,而平均每个家庭户的人口却在下降。其结果是,随着我国传统家庭观念的打破,越来越多的年轻人喜欢与父母分开居住,导致了家庭户数不断增加。

由此,家庭用于子女和老人身上的支出比例就相对增大,如教育储蓄、养老保险和医疗保险等的需求就会增加。家庭成员人均支出也会增多,他们更加注重生活质量,所以,消费信贷会成为越来越多人的选择。

4. 城市化程度

从城乡结构看,截止到2016年城镇常住人口79298万人,比上年末增加2182万人,乡村常住人口58973万人,减少1373万人,城镇人口占总人口比重(城镇化率)为57.35%。全国人户分离人口(即居住地和户口登记地不在同一个乡镇街道且离开户口登记地半年以上的人口)2.92亿人,比上年末减少203万人,其中流动人口2.45亿人,比上年末减少171万人。年末全国就业人员77603万人,其中城镇就业人员41428万人。

相对农村而言,城市是该区域的政治、经济、文化中心,交通发达、人口密集、交易频繁。城乡之间存在某种程度的经济和文化上的差别,导致居民之间投资行为、储蓄行为、消费行为存在明显的不同。城市化程度越高,对金融企业的营销活动的开展要求也就越高,需求也更为迫切。

5. 居民收入水平和结构的变化

据中央政府提出的城镇化目标:到2020年城镇化率达到60%,这意味着一亿以上的农民将变成城市居民。随着城镇化率的不断提高,对金融服务会产生巨大的需求。短时期的社会结构要求金融机构营销应充分考虑到农村这个大市场。而立足于"三农"的农信社可以好好把握这一机会,通过有针对性的金融营销活动不断发展自己。

6. 生活方式

具有不同生活方式的客户对金融产品的需求各不相同。喜欢追赶潮流的人会大胆尝试购买新的金融产品；因循守旧生活的人喜欢购买一些具有保值功能的金融产品……了解不同客户的生活方式，对金融产品开发活动很有意义。

（三）人口分布

人口分布是指人口在地理分布上的区别，在不同地区人口的密集程度有差异，各地人口的密度不同，则市场大小不同、消费需求特性不同，人口分布决定着金融机构的地理分布。我国人口地理分布是：城市人口比较集中、大中城市人口数量较多，中部和南部广大地区人口相对稠密，而西部地区人口稀疏。人口密度基本和经济发展水平是正相关的。

金融机构可以不同地区的人口分布特点作为出发点，决定向某些地区提供金融产品的数量与结构、采取何种分销策略以及分支机构、营业网点的总体分布和设置。

从近20多年来看，我国人口流动的趋势是农村人口向城市流动，内地人口向沿海经济开放地区流动，欠发达地区向发达地区流动。金融机构应关注这些地区消费需求在量上的增加，以及在消费结构上发生的变化，提供更多满足这些流动人口需求的金融产品，从而顺应人口分布特征及流动趋势。

二、经济环境

经济环境是金融市场营销活动所面临的外部社会条件，即一定范围的社会经济状况。包括经济增长速度、发展周期、市场状况和潜力、物价水平、投资和消费趋向、进出口贸易以及政府的各项经济政策、产业政策等。经济环境是对金融企业市场营销影响最大的环境因素，是其整个经营活动的基础。

（一）经济发展水平

金融市场营销活动要受到一个国家或地区的整个经济发展水平的制约。不同阶段，经济发展水平不同，居民的收入也不同，对未来的预期存在差异。因此，通过金融企业所进行的融投资活动的频度和规模是不一样的。经济发达国家体现为服务营销，发展中国家体现为价格营销。

（二）宏观经济走势

一个国家或地区的宏观经济走势对于金融机构的日常活动具有举足轻重的影响。

这种经济趋势对金融机构的业务影响最为明显。在经济快速发展形势大好时期，金融机构往往不愁业务的开展，供不应求，各行各业都离不开各种金融产品或服务。因而金融机构只需加强金融产品的风险控制即可实现业务的发展。而在经济萧条、低迷时期，金融机构则直接受其影响，经济活动的减少直接影响其业务量。因此，金融机构更需要在营销活动上加大努力，保证在宏观经济走势下降的情况下维持其发展。

（三）消费者收入水平及消费结构

1. 消费者收入水平

消费者收入是指消费者个人从各种来源中所得的全部收入，包括工资、奖金、红利、租金、赠与等。我国是一个人口大国，金融机构的个人业务占据相当大的比重，而个人金融业务来自消费者的个人收入，但他们并非把全部收入都用来购买金融产品和服务。因此，消费者对金融产品的购买会受到以下因素的影响。

① 国民收入。国民收入是指经济社会（一个国家或地区）在一定时期内生产的全部最终产品（物品和劳务）的价值。评估国民收入的一个有效方法，就是看国内生产总值（GDP）。国内生产总值是衡量一个国家经济实力和购买力的重要指标，国民收入越高，消

费者购买金融产品的可能性和购买力就越大，反之亦反。从表 4.3 中国历年国内生产总值（GDP）与增长率一览，可以看出，我国自改革开放以来，GDP 呈上涨趋势。

表 4.3　中国历年国内生产总值（GDP）与增长率一览　　单位：亿元人民币

年份	1980	1981	1982	1983	1984	1985	1986	1987	1988	1989
GDP	454562	489156	532335	596265	720805	901604	102752	120586	150428	169923
增长率/%	7.8	5.2	9.1	10.9	15.2	13.5	8.8	11.6	11.3	4.1
年份	1990	1991	1992	1993	1994	1995	1996	1997	1998	1999
GDP	186678	217815	269235	353339	481979	607937	711766	789730	844023	896771
增长率/%	3.84	9.18	14.24	13.96	13.08	10.92	10.01	9.3	7.83	7.62
年份	2000	2001	2002	2003	2004	2005	2006	2007	2008	2009
GDP	992145	109655	120333	135823	159878	184937	216314	265810	314045	340903
增长率/%	8.43	8.3	9.08	10.03	10.09	11.31	12.68	14.16	9.63	9.21
年份	2010	2011	2012	2013	2014	2015	2016	2017		
GDP	397983	471563	519322	568845	636463	677000	744127	827122		
增长率/%	10.3	9.2	7.8	7.7	7.4	6.9	6.7	6.9		

② 人均国民收入。人均国民收入是国民收入总量与总人口的比值。它反映了一个国家公民的平均收入。了解一个国家的经济实力和需求，第一步应了解它的人均国民收入，对理解该国的一般普通公民的生活水平很有帮助。根据人均国民收入，可以推测不同的人相应地消费哪一类金融产品或服务；在什么样的经济水平上形成怎样的金融消费水平以及结构会呈现出的一般规律性。

③ 个人收入。个人收入是以工资、红利、租金形式以及从其他来源所获得的总收入。个人收入决定了消费者个人和家庭购买力总量。

④ 个人可支配收入。个人可支配收入是个人收入中扣除税款和非税性负担后所得余额。它是个人收入中可以用于消费、储蓄、投资和购买保险金融产品和服务的部分。

⑤ 个人可任意支配收入。个人可任意支配收入是在个人可支配收入中减去用于维持个人与家庭生存不可缺少的费用（如房租、水电、食物、燃料和日用生活品等项开支）后剩余的部分。这部分收入是消费需求变化中最活跃和最具潜力的因素，是金融机构开展营销活动时所需重点考虑的对象。

因为个人可支配收入中用于维持生存所必需的基本生活资料的部分，一般变动较小，相对稳定，即需求弹性小；而满足人们基本生活需要之外的这部分收入所形成的需求弹性大，可用于购买保险、金融投资产品等，所以是影响金融产品销售的主要因素。

我们要注意收入的分布情况。在许多地区，少部分人的收入大大高于全国平均数，而大部分人则低于这个平均数。在这些地区，人均收入会引起一定的误解。对于这种情况，营销人员就必须做具体分析，而不能过分依赖人均收入这个指标。

2. 消费结构

消费结构是指在消费过程中，人们所消耗的各种消费资料（包括劳务）的构成，即各种消费支出占总支出的比例关系。

消费者支出模式主要受消费者收入的影响，随着消费者收入的变化，消费者支出模式和消费结构就会发生相应变化。用于考察消费支出和消费收入之间关系的最著名的定律就是恩格尔定律，即"随着收入的增加，食物支出在总支出中的比例下降。"

我们同样可以运用恩格尔定律来解释金融支出模式——收入的减少和增加必定会影响消费者金融消费的结构和层次，并从中总结出规律，从而使金融机构进行更有针对性的营销活动。

如我国正处于经济转型期，人们的消费结构发生了变化，对娱乐、文化教育和旅游等相关的商品和服务的需求在不断上升，正在形成巨大的潜在市场。因此，金融机构应以此为基础开展营销活动。

（四）国内金融环境

金融环境对金融机构的营销活动具有直接、紧密的影响，这种影响首先通过资金供求和利率状况反映出来。例如，工、农、商业对资金的需求因经济发展的周期性高潮、季节性起伏和临时性追加而显得变化莫测，而构成资金供给来源的公众储蓄、证券投资及保险投资虽然也常有起伏波动，但它们与资金需求的波动通常是不同步的。这种资金供求的矛盾导致了利率结构的变化及银行利率的升降。证券市场、保险市场上企业的利率水平构成了利率环境，通货膨胀率、物价水平的变动对利率环境有直接的影响。由于金融机构注重的是扣除通胀后的实际利率，因此，金融机构进行营销活动时既要分析工商企业资金需求的变化，又要分析居民储蓄和消费信贷的变化以及物价与利率的变化，从而在不断变化的金融环境中采取积极的适应性经营策略。

对于消费者而言，其储蓄一般有两种形式：一是银行存款；二是购买有价证券。对于我国居民，储蓄通常是首选的金融产品；对于金融机构，储蓄资金是银行资金的重要来源之一。尽管我国的金融业开始意识到中间业务的重要性，但是占世界人口1/4的中国，存款业务仍然是银行目前赖以生存的重要资金来源。然而，消费者储蓄也受个人收入水平、通货膨胀、市场商品的供给以及对未来和当前消费的偏好程度等因素的影响。因此，金融营销人员应当全面了解消费者的储蓄情况以及各种影响因素，尤其要了解消费者储蓄目的的差异。储蓄目的不同，其潜在需求量、消费模式和消费内容也不同。随着市场经济的日趋成熟，现代消费者不仅以货币收入购买他们所需要的商品，而且可以通过借款来购买商品，所以消费者信贷也是影响金融机构特别是银行营销活动的一个重要因素，如房贷、车贷等。又如，当前越来越多的年轻人喜欢"超前消费"，这种需求推动了消费信贷等金融业务，因此银行等金融机构的营销人员应该注意这种储蓄向信贷转变的情况。

（五）国际经济金融环境

1. 国际经济环境

随着全球经济一体化的发展，世界各国经济联系越来越广泛而密切，国际经济环境对于本国金融市场营销的影响更加明显，特别是当金融机构开展跨国营销时更是如此。目前国际经济环境十分复杂，金融营销中所涉及的因素多且不断变化，主要的因素有各国的经济结构、经济发展阶段、人口结构、收入水平、国际资本流动、国际债券市场以及国际经济组织等。这些因素对金融营销决策具有不同程度的影响。

① 不同国家和地区的产业经济结构不同，对于进出口商品的结构和资金的需求就不同，对于金融机构所提供的金融产品与服务的需求也就不同。

② 不同国家和地区所处的经济发展阶段不同，对于进出口商品的结构、档次、数量的需求就会不同。例如，发展中国家的主要经济部门是农业，因而对于生产资料的需求相对较少，但它们需要发展工业，而本身又缺乏机械设备，所以需要进口一些技术性能较低、档次不高但具有耐用性的工业品，金融机构应针对这种情况向其提供生产所需的资金和各种进出口金融业务。总之，金融机构应当认真分析不同国家和地区的经济结构和经济发展阶段的情况，制定相应的营销战略和策略。

2. 国际金融环境

国际金融环境最近几十年的变化非常大，主要表现在以下几个方面。

（1）银行业务国际化

各国在开放本国银行业务市场的同时，在其他国家纷纷建立分支机构。

（2）金融管制自由化

放宽了国家之间金融机构活动范围的限制，允许外国金融机构自由地进入本国金融市场且本国金融机构自由地到外国经营；放宽或解除外汇管制，让资金输入输出有较大或完全的自由；允许更多的新金融工具的使用和新金融市场的设立。

（3）金融业务多样化

从过去单纯办理存款贷款业务转向多样化、综合化业务，其业务功能大大增加。

（4）金融管理现代化

管理观念的更新和高新技术特别是信息技术的广泛应用，使整个金融管理和决策摆脱了传统的方式转而建立在信息系统运用的基础上。

（5）金融市场世界一体化

由于通信技术的发展，金融市场与各种新金融工具不断出现，各国的金融市场与国际金融市场紧密地联系在一起，相互补充，相互促进。这些都是金融机构在进行营销时须密切加以关注的。

此外，值得特别关注的是最近10年来国际资本流动的变化，它是影响金融机构国际营销活动的重要因素。国际资本通过各种形式如投资、贸易、贷款、援助等在各国、各地区、各金融组织之间流动，必然会影响各国的经济结构、发展水平和收入水平等，进而会对金融营销产生不同程度的影响。尤其是1997年亚洲金融危机以来，国际游资对各国金融市场的冲击已经成为金融理论界研究的重点课题。总之，包括中国在内的任何一家金融机构为了生存与发展，都必须密切关注并认真研究国际经济金融环境及其动态趋势，尤其要研究国际市场上货币、资本、债券等供求、流动状况；利率、汇率的变动状况；金融产品与服务的创新状况；营销管理与手段的变化状况等，以便成功地开展市场营销活动。

（六）需要考虑的经济环境因素

目前在我国金融营销中需要考虑的经济环境因素有：宏观经济走势；再就业状况；私营企业发展扶持；股票市场趋势；货币政策；财政政策；国民生产总值变化趋势；经济转型；通货膨胀率；不同地区和消费群体间的收入差距；对不同类别产品和服务需求的转变；劳动生产率水平；居民储蓄和可支配收入水平；人均收入；平均可支配收入；居民的消费倾向；消费模式；WTO对经济的影响等。

三、文化环境

它是指一定社会形态下的民族特征、人口分布与构成、受教育程度、风俗习惯、道德信仰、价值观念、消费模式和习惯等被社会公认的各种行为规范。金融产品开发人员必须深刻认识到客户所处的文化环境，并时刻注意其变化。

例如，如果在某些国家或地区保险意识弱，那么在这种地区开发保险产品就是不明智之举。在中国香港，50～60岁的人很少购买人寿保险，因中国人有一种传统的观念，即在这一年龄买人寿保险是坏运气的前兆，这将极大地妨碍这一年龄段的人寿保险产品的购买。因此50～60岁年龄段的人们对保险产品的消费就产生部分的空白，如何开发新的金融产品填补这块空白是产品开发人员需要深入考虑的问题。

（一）受教育程度

教育水平的高低影响着金融市场营销组织策略的选取，决定着市场营销方式方法的选择。如文盲率较高的地区采取直观形式（电视、广播方式）比文字性的广告宣传要好得多。同时，处于不同教育水平的国家或地区的居民，对金融商品和服务的需求也存在较大差别，所以需采取不同的营销方式和手段。

（二）价值观念

价值观念是指人们对社会生活中各种事物的态度、评价和看法。在不同的社会生活环境下，人们的价值观念是不同的。如美国，人们崇尚生活上的舒适和享受，追求超前消费；我国人们普遍遵循勤俭节约、量入为出的生活准则，因而消费贷款的规模和质量都不同。同样，不同价值观念的人群对金融企业所提供的商品和服务的要求也是千差万别的，这就要求金融市场营销人员针对不同的客户采取差异营销策略，以提高营销效率。例如，对价值观念较前卫的年轻一代，金融营销的重点要突出商品和服务的新颖性和目前的获利性或享受效果；面对观念较保守的中老年顾客，因其讲求实惠，对未来和长远考虑较多，金融营销的重点要突出商品和服务的安全稳定性及长远的获利性。

（三）风俗习惯

风俗习惯是指人们根据自己的生活内容、生活方式和自然环境，世代相袭固化而成的一种风尚和行为方式。不同的国家、不同的民族有着不同的风俗习惯，而不同的风俗习惯对人们的投资行为和消费行为都带来很大影响。金融企业在开展市场营销时，应研究客户所属群体及地区的风俗习惯，了解目标市场客户的禁忌、习俗、避讳、信仰、伦理等，做到"入境随俗"，设计和推广适合特定客户需求的金融商品和服务，做好宣传工作，以获取最大的社会效益和经济效益。

（四）宗教信仰及语言文字

宗教信仰是一种较为特殊的文化因素，佛教、道教、基督教、伊斯兰教、天主教等宗教内容和形式的多样性，决定了宗教对人们消费行为的影响也是多层次、多角度的。

宗教信仰对很多国家和地区的国际市场营销活动影响很大。金融机构应在营销活动中充分认识宗教信仰对客户的影响，尊重目标市场各方的宗教信仰和观念，充分利用营销契机、巧妙规避风险。语言文字对金融营销活动也有影响。我国是一个多民族的国家，不同地区不同民族往往使用不同的语言文字，而在世界范围内不同国家和地区，使用的语言文字更是多种多样，同时还伴有语言文字的禁忌、歧义等，这些都会对金融市场营销产生不同的要求。

此外，审美观念、参照群体等也在很大程度上影响金融产品的设计和营销。

（五）社会因素

社会方面的因素包括参照群体、家庭、社会角色和地位。

1. 参照群体

参照群体是指那些直接或间接影响客户看法和行为的群体，他们对客户的看法和行为起诱导和带动的作用。参照群体可以通过直接或间接的途径向客户传递某种有用的信息，客户也往往会效仿参照群体的行为。因此把这些参照群体的因素考虑到产品开发中来，可以带动更多的消费群体。

2. 家庭

家庭对客户的购买行为具有重要的影响，因为人们的价值观、兴趣、爱好、和生活习惯在很大程度上是在家庭生活中形成的。

例如父母会对小孩子开立哪种账户产生影响，成熟的子女也会给父母对金融产品的选择产生影响。不同类型的家庭具有不同的消费倾向，在子女较小的家庭中，有关教育类的金融产品可能会受到青睐；在收入较高的家庭中，消费信贷具有广阔的市场。有的家庭需要方便、快捷的金融服务；有的家庭则倾向于对可以带来稳定收入的金融产品的购买。

3. 社会角色和地位

随着一个人的成长,他将在不同的社会群体中扮演不同的社会角色,每一个角色都对应着一种社会地位。

一个人对金融产品的购买行为在某种程度上受其担当的角色和社会地位的影响。在转换角色的同时,贯穿整个生命周期的客户行为也会随之改变,因而购买决定也会发生改变。金融机构必须分离出这些特定的市场细分区,针对不同的市场细分区开发不同的金融产品。

四、自然环境

自然环境是指自然界提供给人类的各种形式的物质资料,如阳光、空气、水、森林和土地等。随着人类社会进步和科学技术的发展,世界各国都加速了工业化进程,创造了丰富的物质财富,满足了人们日益增长的需求。但是从20世纪60年代起,世界各国由于面临资源缺乏、环境污染等问题,开始关注经济发展对自然环境的影响,成立了许多环境保护组织,促使各国政府加强环境保护的立法。为了加强环境保护,国家对企业在厂址、技术、设施等方面也有严格的要求和限制,并实行某些政策的倾斜,企业也相应地被要求采取措施节约资源、加强"三废"的综合利用等。所有这些措施都要求企业加速技术改革、引进先进设备等加强环保,因此需要资金,需要金融机构的参与,特别是需要银行发挥资金信贷的作用,从而直接影响金融机构的市场营销活动。

保护自然环境也是金融机构应确立的观念。而且,自然环境也影响着人口的分布。

金融机构是以人的需要作为其市场营销活动的范围和内容的,人口环境及其变动对市场需求有整体性、长远性的深刻影响,制约着金融机构营销机会的形成和目标市场的选择。

五、科学技术环境

科学技术环境是技术变革、发展和应用的状况,是技术知识财富和社会进步相结合的产物。科技环境不仅直接影响金融企业的经营,而且还和其他环境因素相互依赖,共同影响金融企业的营销活动。科技的发展,也改变了人们的生活观念和生活方式,给金融企业带来了新的营销机会。如人们逐渐接受"工作在城市、居住在乡村(市郊)"以及"用明天的钱圆今天的梦"的观念,推动了消费信贷的发展。

主要表现在以下方面。

1. 金融产品的开发创新

信息技术的发展,将使金融创新层出不穷。电子计算机、通信技术等带来的信息革命,为金融创新提供了坚实的物质基础与技术保障。例如,没有计算机技术和信息收集处理技术的发展,信用卡、资产支持的证券化是不可能实现的,期货、期权市场的发展及金融产品交易行为的全球化也不会这么快。可以说,信息技术的进步每一天都在改变金融机构内部的经营程序和管理方式。随着计算机能力的更加强大并应用到金融领域,将会产生出更多新的金融产品和服务。金融机构只有顺应潮流走电子化的道路,才可以避免"恐龙灭绝"的命运。

2. 金融服务渠道的多样化

由于科学技术在金融领域的运用,使人们的工作及生活方式发生了重大变化,为金融机构创造更多渠道提供了条件。例如,以前银行都过分强调增加营业网点的营销策略,但随着ATM终端、POS终端和网络银行的出现,顾客在家中就可以完成许多复杂的银行业务,买卖股票也可以足不出户,通过网络实现银证转账交易,营业网点的作用被弱化。

3. 营销效率的提高与成本的降低

科技的发展不仅提高了生产效率,也提高了交换效率,给金融市场营销工作提供了突破性机会。如自动取款、电子汇兑和网络银行等的出现不仅极大地提高了金融服务效率,改变了传统银行在人们心中的形象,也使金融企业能更准确、更快捷、高质量、大容量地为客户提供新的金融产品和服务。同时,通过无线电广播、电视、计算机信息网络进行宣传,提高了营销力度,降低了营销成本。

4. 促销方式与服务方式的变革

科学技术改变了人们的生活观念和生活方式,也给金融机构的促销策略带来新的要求。科技的迅速发展迫使金融机构充分利用高新技术成果,注重信息沟通的效率以及促销组合的效果,并且不断变革促销方式。金融机构除了采用传统的促销方式进行宣传之外,还采用比较现代、先进的方式进行促销,提高了金融机构的营销力度,降低了营销成本,进而提高了促销的效率。同时,由于高新技术的开发应用,消费者不断追求新的金融产品,从而使金融机构的服务方式发生变革。

5. 经营管理的改善与管理效率的提高

技术革命是管理革命的原动力,一方面,它向管理提出了更高的要求;另一方面它又为金融机构改善经营管理、提高管理效率提供了物质基础。在知识经济时代,金融机构运用现代化科技的能力已经成为其衡量竞争能力的标志,地域优势、资产规模都不再是评价金融机构唯一的标准。随着电子计算机和一系列信息技术的广泛运用,金融机构可设计出更多更新的产品和服务,这不仅能更好地服务客户,而且有利于改善经营管理、提高经营效率。

六、政治和法律环境

政治和法律环境的稳定与否是金融机构经营的基础性条件。政治和法律环境主要包括社会安定程度、法律建设状况、各种法律法规体系、司法程度以及政府的相关政策等。安定的政治形势和健全的法律制度是金融营销成败的保障因素。

金融机构开展营销活动时,应深入观察分析国内外政治法律环境的状况及其变化,以便及时采取相应的防范措施。

不言而喻,金融机构若想在社会中生存发展,就必须研究分析外部的政治环境和遵守这样或那样的制度,并且要在现有条件下充分利用这些制度。政治环境中的些许变化,往往意味着金融机构获利机会、获利条件的重大变动。所以,深入研究金融机构的政治环境,是非常必要的。

1. 政治环境

政治环境是金融机构市场营销的外部政治形势和状况。金融机构的特殊性质决定了它受国家政治环境影响的程度相当大。一国的政局稳定,国泰民安,金融市场就会稳定,金融机构也就有一个良好的营销环境。反之,政治不稳定会导致社会动荡、经济混乱,会影响经济发展和人民收入增长,影响人们的投融资活动,给金融市场营销带来极大的障碍和风险。例如,2008 年 8 月,俄罗斯与格鲁吉亚发生战事,使大量投资者对俄罗斯国内市场丧失信心,导致俄罗斯股市大幅度下跌。俄罗斯证券交易所以及莫斯科国际证券交易所的股票指数在一天中分别下跌了 5.6% 和 6.6%。而且,金融营销离不开国际环境,随着金融国际化、全球化趋势的形成和深化,金融营销的开展也必然注重国际化。自中国入世后,金融市场已逐渐向外资机构开放,大量的外资机构纷纷在我国境内设立分支机构和代表处,经营各类金融业务。与此同时,我国的金融机构也积极拓展海外市场,在许多国家建立自己的营业网点。因此,如果没有良好的国际环境,国家之间就不能保持良好的双边或多边关系,也就不可能实现国际金融营销。至少在歧视政策和不平等条件的制约下,将会极大地阻碍市场营销活动的开展。这些都需要金融机构更加将国际政治环境作为考虑的重点。

2. 法律和政策环境分析

法律以规范、调整较为稳定的经济关系、利益关系和行为关系为主，具有连续性和强制性调控的特点；而政策以调整具有波动性、易变性的经济利益关系为主。一般来说，在较长时期内适用的规定和制度，多采用法律规范、法律约束的方法；而短期内适用的规定和制度，则通常采取政策的形式。

法律环境是指国家或地方政府所颁布的各项法规、法令和条例等。各国都通过颁布法律法规来规范和制约金融机构的活动。

与金融机构市场营销活动有关的法令很多，因此金融机构在开展业务时要受到法律特别是金融法律的制约。金融法律环境主要包括国家和中央银行颁布的有关法律、法规和规章制度，在我国如《中国人民银行法》《商业银行法》《票据法》《担保法》《贷款通则》《证券法》《保险法》等。这些法律法规都是金融机构经营和营销活动的行为准则。银行必须自觉接受银监会的监管，证券公司必须接受证监会的监管，而保险公司则必须接受保监会的监管，金融机构需要依法依规运作，保护客户利益，严格执行各项业务操作程序，防范和化解金融风险。而政府制定这些法令，一方面是为了维护金融市场秩序，保护平等竞争；另一方面则是为了维护顾客的利益，保证社会的稳定。

案例透析 4.2

S 公司的借款抵押合同风险

S 公司为解决流动资金不足的问题，需要经常向银行申请借款。该公司除了拥有一幢评估价值为 5000 多万元的办公楼之外，没有其他高价值的财产。

2014 年 11 月 10 日，S 公司与银行签订了一份最高额房地产抵押合同。合同约定：该公司以其办公楼对自 2014 年 11 月 15 日至 2015 年 8 月 15 日这一期间发生的借款合同作抵押担保。借款人履行债务的期限为借款合同约定的还款期限。同日，双方又签订了借款合同，借款期限为 2014 年 11 月 15 日至 2015 年 8 月 15 日，并按约发放了 2500 万元抵押贷款。2015 年 6 月 10 日银行客户经理在贷后检查时发现，因 W 公司诉 S 公司 3500 万元的货款纠纷一案，法院于 2014 年 10 月 22 日对作为最高额抵押物的办公楼实施了查封措施，后因 S 公司败诉，法院拍卖了 S 公司的办公楼。

启发思考：

分析 S 公司存在的风险。

作为我国的金融机构，对国内市场营销法律环境的分析，其主要内容包括国家主管部门及省、市、自治区颁布的各项法规、法令、条例等。金融机构了解法律法规，熟悉法律环境，既可以保证一身严格按法律法规办事，不违反各项法律法规，有自己的行动规范，同时又能够用法律手段保障自身权益。金融机构营销人员应熟悉和了解有关经济法规、条例。对法律环境的研究，除了要研究各项与国际、国内市场营销有关的法律、规定，研究有关竞争的法律条例规定外，还要了解与法律的制定和执行有关的监督、管理、服务于企业市场营销活动的政府部门的职能与任务。这样才能使金融机构的营销人员全面了解、熟悉企业所处的外部环境，避免威胁，寻找营销机会。

对金融机构来说，国家政策的影响是相当明显的，如国家的宏观金融政策和地方政府的金融政策，包括国家通过中央银行制定的政策，或是通过各金融监管机构颁布的各种政策条例等。

国家在不同阶段根据不同需要颁布相关的经济、金融政策不仅会影响本国金融机构的营销活动，还会影响外国金融机构在本国市场的营销活动。例如，中央银行实行宽松信贷政策，则会扩大货币发行量，促使商业银行扩大资产负债业务，使市场的货币供应量增加，信贷需求及银行的业务量随之增加，反之则减少。我国的改革开放和市场经济政策，为我国的金融机构带来了质的变化。在计划经济时期，我国的四大商业银行（当时被称作四大专业银行）完全是按照计划体制来经营，所有经营活动都在国家的控制之下，不用考虑营销问题。而随着国家政策的变化，银行正在开始按照市场规律经营，随着充满活力的市场和激烈竞争的到来，银行业的经营翻开了崭新的一页。可见政策对于金融机构进行营销活动的影响有多么巨大。而我国的西部大开发政策同样也给我国金融机构一个发展的机会，西部开发对于金融机构的吸引力是不言而喻的，对其适应新环境，制定新策略的能力也是一个考验。当然，目前我国的金融立法还不是很完善，在一定程度上抑制了金融机构的营销活动。但是我国目前政治稳定，同时也正在加大力度为金融机构创造一个良好的外部环境，这些都给金融机构带来了发展的大好机遇。

在金融业务的国际市场营销中，虽然没有一个统一的法律来规范，也没有一个国际强制机构来执行，但是已存在一些公认的国际经济惯例以及由某些国家相互签订的多边协定。例如，世界贸易组织制定了许多有关贸易和金融方面的运行规则，为其成员国所共同遵守；北美自由贸易区等都制定了一些国际经贸准则，这些规则部分已成为国际上普遍遵循的惯例。除多边协定外，还有两国之间的双边协定。这些协定和惯例对国际金融活动都有直接或间接的影响。

第二节
微观环境分析

中国光大银行微观营销环境调查分析

一、微观营销环境

1. 银行客户。通过深入了解客户需求特点及变化趋势，为市场细分、选择目标市场并最终制定营销组合策略奠定基础。

2. 竞争对手。通过对金融市场潜在进入者的数量、现有竞争对手的营销活动情况、竞争对手占有市场的大小、竞争对手在客户心目中的形象等方面的分析，了解竞争对手的优势和劣势及其营销策略的特点，根据自身资源条件，确定合理的竞争策略。

3. 社会公众。通过对媒介公众、政府公众、一般公众、内部公众等不同层次利益趋向和关注重点的分析，找出符合各类公众利益，并能得到理解、支持的营销策略。

二、光大银行的内部环境及竞争优势

1. 在选择的地区拥有较好的分支行网络。在23个省、自治区、直辖市、36个经济中心城市拥有30家一级分支机构，380家支行，其中70%以上的网点分布在沿海和沿江经济发达地区。

2. 先进的IT技术和信息系统。在国内比较早地实现了银行业务电子化大集中处理，统一软硬件平台和业务信息在业务集中处理的基础上实现了对公、对私业务通存通兑和资金实时收付结算的新一代核心业务系统，进一步体现了以客户为中心和综合服务的理念，大大提升了客户反应速度和服务水平。

3. 集中化的风险控制体系。已基本完成信贷风险控制体系，在国内较早实现了信贷审批集约化管理。实行稽核体制垂直管理，全面实施稽核部负责人委派制度和分（支）行稽核部门的垂直管理制度。

4. 队伍优势。拥有一支年轻、精干的干部员工队伍，大专以上学历占90%，员工平均年龄34岁，人均资产规模和业务量位居国内同业前列，拥有开放心态的知识型团队，善于接受变化和挑战。

5. 体制和机制优势。拥有股份制商业银行经营灵活、管理集中等方面的体制和机制优势，拥有相对健全的经营管理体制和较为有效的激励约束机制，在业务处理上具有"大总行、小分行大分行、小支行"的集约化经营优势。

启发思考：
中国光大银行是从几个方面进行微观环境分析的？

微观环境是由金融机构自身的市场营销活动所引起的与金融市场紧密相关、直接影响其市场营销活动的各种行为者，是决定金融机构生存和发展的基本环境。它是营销过程中所面临的个体环境，对金融机构的营销活动产生重要的直接影响，并决定金融机构的生存和发展。微观环境主要包括供应商、客户、营销中介、竞争者、公众以及金融机构营销组织与营销决策部门等。其核心成员：供应商—金融机构—营销中介—客户，金融营销的成功，还受其他群体的影响，特别是竞争对手和公众。

一、客户

客户是金融机构面临的最主要的微观环境因素之一，谁赢得了客户，谁就赢得了市场。客户是金融机构营销活动服务的对象，是企业一切活动的出发点和归宿，也是金融机构的目标市场。金融市场上的交易主体均是金融机构的客户，他们是个人、家庭、企业、金融机构、政府，还包括一些事业单位和社会团体（见图4.1）。

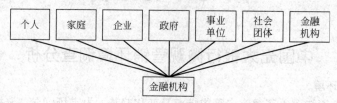

图4.1 金融机构客户

这些金融机构的交易主体对金融产品有着不同的需求，根据需求的不同，我们可以从另一个角度将金融机构的客户分为个人客户和企业客户，他们既是金融机构资金的主要供应者，也是资金需求者。

比如在银行，分为个人业务和公司业务两大块；在保险公司，分为个人险和公司险；在证券公司，同样按照个人和企业分为不同的运作部门。由于个人与企业在业务范围以及规模上的巨大区别，金融机构往往在统一的营销战略指导下，对于不同的业务范围、规模以及企业和企业营销环境，分别制定不同的营销策略。

同时，由于不同的客户具有不同的需求，为满足客户的多样化需求，金融机构提供的产品必须具有差异性与易变性。这种差异性和易变性，反映了金融营销面临的客户环境因素的不确定性，同时也为金融机构改善经营、重视营销、提高竞争力、求得自身发展提供了原动力。

（一）个人客户

随着金融机构的发展和激烈的行业竞争，以及个人财富的积累，它们为个人客户提供的业务也正在从简单的存款取款、买卖股票和购买保险向更为复杂的按揭、投资等方面发展。相对于企业客户，金融机构为个人所提供的金融产品则更像是一般意义上的普通商品。以花旗银行为例,它的个人业务部门的经理多是从一些生产消费品产品的企业中如联合利华招聘而来。它们认为银行的个人金融产品除了在开发方面与普通的商品有所区别外,在营销方面的理念则与一般商品完全一致,从制定价格、设计销售渠道、做广告搞促销到销售人员与顾客的接触,都可以按照一般的营销活动来进行。

1. 客户的偏好、特点

顾客具有不同的偏好,有的对利率最为敏感,有的对风险关注,有的选择某种金融产品或服务时经常"货比三家",经其深思熟虑和全面比较后再作决定。根据顾客的偏好设计具有创新的营销手段,无疑将会提高销售量,达到出奇制胜的效果。

2. 社会阶层

根据收入、财产、文化教育水平、职业和社会名望等社会标准,可以划分出不同的社会阶层。

同一阶层通常有相同的价值观念、生活方式和相似的购买行为。对于金融行业而言,在营销活动中识别不同顾客所属的不同社会阶层,有助于更好地进行市场细分和定位,能够为各个不同层次的顾客和企业提供优质的服务。比如,对于社会层次较高的客户,银行仅仅提供普通的金融业务是不够的,而对于低收入、社会层次较低的客户,则只需为他们提供比较简单的金融业务。农信社给农民群体只需提供比较简单的存、贷款业务。

3. 从分析顾客的特点出发,制定营销策略,为其提供更好的服务

例如,为了满足客户的生活需要,推出分期付款购买住宅、耐用品的贷款项目;为了满足客户的安全需要,推出保管箱服务等业务。

(二)企业客户

企业客户也是金融机构的重要业务。企业客户与个人客户存在着较大的不同之处:首先企业客户所涉及的金额是个人客户所不能比拟的;其次,企业客户向银行等金融机构提供的业务种类和业务范围也要比个人业务更丰富、广泛和复杂。因此,对于企业客户,金融机构的重点并不能仅仅放在提高服务质量上,还应该根据不同的客户开发推出满足其需求的业务和服务,把重点放在提高产品的质量上。公司业务不再是类似于消费品的简单商品,它的营销手段也不再是通过大量的广告和诱人的促销推广来提高企业形象。比如,我们可以从电视、报纸广告上看到许多银行的信用卡广告,可是却几乎看不到针对企业客户的广告,这虽然只是在广告方面的差异,却已经显示出金融营销对于不同的顾客类型需要不一样的策略。

二、供应商

金融机构的供应商是能使金融机构更好地为客户提供服务的企业,金融机构依靠这些企业以合理的成本快速准确地满足客户的需求。因此,供应商情况的变化会对金融机构的营销活动产生巨大的影响。

金融是高度信息化的行业,随着经营规模的扩大、管理的复杂,IT技术的应用越来越普及,依赖程度也越来越高。例如,信息管理系统(MIS)、客户关系管理(CRM)系统、企业资源计划(ERP)系统、信用卡运营系统等。昂贵的电子设备的硬件与软件的升级换代与兼容性以及维护管理,不仅对投资成本影响很大,而且还涉及金融机构自身和客户资产的安全。因此,重要的管理系统设备必须要有充分的研究论证才可以进入采购。

对于金融机构来说,应尽量避免对某一家供应商的过分依赖,以免受到供应商任意提价或限制供应的影响,或者供应商的不可控制事件可能会严重地影响企业的营销管理。同时,采购代理人应设法与一些主要的供应商建立长期的供销关系,以便在特别需求和价格等方面给予从优考虑。

三、营销组织及决策部门

金融机构中的营销组织结构对于实现特定的营销目标,更好地发挥营销功能是相当关键的。它通过不同营销职位及其权责的确定,并对它们之间的关系进行一定的协调与控制,合理、迅速地传递信息,从而将营销人员所承担的任务组成一个有机的整体。这对营销活动的顺利开展有着重要的意义,直接影响营销的内部环境。良好的营销组织可以把金融机构营销活动的各个要素、各个部门、各个环节在时间上和空间上相互联系起来,加强分工与协作,促使营销活动更加协调、有序地开展。同时,营销决策部门应协调好与其他部门之间的关系。金融机构高层管理者在制定营销战略与计划时,要充分考虑其他部门的影响,包括最高管理者、财务部门、研究与开发部门、生产部门、人事部门等。营销经理的决定必须是在最高管理者的认可下方能得以实行,此外,营销经理还必须要得到各部门的配合。财务部门关心的是能否取得执行营销战略和计划所需要的资金,并将资金有效地分配到不同的产品和营销活动上;研究与开发部门要负责处理各种金融产品设计上的技术性问题;人事部门关心的是机构所需要的合适人才能否得到以及现有人员的培训是否能适应需要等问题。各部门间协调配合的好坏直接关系到金融机构营销战略与计划的实施与效果。

四、营销中介

营销中介是协助金融机构进行金融产品推广、销售并将产品卖给最终消费者的企业或个人,包括证券经纪人、证券承销商、外汇经纪商、保险代理人、保险公证人、广告代理商、金融咨询公司、信用卡公司、各类商店超市以及娱乐餐饮店、房地产中介商、汽车4S店和财务公司等。这些中介机构在金融机构与客户之间起桥梁作用,将专业性的金融产品,利用中介优势为客户提供方便获取产品的渠道。金融机构经营过程中,不可避免地要获得这些营销中介的支持。如证券买卖离不开证券经纪人,企业的形象策划与产品的推广离不开广告或代理商;保险公司险种的销售、市场的扩大离不开保险代理人、经纪人。

近年来,一些金融机构为了削减成本和提高效率,开始将一部分后台工作分离出去。接收这些业务的企业变得对金融机构极其重要,因为金融机构的客户工作大部分都要依赖这些服务。因此,金融机构在营销过程中,要对所面对的各种营销中介及各类资源供应者有较清楚的了解,并与之建立良好的合作关系,以获得他们的大力支持。

五、竞争者

在市场经济条件下,金融机构从事营销活动不可避免地会遇到竞争者的挑战。竞争者的状况是不可忽视的客观环境。要想战胜对方,必须对竞争者的状况做深入细致的分析。竞争者状况主要是指竞争者的数量、类型、市场份额以及营销策略等。开展对竞争者状况的分析是金融机构营销过程中不可忽视的环节。

(一) 竞争者数量

作为营销环境的分析,竞争对手的数量有利于判断市场中的竞争激烈程度。金融市场是由许多形形色色的竞争者组成的,竞争者的多少及其活动的频率与否是决定金融机构是否能盈利的一个因素。一定时期内,当市场需求相对稳定时,提供同类产品或服务的金融机构越多,某金融机构的市场份额就可能减少;竞争者的营销手段较先进,客户就可能转向他们,金融产品的需求也会下降。因此,分析研究竞争对手状况,直接关系到金融机构营销策略的选择和运用。

随着中国经济的飞速发展，我国目前已形成一个开放度大、竞争性强、多种金融机构并存的多元化金融格局，金融机构面临着严峻的挑战，竞争对于市场中的每一个金融机构来说都是机会与挑战并存的。此外，越来越多的外资金融机构的进入，使得中国金融机构的竞争结构发生了变化，外资金融机构的进入，既带来了资金，也带来了先进的经营理念、经营技术和管理手段，这对于国内的金融机构来说是一种挑战。但是从另一个角度来看，在给国内金融机构巨大压力的同时，也给了这些企业发展的动力，有利于它们增强自己的实力，进而在竞争中不断提高。从长远发展看，每一家金融机构都要明确自身的发展现状和前景，面对竞争者如林的市场，进一步做大做强，创出品牌与特色。因此，分析金融市场的潜在进入者，预测未来某段时期内可能出现的各种竞争者数量，能使金融企业预先做好应对准备。

（二）竞争者的市场份额

衡量市场份额大小的指标主要是市场占有率和市场集中度。拥有市场份额的大小对单个金融机构的重要性在于：不仅仅反映了该金融机构的发展现状及其与同行的差距，而且反映了其今后的发展前景和潜力。

1. 市场份额的大小

市场份额的大小也与金融企业所处的生命周期阶段有关。

市场占有率的高低体现了金融机构经营规模和实力，也反映了其竞争能力的大小，市场占有率越高，竞争力越强。而市场集中度是整个行业市场结构集中程度的衡量指标，它用来衡量企业的数目和相对规模的差异，是市场势力的重要量化指标。

为了维持较高的市场占有率，许多金融机构加大营销力度，扩大企业的影响力，树立良好的社会形象来吸引顾客，还通过创新服务项目和产品来争取客源、扩大市场份额。此外，金融机构之间还通过各种形式的兼并重组或是战略联盟实现业务上的优势互补，从而扩大原有的市场份额。自20世纪90年代以来，一些知名的跨国金融机构大多采用兼并重组的方式来扩充自身实力，增强竞争力，从而成为金融业的"航空母舰"。

2. 市场集中度

市场集中度则是指市场份额的集中程度，也即领先具有较强竞争力的金融机构的数量。

金融机构可以通过市场集中度来判断市场的结构以及进入的难易程度：若市场集中程度高，就意味着市场份额被少数实力强的金融机构所瓜分，进入难度较大；若市场集中度低，则意味着虽然市场中竞争者多，但是并不具有实力超强的企业，进入难度相对较小。例如，我国保险业呈现寡头垄断竞争型市场。中国人寿、中国人保、平安保险、太平洋保险和新华人寿五大保险公司的市场份额总计超过75%。由此可见，我国的保险市场结构仍以中资保险公司占据市场的绝对主导地位，而外资、民营保险公司则仍然处于被动、弱小的地位。

市场份额的大小，不仅反映了该企业的发展现状及其与同行的差距，还反映了其未来的发展前景和潜力。

各金融机构的市场份额大小不是一成不变的，而是一种此消彼长的关系，竞争者市场份额扩大的同时，就意味着企业自身市场份额的缩小。根据生命周期原理，企业在成长期，其市场占有率是逐步上升的，但当达到一定的规模水平后，其市场占有率保持相对的稳定，之后会呈现下降趋势。

（三）竞争者的营销策略

对于金融机构来说，确认自己的竞争对手并不困难，而一旦确定竞争对手，就要分析它们的战略、目标、优势与劣势以及运行模式。而在进行金融营销时，研究竞争者就不能不分析其金融营销策略。竞争者的营销策略和具体的营销活动会直接影响到其对客户的吸引力，而对客户的吸引力正是所有金融机构争夺的焦点。在竞争分析过程中，金融机构需要的是对竞争对手的营销战略和营销策略的整体研究，虽然竞争者的营销战略并不能简单地从调查分析中得到，但是通过对竞争者的具体营销策略的分析，金融机构可以从对手的营销组合策略（如定价策略、产品策略、促销策略和网点设置的分布策略）中得到许多有用的信息，比如竞争对手的定价策略是什么，提供产品或服务的数量和品种有哪些，运用什么促销手段，通过何种渠道和如何进行网点设置进入市场以及如何通过广告等宣传方式策略树立竞争者在客户中的形象、信誉和品牌推广等。在对竞争者营销活动全面分析的基础上，根据自身的特点和优势，选择和实施营销策略，才能知己知彼、百战不殆。

一个金融机构要想获得成功，就必须比竞争对手做得更好，使顾客更满意。因此，营销部门不仅要考虑目标顾客的满意度，而且要在顾客心中留下比竞争对手更有优势的印象，以赢得战略上的优势。

不存在对所有竞争对手都适用的战无不胜的营销战略。每个金融机构都应该考虑与对手相比，自己的市场规模与定位的独特点。在市场占有绝对优势地位的大金融机构所使用的策略，小金融机构就不一定适用。但仅靠规模优势是不够的，有些战略可以使大型金融机构制胜。但有些战略也可以使大型金融机构惨败。小型金融机构也可以采用大型金融机构无法采用的高回报营销战略。

视野拓展 4.1

金融机构竞争力量分析

1. 现有银行之间的竞争

目前国内银行业竞争呈现四大集团，其中第一集团由四大国有商业银行组成；第二集团由十一家全国性股份制商业银行组成；第三集团由 99 家城市商业银行和农村信用社组成；第四集团由 169 家外资商业银行组成。

（1）第一集团的竞争

工、农、中、建四大银行资产占全国银行资产的 68.1，由于国有商业银行产品的同质性和较高的退出壁垒，四大行间的竞争激烈主要是市场份额的竞争。四大行把市场目标纷纷都定位在一些大行业、大中城市、沿海开放地区的绩优大客户上，目标市场趋同，客户战略趋同，竞争白热化、竞争系统化，竞争恶性化。

（2）第二集团的竞争

股份制银行规模小，灵活性高，不良率低，盈利率高。较早地利用资本市场，通过上市、发债等手段补充了资本金。以其低成本在对公存款市场的蚕食、对高盈利的中长期贷款、票据融资（贴现）份额的争夺中和在沿海开放的大城市市场份额的争夺中形成了相当大的威胁。

（3）第三集团的竞争

城市商业银行得到地方政府的支持和相应的保护，对于地方城市市场比较熟悉，与本地工商企业和政府等机构联系较多，部分经营业绩较好的城市商业银行正在尝试逐步走向全国的跨区域发展。也有的城市商业银行在寻求与外资合作的道路，如：有德国政府背景的金融开发集团 EG 曾表示，准备收购四川省南充城市商业银行 12%～13% 股权。农村信用社已经成为目前农村市场最主要甚至是唯一的金融机构。其客户来源广泛，农信社利率浮动比国有银行更加主动。

国家将对农信社进行改革，主要是增资扩股成立省级信用社联合社，初步实现由省级政府承担辖区内农信社管理和风险责任的改革目标，把农村信用社逐步办成由农民、农村工商户和各类经济组织入股，为农民、农业和农村经济发展服务的社区性地方金融机构。

（4）第四集团的竞争

应该看到，外资银行的增长速度非常快，而且，随着我国金融市场的开放，将会有更多外资银行进入。外资银行资本充足率较高，抗风险能力强。它们一般都有自己的产品开发和推广部门，产品种类较多。另外，较强的赢利能力能使其降低筹措资金的成本。外资银行有强大的品牌形象，有雄厚的资金实力。此外，外资银行还享受多方面的税收优惠。外资银行的弱势：一是网点缺乏，难以拥有稳定的人民币资金来源；二是对国内客户不甚了解，难以大规模地进行业务拓展。

2. 国有大型企业集团和民营企业的进入

相对于银行而言，中国的国有大型企业集团和民营企业发展更快，依靠企业自身的资金累积或是单一的产业投资结构已经远不能满足发展的需要，一些企业集团开始谋求产融结合的发展道路，从而形成目前的两大类非金融控股权混业集团：一类是实力雄厚、现金流充足的国有大型企业集团，如山东电力集团、中国粮食集团、海尔集团等；另一类是发展迅速、资金需求量大的民营企业集团，如东方集团、新希望集团、万向集团等。

这些集团一方面谋求廉价稳定的资金来源，降低资金成本；另一方面谋求分享中国金融行业的成长回报。随着国有商业银行股份制改革的推行，这一趋势将日益明显，企业参股或创办银行，将会成为银行的优质客户资源。

3. 替代品的威胁

我国市场经济的发展和经济增长推动了金融业的发展，许多非银行的金融机构不断涌现并提供了部分与银行产品同质的服务，切割了银行部分客户市场和利润来源。

如：资本市场发展迅速，大量吸纳社会闲散资金，同时为企业提供直接金融服务；证券公司推出代客理财，分流了银行公司客户尤其是优质公司客户的存款；信托和基金公司为客户提供了相对安全、利息收入又高于银行储蓄存款的投资工具，起到了分流储源的结果；大的集团公司在他们自己成立了财务公司以后，就把相当一部分资金放在自己的财务公司，加上财务公司是对集团及其关联企业进行贷款，从而减少了银行的贷款等。

4. 供方砍价能力

银行的供方是指资金供给者。主要包括居民和企业。由于银行竞争加剧，各行想尽一切办法拉存款，使大企业和居民中富豪阶层的选择余地加大，砍价能力增强。

5. 买方砍价能力对银行而言，买方同样也是居民和企业。他们的砍价能力主要体现在压低价格和要求高质量的服务。因为我国的金融管制和利率非市场化，加之经济高速增长，资金属于紧缺产品，买方的整体砍价能力较低。但效益良好，实力雄厚的大企业砍价能力较强，这是由于银行产品的同质性，买方选择哪家银行并不对自己产生实质性的影响，因此银行率先进行产品创新，提高服务质量和人员素质就显得十分重要。

通过五种竞争力分析，可以看出银行面临的同业竞争异常激烈，供方和买方的砍价实力不断增强，进入者和替代者的威胁在一定程度上存在。这就要求银行确实要以客户为中心，以市场为导向，努力在产品和服务上塑造和维护有差异化、有独特性的东西，才能在激烈的市场竞争中站稳脚跟，立于不败之地。

六、公众

公众是指对金融机构实现其目标的能力感兴趣或有影响的任何团体，可分为七类（见图4.2）。

金融机构的营销活动会影响周围各种公众的利益，他们必然会关注、监督、影响、制约金融机构的营销活动。这种制约力量的存在，决定了金融机构必须处理好与周围各种公众的关系，即搞好公共关系。遵纪守法、善于预见并采取有效措施满足各方面公众的合理要求、开展一些力所能及的社会公益活动、努力塑造并保持金融机构的良好信誉和公众形象等都是金融机构适应和改善微观环境的重要方面。

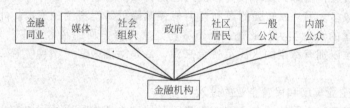

图 4.2　金融机构与社会公众

(一) 金融机构的外部公众

包括金融同业、媒体、政府、社会组织、社区居民、一般公众。

① 金融同业是其他金融机构如银行、证券公司、保险公司、投资公司、财务公司等的统称，它们影响一个金融机构从外部获得资金的能力。股东作为公司的投资者，是金融机构内部资金的重要来源。

② 媒体由发表新闻、特写和社论的机构组成，主要包括报纸、杂志、电台和电视台等。

③ 政府的活动是金融机构管理层必须关注的。营销人员必须经常就金融产品的风险性、广告真实性及其他事项，向金融机构律师咨询合规性和合法性。

④ 社会组织包括消费者组织、环境组织、少数民族组织等维护某一类人群权益的民间团体，它们会对金融机构的营销战略提出质疑。还有行业协会性质的社会组织。金融机构的公关部门应专门负责搞好与这些组织的关系。

⑤ 社区居民是围绕在每个金融机构附近生活工作的居民。大型金融机构通常会指定一个专门的社区关系负责人来与社区打交道，如参加社区会议、回答居民咨询和给公益事业捐款等。英国壳牌石油公司在惠州的石化项目中开展的社区关怀活动，给我国的企业提供了一个值得效仿的典范。

⑥ 一般公众。金融机构需要关心他们对其产品和活动的态度，金融机构应注意自身的公众形象对产品销售的影响。

(二) 金融机构的内部公众

内部公众包括员工、经理和董事会。大型金融机构往往用内部通信和其他手段给内部公众传递信息，鼓舞斗志。当员工对自己就职的机构感觉良好时，他们的积极态度会传递到外部公众。

金融机构在制定针对顾客的营销计划的同时，也应制定对其主要公众群体的营销计划，尽管他们可能不是直接的购买者。如果金融机构希望从某个特定的公众那里得到特别的回应，如信任、赞扬、时间和金钱的帮助，就需要针对这个公众团体制定一个具有吸引力的计划以实现其目标，如捐资助学计划、环保行动计划、体育赞助计划等，塑造自身社会责任形象，以获取公众的信任和好感。

第三节　环境分析的一般方法

我国网上银行业务发展的 SWOT 分析

网上银行又称网络银行、在线银行，是指银行利用 Internet 技术，通过 Internet 向客户提供开户、查询、对账、行内转账、跨行转账、信贷、网上证券、投资理财等传统服务项目,使客户可以足不出户就能够安全便捷地管理活期和定期存款、支票、信用卡及个人投资等。可以说,网上银行是在 Internet 上的虚拟银行柜台。

一、我国网上银行业务竞争优势（S）

1. 成本低

网上银行所投入的资金、设备、人力较其他业务少；据国外资料统计,通过不同途径进行每笔交易的成本为：营业点 1.07 美元、电话银行 0.54 美元、ATM0 27 美元、PC 为 0.15 美元、Internet 为 0.1 美元,可见,网上银行交易的成本是最低的。

2. 方便快捷

网上银行可以为用户提供任何时间（Anytime）、任何地点（Anywhere）、任何方式（Anyhow）的 365 天、全天候服务。随着 WAP 应用的普及,可以为用户提供 WAP 网上银行业务,进一步拓展客户服务模式。另外,现在网上银行已开通了水费、电费、煤气费等缴费系统,大大地节约了客户缴费所需的时间。

3. 信息化共享的及时性

在传统银行中,业务的处理都是由工作人员来完成输入,基于银行的繁忙、数据块的批量储存使得信息在各分行间的数据办理业务的人都知道,一项业务的开通或者更开往往需要一定时间后才能够生效,客户对于账单、资金流动明细等查询往往需要经过一系列烦琐的工序及漫长地等待。而在网络银行中,当客户完成业务交易后,数据自动发送至服务器,完成了信息的上传与共享。

二、我国网上银行业务竞争劣势（W）

1. 安全性有待提高

近年来,不断曝光的网上银行账户被盗事件让人对网银的安全性产生怀疑。从 2008 年 10 月到 2009 年 2 月,电子银行犯罪呈激增态势。根据《2009 中国网上银行调查报告》结果显示,受访者拒绝开通网银最重要的原因仍是对于网银安全性的担忧。数据显示,在拒绝开通网银的受访者中间,近 70% 的受访者都对网银的安全性表示担忧,另有 43.2% 的网银用户则认为使用网银可能导致个人信息的泄露。

2. 普及度有待提高

目前使用网银服务的人群大多为 23～35 岁、高学历的白领人群。对于农民工等文化程度不高的人群来说,他们不懂、也不会使用网上银行服务。

3. 我国有关网上银行的法律法规不完善

现行的法律很难规范网上银行业务的发展和保护消费者权益,网上资金转账只要有一个环节出现错误,资金就不能正常支付,就会发生法律方面的纠纷。

三、我国网上银行业务竞争机会（O）

2013 年 12 月 12 日,由中国金融认证中心（以下简称 CFCA）举办的"第九届中国电子银行年会暨 2013 中国电子银行年度金榜奖颁奖盛典"在北京举行。本次活动发布了《2013 中国电子银行调查报告》。报告显示,中国电子银行业务连续四年呈增长趋势,其中,全国个人网银用户比例较 2012 年增长了 1.7 个百分点。

四、我国网上银行业务竞争威胁（T）

随着电子商务的发展,各种各样的新型电子支付方式开始出现,并成为网上银行的威胁,如信用卡自助服务、电话支付、支付宝、快捷支付等。

未来发展建议（S-W 战略）

1. 建立健全网络安全系统

随着网上银行业务发展,必然出现很多金融业务创新,也必将涉及现行金融管理体制和政策的空白点或禁区。同时计算机及计算机网络系统极易遭受黑客和病毒的袭击,内部技术和操作故障都难以避免。因此，银行应尽快建立计算机网络的安全体系，不仅包括防范计算机犯罪、防病毒、防黑客，还应包括各类电脑识别系统的防护系统，以及防止自然灾害恶意侵入、人为破坏、金融诈骗等各类因素。

2. 加强网上银行业务的宣传和营销

随着社会信息化程度的不断提高,电子商务活动逐渐开展起来,广大商家和消费者希望金融界能提供更丰富、更方便、更快捷、更安全、更高效的金融产品和服务,对使用新型的电子金融工具产生了强烈欲望和要求。因此，网上银行也应该与时俱进，不断推出新产品。同时为了提高普及度，应对系统的一些操作进行简化。另外，银行在为客户办理网银时，最好先让客户对网银有初步了解，从而做出适当指导。此外，要完善客户服务，在客户出现技术难题时，要提供电话热线或网络在线服务，必要时应该适当地上门服务援助。

3. 加快法律制度建设

加强网络系统安全的金融监管，加强网上银行风险控制，建立安全认证中心，以确保网络金融业务的安全;防范和化解金融风险的同时还要建立完善的社会信用制度,以减少网络银行的交易风险,促进网络银行的规范发展,此外还要完善网络系统安全保护条例,发展网络安全产品。

启发思考：

根据所给资料模仿案例"我国网上银行业务发展的 SWOT 分析"，制定出相应的营销战略。

资料

1. 银行卡市场渐趋成熟
2. 发卡银行的竞争意识增强
3. 我国银行卡业务发展存在的劣势（W）
4. 银行卡异地和跨行使用不方便
5. 银行卡的受理环境不够普及
6. 银行卡的风险防范管理有待于进一步加强
7. 政府将会陆续出台有关银行卡行政法规
8. 业务管理的行政法规
9. 电子计算机技术和网络
10. 我国社会信用体系还有不完善之处
11. 我国相关的法律制度还未健全
12. 外资银行的进入
13. 透支期限设置较短
14. 信用卡透支额度较少
15. 信用卡的消费日益活跃
16. 银行卡市场品牌格局逐步形成
17. 银行卡风险管理日益加强
18. 央行力挺信用卡盈利模式
19. 银行卡发卡的覆盖面不广，缺乏相关政策推动
20. 银行卡业务管理法规建设滞后
21. 专业化服务水平低
22. 借记卡比重大影响业务活动

金融企业市场营销活动的开展受到诸多环境因素的影响和制约。良好的环境能为其创造良好的机遇和发展平台；反之，恶劣的环境将会带来各种威胁。因此，金融企业应对周边环境进行全面分析和评估，充分适应环境趋利避害。金融企业营销环境分析的方法有多种，如 EFE 法、CPM 法、SWOT 法等。

一、EFE法（外部环境因素）

（一）EFE矩阵内容

外部因素评法（External Factor Evaluation Matrix，EFE矩阵）也叫外部因素评价矩阵，是一种对外部环境进行分析的工具，其做法是从机会和威胁两个方面找出影响企业未来发展的关键因素，根据各个因素影响程度的大小确定权数，再按企业对各关键因素的有效反应程度对各关键因素进行评分，最后算出企业的总加权分数。

EFE矩阵可以帮助战略制定者归纳和评价经济、社会、文化、人口、环境、政治、政府、法律、技术以及竞争等方面的信息。

（二）EFE的建立步骤

① 列出在外部分析过程中所确认的外部因素，包括影响企业和其所在产业的机会和威胁。

② 依据重要程度，赋予每个因素以权重（0.0~1.0），权重标志着该因素对企业在生产过程中取得成功影响的相对重要程度。

③ 按照企业现行战略对各个关键因素的有效反应程度为各个关键因素打分，范围1~4分，"4"代表反应很好，"1"代表反应很差。

④ 用每个因素的权重乘以它的评分，即得到每个因素的加权分数。

⑤ 将所有的因素的加权分数相加，以得到企业的总加权分数。

结论：总加权分数为4.0，说明企业在整个产业中对现有机会与威胁作出了最出色的反应，企业有效利用了现有的机会并将外部威胁的不利影响降低到最小。而总加权分数为1.0，则说明企业的战略不能利用外部机会或回避外部威胁。

例如，某金融机构的（EFE）矩阵分析（见表4.4）。

表4.4 某金融机构外部环境关键因素评价矩阵

关键因素	权重	评价值	加权评价值
利率降低	0.3	2	0.6
人口增加	0.2	4	0.8
政府放开外汇管制	0.3	3	0.9
计算机、网络发展	0.1	4	0.4
主要竞争对手战略扩张	0.1	1	0.1
综合加权评价值	1		2.8

由表4.4外部环境关键因素评价矩阵所列数据可知，该金融机构的主要威胁来自关键竞争对手的扩张战略，其相应评价值为1；企业有两个主要的机会，即人口增加和计算机、网络发展，其相应的评价值均为4；综合分析结果，对金融机构影响最大的两个要素依次是政府放开外汇管制和人口增加，其相应加权评价值分别为0.9和0.8；最后得出的综合加权评价值为2.8，表示金融机构在抓住外部机会与回避威胁方面处于行业平均水平（2.5）之上。

外部因素评价矩阵是我们在环境分析中最常用的一种方法和工具之一，它的特点是操作简单，很容易判断企业受金融市场环境的影响程度。但是该方法中通过加权得出的评价值只能体现企业在行业中的相对地位，其判断也仅仅是通过与行业平均水平相比而得出的。因此,若我们想更进一步分析企业在金融市场环境中的优劣势,则需要更为全面的分析方法。

二、CPM 法(内部环境因素)

(一)CPM 法内容

CPM 法(Competitive Profile Matrix,CPM 矩阵)也叫竞争态势矩阵,其用于确认企业的主要竞争者以及相对于该企业的战略地位,以及主要竞争对手的特定优势与弱点。CPM 和 EFE 的权重和总加权分数的含义相同,编制矩阵的方法也一样。但是 CPM 中的因素包括内部因素和外部因素两类。

(二)竞争态势矩阵的分析步骤

① 确定行业竞争的关键因素。

② 根据每个因素对在该行业中成功经营的相对重要程度,确定每个因素的权重,权重和为1。

③ 筛选出关键竞争对手,按每个因素对企业进行评分,分析各自的优势所在和优势大小。

④ 将各评价值与相应的权重相乘,得出各竞争者各因素的加权平分值。

⑤ 加总得到企业的总加权分,在总体上判断企业的竞争力。

例如,表 4.5 是某企业的 CPM 矩阵实例,为了简化这里仅包括五个因素,这比实际矩阵中的因素要少得多。评分值含义:1=弱,2=次弱,3=次强,4=强。

表 4.5 某企业 CPM 矩阵实例

关键因素	被分析的公司		竞争对手1		竞争对手2	
	评分	加权分数	评分	加权分数	评分	加权分数
市场份额	3	0.6	2	0.4	2	0.4
价格竞争力	1	0.2	4	0.8	1	0.2
财务状况	2	0.8	1	0.4	4	1.6
产品质量	4	0.4	3	0.3	3	0.3
用户忠诚度	3	0.3	3	0.3	3	0.3
总计		2.3		2.2		2.8

在这个实例中,财务状况被当作最为重要的关键因素。

(三)CPM 与 EFE 的区别(见表 4.6)

表 4.6 CPM 与 EFE 的区别

矩阵	分析对象	影响因素			优势
EFE	企业自身	微观	具体	机会/威胁	有实际数据
CPM	企业自身和竞争对手	宏观	笼统	外部/内部	可和竞争公司比较

三、SWOT 法

(一)SWOT 分析法内容

SWOT 分析法是竞争情报分析、制订企业战略决策中常用的方法之一,也称为态势分析、知己知彼战略。它是将与研究对象密切相关的各种主要内部优势因素、劣势因素、机会因素和威胁因素,通过调查罗列出来(以不超过8个关键点为宜),并依照一定的次序按矩阵形式排列起来,然后运用系统分析的思想,把各种因素相互匹配起来加以分析,从中得出一系列相应的结论或对策。

① SWOT 分析法是一种战略分析工具,运用 SWOT 分析法,可以对研究对象所处的情景进行全面、系统、准确的研究,从而根据研究结果制定相应的发展战略、计划以及对策等。

② SWOT 分析法是一种非常简捷明了的方法,可以通过内部与外部之间的比较,确定企业实施什么样的战略。

③ SWOT 分析法的优点在于考虑问题全面,是一种系统思维,可以把问题的"诊断"和"开处方"紧密结合在一起,条理清楚,便于检验。

④ SWOT 分析法注重三个要素:目标、外部环境、内部条件。运用 SWOT 方法,可以了解当前企业环境,未来竞争状况,制订一套能适应当前,也能应对未来的企业策略。

(二) SWOT 分析主要步骤

1. 环境因素分析

运用各种调查研究方法,分析出公司所处的各种环境因素,即外部环境因素和内部能力因素。确认金融机构外部环境的关键性变化,把握可能出现的机会和威胁。虽然没有固定的数目,但以不超过8个关键点为宜。尽量挑选与金融机构息息相关的环境因素,确认其变化对金融营销有相对较大的影响。

① 外部环境分析。如政策信息、市场调查、竞争对手调查、其他渠道调查等。

② 内部环境分析。如会议、报告、内部沟通等渠道获得信息等。

2. 构造 SWOT 矩阵

1) 将调查出的各种因素填入矩阵图。
2) 按轻重缓急或影响程度等排序方式,构造 SWOT 矩阵。
① 将对公司发展有直接的、重要的、大量的、迫切的、久远的影响因素优先排列出来。
② 将间接的、次要的、少许的、不急的、短暂的影响因素排列在后面。

3. 制订行动计划

在完成环境因素分析和 SWOT 矩阵的构造后,便可以制定出相应的行动计划。制订计划的基本思路是:发挥优势因素,克服弱点因素,利用机会因素,化解威胁因素;考虑过去,立足当前,着眼未来。运用系统分析的综合分析方法,将排列与考虑的各种环境因素相互匹配起来加以组合,得出一系列公司未来发展的可选择对策。

由图 4.3 SWOT 矩阵可知:在右上角定位的企业,具有很好的内部条件以及众多的外部机会,应该采取进攻型战略;处于左上角的企业,面临巨大的外部机会,却受到内部劣势的限制,应采用竞争型战略,充分利用环境带来的机会,设法清除劣势;在左下角定位的企业,内部存在劣势,外部面临强大威胁,应采用防御型战略;处于右下角的企业,具有一定的内部优势,但外部环境存在威胁,应采取多种经营战略,利用自己的优势,在多样化经营上寻找长期发展的机会。

(1) S-O 依靠内部优势,利用外部机会

① 战略:增长型战略,也叫进攻策略。

② 分析:杠杆效应(优势+机会 SO)产生于内部优势与外部机会相互一致和适应时。在这种情形下,企业着重考虑优势因素和机会因素,最大限度地利用机会和优势。用自身

	S:优势 竞争型战略	O:机会 进攻型战略
	T:威胁 防御型战略	W:劣势 调整型战略

图 4.3 SWOT 矩阵

内部优势撬起外部机会，使机会与优势充分结合发挥出来。然而，机会往往是稍瞬即逝的，因此企业必须敏锐地捕捉机会，把握时机，以寻求更大的发展。

(2) S-T 利用内部优势，回避外部威胁

① 战略：竞争型策略。

② 分析：脆弱性（优势＋威胁 ST）意味着优势的程度或强度的降低、减少。当环境状况对公司优势构成威胁时，优势得不到充分发挥，出现优势不优的脆弱局面。在这种情形下，企业必须克服威胁，以发挥优势，着重考虑优势因素和威胁因素，目的是努力使优势因素趋于最大，使威胁因素趋于最小。

(3) W-T 减少内部弱点，回避外部威胁

① 战略：防御型战略也叫生存策略。

② 分析：问题性（劣势＋威胁 WT）意味着当企业内部劣势与企业外部威胁相遇时，企业就面临着严峻挑战，如果处理不当，可能直接威胁到企业的生死存亡。在这种情形下，企业着重考虑弱点因素和威胁因素，目的是努力使这些因素都趋于最小，并且严密监控竞争对手。

(4) W-O 利用外部机会，克服内部弱点

① 战略：扭转型战略，也叫调整策略。

② 分析：抑制性（机会＋劣势 WO）意味着妨碍、阻止、影响与控制。当环境提供的机会与企业内部资源优势不相适合，或者不能相互重叠时，企业的优势再大也将得不到发挥。在这种情形下，企业着重考虑弱点因素和机会因素，努力使弱点趋于最小，使机会趋于最大。企业需要提供和追加某种资源，以促进内部资源劣势向优势方面转化，从而迎合或适应外部机会。

四、SPACE 分析法

（一）SPACE 分析法内容

SWOT 分析以简单明了的分析方法提供了一个企业战略能力评价的工具，但是，它最大的缺点是"方向单一"。在 SWOT 分析中，反映外部环境机会与威胁由多个关键指标综合而成，而这些指标可能优劣的方向并不一致。比如，金融行业发展潜力与行业的稳定性两个指标可能就不一致，发展潜力大并不意味着稳定性高。同样，在 SWOT 分析中，反映金融机构内部条件优势和劣势也由多个指标综合而成，市场份额与金融机构财务实力（投资回报）可能不一致。因此，从 SWOT 分析得出的企业战略能力定位的结果中，不能判断企业外部环境的机会（或风险）以及企业的优势（或劣势）主要是由哪些因素决定的。

为克服 SWOT 分析的不足，SPACE 矩阵做了很大的改进。财务优势（FS）与环境稳定性（ES）构成纵坐标，竞争优势（CA）与产业优势（IS）构成横坐标，将企业的战略地位分为进取、保守、防御和竞争四个象限（见图4.4）。

（二）SPACE 矩阵的建立步骤

1）建立坐标。

① 横坐标。

(CA) 内部因素（维度），表示竞争优势。

(IS) 外部因素（维度），表示产业优势。

② 纵坐标。

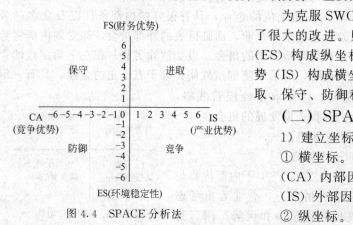

图 4.4 SPACE 分析法

(FS) 内部因素（维度），表示财务优势。
(ES) 外部因素（维度），表示环境稳定性。

2) 分别在这四维坐标上按＋6至－6进行刻度（非常好、好、较好、较差、差、非常差）。

3) 确定各维度坐标的关键要素

和 SWOT 分析要求一样，关键要素一般不超过 8 个。比如环境稳定要素有：相关政策法规变动、国家经济发展水平、通货膨胀率、人口变化、技术变化、竞争产品的价格范围、进入市场的障碍、竞争压力。

4) 将 x、y 轴上的两个分数分别相加（按各要素的重要程度加权并求各坐标的代数和），再分别除以各数轴变量总数，得出 FS、CA、IS、ES 各自的平均分数。其结果标在 x、y 轴上；标出 x、y 数值的交点。请注意，产业实力和财务实力坐标上的各要素刻度绝对值越大，反映该要素状况越好；而环境稳定和竞争优势坐标上的各要素刻度绝对值越大，反映该要素状况越差。

5) 将 FS、CA、IS、ES 各自的平均值标在各自数轴上。

6) 自 SPACE 矩阵原点至 x、y 数值的交点画一条向量。这一向量表明企业可采取的战略类型：进取、保守、竞争或防御（见图 4.5）。

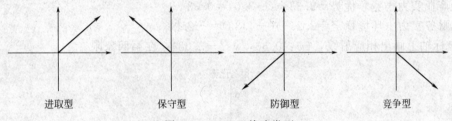

图 4.5 SPACE 战略类型

① 进攻型。行业吸引力强、环境不确定因素极小，金融机构有一定竞争优势，并可以用财务实力加以保护。处于这种情况下的金融机构可采取发展策略。

② 保守型。金融机构处于稳定而缓慢发展的市场，企业竞争优势不足，但财务实力较强。处于这种情况下的企业应该削减其产品系列，争取进入利润更高的市场。

③ 防御型。企业处于日趋衰退且不稳定的环境，企业本身又缺乏竞争性产品且财务能力不强，此时，企业应该考虑退出该市场。

SPACE 矩阵分析虽然克服了 SWOT 分析法方向单一的不足，但由于它有多种可能组合，增加了分析的复杂程度，为金融机构开展营销活动提供了完整的环境分析。

④ 竞争型。行业吸引力强，但环境处于相对不稳定状况；金融机构占有竞争优势，但缺乏财务实力。处于这种情况下的金融机构应寻求财务资源以增强营销能力。

例如，A 银行进行 SPACE 分析：

首先列出关键要素并打分。

财务实力	分数
资本充足率为 7.13%，比行业标准 6% 高出 1.13%	1.0
资产报酬率为 －0.77%，行业平均为 0.70%	1.0
净收入为 1.83 亿美元，比去年下降 9%	3.0
营业额达到 34 亿美元，比去年增加 7%	4.0
平均值	2.25

续表

产业优势	分数
行业管制放松,在开分行和产品开发方面更加自由	4.0
管制放松也带来更多的竞争	2.0
当地政府允许该行收购其他地区的银行	4.0
平均值	3.33
环境稳定	分数
一些分行所在国家通货膨胀并面临不稳定的政治局面	−4.0
在贷款上过于依赖纺织、食品行业,这些行业在衰退	−5.0
银行管制的放松导致一些不稳定的因素	−4.0
平均值	−4.33
竞争优势	分数
营业网点分布广泛	−2.0
其他跨地区银行和非银行金融机构竞争力在增强	−5.0
拥有庞大的用户基础	−2.0
平均值	−3.0

然后,计算坐标轴上的点

x:产业实力+竞争优势=3.33+(−3.0)=0.33

y:财务实力+环境稳定=2.25+(−4.33)=−2.08

在坐标轴上画出相应射线,(x:0.33,y:−2.08),在第四象限。

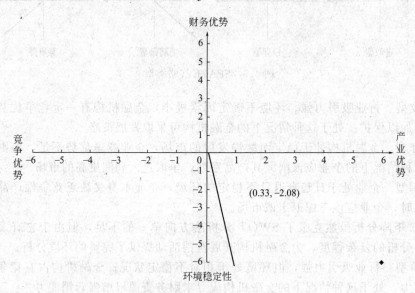

因此,银行应该采取的是竞争型的发展战略。

(三) SPACE 矩阵的优缺点

1. SPACE 矩阵的优点

① SPACE 分析克服了 SWOT 分析法方向单一的不足,并做了很大的改进。SPACE 矩阵提出了从环境稳定性、产业优势、财务优势和竞争优势要素等四个纬度多项指标分析,增加了分析的全面性与科学性。能够进一步评估企业战略实施能力,更加准确地进行战略的选择和定位。

② SPACE 将财务优势与环境稳定性这一对指标独立出来作为一个纵轴并把风险因素作

单独的分析与考虑。这一工具适合于风险较大的行业或对风险非常敏感的企业使用。

2. SPACE 矩阵的缺点

SPACE 矩阵采用四个维度，若干个指标，这样就有多种可能组合，分析的行业不同，构成维度的指标也应不同，从而增加了分析的复杂程度。

本章小结

综合练习

一、概念识记

宏观环境　微观环境　国内生产总值　人均国民收入　个人可任意支配收入
恩格尔定律

二、单项选择题

1. 金融企业微观营销环境是指（　　）。
   A. 供应商　　　　　B. 经济环境　　　　C. 法律环境　　　　D. 社会文化环境
2. 金融客户主要指个人客户和（　　）。
   A. 国有企业客户　　B. 民营企业客户　　C. 企业客户　　　　D. 政府客户
3. 构成文化的诸因素中，影响人的需求构成及对产品的评判能力因素是（　　）。
   A. 宗教信仰　　　　B. 风俗习惯　　　　C. 民族特征　　　　D. 知识水平
4. 与金融企业营销活动直接发生关系的组织与行为者的力量和因素是企业的（　　）。
   A. 微观营销环境　　　　　　　　　　　B. 宏观营销环境
   C. 企业环境　　　　　　　　　　　　　D. 外部环境
5. 间接影响和制约企业营销活动的社会性力量和因素，我们称为（　　）。
   A. 微观营销环境　　B. 宏观营销环境　　C. 内部环境　　　　D. 政策环境
6. 国际上通常把 60 岁以上的人口占总人口比例达到（　　）作为国家或地区进入老龄化社会的标准。
   A. 6%　　　　　　　B. 10%　　　　　　C. 12%　　　　　　D. 15%
7. 消费习俗属于（　　）因素。
   A. 人口环境　　　　B. 经济环境　　　　C. 文化环境　　　　D. 地理环境
8. 以下哪个是影响消费者需求变化的最活跃因素。（　　）
   A. 人均国民生产总值　　　　　　　　　B. 个人收入
   C. 个人可支配收入　　　　　　　　　　D. 个人可任意支配收入
9. 与企业紧密相连直接影响企业营销能力的各种参与者，被称为（　　）。
   A. 营销环境　　　　　　　　　　　　　B. 宏观营销环境
   C. 微观营销环境　　　　　　　　　　　D. 营销组合
10. （　　）是指企业所在地邻近的居民和社区组织。
    A. 社团公众　　　　B. 社区公众　　　　C. 内部公众　　　　D. 政府公众

三、多项选择题

1. 金融营销的宏观环境包括以下哪几个方面。（　　）
   A. 人口、文化　　　B. 自然、经济　　　C. 政治、法律　　　D. 科学技术
2. 金融市场上的交易主体均是金融机构的客户，他们是（　　）。
   A. 个人、家庭　　　　　　　　　　　　B. 企业、金融机构

C. 政府、事业单位　　　　　　　　　D. 社会团体
3. SPACE 分析法从以下（　　）四个纬度多项指标分析，增加了分析的全面性与科学性。
　A. 环境稳定性、产业优势　　　　　B. 财务优势、竞争优势
　C. 秩序稳定性、产业优势　　　　　D. 企业文化、产业优势
4. 消费者收入水平的影响因素有（　　）。
　A. 人均国民收入　　　　　　　　　B. 个人收入
　C. 个人可支配收入　　　　　　　　D. 个人可任意支配收入
5. 金融企业主要的外部关系有与地方政府部门的关系、与金融同业之间的关系和与（　　）的关系。
　A. 顾客　　　B. 新闻媒体　　　C. 社会大众　　　D. 外国使者
6. 人口环境主要包括（　　）。
　A. 人口总量　　　B. 人口的年龄结构　　　C. 地理分布
　D. 家庭组成　　　E. 人口性别
7. 以下属于宏观营销环境有（　　）。
　A. 公众　　　B. 人口环境　　　C. 经济环境
　D. 营销渠道企业　　　E. 政治法律环境
8. 营销环境包括（　　）。
　A. 宏观环境　　　B. 间接环境　　　C. 作业环境
　D. 微观环境　　　E. 人口环境
9. 研究收入对消费者需求的影响时，常使用的指标有（　　）。
　A. 人均国民生产总值　　　　　　　B. 个人收入
　C. 个人可支配收入　　　　　　　　D. 个人可任意支配收入
10. 影响消费者支出模式的因素有（　　）。
　A. 经济环境　　　B. 消费者收入　　　C. 社会文化环境
　D. 家庭生命周期　　　E. 消费者家庭所在地点

四、判断题

1. 营销宏观环境是不断变化的，但又是可控制的。（　　）
2. 金融营销环境是指所有能影响金融机构实现其经营目标的一切因素的总和。（　　）
3. 宏观环境即在某一国家，所有企业都面临的环境问题。（　　）
4. EFE 矩阵是一种对内部环境进行分析的工具，其做法是从机会和威胁两个方面找出影响企业未来发展的关键因素。（　　）
5. 金融机构的特殊性质决定了它受国家政治环境影响的程度相当大。（　　）
6. 目前，我国人口中老龄化现象对金融企业影响不大。（　　）
7. 恩格尔系数越小，生活水平越低。（　　）
8. SWOT 分析的就是综合考虑企业内部条件和外部环境的各种因素，进行系统评价，从而选择最佳经营战略的方法。（　　）
9. 在一定时期货币收入不变的情况下，如果储蓄增加，购买力消费支出会增加。（　　）
10. 知识水平高的地区，复杂的金融产品会有很好的销路。（　　）

五、简答题

文化环境有哪些？

六、分析题

邮储银行如何对竞争对手招商银行分析？

邮政储蓄银行环境 VS 招商银行营销环境

一、金融市场环境

创新型成长企业不同于传统的成熟性的企业的经营模式，没有成熟经验积累和模式借鉴，风险评估存在一定的问题。有些创新型成长企业的所属行业很细、发展模式很独特、变化很快，找到它的风险规律确定稳定信贷政策，其实并不是容易的事情。一些新型的成长性企业，如一些科技型的企业、新商业模式的企业可能财务报表很差，没有可供抵押的固定资产，没有标准化的产品，销售可能也没有一定的逻辑推理规律，这些并不符合传统的信贷要求。

面对激烈的同业竞争，招商银行有独特的优势。首先，招商银行是首家从战略高度重视，利用体制创新支持中小企业发展的股份制商业银行。在国内率先成立准法人、准子银行模式的小企业信贷中心，分行成立中小企业金融部实施专业化经营。其次，招商银行以持续的产品创新不断满足中小企业个性化、专业化的金融需求，在国内率先开创买方信贷、提货权融资、订单融资、保理业务等一系列融资产品解决企业发展过程中的融资问题，通过电子技术手段在国内首家推出超级网银、集团现金池、电子供应链等手段帮助企业管控资金、节省运营成本。最后，招行为创新型成长企业提供避险类、投行类等综合化创新金融服务产品和咨询服务。

二、招商银行客户环境

1. "创新型成长企业培育计划"的具体举措

（1）推出"创新型成长企业综合金融服务行动方案"。

（2）打造招商银行股权投资综合金融服务平台。

（3）设计适应创新型成长企业特点的债权融资（主要是银行贷款）产品和服务。

招商银行重点关注的行业类型主要有：新能源、新能源设备生产配套；新材料；生物及生化制造；新医药、医疗及卫生；新兴的文化产业；IT及互联网；连锁型商贸、旅游及服务；新兴环保技术；农业新技术；绿色经济；其他类型的高科技。

2. 招商银行重点关注的企业类型

（1）准备上市以及进入上市辅导期的各地的明星企业。

（2）当地正在进行或准备进行的国企改制项目。

（3）拥有专利技术、掌握创新的商业运作模式或有较强的渠道资源，市场前景良好。在细分行业、特定产品领域处于领先地位或具备专业技术。

三、中国邮政储蓄银行优势

中国邮政储蓄银行业在竞争日益激烈的当今，都努力积极地进行创新，不断扩大自己的收入来源。邮储银行针对中小企业推出的服务业务主要有：面向微小企业主的商户小额贷款，额度最高为10万元（部分地区最高为20万元），无须抵押、质押，手续简单；面向中小企业主的个人商务贷款，额度最高为500万元。

经过对比发现，邮政银行面对的是小微企业，而招商银行更注重的是企业的创新性。其他银行的贷款政策除了对大中型企业外，对中小企业不是太在意，对创新型企业的融资贷款就更没有了。

CHAPTER 5

第五章
金融营销策略

学习目标

职业知识
掌握产品策略、价格策略、渠道策略、促销策略；了解科特勒营销思想的发展现状。

职业能力
能够运用优秀的营销策略，在市场营销中获得竞争优势。

职业道德
具备金融营销策略的基本理论素养和营销专业素养。

第一节 产品策略

引例

平安金融航空母舰一个客户多个产品一站式服务

保险、银行、证券是中国平安集团的三大支柱产业，中国平安通过旗下各专业子公司通过多渠道分销网络，以统一的品牌向超过 6000 万客户提供保险、银行、投资等全方位、个性化的金融产品和服务。

一、平安保险

（一）平安人寿

中国平安人寿目前拥有个险、银保、电销等三大销售渠道，产品体系清晰完整，涵盖从传统的储蓄型、保障型产品，到非传统的分红型、投资型产品，为客户提供"一个客户、多个产品、一站式服务"，与客户充分分享中国平安综合金融优势。

中国平安人寿还引进多名海内外资深保险专家进入管理高层，实现了国际管理经验和本土实际情况的有机契合，保持和增强了在销售（包括 E 行销）、精算、产品、品牌、培训、后援及 IT 等诸多领域的优势地位。

（二）平安产险

中国平安产险经营业务范围涵盖车险、财产损失险、责任保险及信用与保证保险等一切法定产险业务及国际再保险业务，近年又适时开发推出了个人抵押贷款房屋保险、个人分期付款购车保证保险、律师责任保险、会计师责任保险、医师责任保险、董事及高级职员责任险等符合市场需求的新险种，目前经营的险种已达 150 多个。

（三）平安健康险

平安健康保险公司拥有国际化的专业团队和丰富的健康险业务管理经验，目前公司已建立了全球医疗服务协作网络和客户服务响应系统，能够为团体和个人客户提供完整的医疗保障、健康保健、专家咨询和紧急救助等保健计划和保险产品，公司拥有完善的管理信息系统，能够提供24小时中英双语电话咨询服务，平安急难救助系统覆盖全球主要国家和地区。

（四）平安养老险

平安养老保险公司围绕"养老"开展业务，主营企业年金，兼营商业补充养老保险，代理团体短期险业务。2005年8月，平安养老保险公司在众多金融机构中脱颖而出，经劳动和社会保障部评估、审核，在业内首批获得企业年金基金受托管理人和投资管理人两种资格。2007年11月，获得企业年金基金账户管理人资格，成为国内市场首批同时拥有三项资格的专业养老险公司，多种资格的获得为客户提供一站式服务，提高效率，节约成本，受到了包括监管部门和专家学者的广泛认可。

二、平安证券

平安证券有限责任公司经纪业务在全国24个重点城市拥有33家营业部，拥有2500名具有证券专业素质的经纪业务销售团队，是业内建立最早、培训体系最完善、服务最专业的证券专属经纪人队伍，能够为投资者提供柜台委托、网上远程交易、手机炒股等多种交易方式。2009年，成功推出经纪业务"E点通"品牌，搭建财富管理新模式，为客户提供多元化、全方位、更加深入细致的理财服务，服务品质日益提升。

公司客户除享受专业完善的证券服务外，还可以享有中国平安"VIP俱乐部"的尊贵礼遇，并通过平安集团网站PINGAN.COM等多种渠道获得保险、银行、信托、期货、资产管理、企业年金等综合金融产品的资讯及服务，真正体验一站式金融理财的便捷。

三、平安银行

作为中国平安集团三大业务支柱之一，平安银行依托中国平安集团强大的综合金融服务平台，发挥平安集团在品牌、管理、客户、渠道、产品、服务和IT技术等方面的综合优势，目标是成为一家在零售业务、信用卡以及中小企业等主要目标市场业绩骄人、整体管理上具有国际先进水平的全国性一流银行。

启发思考：分析平安综合金融集团的一个客户多个产品一站式服务的优点？

就像枪炮对于战士的重要性一样，金融产品是金融机构开展营销的武器，是资金融通过程的载体，是金融业务的载体。

一、金融产品具有产品的普遍特性

金融及其产品既不是天上掉下来的，也不是固有的。金融、金融市场、金融产品犹如一粒树种，在合适的土壤和时空中，随着人类社会的发展逐渐成长起来。金融产品是金融社会的产物；金融社会是在农业社会、工业社会的基础上逐渐发展起来的；金融产品是由农业产品、工业产品衍生而来的。

金融及其市场和产品并非虚拟也不应该是虚拟的。金融产品应由实物资产演变而来。事实上，绝大多数的金融产品都是由实物资产演变而来。以股票为例，长城有限责任公司将其1000万元的实物资产，通过资产证券化变为拥有1000股票的股份制企业。这样，长城公司就拥有了金融资产或金融产品。以后该公司和金融机构还可以将股票进一步演变为股票期权、期货等。

金融及其产品的演变过程好比树叶是由树枝而来，树枝是由树干而来，树干是由树根而来。它们环环相扣、丝丝相连、密不可分、相互影响。事实上，金融的一切同树如出一辙，因为树乃天地规律的集大成者，金融乃金融规律的系统集成，金融就是树，金融产品就是树叶。

二、金融产品具有自身的特殊性

1. 金融产品的价值在不同的金融产品中转变和存在

金融产品是各种具有经济价值，可进行公开交易或兑现的非实物资产，也叫有价证券，如现金、汇票、股票、期货、债券、保单等。例如：我们可以用现金购买任何商品，包括金融产品；我们可以到银行承兑汇票（变成现金）；我们可以在相应的金融市场任意买卖（交易）股票、期货等；我们持有的债券、保单等到期可以兑现（变成现金）。

例如，张三前年看好股市，变卖房产用 300 万元现金购买了股票，如今他的股票市值还不到 200 万元，为了避免更大的损失，张三决定变卖股票购入保险。

所以，金融显得行影无踪，变化无常，错综复杂，缤纷凌乱。

2. 金融产品的划分多种多样

同样的金融产品，根据不同的使用者、不同的目的、不同的作用等，有四种不同的名字，即金融产品、金融资产、金融工具和有价证券。

以股票为例，对市场而言，股票是金融产品；对发行者而言，股票是融资的工具；对交易者而言，股票是投资或投机获利的工具；对公司财务而言，股票是金融资产或有价证券。至于说如何称谓一个金融产品更为合适，要看其内涵和具体情况。

① 金融发展是一环扣一环，循序渐进的，因此金融产品可分为两大类，即基础证券如股票、债券等和衍生（高级）证券如期货、期权等。

② 根据所有权属性，金融产品又可分为产权产品如股票、期权、认股证等，和债权产品如国库券、银行信贷产品等两大类。前者是产权关系，后者是债权关系。

③ 根据预期收益判断，金融产品又可分为非固定收益产品如股票、期权、基金等，和固定（也叫结构型）产品如各种存款单、债券和信贷产品。最后，根据时间长短、风险程度和交易场所等，金融产品又可分为短期产品、长期产品、低风险产品、高风险产品、货币（市场）产品和资本（市场）产品等很多类别。

三、金融产品策略

产品策略是金融企业以为目标客户提供所需产品的方式实现营销目标的策略，该策略包括对产品品牌、产品种类、产品质量及产品特色等要素的组合和运用。

金融企业赖以生存的基础是为客户提供适合的金融产品，这是金融企业开展市场营销活动的基础。从本质上看，金融产品其实是一种服务，一个金融产品可能只包含一种服务，也可能是多项服务的组合。产品策略的实施，就是要求金融企业开发更多的金融产品满足客户日益多样化的金融需求，所以金融产品创新是金融企业永恒不变的主题。金融产品创新可能是完全没有出现过的新产品开发，也可以是模仿新产品或者是原产品基础上升级的新产品。

（一）同质性金融产品需要建设金融品牌

1. 品牌的含义及作用

品牌是指一种名称、标记、符号及设计，或是它们的组合运用。设立品牌的目的是使客户能够准确辨认金融企业及其金融产品和服务，并使金融企业能与其竞争者相区分和进行产品的市场细分。

信息技术的发展使有形的金融产品如支票、信用卡、账单等，逐渐向着标准化方向发展，特别是金融机构某些业务已经提供了自主服务，从而将客户与银行服务本身相分割。例如，提供自动柜员机器满足客户日常现金的存取和转账，网上有电子银行个人服务专栏提供转账还款及其他一些支付服务。由于金融产品的同质化，金融产品也是产品，因此，要适应金融市场的发展和变化，即作为产品要在竞争中胜出必须做到"抓品牌，抓创新，抓特色"，以适应日益激烈的竞争。

（1）明确品牌定位

金融产品开展品牌经营的第一步就是明确品牌定位，在进行品牌定位时，一定要使定位有实质上的依托，不要流于空泛和平庸，要与金融产品本身的特点相结合并且突出其特性。

金融产品的品牌内容主要包括以下部分：

① 品牌名称。即品牌中可以读、写的部分。好的品牌名一般具备易读、易认、易记、短小精悍、与众不同等特征，并有利于金融企业进行产品宣传，同时可以受到国内外市场的相关法律保护。

② 品牌标记。即品牌中可以识别但不可读出的部分。如商业银行的行徽等。

③ 商标。即一个品牌或品牌的一部分，一般已获得专用权，并受到相关的法律保护。

④ 版权。一般是指将品牌的有关内容进行复制、出版、销售或移作他用的、受法律保护的专用权利。

⑤ 品牌个性。指品牌不同于其他品牌的特有品质或因素。

⑥ 品牌魅力。指品牌最吸引客户的特性和优势。

(2) 以企业视觉形象识别系统（Corporate Identity，CI）战略实施为先导，品牌创造与品牌更新同步进行

导入 CI 战略就是把银行的企业文化及经营宗旨、经营思想等进行确认和修正，从而构成个性的企业理念，并以此为基础对金融机构表层识别系统和视觉识别符号进行全方位的规划设计，从而形成独具特色的标志，提高金融机构品牌识别系统的承载力，加固金融产品的代表能力。然后通过大众传播媒介、雇员传播媒介和各种有形的方式向社会公众传递，达到最佳沟通效果。

2. 名牌战略

金融企业实施名牌战略，可以从创立名牌金融产品和创建名牌金融企业等方面来进行。

① 创立名牌金融产品。名牌金融产品应该符合下列基本条件：在同类产品中，忠诚客户群最大，或市场占有率最高；最先开发、上市，并成功营销，市场知名度很高，长期为客户所信赖；在市场上具有导向作用或领导地位，有较多的追随者或仿制者，能够为金融企业带来较为丰厚的利润。

② 创建名牌金融企业。名牌金融企业应具备以下基本条件：拥有至少 1~2 个名牌金融产品，在同行业中保持领先地位；拥有可以与世界上主要的金融市场及先进金融企业的主要业务进行对接；拥有比较稳定的和逐步扩大的市场份额，具有一定的时空控制力量；拥有明显的人才优势；拥有明显的特色优势。

③ 巩固自身已有的基础优势从而强化品牌的优势。拥有品牌优势的金融产品首先是其数量、质量、规模、效益在同业中必须保持领先地位。金融产品要充分发挥集结资金和融通资金的功能，使自己具有相对稳定和逐步扩大的市场份额。

④ 巩固内部控制基础，提高和完善品牌优势。巩固内部控制基础，要求以规范业务规程为基础，以控制和防范金融风险为核心，以科学的监控方法为手段，以增强自我约束和自我发展为目标的内部机制，逐步形成具有现代企业制度的组织管理体系，从而更好地提高品牌的影响力。

（二）无形的金融产品要求提升服务技能

服务是一方提供给另一方的活动或利益，它是无形的，是产品功能的延长，良好的服务可以改善和提高产品本身对消费者带来的满意度。

1. 金融企业要把客户的利益放在第一位

(1) 有形的金融产品与无形的金融服务分不开

金融机构很多服务与产品本身是分不开的，如客户办理账户、申请贷款等都需要提供客户面对面的服务。

(2) 金融机构某些复杂的业务需要专业人员服务

金融机构某些复杂的业务具有无形性,如个人投资理财等,这些业务仍然需要专业人员提供咨询顾问等专门针对性服务。

(3) 金融机构的竞争日趋集中在非价格竞争上,而非价格竞争的主要内容就是服务

有服务的销售才能充分满足消费者的需要,缺乏服务的产品不过是半成品。因此服务的竞争也可称为二次竞争。这就要求金融机构作为经营特殊商品,即金融服务的企业,从业务的推出、产品的设计到实施服务,都应把客户的利益放在第一位,以市场为导向,以客户为中心。

2. 金融服务营销策略

(1) 从客户需求触发金融产品销售

有形产品从客户接触,引发客户兴趣,引导说明产品,处理客户的反对意见到最后的成交,都需求随时围绕在客户的需求上。金融产品不同于通常的有形产品,在每一次的营销过程中,最侧重的便是营销人员能不能在引导客户进入产品说明前说出:因为我知道你是"这样"的,所以我认为这个产品适宜你。举例来说:因为我知道你是个爱孩子又重视孩子教育的母亲,所以我认为这个子女教育的理财计划适合你。或是:因为我知道你很在意股票市场的波动,担心投资会有亏损,所以我认为这个较保守的产品适合你。

当营销人员有能力说出和客户需求相关的"那句话"前,就应该把更多的时间花在了解客户、发掘客户的需求这件事情上。通常,客户会为有利于自己和家人的事情去做改变,也会因为可能危及自己的利益,而做出"立即"的改变。为了未来的理想去做理财规划可以称之为"明确性需求",而因为担心利率太低导致自己财富缩水,无法对抗通货膨胀所做出的改变可以称之为"隐藏性需求"。这两种需求的创造可以透过与客户的谈话和沟通,以问问题的方式引导出来。其实,很多理财经理常常容易忽略客户需求的探询过程,在没有与客户认识和了解建立关系以前就进行产品销售。这样客户会觉得理财经理只是想卖一个他自己想要销售的产品,而不是客户本身需要的产品。当然,这样容易使理财经理面对较多的拒绝情况,也会增加销售的难度。

(2) 有效的产品说明是成交的一大关键

在产品的说明上,营销人员必须把握三个重点。

① 产品的特色(Features):简单来说,就是这个产品的条件,其中包含了时间、收益率、风险属性、投资标的、流动性等。营销人员在这个阶段应该清楚地向客户做解说,不应该隐瞒风险,要诚实告知。通常透过前期的产品培训和营业单位的训练及角色扮演,要在3分钟左右的时间内,利用产品的DM(产品的广告)完整地向客户进行说明。

② 产品的好处(Advantages):指产品可以带给客户的好处。比如说,可以对抗通货膨胀,可以降低投资组合的风险,可以增加报酬,可以让资产配置更完整更有效率等。营销人员在这个阶段应该利用图像化的数据、表格和线状图,以比较、描述的方式让准客户了解持有这个产品可能带来的利益。同样的,管理者运用角色扮演的练习来训练营销人员使用相关工具说明产品,让所有伙伴对于所销售的产品更加熟悉。

③ 产品的利益(Benefits):指产品本身和客户需求可以连接的优势,也就是说,透过产品本身可以满足客户的特定需求。举例来说:定期定投可以满足客户的退休养老及子女教育需求。黄金投资可以满足客户对于贵金属保值的投资需要,期缴保险可以满足未来定额规划的理财需要。在这个阶段,营销人员可以对报纸、杂志上的相关报道或文章进行搜集,对于人生各个阶段的相关花费和理财需要的关联有深刻的了解,增加对于理财议题的了解和与客户讨论的能力,帮助执行以客户需求为导向的销售模式。

此外,营销人员必须了解到,产品的说明并非硬邦邦地讲解产品内容,活泼生动的解说才能将无形的产品有形化。营销人员也可以利用一些投资的案例和经验来让客户知道投资布

局的方式，使用保险的小故事来说明人生中的潜在风险。更重要的是，不管我们运用何种方式，最后一定不要忘记随时要联系到客户的需求，要让我们销售的产品成为客户的解决方案。

（3）不逃避客户的反对意见

客户的抱怨是天使的声音，同样的，客户的拒绝就是购买的初期信号。作为一个营销人员，心理状态的建立是最重要的，把客户的拒绝和反对意见当成是销售流程的一环，就不会害怕，更不会去闪躲客户的拒绝。要去思考的是，客户反对意见不一定代表他不会购买，而只是不清楚他是不是真的需要拥有这个产品本身。所以，处理反对意见的第一步就是先克服心理障碍。

在这个阶段，管理者应该对营销人员这方面的技巧给予适当的协助，把大家所遇到的反对问题进行收集和分类，再给予解决话术的建议和指导才是一个好方法；或者管理者无须自己去收集这些问题和找出解决方法，而是通过每周业务会议的时间，针对特定的产品进行分组演练，在演练时要求从客户角度提出拒绝问题，把练习时处理拒绝问题的方式记录下来，编辑成一系列的反对问题话术特辑，然后再将成品与所属销售人员分享。

能够不断积累经验是很重要的，但若能够将经验传承下去就更加难能可贵。这些销售步骤、流程方法的梳理可以帮助所有管理者更有效地检视目前营销上碰到的难题。在营销管理上最难做到也最需要做到的就是不断复制成功的营销经验，掌握产品营销的重点，发展一套属于自己的营销宝典，对营销团队的提升绝对有帮助。

（4）开口要求成交

即使前面几个步骤做得再好，没有实际的产品成交，努力终将化为乌有。所以勇敢地开口要求客户给予购买的承诺是必要的过程。

当客户的拒绝问题得到响应或是解决后，接下来就是客户的成交阶段。营销人员可以直接开口对客户说：如果没有其他问题的话，我们今天就先规划一部分资金来做这个产品。

如果客户仍然不想买，他一定会告诉你理由，这个时候，整个营销流程只是回到第三个步骤，最多就是反对问题处理的流程再循环操作一次而已，不用感觉太受伤，这将会是心理层面再次提升的过程。

如果没有提出成交的邀约，整个营销人员流程就没有完成，营销人员只是解决一个又一个的客户疑问，并没有因为这些疑问的解决而达成营销的目标。

所以，总的来说，在成交这个阶段最重要的就是要在心理层面上保持勇气，只有敢开口提出要求的营销人员才会是最后的赢家。

第二节
价 格 策 略

日本寿险产品原价公开引争议

一、寿险产品原价公开，行业内部不满四起

寿险产品的价格是如何计算出来的？所有寿险公司都将其作为该公司的一种企业核心机密从不向外界公开。因为，寿险产品的原价计算方式一旦公开，那么该寿险公司的经营手法和赚取的利润将一览无遗，既为世人所共知，也为同行所知悉，对公司的经营将带来极为不利的影响。而各国的监管机构在制定企业信息披露或公开的法律和行政规定时，一般不要求寿险公司向社会公开自己的企业核心机密。

日本寿险界在寿险产品价格原价计算方面,在既无金融监管当局的要求,也无相关的法律法规之下,谁也不愿将自己的核心机密向社会公开。本来一直相安无事,但最近却发生了一件令寿险业界为之动容的事,那就是日本有一家寿险公司通过网络,向社会公开了该寿险公司所销售的寿险产品的原价。此事轰动了日本寿险界。虽说这仅仅是少数寿险公司的行为,但是这种公开产品原价的做法,将寿险界长期的企业经营的老底向社会公众予以公开了。因为,尽管各家寿险公司各有所长,运用自己的智慧来经营寿险,会有自己企业的诀窍,但是,并非各家寿险公司的经营方法互相风马牛不相及,而是寿险经营的基本理念和原理相同,寿险产品的风险预测与费率计算的方式也大致相同,因此,虽说公开的是自家的寿险产品的原价,但是此举等于将整个行业的机密向社会公开,引起了许多业界人士的不满。

二、寿险产品原价揭秘,公司挣钱秘法曝光

投保人(消费者)所缴纳的寿险保费,其实在寿险经营中将其分为两个部分。一部分被称为"纯保费",另一部分被称为"附加保费"。第一,"纯保费"是将来有可能支付给保险金受益人的那部分储备用的费用。其实,这部分是和投保方将来的保障真正有联系的部分。"附加保费"的部分,实际上是用于保险公司经营费用开支的部分。其中包含保险营销员的营销费用、保险代理等中介公司的代理费用,以及保险公司的一部分收益部分。

由于,在寿险行业内"纯保费"的费率的计算方式大致相同,因此,各家寿险公司所设定的费率并无大的差异。问题就在"附加保费"之中。来自于行业内部的信息认为,各家寿险公司的"附加保费"的费率可以说是大相径庭。高低的差距可以达到数倍。

这种差异可以通过以下的一个实例进行说明。

例:30岁男性,加入以死亡保险金3000万日元的10年期的定期保险。

甲大型寿险公司的保费为每年8万日元,其中纯保费为3万日元,附加保费为5万日元。

乙网络型寿险公司的保费为每年4万日元,其中纯保费为3万日元,附加保费为1万日元。因其无保险营销员进行营销,公司经营的成本大幅度下降,附加保费用于公司经营的费用大可下降,因此,该公司的附加保费可以是甲公司的20%。

由此可见,寿险公司经营中如何核算成本的秘密一旦公开,消费者就会掌握这种公司之间的价格差异,从而在保障内容相同的情况下,自然会选择"价廉物美"的产品,而不会去走高端路线,故意送钱给价格高的保险公司。

因此,寿险产品原价的公开,是将大型寿险公司如何挣钱的秘密向社会公开,而原价低的寿险公司在市场价格竞争中,将会得到广大消费者的支持,从而导致大型寿险公司在竞争激烈的销售市场中处于不利地位。正因为如此,一般寿险产品的原价向社会公开后,才引发了许多寿险公司和一些业内专家的反对。

案例思考:对比日本寿险保险公司保险产品的价格构成?

和市场上许许多多的产品一样,金融产品的价格也会因产品的不同而不同。金融产品的定价问题,关系到金融产品是否受到消费者青睐,也关系到金融机构在推销金融产品后,能否获得相关利益和一定的市场,是决定金融机构盈利和发展的重要问题。

一、金融产品定价的基本内容

价格策略是金融企业通过制定、变动金融产品价格等方式实现营销目标的策略,具体涉及确定金融产品基本价格、折扣价格、付款期限等方式的组合和运用。

金融产品的定价关系到产品能否成功营销,营销成功后能获得多少利润。定价要合理,过高会失去客户,过低又影响效益。而且,金融产品的价格不同于一般工商企业的产品价格，金融企业在定价方面的自主权更弱，如利率、汇率都是金融产品的价格，但是它们往往要受一国政策因素的制约，受政府管制较多，例如高利贷问题就常常会成为一个法律问题。

金融产品定价的影响因素很多，如运行金融产品的成本、资金成本、产品特点、产品的收益和风险、资金的市场供求状况以及同类产品的价格等。金融企业应该在法规范围内，合理定价，并灵活调整价格，达到经营目标。

金融产品的价格构成包括两大部分：利率和各种手续费用。

（一）利率

利率是利息率的通常称谓，是金融机构在一定时期内收取的利息额与借出本金款项的比例。利息是金融企业向贷款人借出资金而获得的报酬，是资金的使用费用。利率是金融产品价格的重要组成部分，是金融机构收益的主要来源。

最基本的利息计算方式包括单利计算和复利计算两种形式。

利率计算公式：

$$单利计算公式 \ S = P \times (1 + i \times n)$$
$$复利计算公式 \ S = P(1+i)^n$$

式中，P 为本金；i 为利息率；n 为借贷期限（期数）；S 为本金和利息之和（简称本利和）。

1. 利率的划分

各种利率可以按不同的划分法和角度来分类，以便更清楚地区分不同种类利率的特征。

① 按利率的期限单位来划分，利率分为年利率、月利率与日利率；
② 按利率的决定方式来划分，利率分为官方利率、公定利率与市场利率；
③ 按借贷期内利率是否浮动来划分，利率分为固定利率与浮动利率；
④ 按利率的地位来划分，利率分为基准利率与一般利率；
⑤ 按信用行为的期限长短来划分，利率分为长期利率和短期利率；
⑥ 按利率的真实水平来划分，利率分为名义利率与实际利率；
⑦ 按借贷主体不同，利率分为中央银行利率（包括再贴现、再贷款利率等）、商业银行利率（包括存款利率、贷款利率和贴现利率等）、非银行利率（包括债券利率、企业利率等）；
⑧ 按是否具备优惠性质来划分，利率分为一般利率和优惠利率。

利率的各种分类之间是相互交叉的。例如，目前 3 年期的居民储蓄存款利率为 3.85%，这一利率既是年利率，也是固定利率、长期利率与名义利率。

2. 影响利率的因素

利率变化的影响因素主要有经济因素、政策因素和制度因素。经济因素包括经济周期、通货膨胀、税收等对利率的影响；政策因素一般指国家的货币政策、财政政策、汇率政策等，制度因素主要指利率管制下的利率状况。表 5.1 反映了我国中央银行 2014~2015 年对人民币存贷款基准利率的调整。

（二）费用

各类金融产品的费用是金融产品价格的重要组成部分，是金融机构进行产品定价时需要考虑的重要方面。金融企业的业务费用收入是企业利润的重要来源，主要由传统业务收费和创新业务收费构成。

1. 传统业务收费

传统业务收费包括汇费、账户费、兑换费、结算费、保管费、担保费、咨询费、开户费

表 5.1　2014～2015 年央行人民币存贷款基准利率调整一览表

降准日期	存款基准利率			贷款基准利率		
	调整前	调整后	涨幅	调整前	调整后	涨幅
2015.10.24	1.75%	1.50%	－0.25%	4.60%	4.35%	－0.25%
2015.08.26	2.00%	1.75%	－0.25%	4.85%	4.60%	－0.25%
2015.06.28	2.25%	2.00%	－0.25%	5.10%	4.85%	－0.25%
2015.05.11	2.50%	2.25%	－0.25%	5.35%	5.10%	－0.25%
2015.03.01	2.75%	2.50%	－0.25%	5.60%	5.35%	－0.25%
2014.11.21	3.00%	2.75%	－0.25%	6.00%	5.60%	－0.40%

等。其特点如下。

（1）相对稳定

指银行与客户的关系比较稳定，收入比较稳定，既可发挥优势，又无风险。

（2）潜在竞争性

指银行之间在暗中争夺客户的竞争日益激烈。

2. 创新业务收费

创新业务收费主要表现在日益花样翻新的金融衍生品。其特点如下。

（1）险惠并存性

由于金融衍生品应用高新技术手段在金融市场上利用时间差、地区差、利率差、汇率差等获利，往往是高收益高风险并存。

（2）技术依赖性

金融衍生产品要想获利，必须依赖尖端的现代理论与方法和高级的金融专家来论证。

（3）新旧结合性

金融创新业务必须以现有业务为基础，两者有机结合在一起，重新组合获取收益，如远期外汇买卖、货币期权等。

（4）快速发展性

指发展快速，且多样化、系统化、综合化。

例如，手续费是金融企业通过为顾客办理支付结算、基金托管、咨询顾问及担保等服务而收取的；保险费是保险公司向投保人提供的为其提供保险保障而收取的费用；股票佣金是证券公司为客户提供股票代理买卖服务收取的费用。

二、金融产品的定价步骤

企业在对产品定价时一般会按照以下几个步骤进行。

1. 选择定价目标

金融产品定价的目标是指金融企业通过对金融产品价格的制定和调整以达到预期的目标。金融产品定价的目标主要有以下五种。

（1）生存目标

在市场条件不利的情况下，舍弃期望利润，只为确保生存而定价。

（2）利润最大化目标

定价是为了保证一定时期内的最大利润水平。

利润最大化目标包括长期利润最大化和短期利润最大化。

金融企业要做到不能片面追求眼前利益，忽视长远利益，必须建立一种能促进各分支机构愿意在必要情况下牺牲眼前利润，追求将来更大收益的考核制度，即金融企业应兼顾企业长期利润与短期利润的协调平衡。

（3）市场份额最大化目标

为占领最大的市场份额而定价。因此，优化金融产品，提升产品的附加值，不断满足顾客变化的需求才能使企业最终占有较大市场份额。

（4）信誉目标

通过定价来确定本银行的信誉。

（5）投资回报目标

基于实现所期望的投资回报来定价。

2. 分析影响价格的因素

对金融产品价格的影响因素的分析是必要的，定价必须考虑这些影响因素对价格的制约。

3. 选择定价方法

在考察了定价的影响因素后，我们需要选择出一种定价方法以制定出一个具体的价格或价格范围。

4. 考虑定价策略

定价策略是对由定价方法得出的价格的调整。定价策略的选择体现了企业的战略抉择。

5. 选定最终价格

6. 价格的调整

相较于产品的特征、渠道等，价格是一个更容易调节的因素。因此企业需要考虑主动地对价格进行调整以及被动地应对竞争对手的价格调整。

三、金融产品定价的影响因素

产品的价格是由价值决定的。由于受到供求关系等多方面因素的影响，产品的价格会围绕价值上下波动。因此，价格本身就包含了一定的信息，如较低的价格就在一定程度上反映了市场中供大于求的状况。

影响金融产品定价的因素是多样的，主要有以下五个因素。

（一）成本

成本是人们为了达到生产经营活动的一定目的而耗费资源（人力、物力和财力）的货币表现。

由于成本是商品价值的组成部分，所以成本应从销售收入中得到补偿。可以这样说，成本是制定产品价格的基础。就金融企业而言，成本主要包括以下五项内容。

1. 资金成本

资金成本是企业为筹集和使用资金而付出的代价。资金成本主要是指因占用他人资金而应支付的费用，如个人和公司通过银行存款向银行提供资金从而收取存款利息。资金成本在成本中占很大的比例。

2. 手续费及佣金支出

这是金融企业使用其他金融企业服务所付出的成本。如保险公司利用银行的零售柜台销售保险产品，保险公司则会向银行缴纳保险代理手续费。

3. 人工成本

人工成本包括工资及其他相关费用。工资是以货币形式支付给员工的劳动报酬。其他费用包括社会保险费、劳动保护费、福利费、计划生育费用等。

4. 管理成本

管理成本是金融企业为组织和管理生产经营活动而发生的各项费用。

5. 固定资产投入成本

这些成本是银行为提供服务所花费的基本耗费，在短期内变化不大，但从长期来看却会发生变动，如土地、建筑物的购置等。

按照是否受业务量增减而变化，成本可以划分为固定成本和变动成本。固定成本是指不受业务量增减变动影响而保持不变的成本，如管理费用和固定资产投入成本。固定成本的特征在于它在一定时间范围和业务量范围内其总额维持不变。变动成本则是指那些随着业务量变动而呈线性变动的成本。手续费支出就是典型的变动成本。

对金融企业而言，成本核算是十分重要的。因为只有完善成本核算体系，才能确定产品的最低价格，确定自身的竞争优势或劣势，有效地降低成本，从而增强核心竞争力。当然，成本越低，金融产品定价的幅度也就越宽，金融企业对金融产品定价的自主性就越强。

（二）市场需求

金融产品同样受供求规律的制约，即会因为市场需求的增大（减少）而价格上升（下降）。因为市场中不同顾客对价格的敏感程度是不同的，如价格敏感者会对银行利率的调整做出投资规划的调整。所以，金融企业还需要了解顾客的需求价格弹性，即了解价格变动所带来的顾客需求量的变动，以避免小幅度的提价而失去大量的顾客，或降价却对产品销售没有影响这两种情况的发生。

1. 影响顾客价格敏感度的因素

影响价格敏感度的产品因素主要包括产品替代品的多少、产品的重要程度、产品的独特性、产品本身的用途、产品的转换成本和品牌以及一些情境因素。

（1）替代品的多少

替代品越多，顾客的价格敏感度越高，反之越低。替代品是指同样能够满足顾客某种需要的产品，包括不同类产品、不同品牌的产品和同一品牌的不同价位的产品，如汽车、火车、轮船和飞机都能满足顾客旅行的需要，因此相互之间都是替代品。

（2）产品的重要程度

产品对顾客越重要，顾客的价格敏感度越低。尤其是生活必需品，与人们的生活息息相关，顾客对这些产品的需求受到价格变动的影响不大。

（3）产品的独特性

顾客对越独特的产品价格敏感度越低；反之价格敏感度越高。

新产品的独特性为产品带来溢价，因此厂商在推出新产品时，往往制定一个很高的价格，当类似产品出现时，再进一步降价。这种情况经常发生在IT、医药和金融行业。同时，产品的独特性会让产品与竞争产品的价格难以比较，此时，顾客的价格敏感度也会降低。

（4）产品本身的用途多少

顾客对用途越广的产品价格敏感度越高；反之价格敏感度越低。

用途广是指该产品能满足顾客的多种需求，而有些需求是必需的，有些却是可有可无的，因此，价格的变动将引起需求量的变化。

（5）产品的转换成本

转换成本是指顾客从一个产品或服务的提供者转向另一个提供者时所产生的一次性成本。

这种成本不仅仅是经济方面的，还包括时间、精力和情感方面。它是构成企业竞争壁垒的重要因素。顾客对转换成本高的产品价格敏感度低，反之价格敏感度高。当转换成本低时，顾客可以更随心地选用新产品。转换成本门槛的高低将对顾客的敏感度产生最直接的影响。

（6）品牌

品牌定位将直接影响顾客对产品价格的预期和感知。顾客往往认为，高档知名品牌应当收取高价，使用高档品牌是身份和地位的象征，同时高档品牌会有更高的产品和服务质量。此时，品牌成为顾客购买的首要因素。而顾客对品牌的依赖和忠诚也会降低顾客的价格敏感度。

此外，以下情境因素也会影响顾客对价格的敏感度。

（7）价格变动幅度

顾客对价格的感受更多取决于变化的相对值而非绝对值。如一辆自行车降价 200 元与一辆汽车降价 200 元对顾客感受的影响是不同的。另外，价格在上下限内变动不会被顾客注意，而超出这个范围顾客才会很敏感。在价格上限内分次提高价格比一次性提高价格更容易被顾客接受，相反，如果一次性将价格降到下限以下，比连续几次小幅度的减价效果更好。

（8）参考价格

参考价格能为顾客提供一个参照，以从心理上影响顾客感知的公平价格。

参考价格通常作为顾客评价产品价格合理性的内部标准，也是企业常用的一种价格策略。

上次购买价格、过去购买价格、顾客个人感知的公平价格、钟爱品牌的价格、相似产品的平均价格、推荐价格、预期价格都能影响参考价格的形成。另外，购物环境、购物地点、宣传力度、公司形象，以及品牌价值也会对参考价格产生影响。对参考价格的运用是比较普遍的。如通过提高某种产品或服务的价格而提高整个产品线的参考价格，从而让顾客对该产品线中其余产品的价格感到实惠。

（9）数字的影响

不同的数字对顾客的心理影响是不同的。如以小数位定价与整数定价相比，虽小数位定价的实际价格与整数相差无几，但感觉上却有很大的差别。即 99 元要比 100 元便宜许多。同时，对于价格变动的不同形式顾客也会有不同的反应。如对两组下降数额相同的价格而言，从 99 元降至 85 元与从 103 元降至 89 元相比，从 103 元降至 89 元的价格变动会让顾客感觉到更多的实惠，因为顾客对价格的比较首先从第一个数字开始，只有当第一个数字相同时才会依次比较后面的数字。

2. 需求的价格弹性

需求的价格弹性是用来衡量一单位价格的变动所引起的需求量变动的幅度。即价格每变动 1% 而引起需求量变化的百分率。这两个百分率的比值，称为弹性系数，记为 E_p，E_p 的数值，可能为正数、负数、等于 0 或等于 1。E_p 为正还是为负，所表示的仅仅是有关变量变化的方向性关系，而 E_p 的绝对值的大小则表示了变化程度的大小。

（1）$E_p=1$（单位需求价格弹性）

说明需求量变动幅度与价格变动幅度相同。即价格每提高 1%，需求量相应地降低 1%。反之则提高。

（2）$1<E_p<\infty$（需求富有弹性）

说明需求量变动幅度大于价格变动幅度。即价格每变动 1%，需求量变动大于 1%。

（3）$0<E_p<1$（需求缺乏弹性）

说明需求量变动幅度小于价格变动幅度。即价格每变动 1%，需求量变动将小于 1%。

（4）$E_p \rightarrow 0$（需求完全无弹性）

在这种情况下，需求状况具有如下特点：需求量不随价格的变动而变动。这种情况是罕见的。

(三) 竞争状况

顾客会在购买某金融产品前比较各金融产品的价格。所以企业也需要在制定价格时研究市场中竞争者的价格。首先，企业应将自身产品与竞争者产品进行比较。若产品相似，则可考虑制定与竞争者相近的价格；若自身的产品在收益、风险控制以及便捷性等方面有优势，则可考虑制定较高的价格。另外，企业的总体战略和该产品在市场上的定位也会对产品的价格产生重要的影响。

以上三个因素中，成本是金融产品定价的基础，成本决定了价格的最低界限。低于此界限则没有企业愿意提供该产品。市场需求决定着产品价格的上限，单个顾客通过购买还是不购买的抉择同所有顾客一起与产品提供者进行博弈。这种博弈表达了大多顾客对该产品价格的认识。而市场竞争状况，即产品提供者之间的博弈情况则使价格在上限和下限之间不断波动。

(四) 宏观经济

通货膨胀将迫使存款利率上涨以继续吸收存款；而贷款利率也会随物价的上涨而上调以实现投资收益。在市场环境不利的情况下，金融企业对可能出现流动性困境的担忧将迫使金融企业采用舍弃利润、确保生存的价格。

(五) 政策法规

政策法规包括两方面：一方面，政策法规会给予企业一定的定价自主权；另一方面，政策法规会对企业产品的定价进行限制。随着我国利率市场化的推进，我国金融企业定价的自主权也随之增大。

利率市场化是指金融机构在货币市场经营融资的利率水平由市场供求关系决定，它包括利率决定、利率传导、利率结构和利率管理的市场化。实际上就是将利率的决策权交给金融机构，由金融机构自己根据资金状况和对金融市场动向的判断来自主调节利率水平，最终形成以中央银行基准利率为基础，以货币市场利率为中介，由市场供求决定金融结构存贷款利率的市场利率体系和利率形成机制。因此利率市场化的推进要求我国的金融企业提升自身定价的能力。

当然，金融产品的定价并非完全是自由的。如，2018年我国有关部门要求不实施限购的城市，首套房贷最低首付款比例调整为不低于25%，非一线城市二套房首付比例不低于30%，一线城市二套房首付比例一般不低于50%。

因此，金融企业需要高度关注各项金融政策的出台。

四、金融产品定价的基本策略

金融产品定价的基本策略主要有：高价策略、低价策略、高低组合策略、产品组合策略。

金融产品的价格还要随着金融市场环境的变化而及时调整，所以我们还要了解价格的调整策略。

(一) 高价策略

高价策略又被称为撇脂定价策略。顾名思义，撇脂即撇去市场表面的那层奶油。因此，这种策略将价格定得很高以获取较高利润。这种价格策略一般适用于顾客购买力很强且对价格不敏感，同时这样的顾客很多；该产品的品牌在市场上有较大的影响力。

这时，顾客不会也不愿意对市场中各产品的价格加以比较，有些情况下产品信息的搜索成本可能会远远超出顾客在所购产品中节省的成本。

利用高价策略，企业可能以更快的速度收回开发新产品的投资，短期内获得高额利润，高额的利润必然会吸引新竞争者进入，因此，对易于模仿的产品，这种价格策略只是暂时的。若企业希望获得长期的高额利润，一方面，企业需要建立产品的品牌，另一方面企业需要不断对产品进行提升。

（二）低价策略

低价策略又称为渗透策略。低价策略是以单个产品利润的牺牲来获得高额销售量和市场占有率的策略。因此，低价策略一方面可以促使"薄利多销"，另一方面可以对现有竞争产品带来冲击和阻止潜在竞争产品进入市场。适用低价策略的条件是：足够大的市场需求、消费者对价格敏感且不具有强烈的品牌偏好，以及大量生产带来的规模效益。

另外，低价策略下的产品销售较快，资金周转迅速，资金占用少。低价策略可能导致投资回收的时间过长。当然，低价策略仍是很多产品打开销路的重要策略。

（三）营销投入与高低价组合策略

不同的金融产品具有不同的潜在市场规模和顾客群体特征，因此企业需要对不同的市场采取不同的营销策略。

1. 快速撇脂策略

即高价格、高营销支出策略。可以在以下两种情况下看到此种策略的运用。

① 处于导入期的产品。当市场需求潜力大，顾客接受新产品的能力较强，而产品面临较大竞争威胁时，企业可以采用此营销策略。

② 高端定位的产品。只有高质量和高营销支出的产品才能产生高价。

2. 缓慢撇脂策略

即高价格、低营销支出策略。这种策略适用于针对细分市场推出的产品。

只有当产品已经有一定知名度，潜在竞争威胁不大而市场规模又较小时，企业可以在营销方面尽可能降低支出。为了在小规模的市场中获利，企业不得不一方面提高价格，另一方面降低费用。

3. 快速渗透策略

即低价格、高营销支出策略。这种策略的目标是迅速占领市场，通过销售量的扩大而取得规模效应。因此，只有当市场的规模很大并且顾客对价格十分敏感时，企业才能够采取这种低价策略。

4. 缓慢渗透策略

即低价格、低营销支出策略。低价格适用的市场都是规模较大的市场。

在大规模市场只进行少量的营销，一方面是因为产品有较高的知名度，另一方面是因为企业拥有某稀有资源而在此市场中占有绝对的优势。或者，此产品与其他所有竞争产品的区别不大，没有必要提高营销支出，如银行存款。

（四）产品组合定价策略

要用全局的观点来看待企业内所有产品的定价，各个产品利润的简单相加不一定等于企业的利润，当产品之间存在互补性需求关系时，某个产品价格定得低一些，甚至可以起到招徕顾客、带动其他产品销售、提高总体利润水平的效果。如英国一银行以较低的贷款利率为引子和杠杆，向大公司推销收益率较高的现金管理、支票清算和衍生工具合约等服务。这种情况的出现是因为企业将获取整体利润最大化作为目标、合理规划产品定价体系，而不是把各个产品分割开来，单独追求某个产品收益的最大化。通常，产品组合定价有以下几种方法。

1. 产品线定价法

产品线是指由于金融机构提供的为满足顾客某一类的具有类似功能的一组产品，如在存款业务方面，金融企业提供活期存款、1年定期存款、3年定期存款。尽管这三种金融产品都是为顾客提供存款服务的，但是因这三种产品的价格不同，顾客可以更好地针对自己的需要选购金融产品。

2. 产品捆绑定价法

捆绑是指将产品组合在一起定价销售。如顾客在开通专业版网上银行时将同时开通该账户的炒黄金功能。此外，捆绑产品还将帮助产品共享销售队伍、降低广告费用、降低销售成本、拓宽销售渠道。

五、金融产品定价的方法

按照影响金融产品价格因素和定价的依据不同，金融产品的定价方法也就不同，可以分为成本导向、需求导向、竞争导向和顾客导向四种定价方法。

（一）以成本为导向的定价方法

这种定价方法主要将成本作为定价依据。这是因为成本需要在产品的销售中得到补偿。因此这类方法首先需要企业对成本做出合理的估计。但实际很多情况下金融企业很难对成本做出估计。因此，这种方法具有一定的局限性。

1. 成本加成法

成本加成法是最基本的定价方法。金融企业在完全成本（直接成本加间接成本）的基础上加一定比例利润制定价格。此种方法关注的是成本的回收和利润的获取。其计算公式为：

$$价格 = 完全成本(1 + 成本利润率)$$

由成本加成定价法，贷款价格可以通过下列公式计算：

$$贷款利率 = 资金成本 + 非资金性成本 + 风险成本 + 成本利润率$$

非资金性成本即手续费、佣金成本、人工成本以及管理成本等。当企业贷款给他人时就会承担一定的风险，因而需加入风险成本，如信用风险等。信用风险是借款人因各种原因未能及时、足额偿还债务而违约的可能性。发生违约时，债权人因未能得到预期的收益而承担财务上的损失。对于这种可能的损失，债权人会收取一定的费用作为补偿。另外，风险成本因顾客而异。有的顾客风险成本较高，因此相应的贷款利率也会提高。

对贷款价格采用成本加成法进行计算，一方面需要企业能够对成本进行核算，另一方面需要企业能够充分评估贷款的风险以确定风险成本。

成本加成定价法的优点在于，金融企业必须明确其各项业务的成本，从而有利于金融企业较好地控制成本、提高竞争力；而其缺点在于，仅从企业自身角度出发，忽略了需求和竞争等因素的影响。尽管如此，由于该定价方法比较简单和方便，所以仍被广泛地使用。

2. 盈亏平衡定价法

盈亏平衡定价法也叫保本定价法、均衡分析定价法或收支平衡定价法，是指金融企业在销量既定的条件下，金融产品的价格必须达到一定的水平才能做到盈亏平衡、收支相抵。既定销量称为盈亏平衡点，如果价格低于这一界限，就会亏损；如果价格高于这一界限，就会盈利，即：

$$盈亏平衡点销售额 = 固定成本/1 - 单位变动成本率$$

例：某旅游饭店共有客房300间，全部客房年度固定成本总额为300万元，每间客房天天变动成本为10元，预计客房年平均出租率为80%，营业税率为5%，求该饭店客房保本时的价格。

根据所给数据和公式，计算如下：
假设该饭店客房保本价格为 Z，那么：
1 天的营业额：$300 \times 80\% \times Z = 240Z$（元）
1 天的变动成本费：300（间）$\times 80\%$（出租率）$\times 10 = 2400$（元）（注：事实上，很多情况下每间客房不需要天天变动，但是在计算保本时，我们尽可能地增加成本，以保证所定保本价格不会太低）
1 天的营业税：营业额 $\times 5\% = 12Z$ 元
综上可以得知：1 天的利润额：$240Z - 2400 - 12Z = 228Z - 2400$（元）
保本就是利润和成本相等，得出：$(228Z - 2400) \times 365 = 3000000$（元）
答案：$Z = 46.58$ 元

$$P = \frac{\frac{3000000}{300 \times 365 \times 80\%} + 10}{1 - 5\%} = \frac{34.2 + 10}{0.95} = 46.6$$

根据盈亏平衡定价法确定的旅游价格，是旅游企业的保本价格。低于此价格旅游企业会亏损，高于此价格旅游企业则有盈利，实际售价高出保本价格越多，旅游企业盈利越大。因此，盈亏平衡定价法常用作对企业各种定价方案进行比较和选择的依据。

（二）竞争导向

在竞争十分激烈的市场上，企业可通过对竞争对手的生产条件、服务状况、价格水平等因素的研究，参考成本和供求状况，并依据自身的竞争实力，来确定产品的价格。这种盯住竞争者价格的定价方法就是通常所说的竞争导向定价法。竞争导向定价法主要包括：随行就市定价法和差别定价法。

1. 随行就市定价法

随行就市定价法又称作通行价格法。采用这种方法的企业主要根据同类产品在市场中的价格来定价。随行就市定价法适用于以下情况：企业难以估算成本；竞争对手不确定；产品差异很小、同质化严重；市场竞争激烈、产品需求弹性小；企业希望得到一种公平的报酬和不愿打乱市场现有正常次序。

随行就市定价法是一种比较稳妥的定价方法，优点如下。
① 适用于任何产品的定价。
② 避免了产品价格过高而影响销量的损失和价格过低而降低应得利润的损失，因此采用它能为企业带来适度利润。
③ 避免了同行之间的价格战。

当然，随行就市定价法也有一定的缺陷，缺点如下。
① 若竞争者突然降低其产品价格，企业的产品出售则会立即陷入困境；
② 长期对市场价格的追随也不利于金融企业自身定价能力的培养。

2. 差别定价法

随行就市定价法是一种更偏防御性的定价方法，它在避免价格竞争的同时，也抛弃了价格这一竞争的"利器"。而差别定价法则是一种进攻性的定价方法，即对同一种产品采用不同的定价。采用差别定价法的企业需要根据自身的特点制定出低于或高于竞争者的价格作为该产品的价格。

（1）顾客细分定价

企业把同一种商品或服务按照不同的价格卖给不同的顾客。如银行 VTP 客户，打印流水明细可享受免手续费的待遇。

（2）产品形式差别定价

企业按产品的不同型号、不同式样，制定不同的价格，尽管不同型号产品价格之间的差额与成本之间的差额是不成比例的。如一件成本50元，卖70元的衣服，再绣上一朵花可将价格提高到100元，而绣花所花费的追加成本仅仅只有5元。

又如工商银行提供两种汇款方式：一是灵通卡汇款，手续费为汇款金额的1‰，最低汇款手续费为1元，最高为50元；二是牡丹卡汇款，没有汇款的手续费用。

(3) 渠道差别定价

渠道差别定价，一方面可能是渠道让企业付出的成本更少，另一方面可能是企业希望增强某渠道的销售量。如某银行汇款手续费用的收取。如果选择快速汇款，最低手续费5元，超过1000元，按0.5‰收取费用，适合1万元以内汇款金额。若是电子汇款，最低手续费10元，汇款手续费为汇款金额的1‰，最高为50元，适合1万元以上汇款金额。若顾客通过网上银行，则每笔汇款收费5元，跨行汇款收取10元。

(三) 顾客导向

1. 按经营风险划分

可分为高风险顾客、中风险顾客、低风险顾客。

对这三类顾客，在贷款利率上一般是：借款人风险度越高，贷款利率也越高；借款人风险度越低，贷款利率也越低。

如银行在确定合适的基准利率基础上，加上一定价差或乘上一个加成系数的方法来反映特定顾客的风险水平。这种方法又被称为基准利率定价法。

基准利率可以是国库券利率、大额可转让存单利率、银行同业拆借利率、商业票据利率等货币市场利率，也可以是优惠贷款利率，即银行对优质客户发放短期流动资金贷款的最低利率。根据基准利率定价法，企业对特定顾客发放贷款的利率公式应为：

$$贷款利率 = 基准利率 + 借款者的违约风险溢价 + 长期贷款的期限风险溢价$$

公式中后两部分是在基准利率基础上的风险加价。

根据顾客的不同，企业应加上不同的风险溢价。违约风险溢价通常根据贷款的风险等级确定。

① 对于高风险客户，企业并非采取加收较高风险溢价的方法，而是遵从信贷配给思想，即只接受一部分人的贷款申请，对另一部分即使愿意支付高利率的人也要拒绝他们的贷款申请，或者只部分接受这些人的贷款申请，如对100万元的贷款申请只贷出20万元。

② 对于期限较长的贷款，企业还会加上期限风险溢价，因为时间越长，不确定性越大，风险也就越高。

2. 按顾客对银行某个产品或服务的依赖度划分

可分为高度依赖顾客、中度依赖顾客、低度依赖顾客三类。如从事炒汇、炒股活动的个人对网上银行的依赖度比一般个人高；拥有大量分支机构和销售网点的大型企业集团对网络结算服务的依赖度比中小型企业顾客高。

顾客对金融产品的依赖度决定了其需求的价格弹性和讨价还价能力，顾客依赖度的提升和需求价格弹性的降低让金融企业可以对这些顾客提高收费标准，从而获得高于平均水平的收益。

3. 按顾客对银行利润的贡献率划分

可分为高端顾客、中端顾客、低端顾客三类。

这里的高端顾客和低端顾客指的是对金融企业利润贡献的高低而非对金融企业收入贡献的高低。如一些大型企业确实使用了金融机构的很多产品，同样也是某金融机构收入的重要来源，但由于这类企业具有较强的谈判能力，要求金融机构降低收费和提供专业定制的产品，致使金融机构所得回报较低。为此，金融机构不仅要关注顾客对收入的贡献，还要关注顾客对利润的贡献，即顾客的盈利性。在对顾客进行细分后，金融企业需要根据不同顾客的不同需要对产品进行改造,以体现不同程度的价值,决不能对完全相同的一种产品执行多种价格。对依赖度或贡献度较高的顾客群体,可以在原产品的基本功能上增加一些这个顾客群体普遍需要的其他附加功能,以提升原产品价值。

(四)综合定价法

综合定价法是指将各种定价法综合利用,精确量化各因素对定价的影响,有利于银行信贷管理的精细化发展。

基本公式为:

贷款价格＝基本贷款利率＋调整值
＝(资金成本＋经营成本＋风险成本＋预期收益)＋
(顾客贡献调整值＋市场调整值)

① 资金成本是指银行筹集资金和使用资金所付出的成本。

② 经营成本是指银行为顾客办理贷款所支付的非利息成本。

③ 风险成本是指贷款违约所带来的损失。银行可以通过内部评级法等先进技术的运用,测算贷款的违约概率、违约损失率和风险敞口以量化预期损失(即风险成本),以确定合理的风险补偿。这种方法的运用使银行的信贷管理从一味回避风险转向主动经营风险并获得合理回报。

④ 预期收益是银行经营管理贷款希望取得的收益。该收益可根据既定的最低资本回报率和贷款的资本金支持率来确定。

⑤ 顾客贡献调整值是根据顾客对银行的存款、贷款以及中间业务等的贡献的基础上确定的,是对基本贷款利率的调整。在对成本、风险、收益和顾客都有所考虑后,还应该考虑市场和竞争者。

⑥ 市场调整值是在对市场利率和同业报价进行分析后得出的,市场竞争调整值可能为正也可能为负。

第三节 渠道策略

> **引例**
>
> **拓宽服务渠道**
>
> 为拓宽服务渠道、加快网点转型,莘县农商银行以"转型升级、创新驱动"为总基调,着力加强"智慧厅堂"建设、优化服务渠道、增强科技支撑,引入"互联网＋"战略,走"智能化"道路,提升金融服务能力,快速响应客户需求。
>
> 一是实施"去单(折)用卡",加快存单(折)业务向卡业务转化,突出"社保卡"发卡全覆盖的强大优势,优化用卡品种,丰富卡载功能,实现"一卡多能、存贷一体、移动支付、短信提示",定制银行卡包,印制精美的使用说明书(包括手机银行、电话银行操作说明),为客户打印银行卡内存款明细,培养客户通过银行卡办理业务的习惯。
>
> 二是完成对全部网点的装修改造,重点服务核心客户、高端客户;在农村实施"农金点＋农金员＋农金通＋自助机具＋电子银行"战略,推进农金员向农金点转变、协理业务向经营客户转变。在农金点安装布放各类电子机具,铺设无线网络设备,将基础客户的业务回归到农金点,让农金点为基础客户提供错时服务、便捷服务。加快"自助银行"推进步伐,探索试行"自助银亭＋"模式,根据"量质并举"原则,科学合理地布放ＡＴＭ机、ＣＲＳ机、系统内ＰＯＳ机、银联ＰＯＳ机等自助设备,完善用卡环境,拓宽用卡渠道。
>
> 三是加大电子银行业务宣传、营销、推介力度,开展手机银行"体验营销"活动,大力拓展

营销网上银行、手机银行、电话银行、网上支付、移动支付等电子银行产品，进一步优化电子银行体验区，实施 WIFI 网络全覆盖，不断提升客户体验。

启发思考：

莘县农商银行是如何拓展多种营销渠道的？优点有哪些？

金融产品同市场上的一般产品一样，也需要中介参与，完成销售职能。对于金融企业营销来说，只有让目标市场的顾客在最快的时间和最方便的地点得到他们所需要的金融产品和服务，才能实现营销目标，取得较高的经济效益。因此，金融企业必须根据时间、区域、客户的不同，来制定和实施渠道策略，运用多种营销渠道，使顾客能够方便购买所需要的金融产品和服务。

一、金融产品分销渠道的含义及功能

（一）金融产品分销渠道的含义

分销渠道又称营销渠道，或贸易渠道，是指企业内部和外部的代理商和经销商（批发和零售）的组织机构，通过这些组织，商品（产品或劳务）才得以实现销售。

由上述定义可知，分销渠道的本质就是产品或服务由其提供者传至消费者手中所经过的各个中间商连接起来的通道，这一通道可直接可间接，可长可短，可宽可窄。一般包括代理商、经销商、批发商或零售商等（见图 5.1）。

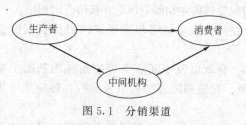

图 5.1 分销渠道

（二）金融产品分销渠道的功能

金融营销渠道在分销金融产品或服务的过程中，主要具有以下功能。

1. 销售功能

金融企业通过金融营销渠道向目标顾客销售金融产品，提供金融服务。

2. 便利功能

金融营销渠道为顾客提供了时间的便利性、空间距离的便利性，以及信息技术终端网络渠道使用的便利性，不仅让顾客买得到，而且方便购买，从而减少顾客寻求金融服务和服务产品的成本，增加了顾客的满意度。

3. 信息功能

收集、分析与顾客打交道所必需的信息。随着现代信息技术，尤其是互联网技术、通信技术的发展，通过终端渠道可更广泛地收集和分析最新的金融咨询信息，并以快捷、便利的方式传递给目标顾客。

4. 宣传功能

为金融产品制定营销活动计划，设计更为有效的广告和促销活动，实施人员推广、公共关系等销售促进策略。

二、金融产品分销渠道策略的类型

金融产品的提供是一种动态化的服务过程。金融企业对有些服务项目可进行物化，使其具备实物形态，而具备实物形态的金融产品，在某些分销环节上，则可以与金融企业自身相分离，通过一定的中介商，间接地将其销售出去。

(一) 银行业的分销渠道策略

1. 传统的分销渠道

设立分行和建立营业网点是商业银行最传统的渠道,一直担任让客户与银行有直接接触的营业场所的角色。商业银行按照业务需要设立和决定分支机构的级别、层次和数量。我国四大银行在各地开设的分支机构大致有总行、两级市行、两级支行、分理处、储蓄所六级建制。总部都设在北京,按照省级区划设一级分行,省内各地级市设二级分行,以下设立县支行,支行下设分理处,有的地方还在分理处下设储蓄所。商业银行分支机构一般设立柜台服务、业务部门、客户经理、柜员机(ATM)等业务分销渠道,经营吸收公众存款、发放贷款、办理结算等基本业务和经银监会批准的中间业务。

2. 与其他金融机构联合的分销渠道

商业银行通过与其他金融机构,如证券公司、基金公司、保险公司等联合开展金融业务,共同销售金融产品和服务。主要有以下三种渠道。

(1) 银证通渠道

银证通是指在商业银行与证券公司联网的基础上,投资者直接利用在银行各网点开立的活期储蓄存款账户卡、存折作为证券保证金账户,通过银行的委托系统(电话银行、银行柜台系统、银行网上交易系统、手机银行等)或通过证券商的委托系统(电话委托、自助键盘委托、网上委托、客户呼叫中心等)进行证券买卖的一种新型金融服务业务。

(2) 银基通渠道

银基通实际上是指银行与基金公司的合作,以银行卡或活期存折账户下设的专门账户作为基金交易的保证金账户,通过网上、电话和柜台等渠道进行多种基金选择和交易的业务。通过这种方式购买基金具有投资安全便捷、产品丰富,选择面宽的优势。

(3) 银保通渠道

银保通是一种用于在商业银行和保险公司之间进行实时联机交易的应用系统。银保通业务是指通过银行的业务处理系统与保险公司系统的连接,实现投保人信息的及时传递,由银行柜面将保险公司予以承保的信息及时传递给客户,并在客户得到保险公司的承保后,在银行柜面及时打出保险单,从而为在银行办理保险业务的客户提供代理保险服务。

3. 新型的分销渠道

目前,银行金融产品销售又出现了很多新型的渠道,有网络银行、电话银行、手机银行。

(1) 网络银行

又称网上银行、在线银行,是指银行利用互联网技术向客户提供开户、销户、查询、对账、行内转账、跨行转账、信贷、网上证券、投资理财等传统服务项目,使客户可以足不出户就能够安全便捷地管理活期和定期存款、支票、信用卡及个人投资等。可以说,网上银行是在互联网上的虚拟银行柜台。

(2) 电话银行

是指银行使用计算机电话集成技术,采用电话自动语音和人工服务方式为归口提供金融服务的一种业务系统。

电话银行系统是近年来日益兴起的一种高新技术。它是现代化经营与管理的基础,它通过电话这种现代化的通信工具把用户与银行紧密相连,使用户不必去银行,无论何时何地,只要拨通电话银行的电话号码,就能够得到电话银行提供的服务(往来交易查询、申请技术、利率查询等)。

(3) 手机银行

又称移动银行、短信银行,是利用移动通信网络及终端办理相关银行业务的简称。作为一种结合了货币电子化与移动通信的崭新服务,手机银行不仅可以使人在任何时间、任何地点处理多种金融业务,而且极大地丰富了银行服务的内涵,使银行能以便利、高效、安全的方式为客户提供传统的和创新的服务。而移动终端所独具的贴身特性,使之成为自动柜员机(ATM)、互联网、销售终端机(POS)之后银行开展业务的强有力工具。值得注意的是,手机银行并非电话银行。电话银行是基于语音的银行服务;而手机银行是基于短信的银行服务。

(二)保险产品分销渠道策略

保险产品营销渠道是指保险产品从保险公司向保户转移过程中所经过的途径。渠道中的每个点都是由拥有产品的机构或个人组成的,从而使每一个险种最终进入保险产品需求者手中,主要通过代理人、经纪人来进行保险的销售。

视野拓展 5.1

黄××的网络营销

黄××是 2000 年通过人才引进到上海工作的,之前在外地从事过各类工作。但在上海强者如云的环境中,他两年时间内换过 4 份工作,一次契机,于 2002 年 10 月通过保险代理人考试,成为一名最普通的保险代理人。

初入保险行业,加上不是本地人,没有很多本地人拥有的资源,所以他想方设法开辟一些新的渠道。起初他有两个想法:一是办一份《上海保险报》,二是尝试网络营销。

他花了四个月时间,筹集了所有资金,并完成了前期的市场调查、创办方案,最后还是由于刊号的原因没有办下来,这个理想就此搁置。随即他开始把精力放到网络行销上。

一、具体实施方案

1. 自己开设网站

2003 年年初,投资 5000 元的个人保险网站"上海保险之家"正式推出,为了扩大知名度,在大型网站以及报纸等作了大量的推广和广告宣传。

2. 注册个人主页

在"中国保险服务网""上海热线""爱保网""生命天空综合保险网"等大型保险网站注册个人主页,注重个人品牌宣传。

3. 保险论坛任职

通过专业保险论坛担任斑竹,不断学习保险、理财专业知识,以及网络管理能力。

4. 回复网络客户

每天到一些保险咨询论坛,在那里寻找网络客户,比如搜狐的"保险E族"、新浪的"爱问知识人"等等,以专业、诚信为本,积极回复准客户的投保咨询。

5. 开展网络合作

与网上展业的同行(上海、南京等地)建立友好关系,进行资源共享——他们在网上的上海聊友有投保意向时,就会主动把信息传递过来;反之他也把客户介绍给他们。

二、网站后期维护

1. 经济投资

自建网站的投资,每年维护和推广的费用在千元以上

2. 学习投资

网络客户素质较高,所以加强了学习方面的投资。包括保险在内的金融、理财、投资、股票等知识以及一些相关的网络知识。

3. 时间投资

每天到家晚饭后,去邮箱看看是否有邮件,接着去论坛看看有没有人贴帖子,问问题。如

果有人留了电话,那么第二天就跟他电话联络;如果只是邮件的往来,那么当天晚上就立刻给他回复。平均一天花在处理网络事务上的时间大概有四五个小时。

4. 服务投资

不管对方怀着什么目的,只要当天开邮箱时发现有人写信来咨询,都是很开心地把对方当作客户,立刻回复。而且一旦对方给发过邮件,就会每个月定期寄一份公司的保险刊物给对方。当天的事情一定当天处理完毕,无论咨询者最终是否投保,以至有的准客户在数月或半年后就购买了保险。

三、结果

功夫不负有心人。进行网上展业以来,发展拥有了 40 余名优质客户,累计签单保费达 15 万元左右;同时获得转介绍名单近百个。

1. 保险代理人

保险代理人是指根据保险人的委托、向保险人收取代理手续费,并在保险人授权范围之内代为保险人办理保险业务的组织或个人。主要有以下几种类型:

① 专业代理人。是指受保险人的委托,以保险人的名义专门为保险人代理保险业务,并向保险人收取代理手续费的单位或个人。

② 兼业代理人。是指本身有固定的职业或工作,同时又接受保险人的委托,以保险人的名义办理保险业务,并向保险人收取代理手续费的单位或个人。主要有金融部门、专业组织、基层组织、企事业单位等。如新兴的银行保险,就是银行作为保险公司的兼业代理人而进行的保险分销。

③ 个人代理人。是指根据保险人的委托,在保险人授权的范围内代办保险业务并向保险人收取代理手续费的个人。个人代理人开展业务方式灵活,被众多寿险公司广泛采用。

2. 保险经纪人

保险经纪人是基于投保人的利益,为投保人与保险人订立保险合同提供中介服务,并依法收取佣金的单位。

保险经纪人具有以下特征。

① 保险经纪人不是保险合同的当事人,他仅为投保人与保险人订立保险合同提供中介服务。保险经纪人不能代理保险人订立保险合同,这是他与保险代理人的明显不同之处。

② 保险经纪人是依法成立的单位,个人不能成为保险经纪人。

③ 保险经纪人以自己的名义从事中介服务活动,承担由此产生的法律后果,投保人或保险人虽然是保险经纪人的委托人,但对保险经纪人的经纪活动并不承担责任,这也是保险经纪人与保险代理人之间的重要不同。

④ 因保险经纪人在办理保险业务中的过错,给投保人、被保险人造成损失的,由保险经纪人承担责任。

⑤ 保险经纪行为是营利性行为,保险经纪人有权收取佣金。

案例透析 5.1

美国的保险营销渠道

美国保险市场上保险公司众多,达到 5000 多家,中介人制度健全,保险市场发育相当成熟,消费者的保险意识也比较高。美国的保险营销体系比较完备,保险公司可以利用多种渠道达到目标市场,包括保险代理人、保险经纪人、保险公司职员以及直接反应营销渠道等,顾客投保十分方便。其中,保险代理人是美国保险市场的中心角色。美国保险公司在不同险种领域利用各种类型的代理人。保险代理制度是美国保险营销渠道的一大特色,同时，与其他各种营销渠道相配合，形成了比较完备的保险营销渠道系统。

1. 在人寿保险方面，美国主要以专用代理人为中心，即代理人只能为一家保险公司或某一保险集团代理业务。但是近几年来，个人独立代理人即与两家或两家以上保险公司签订代理契约、销售保险商品的非专用途径指向法人及高所得层，业绩也很有进展。独立代理人多和专用代理人竞争，佣金通常比专用代理人低。

2. 在财产保险方面，美国以保险代理人和保险经纪人为中心。保险代理人同样存在独立代理人和专用代理人两种。在纽约州，没有代理人必须专属某一保险公司的规定，而且，一旦取得该州法的许可，即可同一代理人同时代理人寿保险商品与财产保险商品。该州同时规定，保险经纪人不得办理人寿保险与年金保险业务。

3. 美国还通过直接反应渠道和定点营销渠道来销售保险商品。直接反应营销渠道即保险公司通过邮寄、报纸杂志、广播电视、电话和网络等渠道来销售内容较单纯的保险商品，直接与顾客沟通，引起顾客的直接购买行为，虽然所占比重不大，但却有一定的效益。而定点营销渠道，是指保险公司在超级市场、连锁店、宾馆、银行等机构、市场内设立固定的销售点，可以是公司职员直接销售，也可以是代理销售，主要是为顾客提供方便，顾客可以随时咨询和购买保险。

启发思考：

分析美国的保险营销渠道有哪些？结合所学知识分析保险各营销渠道的优劣势？

（三）基金、证券公司的渠道策略

1. 基金的销售渠道

基金的销售渠道是基金产品由基金公司销售给特定投资者群体的途径，也是基金产品与投资者直接接触和沟通的媒介。

基金公司的间接分销机构通常为证券公司、商业银行或其他经监管部门认可的机构。通过这些渠道，基金公司向投资者提供满足其需求的基金产品和服务，及时传递并反馈基金的各类信息（包括基金的基本知识、基金资讯、专业投资建议等）。基金的销售渠道主要有：保险代理机构、商业银行、专业经纪公司、财务顾问公司等。

2. 证券公司分销渠道

证券公司分销渠道是指将证券产品从发行者转移到投资者手中的中间环节，证券公司所经营的金融产品主要是股票，所以证券公司的主要业务就是销售股票，该产品在行销时所选择的渠道主要有承销和发行分销两种类型。

（1）股票承销分销

发行股票的企业将股票销售业务委托给专门的股票承销代理机构，股票承销的方式有以下两种。

① 包销。包销是指证券（股票）发行人与承销机构签订合同，由承销机构买下全部（股票）销售不出去的风险，而且可以迅速筹集资金，因而适用于资金需求量大、社会知名度低而且缺乏证券（股票）发行经验的企业。包销在实际操作中有全额包销和余额包销之分。全额包销是指发行人与承销机构签订承购合同，由承销机构按一定价格买下全部证券，并按合同规定的时间将价款一次付给发行公司，然后承销机构以略高的价格向社会公众出售。余额包销是指发行人委托承销机构在约定期限内发行证券（股票），到销售截止日期，未售出的余额由承销商按协议价格认购。余额包销实际上是先代理发行，后全额包销，是代销和全额包销的结合。

② 代销。代销是指证券（股票）发行人委托承担承销业务的证券经营机构（承销机构或承销商）代为向投资者销售证券。承销商按照规定的发行条件，在约定的期限内尽力推销，到销售截止日期，证券如果没有全部售出，那么未售出部分退还给发行人，承销商不承

担任何发行风险。

(2) 股票发行分销

金融机构、工商企业等在发行股票时，可以选择不同的投资者作为发行对象。一般来讲，股票的发行分为公募和私募两种形式。

① 公募。又称公开发行，是指发行人通过中介机构向不特定的社会公众广泛地发售证券，通过公开营销等方式向没有特定限制的对象募集资金的业务模式，其募集过程是由政府部门监管的。

为适应广大投资者的需求，公募没有合同份数和起点金额的限制。因为涉及众多中小投资人的利益，监管当局对公募资金的使用方向、信息披露内容、风险防范要求都非常高。

② 私募。是相对于公募而言的，私募是指非公开宣传的，私下向小规模数量的特定投资者（通常35个以下）出售股票，募集资金的方式。此方式可以免除一些在证券交易委员会的注册程序。投资者要签署一份投资书声明，购买目的是投资而不是为了再次出售。参加人一般应具有一定的经济实力、风险识别和风险承担能力。

第四节 促销策略

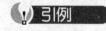

香港银行卡营销策略

在香港，有"银行多过米铺"的说法，这并不夸张。香港作为仅次于纽约和伦敦的国际金融中心，在不足1100平方公里的弹丸之地，云集了来自世界40个国家的数百家银行，其中包括全世界100个最好的银行中的80个国际性大银行，368个授权机构和地方银行代表和近1500家支行。香港11.6%的人口从事与金融机关的工作，每一个香港人的生活都与银行、金融密不可分。一张小小的信用卡就足以体现这种联系。信用卡为香港人普遍接受并广泛使用，在其生活中占有重要的地位，信用卡业务也自然成为商家必争之地。香港信用卡市场潜力大但竞争者众，为求得生存和发展，各银行积极展开促销手段，金融创新层出不穷。

刺激信用卡客户签账消费的促销手法很多，除一年四季跟不同商号合作为信用卡客户提供有关美酒佳肴、消费购物、生活消闲、健康美容、旅游观光等各方面优惠折扣，免息分期付款，签账积分礼品、现金回赠、飞行里程外，还会针对不同季节、假期（圣诞节）以及特别节日（情人节）提供各种特别推广优惠。

1. 针对季节性的推广促销计划

每次换季，香港人都会花不少金钱购置新装换季，尤其是年轻人及上班一族，而通常这种时候由于都是新货，又不是季尾，商号一般都不会减价促销，令不少消费者"既爱又恨"。汇丰银行瞄准消费者这种心情，在每次换季时都会针对这些消费者的需求，领先跟一些大型百货（如西武百货）、时装店及运动用品等连锁店（如G2000、U2、Viola、Suzuya、Theme等）合作推广优惠折扣活动，折扣常常高达20%~40%。

恒生银行针对暑假期间、开学之际，不少学生都需要购买教科书及参考书的需求，与书店合作提供购买教科书签卡分期优惠，家长只要用恒生信用卡签账购买教科书，累积一定的金额，就可以享有十二个月的免息分期付款，或者购买工具书折扣优惠等。

利用旅行淡季，联合旅行社或航空公司以优惠吸引客户消费。淡季时酒店和航空公司均有过剩的床位或机位，因此，银行信用卡会利用这个时机和旅行社或航空公司合作，推出优惠旅游团费，实现银行、旅行社、酒店、航空公司及消费者的"多赢"。汇丰及恒生不久前均和美丽华、新华旅游、P&O、酒店等合作，推出接近八折优惠的旅游或机票优惠给持卡人，同时签账额可以分期付款及赠送旅游里程。AEON也推出新的旅游现金券信用卡优惠计划。该行认为旅游的人，其生活习惯及财务状况必定较稳定。换言之，旅游现金券优惠本身已是一项风险评估工具。

2. 针对节日提供签账优惠

每逢圣诞节、情人节、母亲节等节假日，香港人都有一种与亲朋挚爱共聚、互赠礼品的习惯，因此，银行会针对消费者的需求，跟不同酒店餐厅、商号合作提供节日优惠，如购买指定礼品折扣优惠、优先订位、餐费优惠、赠送礼品（如红酒、鲜花、朱古力或其他特别礼品等）。近年不少市民圣诞节聚会流行外卖食物到会服务，虽然不少餐厅都推出到会服务折扣，但银行信用卡为了争夺客户，会跟一些提供到会服务的餐厅合作，持卡人以指定的信用卡签账可以获得额外的折扣优惠。例如用恒生信用卡在大家乐签账到会服务，客户便可享有八折优惠，较原来的八五折多5%；用东亚卡或中银信用卡在大快活签账到会服务，客户可享七五折优惠，比原来的八五折多10%；而用渣打、道亨、DBS广安、Compass Visa 及中银信用卡等于必胜客、美心及肯德基等签账到会服务，可享额外八折或七五折的折扣优惠。汇丰还于圣诞节推出信用卡客户享受 City Super 购物优惠，信用卡持有人可免费申请 City Super 卡，专享全年九折优惠。另外，凡以 City Super 卡购物，每年购物累计满 HK＄20,000 至 HK＄34,000，便可获赠 HK＄1,000City Super 购物礼券。

启发思考：
香港银行卡营销采取了什么策略？作用如何？

一、金融产品促销的含义与作用

1. 金融产品促销的概念

金融产品促销，是指金融机构将自己的金融产品或服务通过适当方式向客户进行报道、宣传和说明以引起其注意和兴趣，激发其购买欲望，促进其购买行为的营销活动。简而言之，金融促销是金融机构将其金融产品和服务的信息向客户传递的过程。

2. 金融促销的作用

（1）提供产品信息

金融机构通过促销活动，使客户知晓本机构提供何种金融产品和服务，具体有何特点、去何处购买以及购买条件如何等，便于客户选购，扩大产品销售。

（2）引导消费需求

金融机构通过促销活动引起客户对新产品和服务的购买欲望，从而既引导了消费需求，又为新产品开拓市场创造了必要条件。

（3）促进市场竞争

金融机构通过促销活动，使其产品的价格水平和服务质量都在市场上展现出来，可供客户选择比较，而各金融机构之间也可以彼此了解，促进互相学习和有效竞争。

（4）树立企业信誉

金融机构通过促销活动，可使人们了解机构特点与优势，从而树立良好的机构声誉，有助于其维持和扩大市场份额。

促销方式一般分为人员促销、广告促销、营业推广、公共关系等具体方式。

二、人员促销

1. 人员促销的含义

人员促销是指金融营销人员以促成销售为目的，通过与客户进行言语交谈，以说明其购买金融产品和服务的过程。由于金融产品和服务的复杂性和专业性，尤其是在新的产品和服务不断涌现的情况下，人员促销已成为金融产品和服务销售成功的关键因素之一。

金融机构的促销人员可以是固定人员、流动人员、投资顾问或经纪人。人员促销可以采取坐席销售、电话、拜访、研讨会、路演、讲座和社区咨询活动等形式。

人员促销方式直接且运用灵活，其主要优势表现在以下三个方面。

① 可以当面说明金融产品或服务的用途、特点，也能直接观察了解到客户的愿望与需求，并及时作出反应。

② 可以培养企业与客户之间的良好关系。

视野拓展 5.2

甘道夫的营销

甘道夫是全球唯一一位年销售额过 10 亿美元的人寿保险代理。他刚开始干保险时就曾暗暗发誓，每年都要跟踪拜访所有客户一次，他确实也这么做了。

有一位大学生从他那里买了 1 万美元的人寿保险，后来毕业当了兵，甘道失又卖给他 1 万美元的保险。后来他去了佛罗里达，在州参议院任侍从。甘道夫一直保持一年至少跟他联系一次。

有一次，在州参议员的家庭鸡尾酒会上，一位客人心脏病发作。这位侍从曾受过心脏复苏训练，救了他的命。而这位病人又恰巧是全美首富之一。过了几年，这位商人打算借一大笔钱投资房地产。这位侍从马上拨通甘道夫的电话说：

"甘道夫，我知道你的保险业做得很大，能帮我老板一个忙吗？"

"什么事？"甘道夫问。

"他要贷款 2000 万美元投资一个房地产项目。你能否帮他与你的一位主顾搭个桥？"

"可以"，甘道夫回答。

说完，他便给几家保险公司打电话，安排了其中一家跟这位商人见面。时隔不久，商人邀甘道夫到他的游艇上做客。那天下午，甘道夫卖给他 2000 万美元的保险，为那笔贷款做保。

③ 可以详尽解释某项产品或服务的优点，以引起客户的兴趣和购买欲望，从而激发其购买行为。通常的人员推销仅要求维持现有客户并接收订单；而创造性的人员推销则要求寻找潜在客户并使之成为现实客户。

但是由于其接触面较小且费用大，因此也具有一定的难度。

2. 人员促销的主要形式

① 上门促销，即金融企业派出推销人员上门与客户直接面谈、金融业务，在面谈过程中向客户传递金融产品与服务信息。

② 柜台促销，即由金融营业网点的销售人员向客户介绍展示金融产品与服务。

③ 会议促销，即由金融专家以其专业知识向客户宣传金融产品与服务，这往往会取得较好的效果。

3. 人员促销的方法

① 单个促销人员对单个客户。即促销人员直接与客户以电话或面谈的方式接触。

② 单个促销人员对客户群体开展促销活动。即促销人员针对一组具有相同需求的购买者介绍金融产品的功能与服务。

③ 促销小组对客户群体开展促销活动。即由金融企业各有关部门组成的促销小组针对一个客户群体系统全面地介绍产品。

④ 促销会议。会议目的在于教会客户使用和了解某项新产品。如商业银行开发出电话银行业务，银行要具体指导企业客户如何通过电话查询当日账面余额，查询每日人民币外汇

牌价，并开展授权转账等业务。

4. 人员促销的特点

（1）双向交流性

人员推销是一种双向沟通的促销形式。在促销过程中，促销人员一方面为客户提供有关信息，促进人员促销产品销售；另一方面通过与客户面对面的交流，推销人员可直观、及时地了解客户的需求、愿望和偏好，掌握市场动态，了解反馈信息，有利于金融机构适时调整其产品与服务，为机构经营决策提供依据。此外，促销人员通过与客户的直接沟通，可反复介绍产品特点和服务功能，做好客户的参谋，激发客户的购买欲望。

视野拓展 5.3

做一个会说话的人

亚伯拉罕·林肯说："每一个人都喜欢被赞美。"每当你赞美别人时，他内心就会变得更快乐，人会变得更有精神，变得更扬扬得意。

假如你能赞美顾客所作的某一项购买决定，他就会越来越欣赏这个决定，进而接受你的决定。

白先生是一位十分出色的营销人员，他销售的产品是保险。保险是一种看不见摸不着的产品，不比其他实物，可以摆在桌面上让顾客看到、听到、感觉到。所以，保险销售是一件艰难的工作。

一天，他决定去向韩先生销售保险。开始，韩先生一口拒绝白先生，说："你不用多费口舌了，我是不会买你的保险的。"白先生并不气馁，他利用了赞美自我说服营销法。

白先生说："韩先生。我相信，不，应该非常确定，不久之后，你会成为律师行业的一名后起之秀。"

韩先生立刻反问："你为什么那么肯定地说我会成为律师行业的后起之秀?"

白先生说："还记得两个星期之前，我特意花了3个小时听你的现场演讲，那次演讲精彩极了，可以说，这是我听到过最棒的演讲之一。"

"一开始，我还只是觉得我个人有这种感想，没想到坐在我身旁的所有人都说你讲得非常棒。"

"我知道公众演说的能力非常重要，你能传授我一些经验吗? 也好让我的业务不至于太狼狈。"

"其实也没什么，我只是凭着热情和专业知识演讲而已。"

"像你这样有潜力、有号召力的人，是不是更应该注意身体，注重保障呢?"

"那当然，那当然。"韩先生动情地说。

"那么，我这份计划书确实能向你提供保障，我想，你一定会再看一看的。"

最后，白先生终于向韩先生销售出了一张10000元的保单。

（2）双重目的性

人员促销不仅是为了促销金融产品，更是为了帮助客户解决问题，满足金融需求。只有这样，才能不断增进促销人员与客户之间的感情，从而更好地实现金融产品促销的目的。可见，在人员促销过程中应建立起供求双方的沟通与联系，加深彼此的了解和信任，使得双方超越柜台交易关系，这样既能向客户提供更多的服务，也可以建立起深厚的友谊，从而有助于金融机构巩固老客户，发展新客户。

（3）需求多样性

人员促销不仅能有效满足客户对金融产品本身的需要，而且通过对产品的宣传介绍，还能满足客户对产品信息的需要,通过售前、售中与售后服务,能有效满足客户对技术和服务的需要,通过文明经商、礼貌待客,能有效满足客户心理上的需要,从而密切双方关系,增进金融客户对金融机构的信任感。

(4) 促销灵活性

促销人员与金融客户当面洽谈,易于形成双向互动的交流关系。促销人员通过交谈和观察,能及时掌握客户的购买心理,有针对性地介绍金融产品与服务的特点和功能,并抓住有利时机促成客户的购买行为;还可以及时发现问题,进行解释并提供服务,从而消除客户的疑虑或不满意感;并且双方当面交谈和议价,易于迅速达成交易,成功概率较高。

5. 人员促销的策略

金融机构开展人员促销时,需要将促销人员进行合理的组织和分配,具体可以采取以下四种策略。

(1) 目标区域策略

即把金融机构的目标市场划分为若干个区域,每个促销人员负责某个区域的全部促销业务,这样既有利于核查促销人员的工作业绩,激励其工作积极性,也有利于促销人员与其客户建立起良好关系,节约促销费用。

(2) 产品分类策略

即将金融产品与服务分成若干种类,每一个或几个促销人员结为一组,负责推销一种或几种金融产品,该策略尤其适用于类型多、技术性强的产品促销。

(3) 客户细分策略

即把目标客户按其产业特征、人口变量、状况加以分类,每个促销人员负责向其中一类客户进行推销。该策略有利于促销人员深刻了解客户需求,从而有针对性地开展好促销活动。

(4) 综合组织策略

当产品类型多、目标客户分散时,金融机构应综合考虑地域、产品和客户等因素,并依据诸因素的重要程度以及关联情况,分别组成产品—地域、客户—地域、产品—客户等不同的综合组织形式,开展人员促销。

当然,随着金融产品和金融市场的不断变化,人员促销的策略亦需要及时进行评估和调整。

6. 促销人员应具备的素质

① 自信。自信是一切工作的开始,特别在销售这个行业里,自信心起着决定性的作用,要相信自己,相信公司,相信产品,相信自己的服务。销售其实是一个信心传递的过程,让别人从你的言谈举止中感到你和你产品是最好的,也是最适合自己的,这样他们才会购买你的产品,如果你连自己都不信任的话,怎么能够让别人相信你呢?

② 态度。态度决定一切,态度的认真与否直接决定你的业绩如何,没有好的态度,即使有自信,也会变成自负。

③ 知识。销售是为了帮助客户解决问题,满足客户需要,如果一个没有任何专业知识的人去给你推销电脑的话,我想他很难使别人信服他吧。同样,知识决定你在他人心目中的地位,知识是相信一个人的外在表现,只有这样,客户才会主动向你询问,因为你能帮助他解决他无法解决的问题。

④ 人脉。人际关系是你销售工作得以长久发展的一个重要因素,如果客户第一次向你购买是因为相信你,下次是否愿意找你,可就要看你的服务以及你和你客户的关系了,销售本身也是人与人之间的交往。

三、广告促销

(一) 金融产品广告促销含义

金融产品广告促销是指金融企业通过宣传媒体以各种方式向现有的和潜在的客户介绍金融企业所能提供的产品及其功能、特点等情况,以吸引客户的注意,并诱导客户的消费行为向某种方向转变的宣传活动。金融机构在促销宣传过程中,首先要应用的方式就是广告。广告不仅是推销产品、诱导客户购买的重要工具,也是树立金融机构形象的重要工具。做广告需要金融机构付出一定费用,通过特定的媒体向市场传递信息。广告的接触面广,信息艺术化,且可以多次反复使用。但由于其说服力较小,难以促使客户立即购买。

(二) 金融广告的实施步骤与策略

金融产品广告促销要明确主题、明确对象、构思有创意、设计好广告语。

1. 明确主题

(1) 以宣传金融产品为目的

① 尽可能地将金融产品和服务的特色充分地加以展现介绍;

② 根据不同客户的需求,突出产品质量和服务优势;

③ 选择好广告投放的时间和地点,力求达到"先入为主"的宣传效果。

例如,美国国民银行推出"保值定期储蓄"新产品,它的广告语是:"过去不总是将来的预见者",意思是人无远虑必有近忧。这种存款 18 个月的利率为 5.26%,高于一般的 2 年期利率。这则广告颇有规劝你有备才能无患的深长意味。又如这样一则广告:"Open a once and we'll pay you twice"(开一次定期存款,我们付你两次红利)。该种储蓄产品存期 9 个月的利率为 4.7%,外加在开户时先付 0.25% 的红利,到期后你决定续存时,再付一次 0.25% 的红利,以示优惠。金融产品广告由于金融产品自身的特点,容易引起人们注意,并成为客户的购买理由,以此作为广告宣传的主题,可以起到促销作用。

(2) 以金融机构形象广告为目的

机构形象广告则是为了在广大客户心目中树立有利于金融机构长期发展的良好声誉,以期获得金融客户的信任感与安全感,即通过扩大金融机构知名度,提高其信誉度;给客户留下值得回味的亲切形象,以使客户成为"回头客"。企业形象广告的重要性还在于消除金融机构的官僚习气重、缺乏人情味等不良印象。金融机构形象具体包括企业的历史、文化、规模、实力、产品质量、服务态度、建筑风格、营业场所布置、企业标志等。随着金融产品的差异性越来越小,企业形象广告在金融广告促销中的作用已越来越大,这引起了金融界的广泛重视。因为当金融客户去银行开户、去证券公司交易或去保险公司投保之前,吸引其去进行金融业务的关键是使其知晓金融机构是关心客户的,是为客户利益着想的,是有能力解决客户困难的。而只有覆盖面广泛的企业形象广告,才能有效地在目标市场上树立起特色鲜明的企业形象。

例如,在美国旧金山街头有一幅摄影广告,题为:You are in good hands(你在一双手的呵护中)。那是一家保险公司的广告,画面中央是一双稳健有力的男性之手,小心翼翼地捧着一颗心形钻石,背景是一片幽兰,隽永的意境尽在不言中。又如,美国北方信托银行的广告标题是:"Trust northern, i do and you should too"(相信北方银行,我做你所需要的)。广告中列举了如何满足客户需要的承诺,以示该银行的真诚。

(3) 金融产品广告和金融机构形象广告应互相补充

当机构形象广告引起客户的注意和兴趣后,金融机构应趁热打铁,运用金融产品广告及时向客户介绍能为其带来收益的各种金融服务,因为企业形象广告必须以金融产品和服务为其基本内容，而金融产品广告所推出的产品与服务又必须以良好的机构声誉作为前提和保证。

2. 明确对象

为了达到广告效果，金融机构在设计广告和内容时，必须清楚地了解和分析有兴趣购买产品的个人、家庭或组织的类型，并且要判定谁能作出购买决策。由于对象不同，金融机构在选择广告媒体、进行内容设计时应作相应的调整，如果不区分客户对象（如以社会公众为宣传对象），或仅在专业刊物上做广告是难以引起目标客户注意的。

3. 提出构思

（1）构思要具有说服力

通过直接指向宣传对象的切身利益，以表明金融产品和服务将使宣传对象获得实际利益。金融机构通过扼要地阐明其所提供的产品和服务，以使客户有明确的选择。例如，把本地区办理某一金融业务的营业网点地址刊登在广告内，将极大地便利客户的选择。

（2）构思要富有创意

广告效果在很大程度上取决于广告创意。以前，金融界不太愿意采用有新意的广告内容，某些金融界人士甚至认为金融机构必须表现出传统稳重的形象，标新立异的广告宣传会有损于金融机构形象。然而，随着公众兴趣和认识态度的转变，创意性广告已成为塑造金融机构形象的有效手段。现在大多数客户都把创意性广告与企业创新精神等同看待。例如，美国圣保罗联合银行在《芝加哥论坛报》上刊出一则广告，标题用语是"What goes up must go higher"（追求高效），并且下面还有一个大字："Guaranty"（保证）。原来美国有一句谚语："What goes up must come down"，意思是"上去的必然下来"。这里却反其意而用之，"上去的必然更上去"，即暗指存款利率上去更上去，而且有"保证"，怎么会不吸引人呢！

富有创意的金融广告构思主要表现在以下三个方面。

① 创设一种现代化的标识、符号和图案。
② 运用生动形象的画面，包括运用动画手段和聘请明星。
③ 运用使人可信的广告语，并根据时代特征加以改变。

案例透析 5.2

怪异的广告

美国纽约国际银行在刚开张之时，为了迅速打开知名度，便想出了一个出奇制胜的广告策略。

一天晚上，全纽约的广播电台正在播放节目，突然间，全市所有广播都在同一时刻向听众播放一则通告：听众朋友，从现在开始播放的是由本市国际银行向您提供的沉默时间。紧接着整个纽约市的电台就同时中断了10秒钟，不播放任何节目。一时间，纽约市民对这个莫名其妙的10秒钟沉默时间议论纷纷，于是"沉默时间"成了全纽约市民茶余饭后最热门的话题，国际银行的知名度迅速提高，很快家喻户晓。

启发思考：
国际银行的广告策略巧妙之处是什么？有什么启示？

（3）要设计好广告语

广告用语是广告的灵魂，应具有较深的内涵，既要含蓄又要独创，才能令人耳目一新。寓意深刻的广告语，能给人留下意犹未尽、回味无穷的美好印象。美国金融机构十分重视广告语，各类金融广告都有生动醒目的标题，借以打动公众。如有一则银行广告的标题是：

"Your money has never gone this far",这句话有类似"积小钱、办大事"的含义,可谓神来之笔。当画龙点睛般极富个性的广告语深深印在客户脑海中时,这些金融机构的形象也就随之铭刻于客户心中了。

4. 选择媒体

广告媒体是指广告信息传播的载体。其主要分为印刷媒体,如报纸、杂志、书籍等;电子媒体,如电视、广播等;邮寄媒体,如产品说明书、宣传手册、产品目录、服务指南等;户外媒体和其他媒体。四大媒体是指广播、电视、报纸、杂志,其他媒体是指户外、邮寄等。不同的广告媒体在传播空间、时间、效果、广告费用等方面具有不同的特点。

(1) 广电媒体

广播媒体的优点是制作周期短、传播时间灵活、宣传范围广、人口覆盖面大、成本费用低,属大众化传媒;缺点在于仅有声音,不如电视媒体引人注意,并且信息瞬间即逝。因此,广播难以为抽象的金融产品和服务提供直观有效的宣传。

电视媒体在各种广告媒体中传播效果最好,据统计,电视广告直接产生的效果约占所有媒体的35.4%,积累性效果高达50%。电视媒体的优点在于综合了视觉、听觉传播效果,富有感染力,能引起观众的高度注意,传播范围广,有利于金融机构形象的塑造,通过生动的场景展示可以更好地说明金融产品的功能;其不足之处在于制作成本高、信息瞬间即逝、观众选择性小。随着电视影响的扩大和金融机构更多地运用有创意的广告以及社会公众对金融重要性认识的提高,电视广告在金融广告预算中的比例逐年提高。20世纪70年代初,英国银行的电视广告支出仅占其广告预算的4%,而进入80年代后,这一数字达到了50%。

(2) 报刊媒体

报纸由于发行量大、覆盖面广,并涉及各阶层的读者,因而是最具可选择性的广告媒体。报纸的优势在于其订阅和发行地区比较明确,区域集中度较高,信息传播快,费用比较低,尤其适合于借助文字传播内容比较复杂的说明性广告。目前,美国的报社有1700多家,大城市的日报一天出50~100个版面,星期天达200~300个版面。《纽约时报》曾经有一天出946个版面,重3.4千克,刊登广告120万条,可称得上是吉尼斯纪录。金融机构可以根据其产品情况和促销目的,在报纸上刊登各种类型的金融广告,即使是一种复杂的金融产品,也可以在报纸广告中登载一段详尽的说明文字;在为企业下属分支机构和网点提供促销支持时,也可将每个分销渠道的情况列在上面。

杂志的优点是品种多、可选择性大、印刷质量好、保存时间长、反复传阅率高,不足之处在于其发行周期长、信息传播慢、读者范围窄。一般专业杂志的可信度和权威性更符合金融机构的形象要求。

(3) 户外媒体

主要包括设置在公共场所的广告牌、海报招贴等,通常主题鲜明、形象突出,给人留下深刻印象,尤其是广告牌长期固定在某一场所,可重复传播,注意率极高。由于广告牌位置固定,因而接受宣传的往往是同一类客户。金融广告牌主要是宣传企业名称和服务内容,广告画面和广告用语必须简明易记,以提高宣传效果。

(4) 邮寄媒体

这是通过邮局直接寄给客户的宣传品等的广告方法。邮寄媒体的针对性最强,可根据目标客户的需求特点,决定广告传播的内容和形式;邮寄媒体可详细介绍产品和服务的功能与特点,说明性较强;邮寄媒体的阅读率高,传播效果好,费用低廉;在对目标市场进行宣传,尤其是宣传金融机构特有的业务项目时,更是一种高效廉价的促销方法。在新产品投放初期,邮寄方式既可以起到短期保密作用,以防止在大面积推广之前招来模仿者,又可以让老客户尽早了解新产品信息,优先享用新产品。随着越来越多金融机构建立起客户数据库,邮寄媒体正发挥着越来越大的作用。

总之，金融机构选择广告媒体，应在充分了解各媒体特点的基础上，根据目标宣传对象的性质、特点、范围、规模以及广告费用等因素进行综合考虑，并在重点选择某一媒体后，并辅助以其他媒体，通过媒体组合方式以强化其促销功能。

5. 评估预算

广告促销活动除了传播信息、吸引客户外，还必须关注广告宣传的成本和收益。由于在产品广告中，这种联系体现得更为显著，因而金融机构大多采用产品广告方式；而在形象广告中，这种联系效应则还难以测定。

四、营业推广

1. 营业推广的概念

营业推广是企业为了刺激需求而采取的促销措施，即利用各种刺激性促销手段吸引新客户以及回报老客户。对金融机构而言，新客户可以分为两类：一类是尚未接受金融服务的潜在客户；另一类是已接受过同类产品的客户。

2. 营业推广的基本特点

（1）非规律性

营业推广多用于短期的促销活动，目的在于解决具体的促销问题。

（2）方式多样化

营业推广的具体方式包括赠送礼品、有奖销售、免费服务、陈列展示等。

（3）效果即时性

营业推广的促销效果可在短期内迅速显现。

3. 营业推广的主要作用

① 加速新产品进入市场的过程。当消费者对投放市场的新产品尚未充分了解时，通过必要的促销措施可以在短期内迅速为新产品打开销路。

② 抗衡竞争者的促销活动。

③ 刺激消费者的购买欲望。即通过适当的促销措施，使消费者对产品形成好感，促成其购买行为。

4. 营业推广的基本策略

① 确立营业推广目标。由于目标市场和产品生命周期不同，营业推广所达到的具体目标也不相同。例如，对于传统金融产品，企业应鼓励客户重复购买；而对投放市场的新产品，则应吸引客户尝试购买，尤其鼓励反季节性购买。

② 选择营业推广方式。为了实现促销目标，金融机构应根据市场需求和竞争环境，选择适当有效的营业推广方式。例如，营业推广目标是为了抵制竞争促销，企业可采取赠送礼品、有奖销售等措施。

③ 制订营业推广方案。金融机构制订方案要本着费用少、效率高的原则，可具体规定营业推广的范围、途径、期限和成本等。

5. 营业推广的主要方法

① 赠送礼品。赠送礼品是金融机构运用较多的促销方法之一。例如，在吸收存款、办理信用卡以及新设分支机构开业典礼时赠送礼品，或是为了鼓励长期合作而向老客户赠送礼品等。

② 有奖销售。这主要用于储蓄、信用卡购物等方面。例如在20世纪80年代后期，国内各家专业银行纷纷推出各种住房有奖储蓄，有的1年开一次奖，有的1年开几次奖。

③ 免费服务。当金融市场竞争加剧时，为了推广业务、招揽客户，金融机构往往会采取免费服务的促销方法，如信用卡持有者免付会员费等。

④ 陈列展示。金融机构通过实物展示、展板解说等形式吸引客户购买金融产品和服务。

五、公共关系促销

1. 公共关系促销的概念

公共关系促销是通过一系列活动，向客户传递理念性和情感性的银行形象以及金融产品和服务的信息，从而改善银行与客户的业务往来关系，增进公众对银行的认识、理解与支持，树立良好的企业形象。

公共关系促销是一门追求良好企业形象的艺术，其具体内容包括：产品形象、服务形象、员工形象、外观形象的风格与特征。良好的企业形象会给金融机构发展带来巨大的助力，能为机构赢得更多的客户和市场。

2. 公共关系促销的作用

① 让客户充分了解企业的宗旨、信誉、经营范围和服务方式。
② 提供多样化产品和热情周到的服务。
③ 及时处理客户投诉。
④ 协调与竞争者的关系。
⑤ 建立良好的伙伴关系。
⑥ 尊重竞争对手，处理好与竞争对手的关系。

3. 公关关系促销的方法

金融机构开展公关关系促销的方法主要有以下三种。

（1）通过新闻媒体宣传机构形象

金融机构通过与新闻界建立良好关系，将有新闻价值的相关信息通过新闻媒体传播出去，以引起社会公众对金融产品与服务的关注。报纸、杂志、广播、电视等新闻媒体是金融机构与社会公众进行沟通、扩大影响的重要渠道。新闻报道在说服力、影响力、可信度等方面要比商业广告所起的作用大得多，也更容易被社会公众所接受和认同。当然，只有金融机构不失时机地策划出价值高、可予报道的新闻，才能引起新闻媒体的关注，成为传媒追逐的热点。

（2）积极参与和支持社会公益活动

社会公益活动是一种深入承担社会责任的活动，金融机构对公益事业的热情能赢得社会公众的普遍关注和高度赞誉，可以最大限度地增加营销机会，现已成为它们开展公关促销的主要方法之一。

案例透析 5.3

农行山东分行在全省开展"我是神车手"掌上银行在线营销活动

农行山东分行在全省（不含青岛）开展"我是神车手"电子银行在线营销活动。
一、活动主题：
我是神车手　奖品已领走！

二、活动时间：
2018年1月18日～2018年2月18日。

三、积分兑换礼品：

奖品内容	积分
2元京东代金券	200积分
30元话费	2000积分
100元话费	6000积分
200元话费	10000积分
300元话费	排名第4~23名
1000元话费	排名前3名

四、活动流程：

01. 玩游戏　02. 领取奖品　03. 支付　04. 实时通知

1. 手指拖动赛车收集宝箱获得积分，收集宝箱数量越多，则积分越高；赛车掉进井盖中即本局游戏结束。

2. 本活动仅限山东农行用户参与；用户可通过微信扫描二维码关注"中国农业银行山东分行"订阅号参与活动，也可通过好友分享的活动链接参与。

3. 凭借积分可兑换奖品，每兑换一次奖品需要支付0.01元；所中奖品将以短信形式发送到用户参与游戏时预留的手机号；奖品数量有限，兑完为止。

4. 用户每日可参与两次游戏；通过分享给朋友或分享至朋友圈获取一次游戏机会（当日有效）；通过支付0.01元获得一次的游戏机会（当日有效），每天最多支付两次；累计每天最多5次游戏机会；支付支持K码支付和掌银K令支付。

5. 最终总积分排行前3名用户将获得1000元话费，排行第4~23名（含并列）用户将获得300元话费奖励。

启发思考：

公共关系活动的作用有哪些？农行山东分行是如何进行公共关系促销的？

（3）与客户保持联系，增进相互了解

金融机构应主动与客户保持沟通联系，通过诸如个别访谈、讲演、信息发布会、座谈会、通信、邮寄宣传品与贺卡等方法，促进客户对机构的了解，从而使其形象能长期保留在客户的记忆中。这种公关促销活动对维系老客户、吸引新客户具有良好的作用，尤其是对于稳定老客户作用更大。

六、金融产品的促销步骤

金融机构开展促销活动，主要步骤如下。

1. 确定目标促销对象

目标促销对象就是指接受促销信息的潜在客户。每一种金融产品都有其特定的目标客户，金融机构在促销之前，要分析目标客户对金融机构及其产品的熟悉程度，因为熟悉程度不同决定了促销宣传内容的不同；然后金融机构还要分析目标客户对金融机构及其产品的喜欢程度,喜欢的原因是什么,借以有针对性的调整促销的内容和形式。

2. 决定促销目标

促销目标是指金融机构从事促销活动所要达到的目的。在不同时期以及不同市场环境下,金融机构有其特定的促销目标。

① 告知。通过促销宣传使更多的客户了解该机构和产品,提高金融机构极其产品的知名度。

② 激发。激发客户对某一新的金融产品的需求,争取客户对某一竞争激烈的金融产品的产生选择性需求。

③ 劝说。即通过促销宣传劝说更多的客户使用本金融机构的某种金融产品,从而扩大销售,提高产品的市场占有率。

④ 提示。即通过促销宣传提醒客户不要忘记该金融机构的金融产品,并且能够反复购买和使用该金融产品,以巩固其市场地位。

⑤ 偏爱。即在目标市场中营造企业经营和产品的独特风格和个性,树立良好的金融机构整体形象和产品形象,使客户对该产品产生偏爱。

3. 确定促销预算

促销预算是指金融机构打算用于促销活动的费用开支,促销预算规模直接影响到促销效果的大小和促销目的的实现。促销方式不同决定了促销预算的大小,金融机构只能根据自身的实力来选择适合自己的促销组合,促销预算必须是能够负担的,而且可以适应竞争的需要,为此要考虑销售额的多少、促销目标的要求、产品的特点等影响促销的因素,以避免盲目性。

确定促销预算的方法一般包括以下几点。

① 量力而行法。即金融机构根据其自身的能力所能负担的费用来灵活确定促销费用。此种方法简便易行,但是应用不多,主要是由于其忽略了促销对扩大销售的积极作用,因此不利于金融机构扩大产品市场。

② 销售额比例法。根据以前的销售水平和预测未来的销售水平的一定比例来确定促销预算。这种方法在实际情况中应用的比较广泛,但是由于对竞争对手情况的预测具有一定的困难,因此这种方法在实际操作中也具有一定的弊端。

③ 竞争比较法。即根据竞争对手的促销费用来确定自己的促销预算。由于可以将促销作为一种竞争的工具,因此这种方法往往在竞争比较激烈的金融产品促销中使用。但是由于这种方法完全依靠竞争对手的情况而定,忽视了金融机构自身的实力和促销目标,因此具有一定的盲目性,甚至会引起恶性的促销竞争。

④ 目标任务法。即根据金融机构的促销目标和任务来确定所需要的费用,进而确定促销预算。这种方法是一种比较科学的确定促销预算的方法,因为它将促销活动目标与促销预算直接联系起来,针对性较强。但是采取这种做法时,促销预算人员必须明确了解市场情况,能够制定正确的促销目标,且能较准确地估计促销活动的所有费用,可见条件比较苛刻。

4. 决定促销组合

促销组合是金融机构根据促销目标对促销方式的合理搭配和综合运用,这些促销方式包括前述的广告、人员推销、营业推广和公共关系等。金融机构在进行促销活动时,通常是实施由多种促销方式结合而成的促销组合,而不是单单运用一种促销方式。这是因为这些促销方式各有各的特色,各有各的弊端,综合运用各种促销方式可以达到扬长避短的目的。成功的促销组合一般符合以下几个条件。

(1) 符合金融机构的促销目标

好的促销组合一定要符合金融机构的促销目标。如果金融机构希望了解其产品的潜在客户群能够达到最大，并且大多具有购买的意愿，则其可以使用以广告和营业推广相结合的促销组合；如果金融机构希望客户直接了解其产品特色，改善金融机构的形象，那么它就可以采用人员推销和公共关系相结合的促销组合。

（2）符合机构产品的特点

好的促销组合一定要符合产品的性质。产品的不同性质决定了客户的购买目的的不同，因此营销人员也要采取不同的促销组合策略。例如大额贷款这类金融产品主要针对的是组织市场中的工商企业，客户相对集中，且专业性较强，因此适宜采用人员推销为主的促销组合。而对于针对广大消费者的保险类产品、信用卡类产品，市场份额较大，则适宜采用广告和营业推广为主要促销方式。金融产品的不同性质还决定了产品市场生命周期的不同。在产品生命周期的不同阶段，促销的目标往往不同，因此需要采用不同的促销组合。例如，在产品的投入期，金融机构的促销目的主要是希望最广泛的人群能够了解该产品，因此适宜采用触及面广、影响面大的广告和公共关系为主的促销方式。在产品的成熟期，促销人员可以采用广告来提醒客户，运用营业推广方式来刺激客户购买产品。

（3）符合市场条件

优秀的促销组合一定要符合市场条件，市场条件包括市场规模和市场特性。金融产品预计市场规模的大小决定了能够购买该产品的客户群的大小，因此也就决定了采用何种促销组合最为有效。如果金融产品的市场范围广，则客户多，那么适宜采用广告为主、营业推广方式为辅的促销组合；如果市场范围窄，客户少，则适宜采用人员推销为主，营业推广和广告为辅的促销组合。市场的特性对促销组合也会产生一定的影响。因为不同的市场特性决定了对不同的促销方式的接受程度不同。有的市场不太信任广告、比较信赖直接推销，则适宜采用人员推销方式而广告方式的效果则不明显。总之在促销组合的选择中，必须依据市场条件，有针对性地选择与金融产品目标市场相适应的促销组合。

案例透析 5.4

香港银行业的营销组合

香港银行业在细分市场的基础，近年来较多采用"精选客户"的策略，根据银行本身的不同情况，对合适的客户进行筛选，或重点拓展贸易融资客户，或侧重发展私人信贷的客户等。总结近年来港澳银行实施的营销策略，主要表现在以下方面。

1. 产品策略

香港银行经常使用"交叉配套"和"差异化"的策略。"交叉配套"是指银行在促销产品时搭配准备推销其他相关联的产品，以促使有关产品的共同发展。例如，通过按揭贷款推销寿险、财产险、信用卡等业务产品。"差异化"是指银行在产品多元化的基础上，根据不同客户需求设计不同的产品，如楼房按揭业务提供灵活供款选择，以及每期供款额逐渐递增等。

2. 价格策略

香港银行近年来均倾向于"薄利多销"。在竞争激烈的情况下，银行为争取客户不断调高存款利率和调低信贷利率，如目前香港银行的楼盘按揭利率已低到极限水平，其他产品也以回赠现金、赠送礼品等形式变相降价。由于价格战有底线，不可能持续以此作为竞争手段，因此，非价格竞争也愈演愈烈。

3. 促销策略

香港银行近年来的促销活动相当活跃，一般商业上使用的促销手段基本上都用上了，尤其是定点促销、开放日、传媒广告的使用颇为频繁。最近，香港银行较多使用"直接促销"的策略。"直接促销"是指银行为某类选定的细分市场建立专业服务中心或小组,以贴身跟进的方式,通过电信设备及其他服务手段直接销售银行产品,如从客户资料库中精选潜在客户,通过电话直接销售基金。

4. 销售策略

香港银行过去传统业务经营一向着重于"柜员制",针对于此,20世纪80年代银行业兴起服务改革,后期更提倡优质服务,均主要放在柜员服务素质的改善与提高上。随着国际金融潮流的演变,香港银行也日渐注重个体客户关系的发展。值得注意的是,随着对客户提供贴身服务的需要,个人销售的形式已逐渐兴起,以配合个人银行业务的发展,传统的柜员服务的重要性已有所削弱。

5. 销售渠道策略

香港银行的销售渠道策略强调多样化和系统化。一方面,充分利用现有的促销渠道,如简单产品用一般渠道销售,复杂产品则组织专业队伍销售,并利用信息技术来提高效益、降低成本;另一方面,近期银行根据客户的不同状况,特别注重于内外渠道的沟通。例如,利用IT技术与外界共同创设新的营销渠道,目标是建立系统化、多层次的销售渠道系统。汇丰与美林合组联营公司,提供全球化网上投资银行业务,即是一个典型的例子。

启发思考:
分析促销组合的作用是什么?

七、科特勒的营销思想的发展

1. 4P理论

几千年来,人类所重视的是生产,销售似乎天经地义地只能从属于生产。一直到工业革命后,制造业依然是经济的心脏。管理学在诞生之初,依然以制造业为基本对象,奉行的是以效率为宗旨的制造业逻辑,由此营销学就产生了"4P原理",即营销必须确定的四个问题:首先,产品(Product)是什么?其次,选用什么样的价位(Price)?再次,到何处(Place)推销?最后,怎样进行促销(Promotion)和宣传?

2. 6P理论

在20世纪80年代,科特勒感到"非市场力量"对营销的影响。他提出,营销不能仅仅只依靠"看不见的手",很多时候还需要"看得见的手"。原有的4P,缺乏政府的位置。另外,社会文化和舆论也会对营销施加非市场的干预。于是,他在自己的营销组合中增加了两个方面,即"政治权力"(Political power)和"公共关系"(Public relation)。由此形成了大市场营销理论。新增的2P,强调政府作用和社会作用,而同公司实力无关。也就是说,不管是多么出色的公司,要进入某个特定的国家或者文化区域,都有可能面临各种有形的政治壁垒,还有无形的社会心理和公众舆论甚至生活习惯等等。这些都会对营销造成非市场因素的障碍,需借助政治技巧和公共关系技巧才能有效地进行营销。

3. 10P理论

科特勒发现新增的2P缺乏明确的内涵,不能给出类似于传统4P那样具体的操作工具与操作方法,没有具体化就没有可操作性。难以把握内涵,自然就难以执行和控制。另外,新增的2P也不属于传统营销的职能,因而营销部门不可能对其负责,也意味着营销不再是营销部门的行为而是整个企业的行为。于是,科特勒又将6P组合发展为10P组合,即再增添研究(probing)、划分(partitioning)、优先(prioritizing)、定位(positioning)。这次新增的4P实际上主要着眼于把政治因素和社会因素引入营销后的新变化,尤其是公司高管层的对应变化。

4. 12P 理论

科特勒认为，即便是 10P，依然存在明显的不足。不管营销如何变化，如果忽视了"人"，就是舍本逐末。"人"在市场营销中扮演着至关重要的角色，从实质上看，营销必须由人操作，从人出发，以人为宗旨。从形式上看，如何引起人的注意力，还需要更多的包装服务。所以，科特勒又增加了两个 P：人（People）和包装（Packing）。至此，科特勒的营销组合由 4P 演变成了 12P。从 4P 到 12P，反映的是营销组合的发展。从战略角度看，即便是 12P，已经考虑到了影响营销的各个方面，仍然存在不足，即对顾客的考虑不足。

4P 也好，12P 也好，基本立足点都是卖方而非买方。

5. 4C 理论

科特勒强调，顾客在考虑购买一项产品或服务时，不会站在卖方的立场。顾客关心的是客户价值（Customer value）、尽可能低的客户成本（Customer cost）、购物的便利性（Convenience）以及跟营销人员更好的交流（Communication），而且是双向的交流。因此，4P 中的每一个因素，都可以由卖方观点的 P 衍生为买方观点的 C。所以，营销应该从 4P 转向 4C，即从卖方观念转变为买方观念。必须指出，4C 并不排斥 4P，恰恰相反，是要从顾客角度出发更好地处理 4P。严格来说，从 4P 到 4C 只是优先次序的变化。如果在营销战略中先考虑顾客的 4C，再加上战术层面的 4P，营销会变得更加有效（见表 5.2）。

表 5.2　4P 和 4C 的对应关系

4P	4C
产品（product）	客户价值（customer value）
价格（price）	客户成本（customer cost）
地点（place）	便利性（convenience）
促销（promotion）	交流（communication）

6. 4E 理论

应该说，科特勒提出的 12P 和 4C，至今还在主导着营销理论发展。然而，社会发展到互联网时代，科特勒是不是还在率领营销领域的潮流，其实已经有人提出了新的挑战。分析这种挑战，有助于对科特勒理论形成更深刻的理解。

立足于互联网时代的顾客变化，奥美互动全球的 CEO 布莱恩·费瑟斯通豪认为，以往的营销建立在 4P 基础上，而时代在发展，营销理论需要一个革命性的转变，这种转变的内涵，就是以 4E 替代 4P。所谓 4E 包括以下内容。

（1）从产品到体验

社会进步使消费者的购买行为发生了很大的变化，现在顾客是在经验中做选择，而不单是在产品特色中做选择。任何产品，能够维持优势地位的时间会越来越短。营销者应该把重点从单纯的产品服务转移到顾客的体验之中，营销者要不断提升顾客的体验，提升顾客对品牌的忠诚度。

（2）从特定地点到无处不在

网络极大地改变了世界的空间分布，现在顾客的购买行为可以从网络上直达任何地方，在虚拟的世界中改变旧有的营销观念。虚拟并不"虚"，它是实实在在的真实世界，网络化使营销打破了以往的空间隔阂。

（3）从价格到交换

营销的核心在于交换，信息的发达，使现在的消费者越来越有能力识别和判断产品的内在价值。所谓"购买"，越来越向交换的本义靠拢。而价值是因人而异的，营销人员应该重新理解王尔德的名言："A cynic knows the price of everything but the value of nothing"（愤世嫉俗的人知道任何东西的价格，但却不知道它的价值）。

（4）从促销到布道

在互联网的推动下，人们的价值趋于多元化。促销不是把产品推销出去，甚至不是把服务推销出去，而是传递给顾客一种新的理念。

比如，出售可乐不是推销饮料，而是传播活力。如果科特勒是立足于 4P，提出以顾客主导的营销战略，对他之前的营销理论进行改造，那么费瑟斯通豪则是试图乘互联网之威，以新的理念对 4P 取而代之。在思想内涵上，他们实际是相通的，都是从顾客出发，从社会发展出发来看待营销。二者孰是孰非，这需要对以往的营销理论作出基本判断，是已经过时？还是基本可靠？科特勒能不能继续引领营销学的发展趋势，眼下尚未形成明确的答案。也许，科特勒会过时，但显然不是今天已经过时。在一定意义上，科特勒面临的是双重挑战。

对于发达国家来说，人们开始注意到科特勒的不足，比如费瑟斯通豪的 4E，就是挑战以往的 4P 营销；而在发展中国家，尤其是在还没摆脱短缺经济的国家，费瑟斯通豪的 4E 理论显然过于超前，这些地方的民众，根本不可能享受到"顾客是上帝"的待遇，顾客导向的营销，无论是战略上还是战术上都缺乏现实条件。所以，4E 的提出，还不足以替代科特勒的营销理论。

本章小结

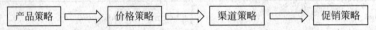
产品策略 ⟹ 价格策略 ⟹ 渠道策略 ⟹ 促销策略

综合练习

一、概念识记

产品策略　价格策略　渠道策略　促销策略　人员促销　广告促销　营业推广　公共关系促销　4C 理论　4E 理论　4P 理论

二、单项选择题

1. 需求富有弹性是以下哪项？（　　）
   A. $E_p=1$　　　　B. $1<E_p<\infty$　　C. $0<E_p<1$　　D. $E_p\to 0$

2. 金融产品定价的方法有（　　）。
   A. 成本导向、竞争导向、顾客导向、综合定价
   B. 利润导向、竞争导向、顾客导向、综合定价
   C. 成本导向、定位导向、顾客导向、综合定价
   D. 成本导向、细分导向、顾客导向、综合定价

3. 金融产品分销渠道的功能有（　　）。
   A. 销售功能、便利功能、信息功能、宣传功能
   B. 销售功能、便利功能、信息功能、低价功能

C. 告知功能、便利功能、信息功能、低价功能
D. 服务功能、便利功能、信息功能、宣传功能

4. 促销方式一般可分为（　　）等具体方式。
A. 产品促销、广告促销、营业推广、公共关系
B. 品牌促销、广告促销、营业推广、公共关系
C. 人员促销、广告促销、网络促销、公共关系
D. 人员促销、广告促销、营业推广、公共关系

5. 金融广告的实施步骤有（　　）。
A. 明确的主题、明确对象、提出构思、选择媒体
B. 明确的主题、明确对象、选择顾客、选择媒体、评估预算
C. 明确对象、提出构思、选择媒体、评估预算
D. 明确的主题、明确对象、提出构思、选择媒体、评估预算

6. 6P 理论是（　　）。
A. 产品、价格、渠道、促销、研究、优先
B. 产品、价格、渠道、促销、政治权力、公共关系
C. 定位、研究、优先、价格、渠道、促销
D. 产品、价格、渠道、促销、权力、定位

7. 四大媒体是指（　　）。
A. 广播、电视、报纸、杂志
B. 广播、电视、报纸、邮寄
C. 广播、电视、户外、邮寄
D. 手册、电视、报纸、邮寄

8. 关于需求的价格弹性系数，以下哪一个说法是错误的？（　　）
A. 可能为正数　　B. 可能为负数　　C. 可能等于0　　D. 不能等于1

9. 一个品牌最持久的含义应该是它的（　　），它们确立了品牌的基础。
A. 价值　　　　　B. 个性　　　　　C. 文化　　　　　D. 价格

10. 营业推广具有哪些特点？（　　）
A. 规律性　　　　B. 方式多样化　　C. 效果即时性　　D. 无规律性

三、多项选择题

1. 金融产品的品牌内容主要包括以下（　　）部分。
A. 品牌名称、品牌标记　　　　　B. 商标、版权
C. 品牌个性　　　　　　　　　　D. 品牌魅力

2. 在产品的说明上，营销人员必须把握以（　　）为重点。
A. 产品的特色　　B. 产品的好处　　C. 产品的价格　　D. 产品的利益

3. 好的品名一般具备（　　）特点。
A. 易读　　　　　　　　　　　　B. 易认
C. 易记　　　　　　　　　　　　D. 短小精悍、与众不同

4. 传统业务收费包括（　　）等。
A. 汇费、账户费　　　　　　　　B. 兑换费、结算费
C. 保管费、担保费　　　　　　　D. 咨询费、开户费

5. 金融产品定价有以下（ ）目标。
   A. 生存目标　　　　　　　　　　B. 利润最大化目标
   C. 市场份额最大化目标　　　　　D. 信誉目标和投资回报目标
6. 企业在对产品定价时一般会按照以下（ ）步骤进行。
   A. 选择定价目标　　　　　　　　B. 分析影响价格的因素
   C. 选择定价方法、考虑定价策略　D. 选定最终价格、价格的调整
7. 影响金融产品定价的因素有（ ）。
   A. 成本　　　　　　　　　　　　B. 市场需求
   C. 竞争状况　　　　　　　　　　D. 经济、法律法规
8. 金融产品定价的基本策略主要有（ ）。
   A. 高价策略　　　　　　　　　　B. 低价策略
   C. 高低组合策略　　　　　　　　D. 产品组合策略
9. 金融促销的作用主要有（ ）。
   A. 提供产品信息　　　　　　　　B. 引导消费需求
   C. 促进市场竞争　　　　　　　　D. 树立企业信誉
10. 人员促销的主要形式有（ ）。
    A. 上门促销　　　B. 柜台促销　　　C. 网络促销　　　D. 会议促销

四、判断题

1. 金融产品具有产品的普遍特性和自身的特殊性。（ ）
2. 品牌是指一种名称、标记、符号及设计，或是它们的组合运用。（ ）
3. 设立品牌的目的是使客户能够准确辨认金融企业及其金融产品和服务，并使金融企业能与其竞争者相区分。（ ）
4. 品牌标记即品牌中可以识别并读出的部分。（ ）
5. 商标即一个品牌或品牌的一部分，受到相关的法律保护。（ ）
6. 版权是指将品牌的有关内容进行复制、出版、销售或移作他用的、受法律保护的专用权利。（ ）
7. 有效的产品说明是成交的一大关键。（ ）
8. 金融产品的价格构成包括两大部分：利率和各种手续费用。（ ）
9. 需求价格弹性小于1，降价会提高产品利润。（ ）
10. 金融企业品牌推广主要通过人员推广、广告、公共关系、公共宣传等方式及其组合来推动。（ ）

五、简答题

金融产品的促销步骤有哪些？

六、分析题

阿尔巴尼亚的高息揽储危机

金融业的价格不正当竞争危害极大，很容易引起社会危机。1997年阿尔巴尼亚发生了令世界震惊的金融危机，引发危机的火药库，便是非法高息揽储。

早在1992年，阿尔巴尼亚一些"投资公司"为了吸引投资，推出了"金字塔式集资计划"，以高达96%以上的年息集资，全国70%的住户共有10亿美元投入了这些所谓的集资计划，相当于国内生产总值的30%。但"投资公司"的投资收益有限，只能以集资款来支

付利息。

到1997年，历时5年之久的集资真相最终败露，一些公司老板外逃，一些投资者本息全无，与此同时，政府参与假集资的丑闻败露。几乎失去一生积蓄的投资者被激怒了，他们由最初的示威游行发展到冲击政府和执政党办公大楼，抢劫商场，烧毁银行，发生了多起流血事件。到后来，除经济要求外，一些示威者还喊出了"政府下台"的政治口号，最终酿成了一场全国性的政治经济危机。

启发思考：

分析金融业为什么要有价格不正当竞争？它的危害有哪些？

CHAPTER 6

第六章 与客户合作

学习目标

职业知识
掌握向客户推介合作领域的内容
掌握谈判前准备工作的内容
掌握谈判的基本过程、谈判过程中的注意事项
掌握协议文本的基本构成要素
掌握合作事项的具体运作、合作关系的定期评价等内容

职业能力
能够恰当解决客户提出的问题
会设计作业方案
会写合作建议书
能够根据背景和情景完成谈判任务
会对客户综合收益测算、设计作业方案

职业道德
具有较强的公关能力、敏捷缜密的思维体系和良好的谈判运筹能力
具有良好的社交能力、语言表达能力、应变能力、文字写作能力
具有勇敢坚韧和强烈的自信心和意志力
具有严谨的工作态度、团队合作意识、协作能力和勇于实践勇于创新的精神
具备较强的沟通能力、组织能力
具备敏锐的观察能力、良好的心态和饱满的激情
掌握营销基本礼仪规范、良好的气质,具有良好的文化素质和业务素质

第一节 设计作业方案

引例

写出与 A 公司的作业方案

×银行现状	1. 从 2011 年年底开始,我行先后与国内一些著名企业建立了长期战略合作关系,利用自身资金、网络、人才等方面的优势,有力地推动了这些企业的发展。 2. 在为企业配置生产经营过程中所需资本和资金以及提供资本运作方面的专业顾问服务、资产重组等方面积累了丰富经验。

续表

A 公司现状	优势	1. A公司在通信产品方面拥有先进的技术、大量的人才、丰富的经验和完善的销售渠道,其他产品也具有很高的知名度和市场占有率。 2. A公司围绕主营业务与世界一流企业建立了一系列技术先进、成长性好和运作规范的合资公司,在资本运作和企业经营管理方面积累了丰富的成功经验,为主营利润的提高和今后的资本运作提供了广阔空间。 3. A公司经营业绩较好,股本适中。有较好的股本扩张能力和良好的筹融资能力。
	劣势	1. 短期来看,A公司面临一些现实竞争压力,手机产品市场竞争激烈,价格存在下滑趋势,利润增长难以跟上股本扩张速度。 2. 长远来看,A公司还需进一步巩固和发展主业和进行适度的多元化经营,以获得较强的盈利能力和分散主业风险。
×银行与A公司以往联系及建议	联系	1. ×银行2014年年底至今,为A公司以及下属公司提供了累计2亿元的短期和中长期贷款。 2. A公司是×银行的一般客户。
	建议	1. A公司应该增加新的投资,扩大主营产品的生产规模; 2. A公司应该降低成本,提高产品市场竞争力和市场占有份额; 3. A公司应该加强营销网络建设,加大新产品营销力度; 4. A公司应该通过产品链的延伸扩张,降低成本,增加产品附加值; 5. A公司应该通过资本经营寻找和确立新的业务增长点,获得更加持续稳定的利润增长。

对目标客户作出科学合理的价值评价并对其风险评估后,如果此客户有发展成合作伙伴的可能,则营销人员应进一步同其加强接触,在不断的接触中摸清客户的详细需求。在摸清客户详细需求及客户有服务要求的情况下,营销人员应向客户提出双方能就哪些具体领域进行合作。

一、明确合作领域

(一) 确定合作领域的基本原则

1. 客户规模的大小

合作首选当然是规模大的客户,规模大的客户其需求往往比较综合,营销人员可向其推介包括信贷、结算、资本运作、顾问服务在内的一揽子服务。

规模小的客户其需求往往比较单一,例如,要么是贷款需求,要么是结算需求。但规模小的客户也为营销人员向其提供发展战略策划服务提供了契机。

这种服务的要义在于发现客户是否具备成长价值,根据成长价值的大小决定能否帮助客户把规模做大。

2. 所属行业

以国内市场为主要服务对象的企业对国内结算、人民币存贷款的需求比较迫切,而外经外贸行业更需要银行提供外汇贷款、贸易融资、国际结算、外汇交易、风险管理等方面的产品与服务。

3. 客户特性

国有企业主要需要金融机构的常规性金融产品;上市公司则需要金融机构提供创新性金融产品。

4. 客户发展阶段

客户在不同的发展阶段,对金融产品的需求重点是不一样的。在发展初期,对金融产品的需求主要集中在项目基本建设贷款、项目流动资金贷款、相关结算业务及投融资顾问方面；在发展期和成熟期，对金融产品的需求主要是项目贷款、技改贷款、结算服务、周转资金贷款、战略咨询、管理顾问、财务顾问等方面；在衰退期或死亡期，对传统金融产品的需求处于萎缩状态（此时贷款需求虽很迫切，但往往不会被满足），对资产重组、兼并收购等资本运作服务的需求日趋迫切。

5. 客户对金融服务的急迫程度

营销人员先满足客户最紧迫的服务需求，解决了客户的燃眉之急，往往能使该客户成为金融机构的忠诚客户。当然，这种满足应建立在对风险和收益综合评价的基础之上。

6. 金融机构自身的服务品种及服务能力

考虑金融机构能提供哪些服务、每种产品的服务能力如何、与同业相比所处的竞争位置等因素，做到对客户的服务量体裁衣。

（二）需明确的问题

① 要建立什么样的合作关系。即是长期合作关系，还是短期或临时合作关系。

② 从哪些方面进行合作。即是全方位合作（即从开立基本账户到发展各种风险业务和非风险业务），还是单项合作（如存款或结算业务）。

③ 用什么方式进行合作。即是让客户来金融机构办理业务还是利用计算机网络等技术手段将柜台前移至客户主动提供服务。

④ 从什么时候开始合作。

二、向客户推介合作领域

营销人员应针对客户的具体情况和需求对金融产品和金融技术进行有机、有效的组合设计，并将这种组合以恰当的方式递交给客户，获得客户的认可。

（一）向客户提交合作领域时需注意的问题

（1）采取什么形式提交给客户

营销人员一般采取合作建议书或业务合作方案的形式，将拟合作的领域内容传递给客户。

（2）向什么人提交方案

营销人员要将合作建议书或业务合作方案提交给客户的最高决策层或管理班子。

（3）选择什么时机提交

要在双方经过实质性的接触之后，并且营销人员已经对客户进行了比较深入全面的调查之后过一段时间提交。时间适当推后再提交，意味着这是营销人员深思熟虑的结果。

（二）合作建议书的结构

（1）名称

一般采取"向某公司提供的服务产品清单"或"与某公司合作建议书"等名称，营销人员应将该名称放于具体建议的顶部。

（2）缘起

从回顾双方的接触入手，对客户做出基本判断与评价，引出提此合作建议的必要性。

（3）金融机构基本情况介绍

介绍金融机构时，不应泛泛而谈，应侧重于产品与服务优势，写出金融机构的特色。

（4）详细介绍拟提供的金融产品和服务

对一家金融机构来讲，按成熟程度可将其产品分为标准化产品、创新产品以及金融机构尚不能提供的产品和服务三种类型。

① 标准化产品。即名称、式样、外形、色彩、识别标记等内容都经过标准化设计的金融产品。对于一些需求单一或者对创新产品没有需求的客户，主要提供此类产品。标准化产品往往比较成熟，不存在缺陷和风险，也不存在太多的争议。

② 创新产品。即满足客户独特需求的个性化金融产品，此类产品可以为客户提供额外的利益。创新产品设计往往需要产品部门、会计部门、风险控制部门、技术部门和营销部门协同完成。创新产品设计至少要完成的工作包括产品的管理办法、操作流程、会计核算办法、计算机系统和市场营销方案等。金融产品的创新可通过扩大现有产品的服务功能和服务范围、开发与竞争对手有差异但更有竞争优势的金融产品等途径来进行。但不管通过何种途径创新产生的产品，在推向市场前都必须进行标准化工作。作为创新产品，组合产品在银行新产品中占有重要的地位。组合产品是将标准化产品进行不同组合后得到的新产品。根据客户的不同需求在各种产品品目和产品线当中进行搭配就构成了组合产品。组合产品相对于全新产品来讲，推出的成本低很多。

③ 金融机构尚不能提供的产品和服务。对于客户有需求，而金融机构目前又不能提供的产品，营销人员可采取外购和外协的方式，通过金融机构的外部战略合作机构来提供。但是这些外购和外协产品也是通过营销人员的设计和组织协调来运作的。

（5）展望合作前景

要突出阐述金融机构提供的金融产品和服务，可以对客户持续发展起到什么样的推动作用，并展望双方合作的良好前景。

（三）合作建议书内容

① 提交背景（对过去的合作进行回顾）。
② 挖掘客户价值。
③ 提出合作的目标。
④ 向客户提出发展建议。
⑤ 介绍本金融机构的优势。
⑥ 介绍金融产品方案（本合作建议书的核心内容）。
⑦ 结语。

三、搞好拟推介产品的定价与综合收益测算工作

在大致确定了拟提供的产品和服务之后，营销人员就要考虑每种产品和服务的价格，并依据确定的价格范围进行各项业务的收益测算，最后得出为客户提供金融服务能够为金融机构带来的综合业务收益，以此确定金融机构服务该客户是否能够获得经济上的收益。

1. 确定金融产品和服务的价格

金融产品和服务的价格既包括一项产品的利率水平，也包括一项服务的收费水平。利率按照银行规定的利率来确定，费率的确定则应考虑如下因素。

（1）尽可能实现较高的销售目标及利润

费率定得过高，客户可能无法接受；费率定得过低，金融机构就没有收益。营销人员应该把费率定得适当高一些，这样既可体现金融机构服务的高层次，又满足了客户希望获得高质量服务的心理。

（2）能够符合客户的承受能力

如果客户正处于发展阶段，费用支出控制过严，营销人员应从长远着眼，费率可定得适当低一点。如果客户财大气粗，根本不在乎顾问服务支出，营销人员就可将费率定得适当高一些。

(3) 要考虑市场需求与同业竞争因素

客户对金融机构服务的需求如果比较急迫，营销人员就可根据市场原则把价格定得高一些。当然如果同业给予了较低的价格，营销人员也应把价格定得低一些，以使自己的产品富有竞争力。

(4) 与其他营销策略共同使用

价格并不是能否赢得客户的唯一因素，产品的质量、服务的方式都可能影响到客户对金融机构的感受。营销人员应该把适当的价格、高质量的服务等要素一揽子提供给客户。只有这样，才能获得客户的高度认可。

(5) 所提供产品自动化的程度以及提供产品的成本和费用

所提供产品如果科技含量高，就理应将价格定得高一些，但也必须考虑开发此产品所投入的各项成本，使产品的收益维持在一个合理的水平上。

(6) 金融机构希望达到的形象和专营程度

如果银行推出的产品和服务是同行所无法提供的，营销人员就可采取心理定价策略，以造就自己高品质的市场形象。较高的定价，也可暂时起到抬高门槛、阻止竞争者进入的作用。

(7) 产品的生命周期

如在饱和阶段，就不能定得太高。在此阶段，工作重点是如何扩大销售量。

2. 进行具体的收益测算

在确定了各个产品和服务的价格之后，营销人员就可以进行收益的具体测算了。营销人员测算的收益往往是一种虚拟的收益，在这种情况下，营销人员必须以平均资金成本和平均资金收益率来作为计算收益的参照。基本的测算思路就是预计收益减去预计成本。

四、设计作业方案

如果客户对营销人员提交的服务清单有异议，营销人员则需与其作进一步的沟通，直至没有异议。当没有异议时，营销人员需根据客户的不同需求着手设计不同的作业方案。方案是营销人员向客户提供服务的总的纲领，必须做细、做深、做透。此方案经领导或上一级审核同意后，营销人员就必须严格执行。

客户的单项需求一般较易满足，一个营销人员就能胜任。客户的综合性服务需求则较复杂，需成立由多个营销人员组成的专门的作业小组。在小组内部，应做好分工。

（一）作业方案的构成要素

① 基本情况介绍，包括客户名称、性质、主营业务、市场与财务状况、经营管理情况等。
② 做此项目的成本收益分析，即为什么要做这个项目。
③ 做此项目的主要风险及风险控制措施。
④ 费用的收取标准及使用。
⑤ 成立项目小组。

如果不成立项目作业小组，接下来就是项目进程安排与需要的外部支持；如果成立项目作业小组，接下来就应包括项目小组的人员组成及管理、项目小组的工作原则、项目小组的工作分工、项目小组的工作进程安排等内容。

视野拓展 6.1

黄河建材集团金融服务作业方案

一、项目简介

位于辽宁省的黄河建材集团联合其控股上市公司深圳建材股份有限公司（简称建材股份）

全面收购中大公司所持某水泥公司90%股份。我行拟向其发放过桥贷款3亿元人民币,期限为1年,借款人为建材股份,担保人为黄河建材集团公司,还款来源为建材股份配股资金。同时,我行担任本次收购和今后集团资本运作的财务顾问。

二、总体策划

1. 成立作业小组,全面负责此项目的运作

作业小组由总行公司业务部门、深圳分行、沈阳分行和外聘机构、专家组成,总行相关部门配合。

2. 作业小组成员的职责分工

(1) 公司业务部门:项目牵头人,总体方案设计和策划,总体组织、协调和管理,总体风险控制,负责保持总行、沈阳分行、深圳分行之间的充分沟通和高度统一。遇重大情况随时向行领导汇报。负责项目档案的保密工作(信贷档案由分行负责但总行需备份)。

(2) 深圳分行:建材股份的账户开设,与券商的联络,起草法律文本,担当配股收款行,办好信贷手续。抽2~3名骨干参加作业小组。对建材股份全面把握,专项情况每月汇报一次,重大事项随时汇报。

(3) 沈阳分行:黄河建材集团的账户开设、吸存工作,与地方政府有关部门的沟通,对黄河建材集团的监控。要求:搞好与黄河建材集团的关系;监测黄河建材集团的生产经营情况;收集集团公司的重大信息和举动。

(4) 总行相关部门:计划资金部负责核拨资金、项目单独考核,法规部门对法律文本最后把关。

(5) 外聘建材规划院、发展研究中心、会计师事务所、律师事务所、投资顾问有限公司等单位参与项目作业。

3. 作业小组的工作原则

为确保项目运作成功,作业小组将坚持以下工作原则:

(1) 合规合法理性经营。

(2) 严格控制信贷风险。

(3) 银行整体利益最大化。

(4) 作业小组严格管理、规范运作。

(5) 总分行、行内外联合运作。

(6) 每周定期沟通一次。

(7) 在项目运作过程中,要强调团队精神的培养,注意加强行内外作业人员的相互配合。

(8) 要保证有关项目作业档案的完整,做到有备可查。

(9) 要加强风险锁定工作,特别是要学会通过法律协议的方式锁定风险。

(10) 要学会利用外力为我行服务。

(11) 项目作业与人才培养相结合。

三、收益成本分析

通过此项目运作,深圳分行可作为建材股份的主办行,可以成为配股资金的收款行;沈阳分行可以得到黄河建材集团及其关联企业在沈阳的结算业务,并吸收与此次收购有关的存款1亿元以上。此外,我行一旦承诺放款,还可按照惯例和总行规定收取承诺费。可见,我行可取得如下收益:贷款利差、存款收益、结算手续费、顾问费(含专项财务顾问费)等。为获此收益,我行需向企业提供3亿元过桥贷款,并向企业出具具有专业水准的顾问报告。

此项目的意义在于:

(1) 这个项目是我行传统业务和创新业务相结合,向企业提供全面金融服务的一次有益尝试。

(2) 与大型企业集团联合开拓资本市场,有利于分享资本市场上的收益,有利于将企业集

团和上市公司等国企中坚培育成自己的基本客户或重点客户。

(3) 拓展了我行的业务空间,通过这次作业,我行不仅向企业提供了传统的信贷服务和结算服务,还向企业提供了由信贷业务而派生出来的财务顾问服务,为我行创造了追加收益。

四、费用收取及分配

贷款利率按银行规定收取。顾问费按实际到位的收购资金的 1.5% 收取。经商讨,顾问费的内部分配为深圳分行 70%,沈阳分行 30%。顾问费的支用范围为:正常的顾问活动费用支出、外聘机构和专家费用。

五、项目风险点揭示及防范举措

(1) 配股风险:配股能否成功及配股资金能否及时到位关系到我行信贷资金的安全。作业小组认为,配股失败的可能性几乎没有,不能确定的只是配股价格的高低、配股比例的大小及配股时间的早晚。对策是积极参与企业配股工作,监测企业配股进程。

(2) 信贷风险:借款人建材股份的现金流量正常、财务及偿债能力良好,信贷风险较小。

(3) 政府行为风险:政府干预企业的行为可能造成企业并购活动的失败。对策是通过适当渠道向地方政府提出建议。

(4) 我行控制能力风险:对策是沈阳分行加强对企业的监控,定期拜会企业,谋求地方政府对此项目的支持。

六、作业日程安排

工作采取倒计时安排。

法律文本起草:深圳分行×月×日前起草完毕后交总行法规部门审核。

其他基础工作:深圳分行×月×日前做好配股收款行的技术准备工作。

信贷业务日程安排:深圳分行确保×月×日前信贷资金到位。资金到位后负责监控资金的使用,并负责贷款回收工作。

顾问服务日程安排:

(1) ×月×日前同外聘机构及专家签署委托协议。

(2) ×月×日前外聘机构及专家提交被委托事项的服务报告。

(3) ×月×日前编撰完黄河建材集团顾问服务报告,提交给企业。

(二) 作业方案的讨论与修订

营销人员起草完作业方案后,还需向相关部门征询意见,并在此基础上对方案作进一步的完善。

(1) 营销部门内部讨论和统一

营销人员设计的作业方案必须经过一个讨论和统一的过程,这种讨论一般都是在营销部门内部进行。如果是一个一般性客户,方案本身又不是十分复杂,那么这种讨论一般是在几个营销人员的参与下就可以进行。如果是一个价值比较大,或者是方案本身比较复杂的客户,这种讨论就要在部门内组织讨论,有时候可能还要邀请其他部门的一些人员参加。讨论的目的是论证营销人员设计的方案。参与讨论的人提出各自的修改和补充意见,营销人员在综合大家意见的基础上对方案进行进一步的修改。

(2) 与客户进行沟通,得到客户的认可

在金融机构营销部门内部取得一致意见后,营销人员还应把服务内容、进度安排、人员分工等内容及时和客户进行沟通,得到客户的认可。这种沟通可以是非正式的口头形式,也可以是比较正式的打印件或传真稿,在书面材料上必须注明是征求意见用,以免引起客户的误会。

(3) 项目提交风险控制部门审查

经过内部讨论及与客户沟通之后修改的方案就可以正式提交到金融风险控制部门了。如果在方案当中涉及对客户进行授信的业务,还要提交整套的授信审批申请材料。提交的材料中还应包括下面即将介绍起草的法律文本,当然在提交上述材料之前就应和有关风险控制部门、产品部门进行沟通,以免到时候这些部门还不知道是怎么回事。

第二节 与客户谈判

谈 判 流 程

根据以下背景与情景完成谈判任务。

一、背景

1. 活动目的:练习已经学过的谈判技巧。
2. 参与人数:6人(分两组)。
3. 谈判时间:2~4小时。

二、谈判任务

1. 谈判前,至少仔细阅读两遍谈判"情景"所涉及的内容。阅读时最好做些笔记或记下一些数据。凡是"情景"里没有讲到的东西,都假定是不存在(或不会发生)的,切不可另外增加情况以适应自己的设想。然后凭你们目前的经验分组讨论一下该如何与对手谈判。

2. 谈判要点:①资信确认,力争尽快得到乙方信任;②争取得到该单位的长效保险。

3. 谈判后,每组写一份感受,分析在模拟谈判中应用了哪些谈判技巧,总结谈判体会及谈判中遇到的问题与困惑。

谈判要点	①资信确认,力争尽快得到乙方信任; ②争取得到该单位的长效保险。		
甲方	×保险公司 代表:业务员李明、业务主任、秘书	乙方	A企业 代表:张经理、经理助理、财务经理
需求	1. 甲方准备资料有两种:一是长效保险,二是短效保险。 2. 据可靠消息,银行利率将下调,全国保险行业将会重新调整保险金。 3. 计价和支付用人民币来支付。	需求	1. 为本单位职工进行财产保险,每人保险金额1万元,共计450人。 2. 对险种及费用标准不太熟悉,希望能在保费低、手续简单、服务周到的保险公司里投保。 3. 希望以转账的方式付款,并到本单位办续约手续,理赔及所付费用由对方负责。

注:长效保险一年期满后,可续保,一旦出事故,可获赔偿,若续保,十年期满后可返还保险储金;短效保险一年期满后退还保金,至于险金问题,统一由保险公司决定,与同行业相同。

在当代,谈判在我们的政治生活、经济生活、社会生活中占有重要的位置。每天各种各样的谈判不计其数,如著名的"重庆谈判",影响世界的"中美关于中国加入世界贸易组织的谈判"。谈判是每个人都要学的,因为劳资也好、环保也好、外交也好、两岸也好,只要有立场上的不同,或利益上的差异,就必须要靠谈判解决。

从广义上来说,人们为了改变相互关系而交换观点,为了取得一致而磋商协议,这些就是在进行谈判。狭义的谈判是指在正式场合下,两个或两个以上有关组织或个人,对涉及切身权益的有待解决的问题进行充分交换意见和反复磋商,以寻求解决的途径,最后达成协议的合作过程。

在金融机构日常工作中,商务谈判常常会发生。如何有效抓住一个客户,完成金融业务的合作，营销人员的专业度、文化素养以及工作经验，甚至待人接物的方式、言谈举止等多方面因素都会影响商务谈判的成败。

一、为谈判做准备

"凡事预则立，不预则废。"其意就是不论做什么事情，如果事先有准备，那么就能成功，否则就会失败。

商务谈判是否取得成功，不仅取决于正确地把握谈判进程，而且还有能否巧妙地运用谈判策略在谈判桌上你来我往、唇枪舌剑，更重要的是商务谈判前的准备工作。

有些营销人员并没有完全认识到多花时间和力气对谈判进行充分准备工作的价值，他们认为准备工作是一项单调乏味的工作。其实，准备工作对谈判来讲至关重要，有备则赢，无备则败。即使谈判经验再丰富的老手，也应该郑重其事地牺牲一定的时间来进行谈判前的准备工作。

① 制定谈判目标。谈判的目标不应过于抽象，应尽可能用数量表示，要避免模棱两可。目标的制定应坚持挑战性和可及性原则。

② 收集关于客户的第一手资料并进行研究，做到知己知彼。

视野拓展 6.2

在去机场的路上达成协议

一位带着一大堆有关日本人的精神和心理分析书籍的美国商人，前往日本进行谈判。飞机在东京机场着陆时，两位专程前来迎接的日本方面代表彬彬有礼地接待了这位美国客商，并替他办好一切手续。

"先生，您会说日语吗？"日本人问。

"不会，但我带来了一本字典，准备学一学。"美国商人答道。

"您是不是非得准时乘机回国？到时我们可以安排这辆车送您去机场。"日本代表关怀备至地对美国商人说。不加戒备的美国商人觉得日本人真是体贴周到，就毫不犹豫地掏出回程机票，并说明何时离开。至此，日本人已知对方的期限，而美国人还懵然不知日本人的底细。日本人安排来客用一个星期的时间游览，甚至还安排他参加了为期一个星期的用英语讲解的"禅机"短训班，据说这样可以让美国人更好地了解日本的宗教风俗。每天晚上，日本人让这位美国商人半跪在硬地板上，接受他们殷勤好客的晚宴款待，往往一跪就是四个多小时，叫他厌烦透顶却又不得不连声称谢。但只要美国商人提到谈判的问题，他们就宽慰说："时间还多，不忙，不忙！"

第 12 天，谈判终于开始了，然而下午却安排了打高尔夫球。第 13 天，谈判再次开始，但为了出席盛大的欢送宴会，谈判又提前结束。美国人暗暗着急。第 14 天早上，谈判重新开始，不过，在谈判的紧要关头，汽车来了，前往机场的时间到了，这时，主人和客人只得在汽车开往机场途中商谈关键条件，就在到达机场之前，谈判正好达成协议。

③ 回忆上一次谈判的情况，记住不要再犯上次的错误。

④ 解决价格难题，确定金融机构能接受的最低价格标准。最低价格标准是营销人员同客户进行谈判的底线。营销人员可通过咨询信贷部门、计划资金部门及查阅相关规章来确定服务价格。

⑤ 确定谈判人选，明确首席代表和一般代表，审核嘉宾名单，并安排好本方的记录人员。有时候营销人员可独自与客户进行谈判，有时候则需邀请一些嘉宾共同与客户进行谈判。在确定嘉宾名单时，需注意如下事项：不必要的人士不必邀请；女性主帅比男性主帅更易受到谈判对手的包容。在某些情况下，营销人员还可以选择谈判对手。

⑥ 列出谈判内容清单，安排谈判议程。能制定谈判议程，表明营销人员已经占据了谈判的优势，这是因为营销人员已经掌握了谈判内容的主动权。在安排谈判议程时，营销人员应注意：制定书面的而非口头的谈判议程；删去你想谈、想知道但摸底不细的内容；删去你不想讨论或还没有准备的话题；按谈判顺序列出拟谈判的具体内容；多印几份谈判议程，除参会者人手一份外，还应为那些想参加谈判但不能参加或不准备参加谈判的人士准备几份。

案例透析 6.1

掌握历史情报，逼出谈判底牌

我国某厂与美国某公司谈判设备购买生意时，美商报价 218 万美元，我方不同意，美方降至 128 万美元，我方仍不同意。美方炸怒，扬言再降 10 万美元，118 万美元不成交就回国。我方谈判代表因为掌握了美商交易的历史情报，所以不为美方的威胁所动，坚持再降。第二天，美商果真回国，我方毫不吃惊。果然，几天后美方代表又回到中国继续谈判。我方代表亮出在国外获取的情报——美方在两年前以 98 万美元将同样设备卖给匈牙利客商。情报出示后，美方以物价上涨等理由狡辩了一番后降至合理价格。

后 发 制 人

在一次出口商品交易会上，我国某企业与某国客商洽谈出口业务。在第一轮谈判中，客商采取各种招数来摸我方的底，罗列过时行情，故意压低购货的数量。我方立即中止谈判，搜集相关的情报，了解到日本一家同类厂商因发生重大事故停产，并了解到该产品可能有新用途。再仔细分析这些情报以后，谈判继续开始。这次我方借助所掌握的情报先发制人，告诉对方：我方的货源不多；产品的需求很大；日本厂商不能供货。对方立刻意识到我方对这场交易背景的了解程度，在经过一些小的交涉之后，不得不接受了我方的价格，购买了大量该产品。

启发思考：
分析谈判资料和信息的重要性是什么？

⑦ 了解谈判对手，包括谈判对手的性别、职务、资历、权限、性格、特长、偏好等。
⑧ 安排谈判场所。如果在营销人员自家地盘上谈判，这样营销人员就占有一定的心理优势；但有时营销人员需到客户安排的地点进行谈判。无论在哪个地方谈判，营销人员都应注意座位位次的安排。营销人员应注意以下几点：尽量坐在能迅速进行私下请教的人身旁；坐在对方主谈判手对面；不要坐在靠窗或靠门的位置，避免阳光照射使人耀眼和烦躁；坐在能使对手听清楚的位置上。
⑨ 制定谈判方案，拟定谈判议程，做好文字、财务、安全、保密、接待、服务等方面的准备工作。在正式谈判前，进行模拟谈判。
⑩ 为了达到最佳谈判状态，营销人员要休息好。
⑪ 在出发前，要注意穿衣打扮。谈判一般要着正装。

【教学互动】

中国某企业与德国某公司洽谈某种产品的出口业务。按照礼节，中方提前 10 分钟到达会议室。德国客人到达后，中方人员全体起立，鼓掌欢迎。德方谈判人员男士个个西装革履，女士个个都身穿职业装；反观中方人员，只有经理和翻译身穿西装，其他人员有穿夹克衫的，有穿牛仔服的，更有甚者穿着工作服。

现场没有见到德方人员脸上出现期待的笑容，反而显出一丝的不快。更令人不解的是，预定一上午的谈判日程，在半个小时内就草草结束，德方人员匆匆离去。

问：中国某企业的错误在哪里？

答：从中方人员提前10分钟来到会议室，可以看出中方还是比较重视这次谈判的，并且在德方人员到达时全体起立，鼓掌欢迎，这些并没有问题。但实际上一见面德方人员就不愉快，其原因在于中方代表的着装上，因中方代表着装混乱，在德方看来，中方不重视这次谈判，因此心中产生不快，只好匆匆结束谈判。

⑫ 无论多么疲惫、多么心烦、多么沮丧，只要一迈进谈判大厅，营销人员就应提起精神，显示出朝气蓬勃和自信的样子。

⑬ 在开始谈判前，要去一趟洗手间，整理一下仪容，并对镜子进行微笑练习。

⑭ 在准备与外国人进行谈判时，注意研究其所在国的文化习俗，确保谈话符合其习惯、偏好。有时，为使双方能无障碍地进行交流，还需雇用专业翻译。翻译有同声翻译和迟滞翻译两种。营销人员最好雇用同声翻译，这样会使客户对您刮目相看。此外，在谈判开始之前，还需注意要留出一定的时间与对手做简单的交流、问候；注意译员比你更需要休息；不要嘲笑译员的言辞；不用土语方言；说短话，用简单词汇。

视野拓展 6.3

手势的不同含义

有位美国商人单身一人到巴西去谈生意，在当地请了个助手兼翻译。谈判进行得相当艰苦，几经努力，双方最终达成了协议，这时美国商人兴奋得跳起来，习惯地用拇指和食指合成一个圈，并伸出其余三指，也就是"OK"的意思，对谈判的结果表示满意。然而，在场的巴西人全都目瞪口呆地望着他，男士们甚至流露出愤怒的神色，场面显得异常尴尬。原来，由于国家、民族、风俗习惯的不同，同一的手势却会有不同的含义。

美国人在表示满意、赞赏时喜欢用"OK"的手势，可是在南美，尤其是巴西，如果做此手势，女性会认为你在勾引她，而男性则认为你在侮辱他，马上会做出戒备的姿态。

视野拓展 6.4

细节的重要性

张先生是市场营销专业本科毕业生，就职于某大公司销售部，工作积极努力，成绩显著，三年后升任销售部经理。一次，公司要与美国某跨国公司就开发新产品问题进行谈判，公司将接待安排的重任交给张先生负责，张先生为此也做了大量的、细致的准备工作，经过几轮艰苦的谈判，双方终于达成协议。可就在正式签约的时候，客户代表团进入签字厅，转身拂袖而去。最后，项目告吹，张先生也因此被调离岗位。为什么会出现这种情况呢？

原来，在布置签字厅时，张先生错将美国国旗放在签字桌的左侧，引起美国客人的不满。国际惯例的座次位序是以右为上，左为下；在涉外谈判时，礼仪安排应按国际惯例进行，否则，哪怕是一个细节的疏忽，也会弄巧成拙，前功尽弃。

在客户营销过程中，营销人员往往需要同客户就产品品种、产品价格、附加利益等事项进行谈判。只有通过谈判就上述事项达成一致意见后，双方才能以协议形式把合作内容固定下来。

二、谈判的基本过程

① 导入阶段。谈判伊始，要力争创造合适的谈判氛围，使谈判双方在幽雅的环境和友

好的气氛中相互介绍，彼此相识。此阶段时间不宜过长。

② 概说阶段。各自介绍谈判意图和目标，确定谈判的议题、日程、时间。这一阶段属于投石问路阶段，不宜将自己的真实意图全盘托出。应倾听对方的发言，从中找出差距所在。

③ 明示阶段。各方就分歧问题表明立场与态度。此时，谈判进入实质性问题阶段。各方应及早确认自己可能获得的利益、让步的范围、条件等，并判断对方的所求、底线。

视野拓展 6.5

汤姆的谈判

汤姆停在路边的小车被一辆翻斗车撞毁。汤姆的车保了全险，但究竟能赔多少就需要他和保险公司的理算师商定。

保险公司理算师：汤姆，我们研究了你的案子，确定了适用的保险条款，你可以获得 6600 美元的赔偿金。

汤姆：这样啊。你们是怎么得出这个数额的？

保险公司理算师：我们是依据这辆车被撞前的价值。

汤姆：明白了，但你们是用什么标准得出这个赔偿额的？你知道我现在得花多少钱才能买一辆同样的车吗？

保险公司理算师：你想要多少？

汤姆：我想得到依据保单条款应该得到的数目。我找到一辆类似的二手车，价钱是 7700 美元，再加上营业税和消费税，大约是 8000 美元。

保险公司理算师：8000 美元！这太多了！

汤姆：我所要求的不是 8000 美元、6000 美元或 10000 美元这样的具体数额，而是一个公平的赔偿。你不认为我得到足够的赔偿来换一辆车是公平的吗？

保险公司理算师：好，给你 7000 美元，这是我们所能支付的最高赔偿额了，公司有政策规定。

汤姆：你们公司是怎么算出这个数额的？

保险公司理算师：你要知道，7000 美元是你能得到的最高数额了。

汤姆：7000 美元也许是公道的，但我不能确定。如果公司的政策束缚了你，我当然可以理解。但除非你客观地告诉我得到这个数额的依据，否则我想法庭上我能得到更高的赔偿。

保险公司理算师：我们为什么不研究一下再谈呢？星期三上午 11 点对你合适吗？

汤姆：好的，格利弗先生，我今天在报纸上看到，一辆 1989 年的托罗斯车出价是 6800 美元。噢！上面有没有提到行车里程？

保险公司理算师：4.9 万英里。为什么问这个？

汤姆：因为我的车只跑了 2.5 万英里，你认为我的车可以升值多少？

保险公司理算师：让我想想……450 美元。

汤姆：假设 6800 美元是合理的，那现在就是 7250 美元，广告上提到收音机了吗？

保险公司理算师：没有。

汤姆：那你认为一部车载收音机值多少钱？

保险公司理算师：125 美元。

汤姆：空调呢？

……

半小时后，汤姆拿到一张 8024 美元的支票。

④ 交锋阶段。各方据理力争，处于对立和竞争状态。这是谈判最紧张、困难和关键的

阶段。应本着合作的精神，摆事实，讲道理，发挥谈判技巧与能力，坚定信心，尽量说服对方。

⑤ 妥协阶段。本着真诚求实、求同存异、依法办事的精神，根据自己的谈判目标，在基本利益需求得到满足的情况下，寻求达成协议的途径，使得谈判得以继续进行。

⑥ 协议阶段。各方达成共识、握手言和。在达成一致意见或协议签署后，谈判即告结束。

三、谈判过程中的注意事项

拜访客户过程中的倾听、提问、拒绝等技巧在谈判过程中同样适用，但谈判毕竟不同于一般的洽谈，故还有一些事项需要特别注意。

① 使用"暂停"策略。当出现以下情况时，营销人员应要求谈判暂停：营销人员准备让步或谈判对手胁迫营销人员让步以及营销人员感到心烦意乱的时候；谈判时间过长而没有实质性进展，谈判人员已精疲力竭；谈判进入交锋阶段，面临破裂的可能性；对方出其不意，提出一个新的方案，使己方措手不及；谈判各方分歧意见较大，一时难以磋商；到吃饭或休息时间。途径有："我可以去趟盥洗间吗？""我需要和领导商量一下。""等等，我得考虑考虑。"……

② 使用"让步"策略。运用此策略需把握如下原则：不要做无谓的让步，力争每次让步都能得到恰当的回报；让步要恰到好处，在对方的让步已经明朗化的情况下己方也应让步；不要做同幅度、对等的让步；在重要问题上力求对方先让步；让步速度不宜过快，要"三思而后行"；避免追溯性让步。

一项合同谈判的立场背后还会有许多的利益因素。而商务谈判者必须彻底分析交易双方的利益所在，认清哪些利益对于我方是非常重要的，是决不能让步的；哪些利益是可以让步的，可以用来交换对方的条件。在不分清利益因素的情况下，盲目追求坚持立场和原则，往往使谈判陷入僵局，或者使谈判彻底失败。让步的谈判并不等于是失败的谈判。在谈判中最忌讳的是随意作出不当的让步。有经验的谈判者会用对自己不重要的条件去交换对对方无所谓、但对自己却很在意的一些条件。这样的谈判才是一个双赢的谈判。

案例透析 6.2

医药公司的会议室进行最后洽谈

公司代表："为了引进设备，我们以公司大厦作为抵押，要求以5%的利息贷款1亿元，3年后一次性清偿本息"。

银行代表："根据我方估价，这个大楼不足以抵押贷款1亿元。"

公司代表："我公司是你们的老客户，一向信誉好，前几次贷款不都是如期归还了吗？"

公司代表解释说："这一次是要引进设备，资金不足，还请您能给予照顾！"

银行代表不再坚持地说："只是这次贷款利率太低，时间太长，是否每年还一次，分3次还清，利率按7%计算。"

公司代表："就按3次偿还，但是利率折中，按6%计算，好吗？"

又经过一番讨论，双方终于达成了协议。

启发思考：

双方为什么会让步？让步有什么意义？

③ 使用"出其不意"策略。通过出其不意地提出某种方案，以测试对方反应，探测对

方谈判底线。但不能盲目使用该策略,以免使谈判陷入紧张局面。

④ 表现出激情与热心。营销人员应克服一切畏惧和气馁情绪,应坚定而自信地进行谈判;坚决不要因为取得了一些小胜利就溢于言表,或遇到一点小挫折就灰心丧气。因此,在谈判过程中,要始终清楚地表达自己的意思,恰当地控制谈判局面。

⑤ 营造和谐融洽的谈判氛围、从客观上描述问题的轮廓、引用可利用的资料等方法可使表达变得更为流畅;尽量使用短句、简单的词,避免使用学术用语,句子要完整、精确;每段话应紧扣一个中心;整个谈话要有开头、发展和结束语。

⑥ 在谈判过程中不该说的话坚决不说。有些话在谈判中千万不能说,以免引起对方误解或造成不良印象,比如"相信我""我会对你以诚相待""愿不愿意随你""我对此不太有把握""我有点想……""我们大概确实应该……""你大概需要……""看起来的确是个不错的想法"以及任何诋毁对方或第三方的话。应尽量避免出现不得不向对方道歉的局面,也不要过分地谦虚,在谈判过程中要控制好自己的情绪,不应宣泄个人情感。

⑦ 在心理上坚持能够成功,平时多看一些有助于谈判成功的书籍,并在日常生活中多做练习。

⑧ 当对方难以听懂你的话时,你可试着放低声音、减慢语速、利用手势、要有耐心。

⑨ 控制情绪,学会忍耐,以缓制急、以静制动,保持冷静,审时度势,不要过早地同意谈判条件,要使客户确信他占了很大的便宜。

⑩ 在达成交易时不要得意忘形,不要流露出轻松的表情,不要放松对客户的戒心。

⑪ 避免犯一些谈判中常犯的错误,比如,没进行充分准备就仓促上阵;不接受合适的建议,钻牛角尖;谈判时感到力不从心,害怕失去对谈判的控制;游离了谈判目标而不知觉;总是苛求完美的表达;为别人的失误而自责等。

⑫ 在谈判中,寻找适当的时机注入个人情感,注意情感的表露。

⑬ 不要让谈判陷入僵局。当陷入僵局时,可以先谈一些次要问题,通过转移客户的注意力来促使客户关注主要的问题。

⑭ 谈判过程中如果对方咄咄逼人,客户经理可采取以柔克刚策略,以静制动,以逸待劳,挫其锐气。

⑮ 善于采取迂回战术,但要坚持自己的立场,不能在对方的强烈攻击下有所动摇。

⑯ 在谈判过程中始终保持轻松、有信心、友好的微笑。

⑰ 恰当利用"缺席"策略,有意安排一位领导人物缺席,以使己方能在谈判中有回旋余地。但应用此策略,应注意:把缺席安排得天衣无缝;把缺席位置安排在显眼的位置;安排的缺席人员不能超过 2 人;在处于不利时,要恰当地利用缺席。

⑱ 谈判即将结束之际,营销人员更应少安毋躁,还须审时度势,用自己的风度、诚意与智慧充满激情地追求自己的目标,切忌草草收场。达到双赢,才是谈判应当达到的目标。

⑲ 谈判结束后,如果双方都很满意,就应该庆祝一下。庆祝的方式视对方的需要而定。此外,谈判结束后,营销人员应该进行自我反省,总结出谈判成功的经验或失败的教训。

⑳ 排除谈判中遇到的障碍。谈判过程中遇到障碍,营销人员应该会予以排除。排除方法有:暂时停止谈判,让脑子休息一下;检查谈判技能的运用情况;找出问题的症结所在;站在对方的角度,考虑一下对方的建议。对那些不"友好"的人,客户经理也应采取策略予以应对。

a. 对付难缠的人的策略。不要驳斥对方的言论,相反要证实它们,通过不直接的反击使对方难堪。对那些含有事实成分但易使人受伤害的言辞,营销人员应予以接受,比如对方指责你粗心大意,你就应该表示歉意。

若对方言辞过激,营销人员可将大家的注意力引向他,使他暴露在众目睽睽之下。

b. 对付专横跋扈的人的策略。站在第三者的立场上陈述对发言人的意见要求。

询问大家的反应,引导大家来反对他。

以客观性的阐述参与争执,让众人知道道理在你这一边。

c. 对付说话不着边际的人的策略。牢记谈判的中心议题。当对方说的话已游离主题时,你应及时将话题拉回。

重申时间限定的紧迫性,让对方明确不应该在无关问题上浪费太多的时间。

向其他与会人员发问并将人们的注意力拉回正题。

d. 对付故意唱反调的人的策略。让他们将意见或想法说给大家听。

停顿一下并直视唱反调的人。

重申谈判主题的重要性与严肃性。

e. 对付爱争辩的人的策略。事先向这种人打招呼,用解释的方法表示出你对他的话是如何理解的。

重申谈判已达成的一致,将讨论拉回正题。

视野拓展 6.6

正确理解身体语言

与人的口头语言一样,人的体态、行为举止也有一定的言语表达功能。通过人的体态、行为举止表达出来的语言,叫身体语言。俗话说"言为心声"。由于人的行为举止与人的思想、心理状态相联系,所以解读人的身体语言,可以了解人的心理状态。

身体语言与人的生理反应、天性本能和文化习俗有关。例如,悔恨时捶胸顿足,高兴时喜笑颜开,痛苦时双手抱头,愤怒时摩拳擦掌,这些主要与人的生理和本能有关;打"V"字手势庆贺胜利,握手表示有礼,这些主要源于文化习俗。虽然身体语言会因地域和文化的不同而有所不同,但由于人的生理反应及人的本能的类似性和文化的传播,人的身体语言在一定程度上是相通的。

因此,在谈判过程中作为谈判人员,如果掌握人的身体语言的有关知识,在谈判过程中留意观察谈判对手的一颦一笑,一举一动,就有可能通过其身体语言窥视谈判对手的心理世界,把握谈判的情势,掌握谈判获胜的主动权。

一、面部表情

面部表情的主要表现部位是眼睛、嘴和脸色。与谈判对手谈判,要注意观察对方谈判人员的面部表情的变化。

(1) 眼睛

在谈判进行的过程中,谈判组成员往往要用身体语言与其搭档进行信息的交流。特别是当谈判取得重要进展时,谈判组各成员之间可能会相互使眼色。这样,谈判人员就必须注意眼睛对信息传递的观察和利用。

在人的身体姿态语言中,眼睛是最能传达人的心理信息的。俗话说:"眼睛是心灵的窗口",眼睛里表露出来的信息往往不是刻意就能掩饰的。人的瞳孔是根据人的情感、情绪和态度自动发生变化的。

眼睛传达心理信息的方式与含义有:

① 眼睛直视,表示关注和坦白。在商务谈判中,谈判者可以利用眼睛中诚挚、友善的目光,直视对方的眼睛,传达友好合作的信号,以求达到良好的沟通。如果对方的目光直视你,眼中略呈湿润,面部表情轻松,表明对方对你的话感兴趣或表示欣赏。但直视时间过长,则带有攻击的意味,这一点要注意。

② 在听取发言时不时眨眨眼睛，是表示赞同，或眼睑略为低垂无语，是表示默认。

③ 沉默中眼睛时而开合，表明他对你的话语已不感兴趣，甚至已厌倦。

④ 若目光左顾右盼，表明他已对你的话语心不在焉。如斜眼视人，则可能存在消极的思维，并有藐视之意；在听对方说话时，未听完就看旁的东西，则表明不完全同意对方所说的话。

⑤ 若对方说话时望着我方，表明他对自己所说的话有把握，如果不望着我方而望别的地方，目光闪烁不定，表明他有隐匿的成分。"顾左右而言他"当然会让人觉得没有诚意。

(2) 脸色

一般情况下，大多数人会不自觉地把情绪反映在脸上，因此要细心观察。

① 对方谈判人员脸红耳赤往往是激动的表现，脸色苍白可能是过度激动或身体不适，脸色铁青是生气或愤怒。

② 谈判人员用笔在空白的纸上随意乱写乱画，眼皮不抬、脸上若无其事的样子，表示厌倦。

(3) 嘴

嘴巴也是反映人的心理的一个重要的部位。观察嘴巴要注意嘴的张合，嘴角的挪动，与眼睛、面部肌肉一块综合观察判断则更准确。

① 嘴唇肌肉紧张表明其态度上拒绝，或有防备、抗御的心理。

② 嘴巴微微张开，嘴角朝两边拉开，脸部肌肉放松的微笑，是友好、近人情的表现。

③ 嘴巴呈小圆形开口张开，脸部肌肉略为紧张有吃惊、喜悦或渴望之意。

④ 嘴巴后拉，嘴唇呈椭圆形的笑，是狞笑，有奸诈之意潜藏于后。

二、身体姿态

身体姿态的主要表现部位是手、腿脚。

(1) 手

① 一般情况下，摊开双手手掌表示真诚，给人一种胸怀坦诚说实话的感觉。把放松的手掌自然摊开，表示对对方有信任，不设防，愿意开诚布公，乐于听取对方的意见。

② 除非双方是亲密的朋友，不然，与对方保持一定的距离，双手交叉于胸前，是具有设防的心理；若交谈一段时间后，仍出现这样的手势和姿态，则表明对对方的意见持否定态度，这时如果同时攥紧拳头，那否定的态度更强烈。

③ 用手抚摸下巴、捋胡子等动作姿态，往往表明对提出的问题、材料感兴趣并进行了认真的思考。

④ 两手的手指顶端对贴在一起，掌心分开，表示高傲自负和踌躇满志，或显示自己的地位高尚。

⑤ 身体后仰，两手交叉托住后脑勺，显示的是如释重负的自得心态。谈判者感到自己在谈判中处于支配地位，驾驭谈判局面时往往会做出这样的姿态。

⑥ 在谈判中自觉和不自觉地用手扭来扭去，或将手指放在嘴前轻声吹口哨，意味着心理状态的紧张、不安。

⑦ 与别人握手，不但有力，还将另一只手搭在别人的肩膀上，表明此人精力充沛，权力欲或控制欲很强。

(2) 腿脚

腿脚的动作较易为人们所忽视。其实腿脚是人较容易泄密的部位，也正因此，人们在谈判或演讲时总是要用桌子和讲台来掩遮腿脚的位置。

① 人们在感到恐惧或紧张时，双腿会不自觉地夹紧，双脚不住地上下颠动或左右晃动，这是紧张不安的表现。

② 表面专注听讲的人，而双腿却在不住地变换姿势或用一只脚的脚尖去摩擦另一只脚的小肚子，那就表明他其实已经很不耐烦了。

(3) 其他

① 从容而谨慎的言谈显示说话者充满自信、舒展自如。勉强的笑容，快速的说话或支吾的语言表明说话者紧张。犹豫、坐立不安表示缺乏自信。

② 0.5～1.2米是个人空间，0～0.5米是亲密空间。在交谈中判断距离恰当不恰当，要看与你谈话的人在距离上是不是感到舒服，假如他往后退，说明离他太近；假如他向前倾，说明距离远了。

③ 把笔套收好，整理衣服和发饰，表明做好结束会谈的准备。

第三节 起草协议文本

证券营销推广合作协议文本的起草

中国农业银行××分行—××证券××服务部
第三方存管营销推广合作协议资料

目标：实现新增股票客户3000户		
时间：2016年4月19日到2016年5月31日		
甲方：	××证券××营业部××服务部	
工作任务		
1. 在农行网点派驻营销人员，主要负责客户营销、服务、咨询以及与银行的联络等工作。		
2. 奖励措施		
①银行职员每开一户奖35元；本人开户免开户费。②开户客户每人可获赠证券业务基础知识小册子。③凡开户客户均可提供现场指导、电话指导、免费手机短信指导和免费增值服务产品。详情请登录××证券网址 www.ghzq.con 查询。④对有效股票客户的银行员工进行分级奖励。		
A. 股票市值5000到2万元的有效户奖励50元/户		
B. 股票市值2万元到10万元的有效户奖励100元/户		
C. 股票市值超过10万元的有效户奖励200元/户		
⑤ 对营销工作先进的网点		
A. 网点开户数100户/月，奖励1000元/每个网点		
B. 网点开户数150户/月，奖励2000元/每个网点		
C. 网点开户数200户/月，奖励3000元/每个网点		
（有效户的界定：股东账户有交易10000元以上交易记录或股东账户托管股票市值在5000元以上。）		
委托电话	咨询电话	联系人
网址		电话
乙方：		中国农业银行××分行
工作任务		
1. 组织、排列出各网点培训时间表并培训（培训内容：股票基金基础知识、开户培训、活动优惠措施及服务等内容介绍）。		
2. 免费为客户开办借记卡。对于属于中央和地方预算单位、国有（控股）企业（分支机构）等大型机构的客户可以免费申请农行金穗公务员卡（其特点：免卡费、免年费、免担保、免排队；信用额度为1万～5万元不等，25～56天免息期）。		
3. 奖励措施		
①个人营销新户数达100户以上的奖励营销费用2000元；②个人营销新户数达80户以上的奖励营销费用1600元；③个人营销新户数达50户以上的奖励营销费用1000元；④个人营销新户数达30户以上的奖励营销费用600元。		
4. 通过网点海报、理财专区、宣传折页、网银、及时语、电邮推送、对账单、声讯广告、媒体广告和软文等多种方式进行营销宣传。		
5. 举办股评会、股民培训班、私人理财产品推介会等，发展批量客户。		
联系人		电话

在设计作业方案的同时，营销人员应就合作的具体方式、费用的收取标准等情况同客户进行洽谈。洽谈应该本着互利、平等的原则进行。如果双方就洽谈达成了一致意见，则需用协议的方式确定下来。此时，应及时向客户发出签订协议的建议与要求。

如贷款协议、理财协议等都有标准化的文本；对战略性协议或个性化产品服务协议则需要银行进行专门起草。一般而言，对有专项服务的客户来讲，需签订专项服务协议；对有综合性服务需求的客户来讲，还需要在总的合作协议项下签订一系列的专项合作协议。

一、协议文本的基本构成要素

协议是用来描述进程之间信息交换过程的术语。它包括两方或多方，设计它的目的是要完成一项任务。

（一）协议文本特点

市场经济从某种意义上说是法制经济、是契约经济、合同经济。企业在经营中，要充分运用法律，最大限度地发挥其效力空间，规避运营风险，维护好双方的合法权益。

① 协议中的每个人都必须了解协议，并且预先知道所要完成的所有的步骤。
② 协议中的每个人都必须同意并遵循它。
③ 协议必须是清楚的，每一步必须明确定义，并且不会引起误解。

（二）合作协议的基本构成要素

一个完整的协议一般由下列要素构成。
① 协议名称（标题）。
② 协议签订者名称、地址和法人代表姓名。
③ 签订协议的出发点（依据和目的）。
④ 合作的基本内容。
⑤ 各方的权利和义务。
⑥ 经济责任和违约责任。
⑦ 争议的解决。
⑧ 协议的有效期限。
⑨ 协议的份数与保存。
⑩ 未尽事宜。
⑪ 协议的签章、日期。

二、签订合作协议

金融客户经理如果与目标客户就洽谈达成一致意见，则需要用协议的方式确定下来。

一般来讲，营销人员为签订合作协议需做好以下准备工作。

① 协议上的任何文字以终稿为准，协议文本不得涂改，确需变动时须经双方同意，改动的地方要加盖公章，协议需用碳素笔或毛笔签订。

② 订立协议的当事人必须具备完全的缔约能力和合法资格，必要时应对协议的签署进行公证。

③ 与拟签约客户进行联系。

a. 确认签约人员姓名、性别、职务，如签约人不是法人代表，应出具法人代表的授权书。

b. 商讨签约时间、地点。一般在金融机构办公地点或某个宾馆进行签约活动。如在宾馆进行签约，应与其就费用、会议室的使用、摄像、礼仪人员、条幅制作等问题进行协商。

④ 联系新闻单位，协助新闻单位起草新闻稿。
⑤ 起草领导讲话稿。
⑥ 准备好赠送给客户的礼物并届时由参会领导进行交换。
⑦ 确定是否邀请非签字双方的第三方人士参加。
⑧ 确定所有参会人员的出行方式及出行时间。
⑨ 安排好来宾携带的文件包及其他物品。
⑩ 安排好参加人员的接站、到达时车位的引领及接待工作。
⑪ 如在外地签约，应为参加人员预订好往返车票或机票。

三、起草协议文本的注意事项

① 语言要规范、准确、严谨、具体，违约责任中对各种可能出现的情况都要预料到。

② 起草协议时应保持同客户的经常沟通，避免一方独揽，在内容设计上要体现公平互利和诚实信用原则，要遵循法令法规，既体现原则性又体现灵活性。

③ 如果对某些具体内容有异议，就先将共识写入协议，其余未达成共识的事项待协商一致后再补进协议。

④ 非标准格式的协议文本在签署前应经行业内法律部门或专业人员进行法律性审查，并签署书面意见。报有权签字人签字并加盖公章后方可同客户签署。其他任何同客户签署的协议最好也要征求专业律师的法律意见。

⑤ 对协议进行认真审核，包括以下四个方面。

a. 合法性审核，即审核协议约定的事项是否为合法行为，有关手续是否完备。

b. 有效性审核，即审核双方代表是否有签署协议的权利，协议内容有无违法或前后矛盾之处。

c. 一致性审核，即审核协议与双方商谈的内容是否一致。

d. 文字性审核，切忌使用模棱两可的文字，重点审核关键语句、金额等。

⑥ 签约之前需注意保密，尤其是要对竞争者保密。

⑦ 起草完协议之后应尝试着回答：这个协议达到目标了吗？对方能不能认可这个协议？协议中所列的各项义务对方能不折不扣地执行吗？对方的履约能力能达到你的期望值吗？对方能真正执行协议中的有关条款吗？

⑧ 在总协议框架下有时尚需根据业务开展的具体需要起草专项协议，如结算服务协议、进行战略研究协议、聘请法律顾问协议、顾问服务协议、成立联合工作机构协议及其他专项产品服务协议。

视野拓展 6.7

某银行河北省分行与星达公司建立联合工作机构的协议

依据某银行河北省分行（以下简称"甲方"）与星达公司（以下简称"乙方"）达成的《某银行河北省分行与星达公司战略合作协议书》的要求，现就某银行河北省分行与星达公司建立联合工作机构的有关事宜达成如下协议。

一、人员构成

1. 甲方选派 4 人；
2. 乙方选派 4 人；
3. 部门管理人员甲乙双方各指定 1 人，正职由甲方人员担任。

二、机构职能

联合工作机构是对甲方行长和乙方总经理负责的乙方内部常设机构，同时为甲乙双方的联络机构。
(1) 对乙方的战略发展规划提出策划意见及推动方案。
(2) 提交乙方资金及资本运作方案。
(3) 对乙方各管理系统提出预警报告。
(4) 帮助建立和完善乙方内部系统。
(5) 提交工作报告。
三、权利范围
1. 具有收集乙方资料的权利。
2. 具有向乙方总经理提出工作改进意见的权利。
3. 具有内外调研的权利。
4. 具有参加乙方高层管理者会议及生产调度会议的权利。
5. 对乙方重大战略决策有提出建议的权利。
6. 具有对乙方提供综合授信的建议权利。
四、目标责任与工作方法
自联合工作机构成立之日起 10 日内，由该机构提出目标责任与工作方法，经甲方行长和乙方总经理讨论同意后执行，并作为对该机构及工作人员考核的依据。
五、双方的利益保证
1. 人事管理权。双方对各自派入此机构的工作人员有调整权，并对对方的派入人员有调整建议权。
2. 财务管理权。除甲方派入人员的工资与福利费用由甲方承担外，其他的费用均由乙方承担，并按乙方有关管理制度执行。
六、其他
该联合机构经甲乙双方共同认可后方可正式撤销。撤销后，双方的日常联络工作由双方指派专人负责。

甲方：   乙方：
法人代表或授权代表人：   法人代表或授权代表人：
签订时间：   签订时间：
签订地点：   签订地点：

四、合作事项的具体运作

签订协议意味着双方合作的正式开始，签订的协议内容就变成了具有法律意义的事实，签订双方也就具有了相应的权利与义务。客户经理应以高度的责任感与事业感牵头组织作业小组及产品部门投入对客户的服务工作，保证对客户服务的高质量、高效率。如聘请了外部机构或专家参与对客户的服务工作，还应督促外聘单位按协议抓紧作业，全面推进金融顾问服务工作，保证按时完成对客户的服务工作。

1. 向客户索取开展业务必需的有关材料

不同的银行产品需要客户提供不同的资料，为提高服务效率，客户经理可采取卡片的形式向客户索取有关资料（见表 6.1）。

2. 提高产品服务效率

客户经理需联合银行产品部门共同向客户提供产品服务，为提高服务的效率，客户经理应加强计划性，可采取制作计划进度表的方式进行。其中，表 6.2 为客户经理自己掌握服务进度所用。表 6.3 为客户经理上报自己的工作计划供上一级领导掌握所用。

表 6.1　××产品需提交材料

尊敬的客户朋友：
为了尽快帮您办理业务,请您在办理业务前认真阅读下列内容并将下列资料尽快提交我行,以提高我们为您服务的效率。真诚感谢您的惠顾!
您应提供的资料　　　资料名称(可根据产品手册所列业务品种填写)　　　您实际提交的资料 　　　□　　　　　　　　　　　　　　　　　　　　　　　　　　　　　　　　　　□ 　　　□　　　　　　　　　　　　　　　　　　　　　　　　　　　　　　　　　　□ 　　　□　　　　　　　　　　　　　　　　　　　　　　　　　　　　　　　　　　□ 　　　□　　　　　　　　　　　　　　　　　　　　　　　　　　　　　　　　　　□ 　　　□　　　　　　　　　　　　　　　　　　　　　　　　　　　　　　　　　　□ 　　　□　　　　　　　　　　　　　　　　　　　　　　　　　　　　　　　　　　□ 　　　□　　　　　　　　　　　　　　　　　　　　　　　　　　　　　　　　　　□
客户签字：　　　　　　　　　　　　　　　　　　　　　　　客户经理签字： 交付资料时间：　年　月　日　　　　　　　　　　　　　　接受资料时间：　年　月　日
有关收费标准： 　　我们将按　　　　标准收取费用。
我行承诺： 　　您如果能向我行及时提供符合要求的资料,我们将在××天之内办理完上述业务。
产品经理意见： 　　　　　　　　　　　　　　　　　　　　　　　　　　　　　　　　　产品经理签字： 　　　　　　　　　　　　　　　　　　　　　　　　　　　　　　　　　年　月　日

表 6.2　客户经理业务开展进度表

服务品种		预定完成时间	实际完成时间	责任人	拟采取对策
品种一	第一阶段				
	第二阶段				
	第三阶段				
品种二	第一阶段				
	第二阶段				
	第三阶段				
品种三	第一阶段				
	第二阶段				
	第三阶段				

表 6.3　客户经理提供产品服务工作表

客户名称		客户联系电话		客户方联系人	
产品名称	计划时间安排	协作部门	协作人员	实际完成时间	
产品服务说明：		客户经理签字： 　　　　　　　　　　　年　月　日			
工作效率评价：		上一级经理签字： 　　　　　　　　　　　年　月　日			

五、向客户提交服务成果

对信贷、结算等传统的银行服务,客户经理是在牵头组织产品部门向客户提供服务的过程中完成的。对顾问服务,营销人员最终需提交专业的服务报告。服务报告的终稿需经专家及上一级客户经理审核后才可提交给客户。一般来讲,不同的服务报告具备不同的内容,应采取不同的形式。

1. 客户发展建议书

视野拓展 6.8

对光明工贸公司发展的建议

尊敬的××公司:

为促进贵公司的进一步发展,我们本着忠于客户、服务客户的原则,提出如下发展建议,请参考。

一、为确保贵公司的长期成长性。应研究企业发展战略

(1) 搞好市场研究。包括国际国内市场上公司产品(含相关产品)的供需现状、未来走势;原材料的供需现状、未来走势;国内外同类企业的成功道路;产品价格分析;影响行业发展的因素分析;产业政策剖析;行业发展走势预测;行业主要企业情况分析。

(2) 制定经营与发展战略。包括企业基本情况剖析;企业主要经济技术指标及与同类型企业比较;企业在同行业中的竞争地位剖析;企业存在的问题及解决方案;以核心优势为根本的扩张之路;企业发展战略目标、规划及其可行性;企业发展前景预测;企业持续发展的战略规划。

(3) 抓住发展机遇。包括行业的整体发展态势;行业的市场结构及资源配置状况;市场空隙剖析;行业重组、技术创新等对贵公司的影响;贵公司对机遇的把握。

(4) 注重风险控制。包括企业财务风险监控体系的创建;市场风险与防范;政策风险与防范;行业风险与防范;扩张风险与控制等。

二、考虑利用企业的核心优势,走资本经营之路,搞好战略扩张

(1) 利用金融杠杆和资本市场工具,实现核心业务的规模化扩张。

(2) 在巩固核心业务的同时,考虑核心产业链的延展,寻求新的效益增长点。

(3) 利用国家对基础产业的倾斜政策,加大科技开发投入,作出高科技概念。

(4) 利用上市公司在品牌、信用等方面的优势,走向借助资本市场成长之路。

三、创新思路。在同类型上市公司中独树一帜

(1) 通过与我行展开全面合作,在同类型上市公司及公众中树立起银企全面合作的旗帜。

(2) 获得我行全面的金融服务,借助金融杠杆和手段进行扩张。

(3) 通过与我行展开全面合作,实现企业与我行的优势互补,树立良好的产业与金融间"强强联合"型上市公司新形象。

2. 重组方案和筹融资方案

客户经理向客户提供重组顾问服务,最终要向客户提供重组方案;向客户提供筹融资顾问服务,最终就要向客户提供筹融资方案。

(1) 重组方案

重组方案应包括:介绍重组背景;介绍重组的目标;介绍公司重组的国内经验;公司重组的模式分析,包括每种模式的优缺点及适用条件;介绍该重组方案的操作依据与步骤。设计具体的重组方案,一般是提出若干备选方案,对各个备选方案进行评价,并选出最佳方案。

（2）筹融资方案

筹融资方案则包括如下内容：介绍项目背景；介绍项目特征及市场运作要求；分析项目存在的问题，主要分析现有筹融资工具与渠道存在的问题；筹融资方案的具体设计，包括设计原则与思路、筹融资的具体途径及分析、项目债务承受能力分析、项目资金使用安排建议及其他注意事项；对新的筹融资渠道进行效益分析，包括项目效益预测、借款偿还计划、项目现金流量预测、经济指标分析等内容；介绍筹融资方案的具体实施措施及保证措施。

六、正式建立合作关系

银行与客户是否真正建立了合作关系，关键要看是否具备了合作关系必备的条件。

条件主要包括：双方签署了合作协议书及其他相关合同文本；客户经理（及银行的有关领导）与目标客户的法人代表（或有关负责人）建立了良好的个人感情关系；客户在本银行开立了基本账户或专用账户；银行与客户建立了全方位、基于科技手段的互相依存关系；客户大量、连续、持久地使用本银行金融产品及服务，银行既能满足目标客户的现实金融需求，又能引导目标客户的潜在需求，即建立了忠诚客户关系。

七、合作关系的定期评价

与客户通过产品建立合作关系后，客户经理应定期对客户进行价值评价，以确定下一步的营销方向，尽可能多地从该客户身上获取收益。如果该客户价值基本丧失，客户经理应考虑在适当时候退出，对自身所掌握的客户进行结构调整。

视野拓展 6.9

客户价值分析表

客户名称　　　　　　　　　　　　　　　　　　　　　　　　　　　　日期

	业务品种	金额	占所有银行业务的比重	情况分析
社会效益				
第一年与本行合作情况	存款			
	贷款			
	客户信用评级			
	授信额度			
	人民币结算量			
	国际结算量			
	利差收入			
	中间业务收入			
	累计净收入			
	交叉销售1：			
	交叉销售2：			
	客户业务紧密度	产品数量		

续表

社会效益				
第二年与本行合作情况	存款			
	贷款			
	客户信用评级			
	授信额度			
	人民币结算量			
	国际结算量			
	利差收入			
	中间业务收入			
	累计净收入			
	交叉销售1：			
	交叉销售2：			
	客户业务紧密度	产品数量		
与本行合作历史简要回顾				
客户自身发展趋势分析	行业状况		区域情况	
	财务状况		管理情况	
	经营情况		简单总结	
在本行发展战略中的地位				

注：对于本行尚无业务往来的客户，可不填写"前年、去年与本行合作情况"部分。

本章小结

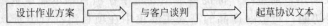

设计作业方案 ➡ 与客户谈判 ➡ 起草协议文本

综合练习

一、概念识记

合作建议书　作业方案　商务谈判　合作协议

二、单项选择题

1. 营销人员可向规模小的客户推介（　　）在内的一揽子服务。

A. 结算需求　　　　　　　　　　B. 信贷国际结算

C. 外汇交易　　　　　　　　　　D. 资本运作、顾问服务

2. 以下哪一项叙述是错误的？（　　）

A. 如果客户对营销人员提交的服务清单有异议，营销人员则需与其作进一步的沟通，直至没有异议

B. 客户对服务清单没有异议时，营销人员需根据客户的不同需求着手设计不同的作业方案

C. 方案是营销人员向客户提供服务的总的纲领，无须做细、做深、做透

D. 方案经领导或上一级审核同意后，营销人员就应该严格执行

3. 以下哪一项是错误的？（　　）

A. 制定谈判目标

B. 谈判的目标不应过于抽象，应尽可能用数量表示
C. 谈判的目标要尽可能模棱两可
D. 目标的制定应坚持挑战性及可及性原则

4. 确定谈判人选应注意（　　）事项。
A. 不必要的人士不必邀请
B. 女性不能邀请
C. 可以选择谈判对手
D. 需邀请一些嘉宾共同与客户进行谈判

5. 以下哪一项是错误的？（　　）
A. 谈判时营销人员应尽量坐在能迅速进行私下请教的人身旁
B. 谈判时营销人员应坐在对方主谈判手对面
C. 谈判时营销人员应坐在靠窗或靠门的位置
D. 谈判时营销人员应坐在能使对手听清楚的位置上

6. 以下哪一项是错误的？（　　）
A. 制定谈判方案，在正式谈判前，进行模拟谈判
B. 为了达到最佳谈判状态，营销人员要休息好
C. 在出发前，要注意穿衣打扮，谈判一定要漂亮
D. 营销人员要时刻显示出朝气蓬勃和自信的样子

7. 以下哪一项是错误的？（　　）
A. 协议中的每个人都必须了解协议
B. 协议不用预先知道所要完成的所有的步骤
C. 协议中的每个人都必须同意并遵循它
D. 协议必须是清楚的，每一步必须明确定义，并且不会引起误解

8. 以下哪一项是错误的？（　　）
A. 客户在发展初期，对金融产品的需求主要集中在项目基本建设贷款
B. 客户在发展初期，对金融产品的需求主要集中在项目流动资金贷款
C. 客户在发展初期，对金融产品的需求主要集中相关结算业务及投融资顾问方面
D. 客户在发展初期，对金融产品的需求主要集中在财务顾问方面

9. 以下哪一项是错误的？（　　）
A. 客户在成熟期，对金融产品的需求主要集中在战略咨询方面
B. 客户在成熟期，对金融产品的需求主要集中在管理顾问方面
C. 客户在成熟期，对金融产品的需求主要集中在财务顾问方面
D. 客户在成熟期，对金融产品的需求主要集中在资产重组方面

10. 以下哪一项是错误的？（　　）
A. 客户在衰退期，对金融产品的需求主要集中在兼并收购方面
B. 客户在衰退期，对金融产品的需求主要集中在资本运作方面
C. 客户在衰退期，对金融产品的需求主要集中在资产重组方面
D. 客户在衰退期，对金融产品的需求主要集中在战略咨询方面

三、多项选择题

1. 合作建议书的结构有（　　）。
A. 名称
B. 缘起
C. 金融机构基本情况和拟提供的金融产品和服务介绍

D. 展望合作前景
2. 合作建议书内容包括（　　）。
A. 提交背景
B. 挖掘客户价值
C. 提出合作的目标、向客户提出发展建议
D. 介绍本金融机构的优势、介绍金融产品方案
3. 费率的确定则应考虑（　　）因素。
A. 尽可能实现较高的销售目标及利润
B. 能够符合客户的承受能力
C. 要考虑市场需求与同业竞争因素
D. 与其他营销策略共同使用
4. 筹融资方案包括（　　）内容。
A. 介绍项目背景
B. 介绍项目特征及市场运作要求
C. 分析项目存在的问题
D. 筹融资方案的具体设计
5. （　　）是银行与客户合作关系必备的条件。
A. 双方签署了合作协议书及其他相关合同文本
B. 客户经理与目标客户的法人代表建立了良好的个人感情关系
C. 客户在本银行开立了基本账户或专用账户
D. 银行与客户建立了全方位、基于科技手段的互相依存关系
6. 在安排谈判议程时，营销人员应注意的事项有（　　）。
A. 制定书面的而非口头的谈判议程
B. 删去你想谈、想知道但不摸底细的内容
C. 删去不想讨论或还没有准备的话题
D. 多印几份谈判议程
7. 属于协议要素的有（　　）。
A. 协议名称（标题）
B. 协议签订者名称、地址和法人代表姓名
C. 签订协议的出发点（依据和目的）
D. 合作的基本内容
8. 一般来讲，营销人员为签订合作协议需做好（　　）准备工作。
A. 协议上的任何文字以终稿为准
B. 订立协议的当事人必须具备完全的缔约能力和合法资格
C. 与拟签约客户进行联系
D. 协议要在文本上涂改
9. 对协议进行认真审核，包括（　　）。
A. 合法性审核
B. 有效性审核
C. 一致性审核
D. 文字性审核
10. 起草协议文本的注意事项有以下几点？（　　）
A. 语言要规范、准确、严谨、具体

B. 起草协议时应保持同客户的经常沟通
C. 如果对某些具体内容有异议，就先将共识写入协议
D. 签约之前需注意保密，但不能对竞争者保密

四、判断题

1. 签订协议并不意味着双方合作的正式开始。（　　）
2. 设计具体的重组方案，一般是提出若干备选方案，对各个备选方案进行评价，并选出最佳方案。（　　）
3. 与客户通过产品提供建立合作关系后，方可停止对客户进行价值评价。（　　）
4. 如果该客户价值基本丧失，客户经理应考虑在适当时候退出。（　　）
5. 银行与客户是否真正建立了合作关系，关键要看是否具备了合作关系必备的条件。（　　）
6. 对顾问服务，客户经理最终需提交专业的服务报告。（　　）
7. 不同的服务报告具备不同的内容，但形式是一样的。（　　）
8. 不同的银行产品需要客户提供不同的资料。（　　）
9. 签订协议后签订的协议内容就变成了具有法律意义的事实。（　　）
10. 如果对某些具体内容有异议，就先将共识写入协议，其余未达成共识的事项待协商一致后再补进协议。（　　）

五、简答题

合作建议书的内容有哪些？

六、分析题

一次，IBM公司同一家银行做一笔计算机生意。双方为价格争执不下，银行拿另一家公司来倾轧IBM公司。在关键时刻，IBM公司的业务经理向银行的负责人问道："阁下，你是想和一个硬件商人做生意？还是想找一个合作伙伴？"对方愣了一下，旋即明白了他的意思，立即说："我想找个合作伙伴。""那么，和你的新伙伴握手吧。"随后，两只大手握在一起，生意就此成交了。

分析何为理想的谈判过程以及商务状态？

第七章 营销策划

学习目标

职业知识

了解营销策划的含义；了解营销策划的主要内容、步骤和原则。

职业能力

掌握营销策划的一般方法，会做营销策划方案和营销活动策划方案，具备营销策划和活动策划的能力。

职业道德

具备策划人应该具备的素质，能胜任金融企业（各类工商企业、服务行业）的产品销售、市场督导、市场推广、方案策划等岗位，有自信、会沟通、能销售、可策划、学习能力强以及具有团队合作意识和创新精神等的高素质应用型营销人才。

第一节 营销策划的基本知识

引例

日本新生银行的符号化

日本新生银行推出了一个投资信托的产品，做了相应的广告，广告的内容是以这个产品未来十年的收益作为卖点。但是效果基本上没有，消费者没有被打动，理由是未来离自己很远。

日本新生银行想到了用一些非常能够打动人心的话作为广告语呈现。"老了以后只靠退休金生活没问题吗？"

这些问题都是该部分消费者在思考的，讲出来就能引发共鸣，这比"十年二十年的回报"的效果要好得多。不讲未来，讲当下，讲当下的困惑。既然这样，那该如何表现呢？日本新生银行是这样做的：

1. 粗体大号"您的退休金可能14年以后就会用光" + 附加计算表格；
2. 用一个非常简单的阿拉伯数字"5"来做符号；
3. 用"5分钟"切入解决方案：

（1）标语："请给新生银行5分钟时间"。

（2）将5这个数字不断演绎，变成一个抽象的概念，演绎为新生银行所提供产品的性质以及所有的服务承诺。

（3）将这样的品牌理念在广告，门店网点、宣传册等做了很好的互动结合和运作。

启发思考：

新生银行为什么要对投资信托的产品项目符号化？策划的精髓是什么？

一、营销策划的含义

营销策划是一种运用智慧与策略的营销活动与理性行为,是对企业未来的营销发展做出战略性的决策和指导,是营销管理全过程的重要组成部分。营销策划带有前瞻性、全局性、创新性和系统性。营销策划适合任何一个产品,包括无形的服务。

(一)营销策划的概念

1. 关于营销

营:指经营,销:指销售。营销是一个融合了诸多元素的系统工程。学营销、谈营销、做营销者甚众,但销售高手并不多,既懂销售又懂经营者更不多。

2. 关于策划

策:是指计策、谋略;划:是指计划、安排;连起来就是:有计划地实施谋略。通常需组织者因时、因地制宜,整合各种资源而安排周密的活动。策划可大可小,时间可长可短,是开放式的,没有既定的思路或者方法。成功的策划只有实践了才能够证明。好的策划,能环环相扣、前后呼应。

3. 营销策划

营销策划是为了改变企业现状,完成营销目标,借助科学方法与创新思维,分析研究创新设计并制订营销方案的理性思维活动。它要求企业根据市场环境变化和自身资源状况做出相适应的规划,从而提高产品销售,获取利润。

(二)营销策划的内容

营销策划是对营销活动的设计与计划,而营销活动是企业的市场开拓活动,它贯穿于企业经营管理过程。因此,凡是涉及市场开拓的企业经营活动都是营销策划的内容。

营销策划的主要内容包括:①营销战略规划;②产品规划;③市场定位;④促销政策制定;⑤新产品上市;⑥渠道建设;⑦样板市场打造;⑧分销体系建立等。

 ## 二、营销策划的步骤

营销策划的核心是组合策划的各要素,最大化提升品牌资产,因此,要通过营销策划高效创建强势大品牌,关键是做好以下工作。

1. 明确营销目标

策划是为了实现营销目标的计划,因此其目的性是非常强的,因此必须要明确营销目标和方向,并且按照这个目标去设计出具体明确的行动方案。

2. 收集信息并分析资料

信息是策划的基础,没有信息就不能策划,所以收集信息非常重要,收集更多高质量、有价值的信息,这对营销策划非常重要。

3. 制定准确的策划方案

制定出准确的策划方案,是营销策划的重要部分,在这个过程中需讲究策划方案的创新性,加大创新力度。

4. 推出策划方案

策划方案编写完成后,要提交给上级主管或委托客户,由其审议通过。这一阶段,主要任务是要向上级或委托人讲解、演示、推介策划的方案。再好的策划方案如果不能被对方理解采纳也是无用的,因此推出策划方案也是策划的一个重要环节。

三、策划的三要素

1. 创意

即策划的内容必须独特新颖,令人叫绝。平平淡淡,没有新鲜感,就谈不上策划,只不过是一种计划安排而已。

2. 目标(方向)

创意必须有利于达成预定的目标,是为目标服务的,否则再好的创意也没有价值。

3. 可操作性

策划的构想要有实现的可能,做到这一点,必须将创意与企业现有人力、物力、财力合理结合,最终能落到实处而且不产生副作用。无法实现的创意不是真正的策划。

四、营销策划的原则

营销策划要遵循以下五项原则。

1. 全局性

营销策划要具有整体意识,从企业发展出发,明确重点,统筹兼顾,处理好局部利益与整体利益的关系,酌情制订出正确的营销策划方案。

2. 战略性

营销策划是一种战略决策,将对未来一段时间的企业营销起指导作用。

3. 稳定性

营销策划作为一种战略行为,应具有相对的稳定性,一般情况下不能随意变动。如果策划方案缺乏稳定性,朝令夕改,不仅会导致企业营销资源的巨大浪费,而且会严重影响企业的发展。

4. 权宜性

任何一个营销策划都是在一定的市场环境下制订的,因而营销方案与市场环境存在一定的相互对应的关系。当市场环境发生变化,原来的营销方案的适用条件也许就不复存在了。

5. 可行性

可行性即天时、地利、人和。无法在实际中操作执行的营销策划方案没有任何价值。营销策划首先要满足经济性,即执行营销方案得到的收益大于方案本身所要求的成本;其次,营销策划方案必须与企业的实力相适应,即企业能够正确地执行营销方案,使其具有实现的可能性。

五、策划人应该具备的素质

策划因时不同、因势不同、因人的思想而方法不同。所以策划人要能够把握局势,具有从局势当中化繁为简的能力,找到突破,捕捉曙光。这就是所谓的驾驭能力。

策划人需要有较好的文字驾驭能力,但是文笔好并不一定就是一个好的策划。隐藏在优美的文字背后的,是思想和策略,这才是策划的精髓。如果策划缺少精准的切入、指向和创意的闪耀,那么只能适合当一个写手;如果仅仅是做做创意说明、做做促销活动方案、做一些简单的广告文案,这些充其量只能是一个文案或者文秘不是文案策划,更不是策划。所以一个优秀的策划人应该具备以下素质。

1. 熟悉产品以及对手竞品

了解产品的特性、优点、缺点,才能找到竞争对手的软肋,最终提炼出卖点或者策略的支撑点。这些都是务实的工作,在这样的工作之下,才能提炼出有说服力的言辞,和强烈视觉冲击的画面。每一个项目从一开始,就必须界定好对产品的概念、说辞、画面、功能、卖点、传播策略。

2. 策划必须有务实的职业态度

创意的闪现需要大量的基础工作,这样想出的主意才是好的主意,才能够经得起时间和市场考验。当然不能依赖策划来解决所有的问题,策划只能指向一个问题,解决一个问题。

3. 做策划方案要找到一个有效的方法

一个好方案是找准一个好的目标,找到一种好的方法,安排一个强势的执行,方案一开始必须设立有目标,也就是说你的这个方案是需要解决什么,策划一定要精准,一个方案就像一个金字塔,顶端是目标,但是下面的东西要足够多。渠道、方法、角度要多样,把这些东西整合在一起朝一个方向发力,你才能爬上你的金字塔。这就是方案的方法论,只有使用有效的方法才能够攀上顶端。

4. 策划人要多实践

策划人一定要注重实效,在实效的背景下需要多参与案例,多实践,实践过后还要多思考。

第二节
撰写营销策划书

引例

沈阳市邮储银行巧借假日营销

实行长假制度后,休闲类消费需求被充分释放,旅游休闲业得到发展,改变了人们的消费偏好,诱发了购物、娱乐、旅游的消费高潮。银行卡客户节日期间具有跨区域消费和集中性消费的特点,沈阳是中国著名的历史文化名城,是首批被命名的中国优秀旅游城市,有地上、地下文物古迹1100余处,有自然旅游资源和人文旅游资源200余处。沈阳四季分明,山河融汇,城池千厦,景美繁华。沈阳地区的旅游休闲业对东北地区的辐射力和影响力显著增强。

随着人们生活质量的不断提高和消费观念的转变,旅游已成为时下居民的一种重要的生活方式。贷记卡目标群体为收入较高、属于社会消费主流人群的中青年客户,沈阳市邮储银行抓住客户群体的特点,并结合国庆、中秋喜庆的节日气氛,为"优卡"信用卡品牌中增添了"快乐"的主题内涵,所有策划都围绕这个主题开展。

主题确定了以后,沈阳市邮储银行积极与在沈阳地区有较强影响力的旅游购物景点进行接触。经过多次的拜访和沟通,根据营销活动目标客户的需求,选定了世博园、棋盘山、国家森林公园、怪坡这四个著名景点。

沈阳世博园位于风景秀丽的沈阳棋盘山国际风景旅游开发区,是迄今世界历届园艺博览会中占地面积最大的一届。在沈阳世博园的建设中,许多设计方案、建设手法都是首次被使用。如三层夹胶玻璃建桥面、凤之翼建筑的斜塔,而百合塔则为中国最大的雕塑体建筑。

棋盘山开发区内自然资源和人文景观丰富。其中山林资源得天独厚,山势险峻,松林苍翠,植被资源和动物资源丰富,风光怡人,景色秀丽;河流水面平坦秀丽,水质优良;人文景观众多。

沈阳国家森林公园现已成为一座有观光农业、生态林业基地。绿水长廊、莲花池、水上娱乐区、休闲娱乐区、森林浴场、度假疗养区吸引着人们。一年四季玩乐不尽。

沈阳怪坡，长80米，宽约15米，呈西高东低走势的斜坡，上山容易下山难。学者纷至沓来，探秘揭谜，但各种说法相互矛盾，不能自圆其说。怪坡形成总分一体，山水相间，动静结合，天工人造，各具情趣的群体景观。

先到世博园后再到棋盘山，然后从北门出去后直奔国家森林公园，然后再到怪坡。风景宜人，流连忘返。是沈阳一日游的最佳路线。

沈阳市邮储银行提出的"营销快乐假日"的概念得到了以上四个景点地区的赞同和认可，贷记卡的目标群体也和旅游购物的客户构成基本吻合，最终三个旅游景点不仅以较低价格提供了门票，还免费提供纪念品作为"优卡"贷记卡开卡礼品。最终，双方拟订了"凭优卡贷记卡消费满1000元可获赠1张景点门票或相应购物抵扣券，申请优卡贷记卡并消费满5笔，可以获赠1个旅游景点纪念品"的活动内容。

随着营销经验的积累，沈阳市邮储银行越来越意识到，有效的策划和投放才能引起关注。

首先，为了让贷记卡营销活动在激烈的市场竞争中引起关注，沈阳市邮储银行聘请知名广告公司对活动主题和画面进行了精心设计，力求让客户对"优卡"贷记卡品牌产生更多的认可和偏好。在"营销快乐假日"的主导下，贷记卡营销活动不只为持卡人创造快乐的购买体验，更让持卡人通过刷卡达到一定金额就能亲身感受大自然的美丽和体验悠闲假期的快乐。

其次，在公交车、电台、电视、电梯电视等主流媒体长期投放广告，扩大"优卡"贷记卡曝光率。例如，针对沈阳市区主流消费群体在人流量大的公交车1路、2路、8路投放广告，覆盖所有公交车途径站点和线路。为了扩大优卡贷记卡曝光率，在主流电台、电视台的新闻节目长期投放广告。这些针对性的媒体广告，基本上覆盖了社会消费主流人群的中青年客户群的生活、工作的领域，有效传播了营销信息。

最后，发挥全市邮储银行网点分布广、人流量大的特点，印制了宣传单、海报、ATM挡板等宣传物料，做好宣传部署。此外还充分利用旅游景点的售票窗口、手机短信、对账单、收单商户、积分兑换网站、95580客服等渠道，提高活动的渗透率和关注度。

此次的营销活动引起了客户对贷记卡的关注和用卡热情。通过对收回的客户调查问卷的统计，绝大部分客户对活动形式、活动内容表示非常满意，不少客户都表示，活动礼品超值且全家都能受益。据统计，活动期间日均咨询电话量达100个以上，日均登记预约客户量达30个以上。2011年10月，全市当月银行卡消费额（含借记卡）达2.4亿元，比上月增长了0.6亿元，增长率为33%，当月商户手续费达20多万元，并为以后全市贷记卡发卡工作打下了很好的基础。

通过有针对性的宣传活动，以上四个旅游购物景点扩大了在全市的知名度，通过赠送门票产生的客源也为旅游景点带来了餐饮、纪念品销售等方面的收益。景点管委会均表示有机会还会与邮储银行开展类似的活动。

此次活动还在营销主题、品牌联合等方面进行了有益的尝试，积累了一定的经验，取得了较好的效果。

案例思考：
分析本案例是如何策划的？

一、营销策划书的含义

策划书，又称为策划报告，是对创意后形成的概要方案加以充实、编辑，用文字和图表等形式表达出来所形成的系统性、科学性的书面策划文件。策划书是对某个未来的活动或者事件进行策划，并展现给读者的文本。只有对整个营销过程进行统一考虑和安排，才能保证营销工作有秩序、有步骤地顺利进行。

策划书可以为整个活动提供有力的指导,并能找到活动的不足之处。一般分为:商业策划书、创业计划书、广告策划书、活动策划书、营销策划书、网站策划书、项目策划书、公关策划书、婚礼策划书、医疗策划书等。

营销方案,也称营销策划书,是一个以销售为目的的计划,指在市场销售和服务之前,为了达到预期的销售目标而进行的各种销售促进活动的整体性策划。

营销策划的最终研究结果,是计划的书面文件,一份完整的营销方案应至少包括三方面的主题分析,即基本问题、项目市场优劣势、解决问题的方案。

策划书大体上包括以下八大要件。
① 何时:企业策划的时间。
② 何事:企业策划的目的与内容。
③ 何处:策划实施环境场所。
④ 何人:策划团队与相关人员。
⑤ 何因:策划的缘由与背景。
⑥ 何法:策划的方法与措施。
⑦ 预算:人财物与进度的预算。
⑧ 预测:策划实施效果的预测。

二、营销策划书的主要内容

1. 策划基础部分

营销策划基础部分主要是对企业营销背景、市场环境进行分析。具体视策划内容而异,具有共性的内容有以下几个方面。

(1) 宏观环境分析

包括政策法律因素分析、经济因素分析、技术因素分析、社会文化因素分析等。

(2) 微观环境分析

包括竞争对手营销战略及状态分析,企业内部优劣势分析等。

(3) 企业概况分析

包括企业的历史情况、现实生存状况及未来发展设想等。

(4) 对调查材料的分析

包括企业目标市场需求行为调查,购买者购买力调查,购买行为方式调查,企业适应市场需要状况的调查,企业的影响力、知名度、满意度的调查等。

2. 行动方案(营销过程)

行动方案部分主要是对企业营销活动的范围、目标、战略、策略、步骤、实施程序和安排等的设计。就策划的指导思想而言主要谋划两个方面的内容:

① 如何确定目标市场,包括市场细分、市场定位(含对产品的市场定位和对企业的市场定位)、目标市场的选择与确定等。

② 如何占领目标市场,包括产品策略(新产品开发、产品改良、品牌包装等策略)、价格策略(价格制定、价格变动策略)、渠道策略(分销渠道的选择)、促销策略(商业广告、人员推广、营业推广、公关活动等方面的策略)。

中国邮政储蓄银行成都市分行开发校园绿卡营销策划书

一、背景

随着教育事业的蓬勃发展,教育作为一项新兴产业,已逐渐发展、壮大,特别是近年来扩招后的大中专学校对诸多银行而言都孕育着无限商机,(营销背景——宏观环境分析)各家商业银行围绕"校园经济"这一大块"蛋糕",展开了激烈的市场争夺战。

成都作为全国著名的文化城市,高校数量在全国城市中排名前列,潜在客户多,市场需求巨大。开拓校园市场,对邮储银行提高服务质量、信誉度和经济效益,有着非常重要的意义。(营销背景——微观环境分析)

邮储银行四川省成都市分行专门成立了由市分行行长任组长、分管副行长任副组长、相关支行和市分行综合业务部等部门为成员的项目小组,市分行综合业务部牵头组织该项目,各支行具体实施。

二、服务方案的拟订

为顺利实施校园绿卡营销,成都市分行首先进行了校园绿卡营销的可行性分析,从邮储银行校园营销活动目的与大学生绿卡市场的环境分析、竞争对手比较,到校园绿卡赛区选定都进行了严格科学的方案审核和效果评估,最终确定:

第一阶段在市区、郫县、龙泉、双流、新津和温江等几个学校资源丰富的支行开展绿卡进校园营销活动,并把发卡量和卡均余额作为两项重要的考核指标。(行动方案部分——目标、战略、步骤)

第二阶段,通过前期绿卡进校园工作的开展,及时总结经验,逐步在上述学校资源丰富的地区进行深度开发,使邮储银行与校园合作更加紧密,在其他支行开展校园绿卡推广活动的同时,逐步在全市范围内,提升邮储银行绿卡品牌影响力,如开展代收学费、资金归集、开设校园自助银行等多种服务和营销活动。(行动方案部分——目标、战略、步骤)

三、服务方案的实施

1. 建立三级营销模式,优选部分支行开展校园绿卡营销活动。

目标市场确定后,成都市分行充分发挥校园营销的作用,制订方案进行营销,建立以行领导为主,综合业务部、各一级支行负责人为辅的三级营销网络。

(1) 校园客户营销,根据各区域学校布控情况对目标市场进行分割,按各二级支行对应的区域进行划分,建立一级支行长负责制,以一级支行为团队对目标市场进行团队营销,确定目标市场,以学校校长、教务处为切入点,通过公关进行推进,避免多头营销和重复营销。

(2) 情感营销,凭借邮储的信誉,发挥与现有各大专院校的关系优势,利用邮储与学校多年合作的诚信,进行情感营销,打开校园绿卡市场。

(3) 充分发挥邮储点多、面广的优势,推广校园绿卡产品,通过邮储网点散发各种宣传折页,在学校师生中产生影响力。

2. 发挥邮储银行优势,有效实施校园绿卡营销活动。

大专院校是一个特殊的市场。针对目前成都各大专院校内大多数未设置邮储网点这一情况,成都市分行想办法进入校区直接面对学生服务。积极争取达到与其他银行同等的服务水平,通过配置的 ATM 机、CDM 机、POS 机等自助设备,方便广大师生使用邮政储蓄绿卡。

对原来有邮储网点的院校进行详细调查,对发展相对滞后的则加快了网点改造工作的推进速度,并在服务上进行改进和完善,通过专业化、多元化的服务提高邮储银行的亲和力。

同时,建立与各大专院校主管部门及关键人物的联系,形成长期友好的关系。

院校市场是邮储与其他商业银行进行直接竞争的舞台,仅仅依靠邮储自己的力量在竞争中难免会处于下风,因此与校方的合作十分必要。在与校方的合作上,成都市分行根据实际情况,以利益为结合点开展合作,如通过免费提供 POS 机具、增加 ATM 布控量、免收学生加办绿卡工本费等多种形式,在高校立足。(行动方案部分——策略)

四、项目创新点

在成都市分行领导明确了进校园的发展思路后,以校园绿卡营销为切入点,顺利打开校园这个大市场,并成功打造邮储银行在校园的品牌形象。以前每到新学期开学时,成都市分行采取的收款方式是派专人上门收款,收取大量现金,但存在极大的风险,而POS刷卡则要在短时间内做大批量的刷卡交易,极易造成网络堵塞,让客户等候时间不确定。实现从绿卡代扣学费后,大大节约了人力成本,也避免了收取现金的风险。

成都市分行校园绿卡项目首批在市区、郫县、龙泉、双流、新津和温江等8个校园资源丰富的支行开展试点,然后在全市支行陆续推开。有了成功的校园绿卡前期导入,为其他业务的进入铺平了道路。之后,对校园绿卡的新开户,成都市分行全部采取开立单卡的方式,节约了存折这一成本开支,同时单卡户提高了自助设备使用率,缓减了网点柜面压力。

五、预期效果

预期发卡量达到5万余张,特别是校园绿卡营销活动开展后,使邮储在高校银行卡市场的占比提高到35%,卡均余额达到3000元,累计沉淀资金近1.5亿元。之后成都市分行以校园卡为载体,迅速推进和拓宽了邮储与大专院校的合作领域,预计实现公司业务资金沉淀9000余万元。(策划预期效果)

3. 营销策划基础部分和行动方案部分的关系

营销策划文案构成的这两个部分是相辅相成、承前启后的关系。基础部分为行动方案部分作铺垫,行动方案的内容不能脱离基础部分提供的前提,否则就成了无源之水、无本之木。

(1) 对营销策划文案基础部分的要求

① 分析要准确。对原始材料的处理必须实事求是,钉是钉,铆是铆,不能随意胡诌,不能任意编造或夸大、缩小。

② 素材要充分,材料要厚实。要为行动方案的形成提供充足的、必要的条件。

(2) 对营销策划文案行动方案部分的要求

① 明确的针对性。没有针对性或针对性不强的行动方案是无益于企业的。那种靠某种模式、某种套路去套各类不同的企业的所谓策划行为是不负责的行为,是欺诈行为。任何方案的提出必须根据不同企业的不同情况,不论企业情况如何而一味用固有的、陈腐的、唯一的套路去套用的"策划",只不过是在制造信息垃圾,不仅不利于企业的发展,有的还会带来负面效应。因此,企业应拒绝这类"策划"。

② 强烈的创新意识。策划成果的价值贵在创新,只有体现创新意识,具有创新精神的成果才最可贵。策划的创新重在策划人思路的创新、运用的知识创新、营销的内容与技巧、手段的创新。成功的策划文案要给人耳目一新、眼前一亮的感觉,给人智慧的启迪和精神的振奋。

③ 切实的可行性。策划文案的可行性主要是体现在适合企业的实际上,即这些方案不是空穴来风,不是为了束之高阁供欣赏,而是为了推动企业的发展为了付诸行动有所收益。文案中的目标一定是通过努力可以达到的,文案中的措施一定是企业可以且有能力实施。

三、营销策划书的基本结构

一份好的营销方案应注重方案的条理清楚与实际操作性,方案分析应该有理有据,侧重于用数字说话,方案的核心是指标与费用的分析与预测。

由于企业策划的目标、内容与对象不同,策划书不应该有固定的格式。但是,这决不意味着策划书可以不分层次、不分先后,随心所欲地去写。它也有着自身的格式结构。一般来说,策划书的基本格式有五个方面。

1. 封面

封面一般由策划书的名称、策划单位、日期、编号等内容组成。封面是一份策划书的

"脸面",决不能小视,尤其是策划名称(也叫标题、题目),必须注意简单明确、立意新颖、画龙点睛、富有魅力。

"起名"是国外策划公司的一项重要业务,要尽量避免一般化,同时名副其实。如深圳华为公司做的企业文化策划起名为"华为基本法",山东绿源集团做的提升企业核心竞争力的全面策划命名为"跨越巅峰工程"。当然,策划名称要名副其实,不能金玉其外、败絮其中。策划名称一定要与策划书的主题相吻合,用词要言简意赅、一目了然,也要具有鲜明的倾向性,以代表策划的主要意图。一般策划名称有一个新颖响亮的主标题,还有一个起解释说明作用的副标题(见图7.1)。

辽宁金融职业学院
Liaoning financial Vocational College

题目:永安村镇银行

营销策划书(宋体三号字)

系　　部:金融系
专业班级:金管G5班
学　　号:
学　　生:
指导教师:韩宗英

2015年12月

图7.1　营销策划书封面

2. 目录

目录的内容必须下功夫。如果封面引人注目,序文使人开始感兴趣,那么目录就务求读过后使人产生强烈的了解策划书全貌的冲动和欲望。

一般来说,依据正文中页码顺序按章节排列至三级标题,一级标题宋体小四号字加深,二、三级标题宋体小四号。

3. 序文（策划目的或前言）

序文主要描述策划项目的来龙去脉、背景资料、策划团队的介绍、策划书内容的概括、环境分析、目标、营销策略等,一般要简明扼要,让人一目了然。这里要注意策划单位的"信誉""名气"和策划团队成员的"明星效应"的运用。

4. 正文

正文是策划书的核心,占主要篇幅。要求内容要围绕主题,语句通顺流畅、表述恰当。

(1) 策划目标

目标表达要求突出准确性、挑战性、现实性、可衡量性和时间性。尽量采用标准、规范的专业术语，避免概念含糊不清。用语尽量数字化，避免"较多""广泛""大幅度提高"等含混词语。如把策划目标定为"企业利润率有较大幅度增长"就不符合目标的标准。因为利润率有成本、销售、资金等多种，不同人对"大幅度增长"会有不同的理解，极容易产生误解。如改为"截止到2014年12月31日企业资金利润率提高20％"就表达准确了。另外，策划目标也要避免大包大揽、盲目许诺。

(2) 策划内容

这是策划书的文本部分，主要包括各种调查资料和结论、企业问题与机会、问题的原因和机会的依据、创意方法和内容、改进方法及其具体措施、策划要注意的问题等。内容的阐述要主次分明、具体明确，以让读者一目了然为原则。切不可繁杂无序、含糊其辞，以免给人造成任务不清、方法不明印象。所以可用文字、照片、图片、统计图或表等形式，使人一看就容易理解。

(3) 费用预算

最好列表说明实施策划书所需费用的细目及其依据，排出预算进度时间表。费用必须进行科学、周密的预算，使各种花费控制在最小规模内，以获得最优的经济效益，实现策划要素的联动优化。也可以根据企业的承受能力，给出几种提供不同量的资金、人力、物力等约束条件和不同的时间进度的不同结果，供企业选择。这样既方便核算，又便于事后查对。

(4) 策划实施时的步骤说明以及计划书（时间、人员、操作等的计划表）

如在策划项目操作过程中，需要何种环境、提供哪些场所、求助于何种协作以及需要什么条件等，都要在策划书中加以说明，以保证策划工作得以顺利进行。

(5) 预测策划效果（使用资源、预期效果及风险评估）

一个成功的策划，其效果是可以预测的。所以，策划者应依据已有的资料，对策划实施后的效果进行科学的预测，并将分析成果体现于策划书中，以增强其策划力度。

(6) 注意事项

列出企业策划主体双方的责权利；关注策划书顺利实施的条件。条件过多，会使企业感到无法实施而被否决；条件过于宽松，容易导致策划案因考虑不周而半途而废，影响策划人的信誉；在注意事项里，也应就策划书的知识产权、保密条款等内容作出约定。

5. 参考资料

列出完成本策划案的主要参考文献，如报刊、行业协会或企业内部的统计资料等，以表示策划者的负责态度，提高企业策划的可信度。但资料不必太多，可以选择主要和实用的资料作为附录。当然，有的资料不必全盘托出，类似独家新闻；有的只公布资料内容，不谈来源；有的只谈资料来源的权威性，不谈细节。参考资料主要的目的是给委托企业提供一个资料平台，以提高企业经营管理水平。

以上五项内容，是策划书的一般内容和格式。不是所有的策划书都应如此千篇一律，一应俱全。不同的策划书，因其内容的不同而在格式上也可以有所变化，对此，策划人应该在企业策划过程中灵活运用。

第三节　营销活动策划

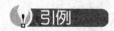

浦发银行开心信用卡

从2015年起，浦发信用卡便开始从战略角度进行娱乐产业的布局，通过线上＆线下、同业

& 异业联盟,借助电影/话剧营销、演唱会项目合作等形式,在市场活动和产品开发上融入"娱乐化色彩",将产品趣味化、营销情感化,与用户产生情感上的共鸣与互动,满足了用户精神层面的多样化需求,备受用户的喜爱与好评。

浦发银行正是看中了开心麻花作为文娱产业领军品牌的影响力,以及其近年来在影视、话剧等方面不俗的表现,2017 年浦发信用卡与开心麻花开展深度合作,通过"IP 流量换流量"的方式,打通双方资源,再与自身产品有机结合,让用户在娱乐的体验中,对产品产生好感,从而实现品牌形象强化和用户转化。

无论是携手开心麻花,抑或是长久以来与各类热门文娱活动的紧密合作,浦发信用卡能够在瞬息万变的文化娱乐领域持续发力,可见其对市场环境的深刻洞悉与战略布局。此外,浦发信用卡以电影、话剧等作为切入点,通过增加娱乐元素和借助娱乐形式,让用户在玩的过程中,潜移默化的与用户产生了连接,也侧面证明了浦发信用卡懂用户、会营销、有远见,也是其品销合一理念的良好体现。

启发思考:
公关促销有什么作用?

一、营销活动策划的目的

简单来说,活动策划就是通过事件,引发消费者关注和参与,解决企业在营销活动中遇到的问题,并最终产生销售或知名度、美誉度的提升。如新春音乐会、社区运动会、欧洲生活体验日等活动。

营销活动是公司、企业生存经营当中至关重要的一项工作。没有营销活动,企业就会显得死气沉沉,缺乏活力;而如果营销活动的目的不明确,就会导致公司资源调配混乱,员工无所适从,从而导致营销活动效果不理想,且有可能会对企业的后续经营造成困难。策划一场成功的活动,需要创意,需要专业,更需要精准的市场判断力!

因此,在企业发起一场耗资巨大的营销活动之前,需要清晰定义本次营销活动的目的是什么。一般来讲,营销活动的目的有以下几类。

(一)新产品推广

新产品推广是营销活动最重要的目的之一。避免红海血战,开辟蓝海市场,靠的就是创新产品。企业经过大量的投入和精心研发,新产品终于得以面世;此时企业的首要任务是让新产品尽快占领市场:一方面,企业需要尽快达到规模效益,以便从生产成本上与竞争对手拉开距离;另一方面,企业需要尽快形成产品的忠实客户群,实现口碑效应,以降低后续的营销成本,尽快实现盈利。因此,企业在新产品推出时,往往愿意花重金,希望在短期内打开局面。新产品成功推广的核心,在于让更多的客户在较短的时间内,获得新产品体验。不同的产品会根据行业的不同和消费者偏好等选择不同的活动方式。通常有产品体验活动、新品发布会、行业展会等形式。

(二)树立品牌形象

良好公司的品牌形象是企业成功之本。正如可口可乐所言:即使一把火烧掉了它的所有资产,只要品牌存在,可口可乐依然可以快速恢复如初。提到"建立品牌",很多人的第一印象就是打广告,而且是狂打广告,似乎只要有勇当 CCTV 年度标王的勇气,就一定能建立品牌。实际上,品牌的建立不是靠广告堆,而是要有具体的内容去充实、去支持它的外在形象。因此,组织系列与品牌主题相关的市场活动,丰富和充实品牌性格,是企业建立品牌的重要内容之一。

(三) 争夺市场占有率

当企业短期内缺乏重量级新产品推出的时候,改变竞争态势、提升企业利润水平的主要方法就在于扩大现有产品的市场占有率。因此,企业常常会推出一些促销活动以促进消费者购买或者争夺竞争对手市场份额。

企业采取的促销活动通常有以下两类。

1. 降价

降价的目的是提高产品性价比,以达到促进消费者购买的目的。由于绝大部分企业促销时都会首选降价手段,此类营销活动对于消费者的影响力越来越弱,以至于常常出现企业市场份额没有上升,利润反而下降的局面。

2. 关联产品绑定

比如,手机服务商为吸引客户,推出的"签约送手机"活动。消费者只要签约成为某种手机套餐服务的客户,承诺在未来的1~2年内每月消费的手机花费不低于一定标准,就可以得到时尚精美的手机。同时,这种活动形式的多方参与者:活动主办方、关联合作伙伴以及消费者都能够得到收益。而且,这种活动方式已经越来越成为营销领域推崇的一种营销方式。

二、营销活动策划的原则

其实,很多促销活动并不如想象中那样理想,实则花了银子又遭骂,那到底怎样的促销活动才能成功,才不会吃力不讨好呢?一般来说,营销活动策划要遵循5W原则:Why(为什么传播)、Who(向谁传播)、What(传播什么)、When(何时传播)、Where(在哪里传播)。

1. 宣传的目的

促销活动的目的包括短时间内提高销量、建立项目品牌、宣传企业理念和建立企业品牌等,在做促销活动时要先确定目标,有的放矢,才能节省资源,提高效果。

2. 确定信息接收者

知道你的促销活动是要做给什么人看的,是要传播给哪类消费群,然后才能根据他们的行为习惯构思整个活动的流程以及他们的心理过程和信息接收过程,从而提高资源传播力度。市场营销理论中的"定位"理论,说的就是这个道理,只有细分市场,才能提高成功率。

3. 传播信息内容

确定传播内容,最大限度地吸引目标消费群的注意力,提高他们的兴趣。内容要有连贯性,这样才能长时间收到效果。

4. 传播时间的选择

时间的选择很重要,不能犹疑,要果断。古语有云:"先发制人!"只有抢先对手使自己占有主动权,站在山顶炮击山下对手,才能万无一失。

5. 传播媒体的选择

怎样组合信息传播工具,达到成本最低、效果最好,这是一件挺费脑筋的事情。随着现代传播工具的不断增多,面临的首要问题不再是选什么工具,而是怎样整合这些工具。具体做法是同时运用报纸、电视、电台、横幅、宣传单等多种宣传手段围绕活动预告同一主题,全方位的炒作宣传,彼此间有机交叉,形成立体扩散效应,直接影响消费者的选择,在活动还未开始前,先在社会上营造浩大的声势。

三、营销活动策划的内容

（一）通过市调分析，初步确定活动的主题、内容、时间和地点

① 活动主题。主题的选择要与产品的媒体传播概念遥相呼应。通过活动加深目标人群对产品及概念的理解与记忆。

② 活动内容。活动成功的前提就是内容要有吸引力，如为吸引、方便客户，各个银行想方设法推出一些新的业务品种，诸如信用卡、转账卡、提款卡、联名卡。就是在这些新品种中，人们更深刻地认识和区分了各银行。一提"金穗卡"，人们脑海中就显现出农业银行；一提"牡丹卡"，就显现出工商银行；一提"太平洋卡"，交通银行就鲜明地浮现在客户面前。

③ 时间。根据经验，大型活动选择公众节假日举行，效果最好。

④ 地点。一般定在金融机构本身，目的是聚集现场人气。

（二）出台活动方案

根据调查分析策划活动方案，且进行投入产出分析，做好活动预算。

（三）活动前的准备工作

1. 信息发布

（1）报纸

① 活动信息一定要在当地发行量大、影响力最高的报刊发布；

② 在当地报刊种类很少、无选择余地的情况下，可在发行量最大的报刊直接发布指定广告；

③ 提前确定广告发布日期，活动举办时间和广告时间间隔不超过 5 天，最后一期广告在活动前两天内刊出，不可与活动时间相隔太长；

④ 刊发可提高参与热情和人数的信息，如活动在上午 11:30 开始，请不要太早排队；

⑤ 注意要在广告边角上加上"活动解释权归××公司所有"内容，以避免惹一些不必要的麻烦。

（2）电视

电视广告以滚动字幕配合，内容以介绍活动为主，辅以简单的产品介绍等内容。

（3）电台

电台没有电视直观，更没有报纸拿在手中长时间翻阅的优势。用电台传播信息一定要反复强调具有吸引力的内容，及活动的时间地点，其他一概免谈。

（4）网络

网络推广已经成了时代发展的趋势。在相应的电子商务网站上发布信息是一个很好的选择。

2. 现场布置

活动现场布置得好，可以使活动有条不紊地进行，增加活动气势和氛围，吸引更多人参与。以下物料在大型活动中一般是必备的。

① 写有活动主题的大幅横幅。

② 突出产品形象和活动主题内容的大幅展板和背板。

③ 挂旗、大幅海报、宣传单。

④ 咨询台、赠品（礼品）发放台、销售台等。

3. 人员安排

① 安排足够数量的服务人员，并佩戴工作卡或绶带，便于识别和引导服务。

② 现场要有一定数量的秩序维持人员。
③ 现场咨询人员、销售人员既要分工明确又要相互配合。
④ 应急人员（一般由领导担任，如遇政府职能部门干涉等情况应及时公关处理）。

4. 公关联络

提前到工商、城管、公安派出所等部门办理必要的审批手续。

（四）现场执行要点

① 工作人员第一个到达现场，各就各位。
② 宣传人员派发宣传单，介绍活动和产品，引导顾客至销售台。
③ 掌握好活动节奏，维持好现场秩序防止出现哄抢和其他意外，以免造成负面效应。
④ 销售人员准备销售事项，介绍销售产品。
⑤ 赠品在规定时间发放不宜太早太晚，发放时登记个人资料、签字。
⑥ 主持人宣布活动结束，现场暂时保留至可能时间。
⑦ 现场销售台继续销售。
⑧ 现场清理，保留可循环物品以备后用。

（五）活动结束要开总结会

评估活动效果及得失是十分重要的一环。只有不断地总结，才能避免走弯路。评价活动是否成功的标准有以下三个方面。

1. 是否能引发目标消费者的强烈关注

如果一个活动策划找错了消费群，就仿佛是在开水锅里钓鱼，怎么也钓不到。

2. 是否和产品、服务密切相关

活动策划一定要和产品或服务的卖点相结合，一个活动策划再怎么精妙，如果消费者只记得活动的有趣，而忘记了产品或服务本身，说明这个活动策划是失败的。

3. 是否是本行业的原创性活动策划

没有做不了活动策划的企业，只要深度挖掘本企业的产品或服务的卖点，就能找到适当的、原创性的活动策划。模仿抄袭本身就输人一头，企业应该想办法策划自己独一无二的活动方案，才能在营销中抢占先机。

本章小结

营销策划的基本知识 ⟹ 撰写营销策划书 ⟹ 营销活动策划

综合练习

一、概念识记

营销策划　营销策划书　营销活动策划

二、单项选择题

1. 策划书大体上包括（　　）要件。
   A. 何时、何事、何处、何人、何因、何法、预算、预测
   B. 何时、何事、何处、何因、何法、预算、预测
   C. 何时、何事、何处、何人、何因、何法、预算
   D. 何时、何事、何处、何人、何因、何法、预算、预测、实施

2. 营销策划的原则是（　　）。
   A. 全局性、战略性、稳定性、权宜性、经济性
   B. 全局性、战略性、稳定性、权宜性、可行性

C. 全局性、战略性、变化性、权宜性、可行性
D. 全局性、计划性、稳定性、权宜性、可行性

3. 营销策划书格式有（　　）。
   A. 封面、目录、正文
   B. 封面、目录、正文、结尾
   C. 封面、目录、正文、结尾、附录
   D. 封面、前言、目录、正文、参考资料（或结尾）

4. 营销活动是指以（　　）所展开的一系列社会活动。
   A. 活动为导向　　　　　　　　B. 营销为目的
   C. 产品为主体　　　　　　　　D. 网络为载体

5. 营销活动策划一般可分为两个组成部分：营销环境分析和（　　）。
   A. 营销市场的确定　　　　　　B. 营销环境的调研
   C. 营销方向的确定　　　　　　D. 营销策略的制定

6. 以下哪种网络营销方法属于活动营销（　　）。
   A. 苏宁电器发 E-mail 告诉消费者近期折扣信息
   B. 天猫商城推出天猫积分换购
   C. 途牛旅行网推出游轮旅行限时低价抢购船票
   D. 智联招聘在某大学举办"智联杯"模拟职场面试挑战赛

7. 一项营销活动策划前需要做的考虑环境的内在优势、弱点、机会及威胁等因素的分析过程，称之为（　　）。
   A. SWOT 分析　　　　　　　　B. WOST 分析
   C. SWET 分析　　　　　　　　D. SWEAT 分析

8. 策划的核心是（　　）。
   A. 目标　　　　B. 信息　　　　C. 创意　　　　D. 策略

9. 消费需求变化中最活跃的因素，企业进行营销策划时所要考虑的主要对象是（　　）。
   A. 居民个人收入　　　　　　　B. 个人可支配收入
   C. 个人可任意支配收入　　　　D. 国民收入

10. 产品进入市场，必须要考虑的是（　　）。
    A. 价格和利润　　　　　　　　B. 成本和利润
    C. 产量和利润　　　　　　　　D. 市场占有率和利润

三、多项选择题

1. 活动策划的标准有（　　）。
   A. 是否能引发目标消费者的强烈关注
   B. 是否和产品、服务密切相关
   C. 是否是本行业的原创性活动策划
   D. 是否是一个完美的策划

2. 营销活动策划的目的有（　　）。
   A. 新产品推广、树立品牌形象　　B. 争夺市场占有率
   C. 处理库存　　　　　　　　　　D. 反击竞争对手

3. 营销策划的步骤有（　　）。
   A. 明确营销目标　　　　　　　　B. 收集信息并分析资料
   C. 制定准确的策划方案　　　　　D. 推出策划方案

4. 营销策划的主要内容有（　　）。
   A. 营销战略规划、产品规划　　　　B. 市场定位、促销政策制定
   C. 新产品上市、渠道建设　　　　　D. 样板市场打造、分销体系建立
5. 优秀的策划人应该具备（　　）素质。
   A. 要有丰富的历史知识　　　　　　B. 必须有务实的职业态度
   C. 做策划方案要找到一个有效的方法　D. 策划人要多实践
6. 策划书的内容有（　　）。
   A. 调查资料和结论
   B. 企业问题与机会、问题的原因和机会的依据
   C. 创意方法和内容、改进方法及其具体措施
   D. 策划要注意的问题
7. 策划基础部分有（　　）。
   A. 宏观环境分析　　　　　　　　　B. 微观环境分析
   C. 企业概况分析　　　　　　　　　D. 对调查材料的分析
8. 营销活动策划具有（　　）的特点。
   A. 前瞻性　　　B. 全局性　　　C. 创新性　　　D. 系统性
9. 一份优秀的营销活动策划需要注意：主题单一并继承总的营销思想，直接说明利益点，以及（　　）。
   A. 活动要围绕主题进行并尽量精简
   B. 具有良好的可执行性
   C. 变换写作风格
   D. 切忌主观言论
10. 使用微信进行活动营销的优点有（　　）。
    A. 推送达到率100%　　　　　　　B. 费用低，操作门槛低
    C. 互动性强　　　　　　　　　　　D. 营销模式多样化

四、判断题

1. 策划是有计划地实施谋略。（　　）
2. 营销策划是对营销活动的设计与计划。（　　）
3. 营销活动是企业的市场开拓活动，它贯穿于企业经营管理过程。（　　）
4. 营销策划是一种运用智慧与策略的营销活动与理性行为。（　　）
5. 策划是为了实现营销目标的计划，所以目的性不一定强。（　　）
6. 活动策划不一定要和产品或服务的卖点相结合。（　　）
7. 营销策划方案必须与企业的实力相适应。（　　）
8. 策划的构想要有实现的可能，要做到这一点，必须将创意与企业现有的人力、财力、物力合理结合，并最终落到实处而且不产生副作用。（　　）
9. 营销策划的时机与效果具有紧密联系，失去时机必然会严重影响效果，甚至完全没有效果。（　　）
10. 活动策划案形式多样，一般而言，包括户外广告牌、节日促销、产品说明会（发布会）、新闻事件行销等。（　　）

五、简答题

市场营销策划的步骤？

六、实操题

请大家给当地某金融机构写一份营销策划书（答案不唯一）。

CHAPTER 8

第八章
客户关系管理

学习目标

职业知识
了解客户的分级标准；了解客户信用档案的内容以及管理的原则；掌握客户关系管理理论；掌握客户价值评估的方法。

职业能力
会建立客户关系档案；能够恰当处理客户的抱怨；会强化同客户的合作关系。

职业道德
具有高度的热忱和服务意识、良好的心态和饱满的激情；具有善于学习善于总结的好习惯；具备严谨的工作态度。

第一节 客户价值评估

引例

将客户按照贡献大小顺序排列

A：民营企业，生产新款的电烤箱，百分百内销，年营业额人民币2亿元，赵老板36岁，几年前就有出口的意向，但一直没有行动。

B：民营企业，生产各式不粘锅，50%内销，50%通过外贸公司出口，年营业额人民币5000万元，钱老板42岁，觉得生意挺好的，颇为安于现状。

C：民营企业，生产家具，百分百外销，年营业额500万美金，孙老板55岁，不懂互联网，沉默寡言。

能向客户提供服务意味着双方合作关系的正式建立。如果要想使这种关系持续下去，就必须不断地加以维护，即对客户的决策者、组织机构、业务进展和营销人员的全部销售努力以及双方的合作进展进行全程监控。另外，现有的客户是最好的广告，能有效地扩大营销人员的客户源。总之，应像培育客户那样重视客户关系的维护，因为失去一个客户比获得一个客户更容易。

一、客户的分级标准

要做到有计划、有步骤地开发和培育那些对自身发展有重要意义的客户，并在此基础上开展差异化营销，避免在低价值交易上浪费直接成本，而对高价值客户投入更多的精力。首先必须真正地了解客户。经济学家帕累托（Pareto）提出的20/80规则指出：事物80%的结果是由于20%起因。如果把这一规则应用于金融服务营销中的客户关系管理工作,则说明80%的收入仅来自于20%的客户贡献。如何衡量客户的价值,判断客户的贡献度,寻找出能够为金融业带来80%的收入的20%客户,是营销者迫切需要解决的问题。

目前对客户分类一般采用以下几种方式。

(一) 按照使用产品类型划分

按照使用产品类型划分即区分产品品牌建设的不同层次,实行有区别的资源支持。这种分类方法简单易行,操作性强。表8.1为某银行借记卡的分级。

表8.1 某银行借记卡的分级标准

客户级别	条件	可申请办理卡
普卡客户	任何客户均可申请	阳光卡
金卡客户	在银行的3个月日均个人资产达10万元人民币(含),或办理个贷达30万元(含)的客户均可申请	金卡
白金客户	在银行的3个月日均个人资产达50万元人民币(含),或办理个贷达80万元(含)的客户均可申请	理财白金卡
钻石客户	在银行的3个月金融资产达100万元人民币(含),或办理个贷超过半年,且从未发生逾期贷款,个贷金额达150万元(含)的客户均可申请	财富钻石卡

(二) 按照资产规模划分

根据不同的金融资产总量,定位不同的层级,这种分类方法简单易行,用于商业银行客户管理实践具有一定的合理性。表8.2为某银行对客户级别的划分。

表8.2 某银行对客户级别的划分标准

客户级别	资产规模
私人银行客户	1000万元以上
高端客户	100万~1000万元
中端客户	20万~100万元
潜力客户	5000~20万元
普通客户	5000元以下

(三) 按照客户利润贡献情况划分

按照客户利润贡献情况,可将客户划分为黄金客户、潜力客户和普通客户。

1. 黄金客户

黄金客户一般已经与金融企业进行了一定时期的合作,拥有相当规模的金融资产,信用记录良好,金融活动相对频繁,与金融企业彼此建立了相互依赖和相对固定的关系,是金融企业利润的主要来源。通常80%的营业收入都来自于这些顶级客户。

2. 潜力客户

潜力客户对于金融企业的贡献低于黄金客户,但具有进一步发展成为黄金客户的潜力,如与某家金融企业接触时间短,尚未形成信任关系的优质客户,或具有较高知识水平的年轻客户等。

3. 普通客户

普通客户是除以上两种类型以外的客户,这类客户对于金融企业的贡献额较低,维护成本较高。

这种分类方法能较好地体现客户关系管理的效用价值,确认金融企业获利最丰富的客户差别,从而开展有针对性的营销。

(四) 用 ABC 分类法对客户分类

ABC 分类法又称主次因分析法,它是根据事物在技术或经济方面的主要特征,进行分类排序,分清重点和一般,从而有区别地确定管理方式的一种分析方法。由于它把被分析的对象分成 A、B、C 三类,所以又称为 ABC 分析法。

ABC 分析法的步骤:

① 确定客户的衡量指标(可以是销售额、利润等)。
② 确定指标的统计时长(一般至少为一年)。
③ 统计出每个客户的指标量。
④ 按指标量对客户进行排序(一般从高到低排)。
⑤ 总计公司的销售额(全部相加)。
⑥ 确定分类标准(分成 ABC 三类,一般定位 A 占 75%、B 占 20%、C 占 5% 或者 A 占 70%、B 占 20%、C 占 10% 两种选择)。
⑦ 计算各类的销售额。
⑧ 分出 ABC 三类客户。

案例透析 8.1

某企业销售额(万元/年)如下:
客户 1: 350、客户 2: 460、客户 3: 180、客户 4: 890、客户 5: 1050、客户 6: 1200、客户 7: 90、客户 8: 660、客户 9: 750、客户 10: 320、客户 11: 220、客户 12: 410、客户 13: 530、客户 14: 710、客户 15: 380、客户 16: 630、客户 17: 110、客户 18: 280、客户 19: 400、客户 20: 960。

启发思考:
对该企业如何用 ABC 分类法对客户分类(从高到低排序)。

二、建立客户资料档案

客户经理根据对客户的分级标准,对客户进行分级,确定客户等级;并将分级信息计入客户档案,以便于对客户进行分级管理和维护。

(一) 客户关系管理档案内容设计的出发点

① 按照简单实用的原则设计客户关系档案内容,档案能够提供必要的流程信息,反映相应的管理要求,实施有针对性的差异化客户服务。
② 从档案记录中能够发现黄金客户和潜力客户,有效管理商机,增加金融机构收益,避免客户流失;发现、度量、识别客户潜在风险,避免最终风险的形成,并及时退出低值客户、无价值客户。
③ 为金融产品的营销、整合、创新及市场分析留存系统科学的记录。
④ 利用档案对客户进行系统化管理,保持客户资源的稳定性与营销管理的延续性。

(二) 客户信用档案的内容

1. 基础资料

这是客户最基本的原始资料。主要包括客户的名称、地址、电话、所有者、法人代表和他们的个人性格、兴趣、爱好、家庭、学历、年龄、能力、经历背景,以及与本公司交往的时间,业务种类等。这些资料是客户管理的起点和基础,主要是通过销售人员对客户的访问收集来的。

2. 客户特征

主要包括市场区域、销售能力、发展潜力、经营观念、经营方向、经营政策、经营特点等。

3. 业务状况

包括客户的销售实绩、经营管理者和业务人员素质、与其他竞争者的关系及与本公司的业务关系和合作态度等。

4. 交易现状

主要包括客户的销售活动现状、存在的问题、保持的优势、未来的对策、企业形象、声誉、财务状况、信用状况等。

(三) 客户信用档案管理的原则

1. 动态管理

"客户资料卡"(见表 8.3)建立后不能置之不顾,否则就会失去其价值。因客户的情况总是不断地发生一些变化的,所以对客户的资料也应随之进行调整。

表 8.3 客户资料卡

客户名称				地址					
电话			邮编				传真		
性质	□个体 □集体 □合伙 □国营 □股份公司 □其他								
类别	□代理商 □一级批发商 □二级批发商 □重要零售商 □其他								
等级	A 级 B 级 C 级								
人员	姓名	性别	出生年月	民族	职务	婚否	电话	住址	素质
负责人									
影响人									
采购人									
售货人									
工商登记号						税号(国税)			
往来银行及账号									
资本额			流动资金				开业日期		
营业面积			仓库面积				雇员人数		
店面			自有□ 租用□			车辆			
运输方式			□铁路 □水运 □汽运 □自提 □其他						
付款方式						经营额			
经营品种及比重									
辐射范围									
开发日期及开发人									

2. 突出重点

应从众多的客户资料中找出重点客户。重点客户不仅包括现有客户,而且包括未来客户和潜在客户。这样可以为选择新客户、开拓新市场提供资料,为市场的发展创造良机。

3. 灵活运用

客户资料收集管理的目的是为了在销售过程中加以运用,不能将建立好的"客户资料卡"束之高阁,要进行更详细的分析,以提高客户管理的效率。

4. 专人负责

由于许多客户资料是不宜流出企业而只能供内部使用,因此客户管理应确定具体的规定和办法,应由专人负责管理。

(四)客户档案的种类

营销人员负责维护的客户档案不仅指文字档案、数据档案,还包括声像档案和电子档案。

客户档案包括两个层次:客户个别档案与客户汇总档案(客户汇总档案主要是指客户名册)。

每一位客户的档案都应包括三类:客户培育过程档案、客户信息资料档案和产品服务档案。其中产品服务档案主要由产品部门负责,但营销人员应择其主要部分复制后保存。

1. 培育过程档案

① 年度客户培育计划。
② 拜访计划与拜访总结。
③ 合作建议书。
④ 作业方案。
⑤ 强化客户关系的计划。
⑥ 客户维护访问计划。
⑦ 客户投诉调查处理资料。
⑧ 业务开展进度情况。
⑨ 客户发展建议、筹融资方案、行业发展报告以及客户培育与维护过程中的其他各种有价值的资料。

2. 基本信息档案

① 客户基本信息表及具体调查表。
② 客户需求资料。
③ 客户财务状况分析资料。
④ 行业与地区评价计分卡。
⑤ 客户价值评价报告或企业价值评价计分卡。
⑥ 金融机构与客户业务往来情况,包括各种交易记录。

3. 产品服务档案

视野拓展 8.1

银行产品档案(固定资产贷款)

固定资产贷款档案主要由借款人材料和担保人材料构成,营销人员可择其主要部分加以复印留存。

1. 借款人资料
(1) 固定资产项目立项批文复印件;
(2)《投资许可证》《建筑许可证》及《开工许可证》的复印件;
(3) 国家或各级政府固定资产投资计划复印件;

(4) 项目可行性评估报告；
(5) 外管局批准借款外债批文复印件；
(6) 设备合同或清单复印件；
(7) 年检合格的企业法人营业执照复印件；
(8) 企业法人代码证书复印件；
(9) 法定代表人证明书复印件；
(10) 法人授权委托证明书复印件；
(11) 法定代表人和委托代理人身份证复印件；
(12) 年检合格的贷款证复印件；
(13) 近3个会计年度的财务报表和注册会计师审计报告；
(14) 企业最新资信等级评估证书复印件；
(15) 企业成立批文复印件及企业章程；
(16) 借款人决策机构同意贷款的文件复印件；
(17) 借款企业变更登记的有关资料；
(18) 生产经营许可证和外汇登记证的复印件；
(19) 与借款用途相关的购销合同复印件；
(20) 进入呆账核销程序的相关资料；
(21) 核销贷款损失申请表复印件；
(22) 借款人和保证人调查报告。

2. 保证人资料

(1) 年检合格的企业法人营业执照复印件；
(2) 法定代表人证明书、法人授权委托证明书和企业法人代码证书的复印件；
(3) 法定代表人和委托代理人身份证复印件；
(4) 年检合格的贷款证复印件；
(5) 近3个会计年度的财务报表和注册会计师审计报告；
(6) 企业成立批文复印件及企业章程；
(7) 董事会或类似决策机构同意担保的决议复印件。

视野拓展 8.2

营销人员在客户关系档案建立过程中的职责

客户关系档案是营销人员培育客户的详细记载和历史记录，直接反映客户经理的工作水平和工作成绩。营销人员应当对客户档案的形成、完整和真实负直接责任，即营销人员要及时进行资料整理，负责建档，并按时间先后分门别类加以维护。营销人员还应通过追踪访问等途径及时对客户档案进行更新。上一级营销人员或领导可直接调看档案，但均应遵守保密原则。

(1) 定期填制、更新档案和及时反映客户需求。营销人员要与客户保持多渠道的充分沟通，在建立和巩固客户关系的过程中需按时填写不同表格。利用档案表格的不同流程模型，尽可能多地记录与客户的各种重要联系，反映客户需求。

(2) 及时对档案进行检查、统计分析。营销人员要对客户关系管理档案定期统计分析，进行阶段性总结，对客户关系管理档案中反映出的问题和商机及时响应。对于问题，要马上着手研究解决。对于商机，要调配资源来满足目标客户的需求。如解决不了，要及时向上级反映。营销人员应将后续结果补充记录在档案中。

(3) 重视对档案的成果运用。以客户关系管理档案为基础，实现对现有客户资源的合理配置，为不同层次的客户群体提供差别化、特色化服务，使金融机构对客户的拓展和服务真正实现从所有客户服务的一致性转向重点服务优质客户、高效益客户，逐步优化金融机构客户的结构，提高金融机构各项业务的经营效益。

三、客户评估的方法

有效的评估能帮助营销者采取有效的措施，能测出当前实际情况与感觉的标准之间的差距。

每个制度完善的企业，都会有一套适合自己的评估体系，如客户评估、供应商评估、生产评估等。

在实践中常用的价值评估方法有客户评估模型法、客户价值象限方法、按比例分配法。

（一）客户评估模型法

在众多的客户关系管理的分析模式中，RFM 模型是被广泛提到的。RFM 模型是衡量客户价值和客户创利能力的重要工具和手段。RFM 模型较为动态地展示了一个客户的全部轮廓，这对个性化的沟通和服务提供了依据，从而为更多的营销决策提供支持。

例如，如果预算不多，而且只能提供服务信息给 2000 或 3000 个顾客，你会将信息邮寄给贡献 80% 收入的顾客，还是那些不到 20% 的顾客？通过 RFM 模型法可以根据用户行为来区分客户。用 R、F 的变化，可以推测客户消费的异动状况，根据客户流失的可能性列出客户名单，再从 M（消费金额）的角度来分析，就可以把重点放在贡献度高且流失概率也高的客户上，并对其进行重点拜访或联系，以最有效的方式挽回更大的商机。

RFM 模型评估方法如下：

1. 用 RFM 模型法将客户购买行为转化为 3 个指标

① 最近一次消费 R：Recency。
② 消费频率 F：Frequency。
③ 消费金额 M：Monetary。

然后用量化的数据与之对应，例如：111，223。通过该数据直观的判断客户的优劣。表8.4 是常见的指标分段。

表 8.4 常见指标分段

类别	R（最近一次消费）	F（消费频率）	M（消费金额）
第一档	1～7 天	10 次以上	1600 元以上
第二档	8～30 天	3～9 次	400～1599 元
第三档	31 天以上	1～2 次	0～399 元

2. 建立模型

将第一档记为 1，第二档记为 2，第三档记为 3。可获得每个客户在 RFM 模型中的对应数值。

例如：最近一次消费在 7 天内，且两个月总消费为 5 次，消费金额为 1000 的客户，在 RFM 模型中的对应数组为 122。

显然，数字较小的客户是相对优质的，如 111，122；数字较大的客户是相对劣质的，如 223，333。

这样就获得了 3×3×3＝27 类客户，在工作中可以选取指定属性的客户进行营销。

3. 确定维护内容

例如，想对一段时间没购买商品，但是历史记录很好的客户进行激活，就选取 211 或 311 的客户；想对购买频次较多的客户进行奖励则选取 212；312 等（见表 8.5）。

表 8.5 根据 RFM 模型的营销策略

内涵	R(最近一次消费)	F(消费频率)	M(消费金额)
影响因素	网点记忆强度 接触机会多少 回购周期	品牌忠诚度 网点熟悉度 产品种类 购买习惯	消费能力 产品认可度
应用策略	决定接触策略 决定接触频次 决定刺激力度	决定资源投入 决定营销优先级 决定活动方案	决定推荐产品 决定优惠门槛 决定活动方案

【教学互动】8.1

问：举例说明如何运用 RFM 模型提高客户的购买机会？

答：企业应该设计一个客户接触频率规则，如购买后三天或一周内应该发出一个感谢的电话或邮件，并主动关心消费者是否有使用方面的问题；一个月后发出使用是否满意的询问；而三个月后则提供交叉销售的建议，并开始注意客户的流失可能性，不断地创造主动接触客户的机会。这样一来，客户再购买的机会也会大幅度提高。

（二）客户价值象限方法

客户价值象限方法指设立客户的潜在价值和现在价值两个维度，每一维度又分低和高两个级别，构成四个象限以分别判断客户价值大小的方法。

1. 区分象限

从实践的结果看，当客户的潜在价值低，当前价值也低时，客户的价值就低，我们定义它为 D 级；当客户的潜在价值低，而当前价值高时，客户的价值就较高，我们定义它为 C 级；当客户的潜在价值高，而当前价值仍低时，客户的价值从长远看就高，我们定义它为 B 级；当客户的潜在价值高，当前价值也高时，客户的价值就绝对的高，我们定义它为 A 级。见图 8.1 客户价值象限方法示意图。

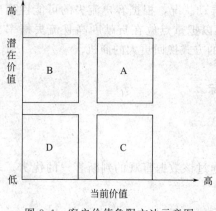

图 8.1 客户价值象限方法示意图

2. 确定维护内容（见表 8.6）

表 8.6 客户维护频率

B	客户类型:资产规模高、潜力低 客户特点:资产多以存款方式存在,极度保守或投资不依赖银行代表人群;在银行资产规模较高的大中型企业高管和事业单位、政府单位中的高层领导 维护频率:中等	A	客户类型:资产规模高、潜力高 客户特点:有投资需求,希望银行提供帮助,资产可能多行分散,深挖潜力巨大 代表人群:在银行资产规模较低的大中型企业高管和事业单位、政府单位中高层领导、中小企业主 维护频率:很高
D	客户类型:资产规模低、潜力低 客户特点:资产多为多年积累获得,缺乏增值潜力,年龄普遍偏大,偏好较为保守或保守 代表人群:在银行资产规模较高的年龄超过35周岁的普通工薪层 维护频率:较低	C	客户类型:资产规模低、潜力高 客户特点:重点提升客户,主要资产在他行,潜力巨大。与核心客户的个人特征非常相似 代表人群:在银行资产规模较低的优质企业(房地产、IT、金融)的高学历35周岁以下员工 维护频率:较高

(1) 关系取向

以情感关怀为主。

①重要节日、客户生日、客户重要纪念日、客户感兴趣的非金融类信息（餐饮、娱乐……）、其他与客户的共同话题（宠物、子女教育等）；②定期/不定期的小型客户意见调查与反馈。

(2) 价值取向

以产品售后跟踪、定期财富诊断为主。

①账户到期提醒（存款到期、信用卡还款、贷款到期、逾期等）、账户收益提醒、账户异动提醒（基金净值异动、分红等）、账户止盈止损提醒；②客户已购产品相关市场信息和服务信息；③对客户已购买产品组合定期进行分析与回顾，为客户下一步投资提供专业建议；④对已提供给客户的资产配置及理财规划建议进行跟踪与修正。

(3) 服务取向

以产品售后跟踪、客户活动为中心。

①财经、投资沙龙、宴会、酒会、短途旅行团；②理财知识类讲座、行情分析类讲座。

（三）按比例分配法

按比例分配法是按每个细分市场顾客的购买金额占企业总销售额的比例分摊非直接成本。

视野拓展 8.3

按销售比例分摊非直接成本

项目	销售金额	顾客 A	顾客 B	顾客 C
销售额	3000	1000	1000	1000
直接产品成本	1000	200	300	500
非直接成本	1000	333.3	333.3	333.3
总成本		533.3	633.3	833.3
顾客利润		466.7	366.7	166.7

在上表中，企业有三个顾客，每人购买金额都是1000元，但购买的产品不同，直接产品成本也不同，分别是200元、300元和500元，除产品成本外，还有1000元非直接成本，由于每人购买额占总销售额比例相同，所以1000元非直接成本均摊到三个顾客头上。将每个顾客的购买金额减去总的成本，就得出每个顾客为企业提供的利润。这种计算利润的方法既简便易行，在实践中运用范围也最广。

案例透析 8.2

表8.7～表8.9三个表格，反映了企业的销售、成本和利润状况。

表 8.7　企业成本表

项目	第一年	第二年	第三年
客户数/个	20000	12000	7800
客户保持率/%	60	65	70
客户年平均订单数量/个	1.8	2.6	3.6
每张订单的平均采购额/元	2980	5589	9106
总收入/元	107280000	174376800	255696480

表 8.8 企业成本表

直接成本/%	70	65	63
直接成本/元	75096000	113344920	161088782
客户获取成本/元	12600000	—	—
总成本/元	87696000	113344920	161088782

表 8.9 企业利润表

毛利/元	19584000	61031880	94607698
客户平均毛利/元	979	5086	12129

启发思考：
分析企业的客户管理情况。

四、客户价值评估

客户评估首先要量化客户价值，然后对客户价值进行分值与加权，最后计算客户分值。

例如：根据客户对金融服务需求调查设计客户满意度反馈表（见表 8.10），并对顾客满意度分值与加权，确定级度范围（级度为很不满意、不满意、一般、满意、很满意），如表 8.11 客户价值级度所示。

表 8.10 客户价值计算表

测评指标	权值	分值	综合值
1. 金融资产	0.3	4	1.2
2. 信用记录			
3. 企业利润息			
4. 业务状况务			
X			
总计/平均值	1	$1+2+\cdots X/X$	$1+2+\cdots X$

表 8.11 客户价值级度

级度	优质客户	关键客户	潜力客户	一般客户	应退出客户
分值	5	4	3	2	1

例如：

某银行对企业市场供求状况、竞争范围、财务状况、设备状况、销售收款方式、领导人背景六个方面进行客户价值评估，按五个级度，从优质客户到应退出客户分值分配，计算数值为 4.2，属于关键客户。

客户价值	权值	分值	综合值
市场供求状况	0.35	5	1.75
竞争范围	0.05	3	0.15
财务状况	0.15	4	0.6
设备状况	0.3	4	1.2
销售收款方式	0.1	4	0.4
领导人背景	0.05	2	0.1
总计	1	22/6	4.2

第二节 客户关系管理

引例

为基金公司设计客户信息来源与集成管理示意图

某基金公司客户数量众多，对交易安全与正确性的要求程度很高，因此必须持续记录与掌握客户资料，资料必须能被实时撷取与补充，如何满足客户全时且跨区域的交易便利？

争夺业务、争夺客户、争夺人才"三大战役"，归根结底是客户资源的竞争。客户资源是金融业务的源头活水，只要争得一批优质客户，同时也就将这些客户的金融人才为己所用。人才之争也是这样，外资银行比较青睐的是拥有特定的客户资源的各商业银行的管理人才、客户经理，如不少地方人才跳槽后，一部分客户也随之跳槽就充分说明了这一点。

随着金融市场竞争的日益加剧及企业业务规模的扩大，金融企业都在大力引进先进的管理理念和工具，以适应内外部环境的不断变化。越来越多的企业意识到，只有不断地更新已有和潜在的客户信息，才能准确满足客户的持续变化需求。这些都离不开客户关系管理的思想和方法，因此，金融企业认识到借助客户关系管理系统（CRM系统）可以帮助金融企业获得并保持竞争优势，提升核心竞争力；通过对业务流程的改变、利用信息技术解决方案来获取更多更新客户，同时保持原有客户、提高客户服务价值。

视野拓展8.4

一举三得

澳大利亚的国民银行是一家全球性的大银行，它们每天会将所收集的客户数据放到数据库中，并且设定了一些智能分析机制，对客户交易状态进行管理，如对一些非正常的交易金额，即大额的提款和大额的存款进行专门的处理。一旦有客户状态异常的情况发生，数据库会自动做出相关统计，并将统计的结果提交给营销部门的人员，由营销人员及时与客户进行接触，找出客户状态异常的原因。有一次这家银行发现，一位77岁的老太太提款很多，了解原因之后得知老太太提款是要为女儿买房子，银行就立即与老太太的女儿进行联系，表示愿意为其提供买房贷款。结果是：①老太太原来要从银行提的款项又全部作为存款留在银行；②银行为其女儿贷出了一笔贷款；③其女儿也将自己在其他银行的存款转存到这家银行里。真是一举三得，共同受益。

一、客户关系管理系统

由于企业与客户的接触点很多，所得信息来自不同侧面，并储存在企业的不同部门，所以企业必须建设统一集成的信息共享平台，以全方位了解客户信息并共享客户信息，才能实现针对客户需求进行产品研发，为客户提供个性化、高质量的服务，并全方位满足客户需求（见图8.2）。

金融产品和服务往往具有突出的同质性，企业的管理者很快会发现，即使是员工最积极地去了解客户金融需求、去服务和呵护客户，但在企业的经营后台，如果没有形成完整和科学的"流程管理"能力，在其业务前台，如果没有一体的"客户关系管理"能力，要竞争到关键客户并为其提供优质的金融服务，也是无法想象的。

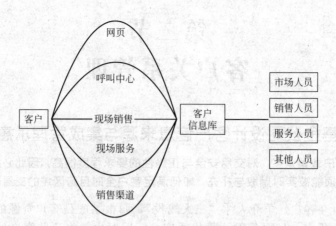

图 8.2 客户信息来源与集成管理示意图

为了使客户资源带来最大的效益,人们研究出了 CRM,即客户关系管理系统。

(一) CRM 的含义

CRM(customer relationship management,CRM),顾名思义,是企业用来管理客户关系的工具。客户关系管理是一个不断加强与顾客交流,不断了解顾客需求,并不断对产品及服务进行改进和提高,以满足顾客需求的连续过程。其内含是企业利用信息技术(IT)和互联网技术实现对客户的整合营销,是以客户为核心的企业营销的技术实现和管理实现。客户关系管理注重的是与客户的交流,企业的经营是以客户为中心,而不是传统的以产品或市场为中心。为方便与客户的沟通,客户关系管理可以为客户提供多种交流的渠道。

① 建立客户关系,包括三个环节:对客户的认识、对客户的选择以及将目标客户和潜在客户开发为现实客户。

② 维护客户关系,包括五个环节:对客户信息的掌握、对客户的分级、与客户沟通、让客户满意以及实现客户忠诚。

③ 在客户关系破裂的情况下,应该如何恢复客户关系以及如何挽回流失的客户。

(二) CRM 的两大运营模式

一个完整的 CRM 系统的主要功能为:实现对客户销售、开发拓展市场、实现支持和服务的全面管理;完成对客户基本数据的记录、跟踪;完成对客户合作的全程追踪;完成对客户市场的划分和趋势研究;完成对客户支持服务情况的分析;在一定程度上完成业务流程的自动化。此外,进行数据挖掘和在线联机分析以提供决策支持也是客户关系管理系统的功能之一。

1. 运营型 CRM

它建立在这样一种概念上,即客户管理在企业成功方面起着很重要的作用,它要求所有业务流程的流线化和自动化,包括经由多渠道的客户"接触点"的整合、前台和后台运营之间的平滑的相互连接和整合。

2. 分析型 CRM

它主要是分析运营型 CRM 中获得的各种数据,进而为企业的经营、决策提供可靠的量化的依据。这个分析需要用到许多先进的数据管理和数据分析工具,如数据仓库、OLAP 分析和数据挖掘等。

如果把 CRM 比作一个完整的人的话,运营型 CRM 是 CRM 的四肢,而分析型的 CRM 则是 CRM 的大脑和心脏。分析型的客户关系管理应能同运营型的客户关系管理进行平滑的集成和协同工作。分析型的客户关系管理应用一般主要有:客户群体分类分析和行为分析、客户效益分析和预测、客户背景分析、客户满意度分析、交叉销售、产品及服务使用分析、客户信用分析、客户流失分析、欺诈发现、市场分类分析、市场竞争分析、客户服务中心优化等。

（三）CRM 系统的功能

CRM 软件的基本功能包括客户管理（如客户的基本信息）、渠道管理（如呼叫中心、网银、微行、分支机构、电话银行、客户经理等）、业务流程管理（如账户开立、登记、交易管理、评估等）、业务分析管理（如对账户、信用卡、信贷、总账的管理）等，有的软件还包括呼叫中心、合作伙伴关系管理、知识管理、客户服务、电子商务等（见图 8.3）。CRM 系统提供的基本功能是客户发现、客户交往、客户分析。通过客户关系管理为营销人员提供客户价值信息，发现哪些客户能为企业带来价值和怎样使这种价值最大化，使营销人员和客户之间建立紧密的联系，以保证客户能够得到专业化的服务。

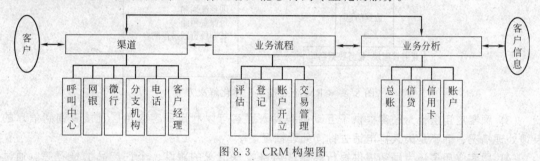

图 8.3 CRM 构架图

视野拓展 8.5

中国平安保险公司北京分公司实施 CRM

中国平安保险股份有限公司北京分公司引进 CRM 系统后，从不同的角度都能够得到顾客的全部信息：如有的顾客只提供车牌号，有的顾客只提供保单号或者只提供身份证，而不论是顾客提供何种的唯一标识都能够检索到与顾客相关的全部信息，进而及时了解到当天或某段时间需要续保的顾客名单，并根据与顾客的联系情况来获得续保、不再续保和正在考虑中的顾客名单，从而保证能够及时跟进顾客、减少顾客资源的流失。

随着业务的发展，针对顾客需求多样性和激烈的行业竞争，要求处理好对信息的快捷传递、员工工作有效的管理、业务拓展的有效支持等问题，而采用 CRM 系统后就能及时地解决以上问题。

在充分调研了保险行业面临的挑战和特性之后，CRM 公司采用三大套件，并提供与原有保险业务系统相整合的软件包，为保险行业提供了"三位一体"的解决方案。它包含了三个层面（见图 8.4），即顾客应用层、业务管理层和决策支持层，为企业提供一体化的管理。

1. 顾客应用层

(1) 顾客应用层为顾客提供了一个个性化的互动界面，顾客应用层包含了顾客主页、交易平台、个性产品推荐、银行转账等功能模块。顾客可以利用互联网接入到保险企业为顾客提供的互动界面上，根据自己的需求情况查询到相关的信息。顾客还可以通过顾客应用层直接进行投保，如果不清楚投保的流程还可以在系统中直接得到有效的帮助信息，由此可以帮助顾客熟悉投保流程。

(2) 顾客应用层将会记录下顾客访问的信息内容，以便为其提供个性信息。而保险公司的业务人员将通过业务管理层系统对在线保单进行实时高效的跟踪、确认，既可以让顾客感受到投保简单方便，也可以提高业务人员的销售效率。

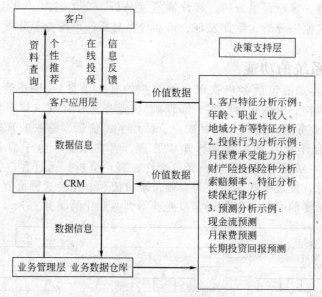

图 8.4 CRM 企业提供一体化解决方案

(3) 顾客应用层也为顾客提供了互动的条件，顾客可以利用顾客应用层直接查询到信息的反馈处理情况，而不是天天打电话去询问处理情况。

(4) 顾客应用层还为顾客提供银行转账、自身投保情况的跟踪、个性产品的推荐等。通过顾客应用层系统的应用不但拓宽了销售的渠道，同时也拉近了与顾客的距离，简化了业务人员销售流程。

2. 业务管理层

(1) 业务管理层是一个以顾客为中心的顾客关系管理系统，业务管理层包含了顾客管理、竞争对手、合作伙伴、员工管理、市场管理、销售管理、订单管理、服务管理等功能模块。

(2) 业务管理层为公司内部实现了工作的协同，它不但衔接了部门间的工作内容，同时也规范了部门内的工作流程。

① 顾客利用业务管理层进行投保，销售人员从业务管理层接到投保单后与顾客进行联系，得到顾客的正式确认后，销售人员就可以把在线保单直接转入到正式的保单管理中，并把联系的情况和处理的结果录入到系统中；

② 如果需要服务部门进行支持，则可以反馈服务请求到服务部门，服务人员接到服务请求后填写处理意见，并生成服务任务执行。

这样一来，不但顾客能够及时了解投保的进行情况，而且销售员也能够及时跟踪到服务的进展情况，并准备好下一步的工作。

(3) 业务管理层还为公司实现了信息资源的共享，管理人员能够及时获取下属员工的工作内容和工作状况等。

3. 决策支持层

决策支持层为公司的发展战略提供科学、量化的数据支持。

(1) 决策支持层为公司提供的系列软件都采用统一数据仓库，使得数据资源得到有效的整合和利用。

(2) 决策支持层系统包含了销售分析、市场分析、服务分析、费用分析、顾客特征分析、伙伴特征分析、险种特征分析、竞争分析、丢单分析、员工分析等。

(3) 系统可以从顾客—产品—顾客特征—产品特征等多种条件下进行多维度分析。以车险为例，保险公司可以利用决策支持层系统从不同的角度对出险率进行分析。

① 从顾客本身出发,决策支持层系统可以分析出何种性别、哪个年龄段的顾客出险率高。

② 从险种出发,决策支持层系统可以分析出哪种险种的出险率高。

③ 从车辆本身出发,决策支持层系统可以根据哪种类型的车、是否有防盗系统等车辆的特征来分析出险率的情况。

④ 决策支持层系统也可以对以上的信息进行综合性分析。利用决策支持层系统可以找出持续投保不高的顾客,以便对这些顾客加强关怀来留住顾客;还可以发现哪种类型的顾客从潜在顾客向现实顾客转化过程中,花费的成本最高,或哪种类型最低,是何种原因产生的,这样就能为开发新顾客成本进行有效的控制。

⑤ 该系统还可以为保险公司提供多种分析模型和多种分析角度,使数据资源的利用的价值最大化。

二、客户关系管理的实施

人们越来越清楚地认识到客户资源将是企业获胜的最重要的资源和最基本的竞争利器之一,客户比收入重要。毛泽东说过这样一句话:地在人失,人地皆失;地失人在,人地皆得。地就是收入,人就是客户。如何对客户关系进行管理,如何维护客户关系,让客户资源发挥最大的作用,是经营客源的长期而又艰巨的工作。

由于每位营销人员负责的客户有很多,营销人员不能平均分配精力来维护每一位客户,所以营销人员应重点维护那些对金融机构来讲十分重要的客户,包括那些对金融机构服务很满意的客户、业务量很大的客户、合作期限较长的客户及难以打交道的客户。

1. 客户识别

识别的目的在于每一次企业与客户联系的时候,能够认出每一个客户,然后把那些不同的数据、不同的特征连接起来,构成我们对每一个具体客户的完整印象。企业需要尽可能详细地掌握每一个客户的细节,包括他的习惯、偏好和其他识别这个客户的重要特征以及交易历史记录等等。客户数据库和数据仓库是大脑的延伸,提高了收集、存储、分析客户信息的能力。企业利用客户信息的能力越强,客户下一次与企业的交易就更简单、更快捷,客户也就更愿意与这家企业进行交易。企业与客户共享的客户信息应是客户自愿提供的,并让客户能感觉放心,他的隐私也应受到尊重、保护。

2. 客户区分

不同的客户具有不同的价值;不同的客户具有不同的需求。通过客户数据的分析、整理,将一个大的客户群体划分成一个个细分群。针对这些细分群采取相应的营销策略,是"一对一"营销的基础。企业找到最有价值的客户,进一步分析挖掘这些客户的深层次个性化需求,那么企业的产品和服务都有可能是为他们定制的。

3. 与重要客户开展一对一的互动

客户群区别开来之后,接下来就要对不同的客户以不同的方式进行互动。企业与客户互动的目的在于创造并培养一种同单个客户的关系,双方都能从这种关系中获利、共赢,客户可以从这种双边依赖的关系中获取越来越多的满足感。企业通过多种互动渠道,以选择客户喜欢的互动渠道与客户互动,当客户通过不同的渠道与企业接触时,企业可以在多个接触点识别出这是同一个客户。在与客户互动过程中,进一步了解单个客户的现有需求和潜在需求,并给客户带来快乐的情感体验。互联网技术使得企业与客户双方互动的成本几乎为零,如客户互动中心整合了电话、传真、互联网、电子邮件等多种与客户互动的方式。

4. 提供个性化的产品或服务以满足客户的特殊需求

个性化的定制使得客户得到了与个人所需完全匹配的东西,这是竞争对手所不能提供的，除非客户不怕麻烦地与竞争对手重新建立一个新的双边依赖关系。大规模定制使得企业能够以低成本和更高效的方式对不同客户单独提供不同产品和服务。大规模定制实际上是将产品或服务模块化，然后组合这些模块得到最接近客户想要的东西，模块化越细，组合能力越强，就越能切合客户的个性化需求。个性化的目的不只是给客户他想要的东西，还有使他开心，同时也要确保企业从提供服务中获利。

只有与单个客户互动，比竞争对手更加"了解"该客户，并提供超过竞争对手的客户利益和情感体验，才能保证该客户不转向竞争对手，获取客户忠诚。

5. 客户关怀

很多企业都不惜血本争取新客户，但是找一个新客户来代替当前客户的成本远高于保持现有客户的成本。所以，真正的赢利能力来自于保持这些现有客户。

客户关怀就是以恰当的方式对待客户，让他们愿意与你合作，并且始终保持这种业务关系。

客户关怀是企业用来把自己的产品或服务与竞争对手区分开来的重要方法。现在有这么多的企业在通过相似的媒介以近似的价格提供相似的产品和服务，客户为什么一定要购买你的产品或服务而不是别人的呢？所以，客户关怀能够影响客户的感觉。客户关怀是节省资金、增加赢利的有效方法。

案例透析 8.3

老人和儿子

一家银行准备对一位存款金额极低、使用不频繁的账户主人发出通知，要求提高账户余额或者支付账户管理费。但客户关系管理系统（CRM）显示，这个账户的主人是一位由儿子赡养的老人，平时日常费用都由老人使用他儿子的账户支付。他儿子不但个人账户在这家银行，而且开办的两家公司也把账户设在这家银行，是银行追捧的高价值客户。老人看到银行通知时的愤怒心情，将足以对孝顺他的儿子产生一定的影响。于是银行停止了向该客户发出通知的做法。

启发思考：

请大家分析如果银行要求账户主人提高账户余额或者支付账户管理费的后果？

三、客户关系的维护

能向客户提供服务意味着双方合作关系的正式建立。如果要想使这种关系持续下去，就必须不断地加以维护，即对客户的决策者、组织机构、业务进展和营销人员的全部销售努力以及双方的合作进展进行全程监控。另外，现有的客户是最好的广告，能有效地扩大营销人员的客户源。总之，应像培育客户那样重视客户关系的维护，因为失去一个客户比获得一个客户更容易。

客户面临众多金融机构和其他经济组织光怪陆离的诱惑和吸引力，随时都有可能变化。因此，对客户关系的维护，不仅要持之以恒，而且要讲求艺术，不断地创新和探索以适应客户求新求深求变的心理。

客户关系维护的形式有以下三种。

1. 功能维护

以业务全能化和客户便利化为目标，对现有金融产品的功能进行深度开发和挖掘，使客户感觉常用常新。如设计家庭内部夫妻、父子相互连接，允许资金快速汇划的亲情账户，一号两用，适应家庭理财活动的需要；推行企业股投资质押贷款，适应民营资本多渠道融资的需要等等。

2. 情感维护

美国营销大王吉拉德每月要给他的 1.3 万名顾客每人寄去一封不同大小、格式、颜色的信件，以体现个性化的顾客沟通。实际上多数金融产品具有同质性、相似性的特点，差别在于金融机构出售产品前后也同时出售了个性化的情感服务。要使客户深切地感受到金融机构的服务如饮甘露、如沐春风，关键是抓住不同层次、不同需求的客户的特性，特别是在他们遭遇挫折或变故时能及时给予朋友式的关爱，其效果远胜于一般的吃请公关。如客户遇到台风袭击时第一个登门的不是保险营销人员，而是带着周密的受损产品处理方案的银行客户经理，会使客户感激不已。

视野拓展 8.6

和客户成为朋友

有一次，法兰克去拜访一位客户，他看见客户 5 岁的小女儿正在地板上玩耍。小姑娘很可爱，法兰克很快就成了她的好朋友。她父亲一忙完手中的事就过来打招呼，并说很久没有买法兰克的产品了。法兰克并没有急于向他推销什么，而只是说他有个可爱的小女儿。

这位顾客对法兰克说："看得出来你真是喜欢我女儿，如果方便的话，你晚上就来我家参加她的生日晚会吧，我们家就在这商店附近。"

法兰克办完事后，真的去参加了那个小女孩的生日晚会。晚会上大家玩得很开心，法兰克一直到最后才离开，当然手里多了一笔订单——那是一笔法兰克从未有过的大订单。法兰克并没有极力推销什么，只不过对客户的女儿表示友善而已，就和客户建立了良好的关系并达到了自己的目的。

3. 特色维护

为特色群体的客户开设客户学校，邀请银行家、国际业务专家或保险、证券投资高手来讲授投资理财实务；为符合条件的尊贵客户铺设特事特办、急事急办、的"绿色通道"。享受服务内容、产品价格、处理时效上的特殊服务；对所有办理本行各类业务交易量达到一定积分的客户举办新年酒会、青春派对、神州漫游等。

四、提高客户对金融机构服务的满意度

维护客户关系的一个重要的方面是提高客户对金融机构服务的满意度。客户的满意度是与客户对服务的期望值联系在一起的，当客户得到的服务超过他的期望时，就会感到满意，否则就会感到不满意。当客户的不满意逐步增大时，将会威胁到金融机构同客户的合作关系。客户的不满意有时不会直接提出来，有时则会通过投诉或不再使用金融产品的方式向营销人员提出来。对第一种情况，营销人员可通过定期拜访客户的方式对客户的不满意进行了解，即通过向客户询问对某项维护的感觉及为什么满意或为什么不满意来获得答案。由于客户一般不愿谈真实感受，故应注意询问的方式方法。对第二种情况，营销人员必须协调金融机构内部有关部门对投诉尽快作出恰当反馈。

客户的满意度分为对营销人员的满意度和对金融业务的满意度两种情况。营销人员对这两种形式应区别对待。对营销人员来讲，要给客户提供超过其期望的产品和服务，取悦和震惊自己的客户。

第三节
处理客户流失

制定应对客户流失的策略

最近李先生心里很烦，又有几个原本与基金公司合作很好的客户无端地流失了，一夜之间投奔到竞争对手那里去了。作为一家基金公司的客户经理，李先生没法不烦，看看业务部门早上打印提交上来的客户名单，他突然感慨万分：人又少了几个。大家都知道，获得一个新客户的费用是维持一个已有客户的 3~5 倍，面对每年上百万元的开发新客户的庞大费用，李先生面露困惑：究竟是什么让好不容易开发出来的客户流失掉，转向竞争对手那里呢？有没有更好的方法来培养客户的忠诚度，挽留住他们呢？

在今天产品高度同质化的品牌营销阶段，企业与企业之间的竞争集中地体现在对客户的争夺上。"客户就是上帝"促使众多的企业不惜代价去争夺尽可能多的客户。但是，企业在不惜代价争夺客户的过程中，往往会忽视或无暇顾及已有客户的流失情况，结果就出现这样一种窘况：一边是新客户在源源不断地增加，另一边是辛辛苦苦找来的客户却在悄然无声地流失。

据市场调查显示，一个公司平均每年有 10%~30% 的顾客在流失，很多公司却不知道失去的是哪些顾客？为什么会失去？更不知道这样会给他们的销售收入和利润带来多么严重的影响？

据美国市场营销学会 AMA 顾客满意度手册所列的数据显示：每 100 个满意的顾客会带来 25 个新顾客；每收到一个顾客投诉，就意味着还有 20 名有同感的顾客；争取一个新顾客比维护一个老顾客要多 610 倍的工作量；客户水平提高 2 成，营业额将提升 40%。所以挽回老顾客，是降低销售成本的最好方法。

一、分析客户流失的原因

相比进行任何实际处理工作，最重要的还应该是对相关背景进行深入了解，究竟存在哪些可以导致错误出现的"潜在问题"。所有这些信息可以为我们的准备工作带来极大的帮助。

1. 公司人员流动导致客户流失

这是现今客户流失的重要原因之一，特别是公司的高级营销管理人员的离职变动，很容易带来相应客户群的流失。这也警示企业一个问题，那就是加强员工团队的建设问题。

2. 竞争对手夺走了客户

任何一个行业，客户毕竟是有限的，特别是优秀的客户，更是弥足珍稀。所以，往往优秀的客户自然会成为各大厂家争夺的对象。

3. 市场波动导致失去客户

任何企业在发展中都会遭受震荡，企业的波动期往往是客户流失的高频段位。企业资金出现暂时的紧张，如出现意外的灾害等，都会让市场出现波动。

4. 细节的疏忽使客户流失

客户与企业虽由利益关系纽带牵在一起，但情感也是一条很重要的纽带。因此，一些细节部门的疏忽，往往也会导致客户的流失。

5. 沟通不畅自然流失

有些客户的流失属于自然流失，由于公司管理上的不规范，企业的市场营销和管理不到位，长期与客户缺乏沟通，不能够很好地去维护客户，那么流失客户资源是必然现象。

二、挽留流失客户的措施

究竟是什么人在哪个地方做了何种事情才导致目前面临的危机局面。如果与客户关系一直非常密切的话，公司可能就已经拥有了既定的看法或者观点。当然，如果并不了解事情起因、经过、结果的话，还是需要做好全面了解的准备。

（一）调查原因，缓解不满

① 企业要积极与流失客户联系，访问流失客户，诚恳地表示歉意，送上鲜花或小礼品缓解他们的不满。

② 要了解流失的原因，弄清楚问题究竟出在哪里，并虚心听取他们的意见、看法和要求，让他们感受企业的关心，给他们反映问题的机会。

（二）"对症下药"，争取挽回

对不同级别客户的流失采取不同的态度。

1）对"重要客户"要极力挽回，对"主要客户"也要尽力挽回。
2）对"普通客户的流失"和"非常难避免的流失"，可见机行事。
3）基本放弃对"小客户"的挽回努力。
4）彻底放弃根本不值得挽留的流失客户。

① 不可能再带来利润的客户。
② 无法履行合同规定的客户。
③ 无理取闹、损害员工士气的客户。
④ 需要超过了合理的限度，妨碍企业对其他客户服务的客户。
⑤ 声望太差，与之建立业务关系会损害企业形象和声誉的客户。

（三）认真冷静地听取客户的答复

1. 认真倾听

无论客户给出答复的具体内容是什么，要做的工作就是认真倾听，不必进行辩解。毕竟，当前工作的重点是了解事情原委，而不是重新赢得客户。

2. 感谢客户的帮助

在听完客户发言之后，要感谢他的热心帮助。如果听到投诉的话，就应该作出道歉。在任何情况下，企业都需要告诉客户，自己获得了一些非常大的帮助，并礼貌地结束谈话。

（四）确认问题根源属于普遍情况还是特定类型

某些客户遇到的问题可能属于非常具体的类型。这些问题包括（但不限于）性格冲突、一场意外事故、客户所在组织在管理或业务方面出现了变化。

其他客户面临的问题可能属于系统性的，来自于现有的业务模式。例如，竞争导致价格无法达到要求，销售工作或者客户支持方面产生问题导致出现投诉等，不一而足。

（五）决定是否需要将客户重新挽回

依据目前了解到的全部情况来做出最终决定，确认该客户是否值得再次努力重新赢回来。当然，与此同时，就可以开始修复和客户的裂痕。

1. 具体问题都属于很容易解决并且成本也不高的情况

举例来说，如果客户不喜欢公司现有代表的话，换一个人就属于非常简单的工作。

2. 系统性问题则会是代价昂贵而又难以修复的类型

假设糟糕的客户服务是导致问题出现的根源。如果公司现有业务模式支持现有的客户服务，面临的选择就是需要对目前使用的模式进行调整还是为该客户专门提供一次例外。同样，如果问题的根源来自于现有价格比竞争对手更高的话，必须就是否降低针对该客户的价格作出决定。但是，需要考虑到，一旦公司做出了这样的决定，会不会导致其他客户也以此来要求类似优惠的情况出现。因此，对于此类问题，更恰当的选择还应是先经过深思熟虑再作出明智的决定。

三、恰当处理客户的抱怨

在处理客户抱怨、纠纷的过程中及处理完毕后，营销人员都应遵守一些行事准则，主要有：

1. 重视客户的抱怨

① 应让客户产生这样一种感觉：营销人员在认真对待而不是敷衍客户提出的各种抱怨，并且抓紧对这些抱怨进行事实调查，没有采取不负责任的态度，也未拖延时间。

② 不对客户说"责任不在我"一类的话，以"客户总是有理的"作为基本原则。给客户以充分的道歉，因为道歉并不意味着营销人员错，重要的是如何解决问题而不是让问题蔓延。应向客户解释，你已了解了他的问题，并请他确认。

③ 站在客户的立场上看待客户提出的抱怨。让客户发泄，自己闭口不言、仔细聆听，但不要让客户感到是在敷衍。

2. 分析顾客抱怨的原因

① 客户有时候会省略掉一些他认为不重要但实际十分重要的信息（当然有些信息客户也可能是故意隐瞒），营销人员应该能够判明：当时的实际情况是什么，客户需要的到底是什么，客户对品质评判的标准是什么等。

② 在未证实客户说的话是否真实之前，不要轻易下结论，不责备客户。即使责任出在客户一方，也不可抨击客户及客户方的相关责任者，更不能对客户表露出不满，应对客户的抱怨采取宽宏大度的态度。

3. 正确及时解决问题

① 当客户正在气头上时，营销人员唯一要做的就是保持冷静，不要再刺激客户以免引发更大的怒气。当客户气消后，要征询客户的意见；如果营销人员提出了解决方案，营销人员应征求客户对该方案的意见。

② 要向客户提供各种方便，尽量做到只要客户有意见，就让他当面倾诉出来，同时善于发现客户一时还没有表示出来的意见和不便提出的问题。

③ 不要向客户做一些不能兑现的保证，也不要作出不切实际的许愿，以免在今后的交往中引发更大的纠纷。

④ 对帮助解决不满与纠纷的相关者表示感谢。感谢不光表现在口头上，更要落实在行动上，比如送些小礼品、经常打个电话、抽时间上门拜访一次等。

⑤ 事后不对处理决定提出评判性意见，不同意见应在解决之前提出。

4. 记录客户抱怨与解决的情况

客户对金融机构提出抱怨，表明双方的合作关系已经出现明显裂痕。营销人员对此必须予以高度重视。客户的抱怨内容及金融机构对此的处理结果均应填入专用表格中（见表8.12和表8.13），作为档案备查，也为了保证今后客户不再出现类似抱怨。

表 8.12　客户抱怨及处理登记卡

投诉客户名称			投诉客户联系方式			
投诉受理日期	年	月　　日	投诉受理人			
发生时间	年	月　　日	解决时间			
抱怨内容：			原因与经过：			
对策与结果：			备考：			
客户经理签字：				年	月	日

表 8.13　客户投诉统计表

投诉编号	日期	客户名称	投诉内容	责任划分	处理方式	客户反映

5. 最终调查顾客对抱怨处理的反应

① 要善于把客户的抱怨收集起来。
② 以和过去相同的方式拜访客户，对曾经让自己碰钉子的客户也不要躲避。
③ 将已发生的客户抱怨、纠纷问题作一总结，避免今后再发生类似的错误。

四、加强同客户的联系

客户与企业之间的关系，是一种相互促进，互惠共赢的合作关系。跟优质客户合作，能提升企业服务意识，提高企业管理水平，完善企业服务体系，同时也能给企业带来丰厚的利润。保持长期的客户关系，还可以减少广告支出。客户本身就是一个免费的广告资源。很多企业在选择服务合作伙伴时都以同行业为参照对象；很多人在消费前喜欢听取朋友的意见，觉得比广告更可信。适时地对潜在的流失客户和已经流失的客户展开相应的挽留措施，降低客户的流失是营销工作重要的一个环节。因此，营销人员不光能被动地处理抱怨，更应主动地强化同客户的联系（见表 8.14、表 8.15）。

表 8.14　客户维护访问计划安排

客户级别	客户名称	访问频率安排/(次/年)	拟拜访人员
核心客户			
重点客户			

续表

客户级别	客户名称	访问频率安排/(次/年)	拟拜访人员
一般客户			
目标客户			

表 8.15　强化客户关系计划卡

客户名称		客户竞争潜力			强化对策		
客户内部关系人		竞争银行	竞争银行关系人及职务	与客户内部关系人的关系	强化负责人	访问频率/(次/季度)	检查对策
董事长							
副董事长							
总经理							
副总经理							
部长							
副部长							
外围关系人							
其他关系人							

五、经常检查自己的行为

为保证客户关系不受损害，同时也为了提高自己维护客户关系的水平，营销人员应对自己的行动经常进行检查。检查内容包括如下方面。

① 是否只是拜访特定的客户，且超过必要的拜访次数；
② 在客户处停留的时间是否过久，以至于影响到客户的心情乃至工作；
③ 用电话就可解决的事情是否也故意登门拜访；
④ 该拜访的客户，很少拜访；不必经常拜访的客户，却频频拜访；
⑤ 是否拟订拜访客户的计划，同时努力按计划进行；
⑥ 对客户拜访前，是否明确了拜访目的；
⑦ 是否只拜访距离较近或接待态度较好的客户；
⑧ 和客户主要决策人洽谈的次数占同该客户总洽谈次数的比重过少；
⑨ 客户拒绝后是否再拜访过；
⑩ 会不会觉得拜访客户是很沉重的负担；
⑪ 本次拜访是否比上次拜访更有成效；
⑫ 自己负责的客户数量是否减少。

本章小结

客户价值评估 ⇨ 客户关系管理 ⇨ 处理客户流失

综合练习

一、概念识记
客户价值评估　客户的分级　客户档案　客户关系的维护

二、单项选择题

1. 则说明80%的收入仅来自于（　　）的客户贡献。
   A. 20%　　　　　　B. 10%　　　　　　C. 80%　　　　　　D. 50%
2. 客户关系维护的形式有（　　）。
   A. 功能维护　　　　　　　　　　　B. 情感维护
   C. 特色维护　　　　　　　　　　　D. 功能、情感、特色维护
3. 要提升客户忠诚度就是要（　　）。
   A. 为顾客降价　　　　　　　　　　B. 为顾客促销
   C. 使顾客认同价廉物美　　　　　　D. 使顾客认同物有所值
4. CRM的核心是（　　）。
   A. 以科技为中心　　　　　　　　　B. 以质量为中心
   C. 以客户为中心　　　　　　　　　D. 以企业为中心
5. 帮助客户解决实际问题，为客户提供种种方便，这是采用了（　　）维护。
   A. 硬件　　　　　B. 软件　　　　　C. 功能　　　　　D. 心理
6. 电话访问法的局限是（　　）。
   A. 不适宜调查复杂的问题　　　　　B. 不能获得即时的反馈
   C. 不能了解被访问者的态度　　　　D. 不能了解问题的原因
7. 金融客户是指（　　）。
   A. 金融企业的服务对象　　　　　　B. 金融企业与投资机构
   C. 金融市场的大宗客户　　　　　　D. 金融市场的基本客户
8. 客户价值象限方法指设立客户的潜在价值和现在价值（　　）个维度。
   A. 一　　　　　　B. 二　　　　　　C. 三　　　　　　D. 四
9. 下面哪种说法是错误的。（　　）
   A. 对"重要客户"要极力挽回，对"主要客户"也要尽力挽回。
   B. 对"普通客户的流失"和"非常难避免的流失"，可见机行事。
   C. 基本放弃对"小客户"的挽回努力。
   D. 不能放弃根本不值得挽留的流失客户
10. 下列哪项不是客户信用档案管理的原则？（　　）
    A. 静态管理　　　　B. 突出重点　　　　C. 灵活运用　　　　D. 专人负责

三、多项选择题

1. 客户关系管理的实施要做到（　　）。
   A. 客户识别
   B. 客户关怀
   C. 与重要客户开展一对一的互动
   D. 提供个性化的产品或服务
2. 分析型的客户关系管理应用一般主要有（　　）。

A. 客户群体分类分析和行为分析
B. 客户效益分析和预测
C. 客户背景分析、客户满意度分析
D. 客户信用分析、客户流失分析

3. 顾客忠诚度的功能有（　　）。
A. 盈利效应
B. 广告效应、示范效应
C. 降低成本、经营安全效应
D. 竞争优势效应

4. 下列有关客户满意度与客户忠诚度的说法正确的是（　　）。
A. 只要客户满意度高，就一定有较高的忠诚度
B. 客户完全满意是确保客户忠诚和产生长期利润的前提
C. 提高客户忠诚度的关键是提高客户满意度
D. 客户满意与客户忠诚存在显著的正相关关系

5. 营销人员为了提高自己维护客户关系的水平要经常检查的内容有（　　）。
A. 是否只是拜访特定的客户，且超过必要的拜访次数
B. 在客户处停留的时间是否过久，以至于影响到客户的心情乃至工作
C. 用电话就可解决的事情是否也故意登门拜访
D. 该拜访的客户，很少拜访；不必经常拜访的客户，却频频拜访

6. 客户信用档案的内容有（　　）。
A. 基础资料　　　　B. 客户特征　　　　C. 业务状况　　　　D. 交易现状

7. 客户的最基本资料有（　　）。
A. 客户的名称、地址、电话
B. 所有者、法人代表
C. 性格、兴趣、爱好、家庭、学历
D. 经历背景，与本公司交往的时间，业务种类

8. 客户特征有（　　）。
A. 市场区域
B. 销售能力
C. 发展潜力
D. 经营观念、经营方向、经营特点

9. 客户业务状况包括（　　）。
A. 销售实绩
B. 经营管理者和业务人员素质
C. 与其他竞争者的关系及与本公司的业务关系
D. 合作态度

10. 客户交易现状主要包括（　　）。
A. 客户的销售活动现状、存在的问题
B. 保持的优势、未来的对策
C. 企业形象、声誉
D. 财务状况、信用状况

四、判断题

1. 客户资源是金融业赖以生存和发展的盈利之本。（　　）

2. 客户资源具有很强的创造潜在市场机会的能力。（　　）
3. 运营型 CRM 是 CRM 的大脑和心脏，分析型 CRM 是 CRM 的四肢。（　　）
4. CRM 体现的是以客户为中心的理念。（　　）
5. CRM 是创新的企业管理模式和运营机制。（　　）
6. 按照使用产品类型划分方法简单易行，操作性强。（　　）
7. 客户对金融机构提出抱怨，表明双方的合作关系已经出现明显裂痕。（　　）
8. 维护客户关系的一个重要的方面是提高客户对金融机构服务的满意度。（　　）
9. 客户的满意度是与客户对服务的期望值联系在一起的，当客户得到的服务超过他的期望时，就会感到满意。（　　）
10. 根据不同的金融资产总量，定位不同的层级，这种分类方法简单易行。（　　）

五、简答题

客户信用档案的内容有哪些？

六、分析题

张先生是一基金公司的老总，经过张先生及其团队的共同努力，公司的业务有声有色。随着公司的发展，老客户越来越多，名气也越来越大，甚至经常有新客户慕名打电话咨询业务。一时间，公司上上下下忙得不亦乐乎，可是还是有些重要客户抱怨公司的响应太慢，服务不及时，而转向了其他公司。为此，张先生决定加大投入，招聘了更多的销售及服务人员，来应付忙碌的业务。

一年辛苦下来，张先生满以为利润不错。可公司财务经理给出的年终核算报告，利润居然比去年还少！张先生和团队困惑了。经过仔细分析，张先生终于发现了症结所在：虽然不断有新的客户出现，但是他们购买的金额不大，而配套的服务工作量却是不小。与此同时，一些对利润率贡献比较大的老客户，因在忙乱中无暇顾及，已经悄悄流失。

请帮助张先生和团队提出解决客户流失问题。

CHAPTER 9

第九章
企业形象

学习目标

职业知识

了解塑造良好的金融企业形象的必要性；掌握金融企业形象分类；掌握企业形象识别系统（CIS）的内涵；掌握金融业 CIS 的特点。

职业能力

能够运用塑造金融企业形象的具体方法策划金融企业品牌建设。

职业道德

具有吃苦精神和严谨的工作态度、团队合作意识、协作能力和勇于实践勇于创新的精神；具备优秀的策划能力。

第一节 塑造金融企业形象

引例

渣打的"人设"

渣打银行始终坚持一个强有力的使命——保持积极的形象，同时建立了一个未来愿景——成为亚洲、非洲及中东具领导地位的全球最佳国际银行。然而，尽管员工们都很清楚自身工作的意义，但世界上大多数人并不了解这家银行究竟有何与众不同之处。渣打领导层意识到，渣打的业绩表现超过了自己的声誉。

为了解决这个问题，渣打在 2009 年成立了一个专门小组，并派他们到世界各地，走访成千上万的客户、员工、监管机构、股东以及业务所在的社区。虽然这些利益相关者彼此差异很大，但他们一致认为，渣打是具有商业道德的长期合作伙伴。

在亚洲金融危机等艰难时间，许多银行都撤出了某些社区，但渣打坚持不离不弃。在此基础上，渣打提出了新的品德承诺：长久相守，造福社区，并归结为一句话"一心做好，始终如一"。

他们要做的第一件事，是将新的品牌承诺传达给员工，因为这一承诺需要依靠员工在日常工作中去落实。渣打在世界各地举行员工大会，并制作了一段纪录片风格的视频，让真实客户现身说法，讲述自己与渣打之间的故事。例如，一位斯里兰卡的农户利用渣打的贷款，供自己的孩子上学。这段视频感动和鼓舞了员工。渣打现在将它传达给员工，是为了加强凝聚力。

对于客户，渣打的承诺是给客户提供公平的交易，以便让所有利益相关者切实感受到这一承诺，并将客户视为合作伙伴。例如，无论是给加纳的可可种植户提供贷款（渣打帮助 7 万多名加纳农户获得了生计），还是给欧洲的大型制药公司提供融资，渣打都从长远出发帮助客户发展业务。

另外,渣打只与遵守所在国法律法规的客户做生意。它将监管机构视为合作伙伴,共同致力于打造健康的商业环境,而这反过来也给渣打提供了巨大的机遇,既利于公司,又造福社区。例如,阿联酋政府发起的"就业本国化计划"规定,在阿联酋的外国公司必须雇用一定数量的当地员工。但是,许多国际银行都没有做到这一点,它们宁愿缴纳罚金。渣打则不然,它认为这项规定对培养当地人才至关重要。在尼日利亚,渣打帮助监管机构了解最佳实践,以打造当地的人力和经济资本。

渣打还开始将"一心做好,始终如一"的理念融入自己的核心业务流程。例如,贷款申请者必须提供书面材料,说明为什么渣打应该相信他们也能"一心做好,始终如一"。制造型企业为建造新工厂申请贷款时,需要做出承诺,保证以可持续发展的方式处置废物。

渣打的造福社区项目与自身的品牌和文化息息相通,这说明他们的承诺不是一句空话。无论是为印度盲人建造医疗中心,赞助利物浦足球俱乐部,还是给员工提供假期,使他们能够参与一些自己认为重要的公益事业,渣打都积极融入所在的社区。员工们表示,看到同事参与慈善活动,让他们感到鼓舞,也提升了他们对渣打的忠诚度。

"一心做好,始终如一"这句话,不仅总结了渣打一贯的作风,同时也很鼓舞人心,让所有人都感到渣打的关怀。它是组织的黏合剂,提醒员工每天来工作的意义。

启发思考:
渣打银行如何塑造自己的形象?起到了什么作用?

国家、个人、企业都要有形象,如果没了形象,就一定难以立足。企业形象是指人们通过企业的各种标志(如产品特点、行销策略、人员风格等)而建立起来的对企业的总体印象。企业形象是企业精神文化的一种外在表现形式,它是社会公众与企业接触交往过程中所感受到的总体印象。

一、塑造良好的金融企业形象的必要性

良好健康的企业形象是企业的一笔宝贵的无形资产,是金融业在今后的竞争中立于不败之地、稳定发展的关键环节。

(一)良好的企业形象可以使企业得到社会公众的信赖和支持

企业的生存与发展,离不开社会公众的参与和关注,离不开广大消费者的信赖与支持,而所有这些都与企业形象有不解之缘,在商品日趋丰富的社会中,选择哪个公司的产品很大程度上取决于其企业形象。

1. 良好的企业形象是企业开展一切经营活动的基础

企业形象好意味着企业的信誉好。讲求信誉、商誉是企业的核心价值观,是企业理念中不可或缺的要素。唯有诚信至上,企业才能百年不衰。

2. 良好的企业形象是企业建立与其公众各种关系的基础

讲求企业信用是一种社会责任。著名管理学家克拉伦斯·沃尔顿曾说,应该把企业看成是讲信用、讲商誉、讲道德的组织,而不是赚钱的机器。可见企业的信誉形象能树立公众的精神信仰,使企业能够获得公众的长久支持。

3. 良好的企业形象也可以形成一大批追随者,以拥有和购买企业商品为荣耀

(二)良好的企业形象可以增强企业的核心竞争力

形象良好的企业在市场营销中具有很强的竞争力,正如心灵美好的人永远受人尊敬和信任一样,成功的经营企业形象是营销活动的永不枯竭的内在动力源泉,它可以为营销创造无可比拟的优越条件。

① 良好的企业形象为推销工作奠定了稳固的基础,由于消费者本来就对企业颇有好感,自然容易接受推销人员的游说。

② 每个企业都有失误或犯错误的时候,良好的企业形象能够使他们得到公众的谅解,减轻或消除由失误造成的影响;当企业遭受竞争对手的攻击时,"形象"也可以成为一道"挡风的墙",能博得大家的同情和理解。因此塑造企业形象不仅是一种营销技巧,更应成为企业和企业家不可或缺的重要意识。这也是一些著名企业像可口可乐、金利来长盛不衰、销售地域稳步扩大、销售峰值稳步提高的原因所在。

(三)良好的企业形象,可以吸引更多人才加入,激发职工的敬业精神,创造更高的效益

有贝之"财"易得,无贝之"才"难求。企业之间的竞争归根到底是人才竞争。良好的企业形象,使人才感到这里的工作环境为他提供了用武之地,规范的用人制度能使自己的聪明才智得以发挥。企业形象好了,职工就有一种优越感和自豪感,加之配套系统(统一的工作服、办公用品等)的相互感应,创造出一种朝气蓬勃的气氛,使他们的工作热情日趋高涨,工作效率也随之不断提高。

视野拓展 9.1

花旗银行的企业文化

花旗银行自创立初始就确立了"以人为本"的企业文化,十分注重对人才的培养与使用。它的人力资源政策主要是不断创造出"事业留人、待遇留人、感情留人"的亲情化企业氛围,让员工与企业同步成长,让员工在花旗有"成就感""归属感"。客户至上是花旗银行企业文化的灵魂。

花旗银行重视员工的主体作用,确立其主人翁地位,增强事业心和责任感。

1. 花旗银行把员工分为四类

花旗银行根据与客户的关系接触的程度,把员工分为与客户直接接触者、间接干涉者、施加影响者和隔离无关者四类,每一类员工都被作为营销组合中的一个因素。在营销中,花旗银行的管理者首先将银行推销给员工,先吸引员工,再吸引客户,让员工主动地去营销和服务客户,效果极佳。

2. 花旗银行将内部营销计划分为两个层次

花旗银行将内部关系营销计划分为策略性内部关系营销和战术性内部关系营销两个层次。

(1) 策略性内部关系营销

策略性内部关系营销是指通过科学的管理、人员职位的合理升降、企业文化方向、明确的规划程序,激发员工主动向客户提供优质服务的积极性。

(2) 战术性内部关系营销

战术性内部关系营销主要是采取一系列措施提高员工的素质和技能,如经常举办培训班、加强内部沟通、组织各种性质的集会、加快信息的交流和沟通等。

3. 花旗银行建立了供应链和利润链

花旗银行建立了低成本、高效能的供应链和具有高度凝合力的服务利润链。

(1) 在供应链中,营销人员、部分联络人员、客户服务代表以及分行经理的工作就是发现未满足的潜在客户并为其提供产品,而不是将产品强加于不需要或不想要的客户。

(2) 利润链的作用是把银行的利润与员工和客户的满意连在一起。利润链有五个关节点:

① 内部服务质量:高级职员的挑选和培训、高质量的工作环境、对一线服务人员的大力

支持；

② 满意的和干劲十足的服务人员：更加满意、忠诚和为客户工作的员工；
③ 更大的服务价值：效力更大和效率更高的客户价值创造和服务提供；
④ 满意和忠诚的客户：感到满意的客户，他们保持忠诚，继续购买和介绍其他的客户；
⑤ 强盛的服务利润和增长：优质服务企业的表现。

在花旗银行内部，客户经理能够得到银行各协作部门的支持和尊重，客户经理部门与其他协作部门紧密相连，各部门协作共同完成一笔业务，同时体现在各部门的业绩上，形成了各个部门之间密切的利益制约关系，强化了团队精神。

（四）良好的企业形象是企业实力、地区实力，甚至国家实力的象征

一个国家拥有的著名企业越多，说明这个国家的企业在世界上越具有竞争实力，越能够开拓国际市场，从而赢得更多的商业利润，综合国力自然大增，国家因此也就成为经济强国，进而成为世界强国。

二、金融企业形象分类

金融企业形象分类主要是从几个方面来反映金融企业的个性和特质，使之公之于众，得到社会的认同。主要有以下几种分类。

（一）内部形象和外部形象

① 金融企业的内部形象主要是指金融企业的内部管理，特别是其内在精神的体现。诸如金融企业的经营思想、职工精神面貌、工作效率、价值取向等，总体反映其管理水平。

② 金融企业的外部形象主要是指企业的一些外表形象，如企业的外观、环境、公共关系、接待、服务等，是可以看得见、摸得着的东西。金融作为国民经济财富的一种象征，很注意其外部形象。例如，许多金融机构都是高楼大厦，富丽堂皇，员工服饰整齐，清洁卫生，设备完善，极大地赢得社会公众的信任感。

金融企业的内部形象和外部形象是一致的，二者相互联系，相互作用。要做到内部形象好，外部形象也好，有内有外，内外结合，相得益彰。

（二）表层形象和深层形象

① 表层形象主要是指金融企业目前进行的各种服务，是一目了然、有目共睹的。例如，这家金融机构目前开办了哪几种业务，开拓了哪几种新金融工具，工作效率有哪些提高等等。

② 深层形象则是指企业领导和职工正在进行思考、研究、改进、开拓创新的方面。当前金融企业业务不断发展，每一家金融企业从其经营思想来说，都不能因循守旧，原地踏步，而要时刻思忖如何改进，如何创新，这样才能在同业竞争中立于不败之地，并步入现代化、国际化的行列。这是金融企业的一种深层思考、深层形象。这种深层形象可能在短时间内看不见，但却有其时间效应，到一定时候，其良好形象就能显示出来。

金融企业的表层形象和深层形象也是相连的。一家金融企业不能离开目前的经营状况而去研究将来经营什么，也不能只顾当前、满足于现状，不思进取。所以，表层形象和深层形象是一致的，相互作用的。

（三）实值形象和虚值形象

① 实值形象是指金融企业经营实际达到的结果，即其实际的管理水平、经营效益、盈利状况、公众认同等。

② 虚值形象则是指企业内部和社会公众对金融企业某些主观的看法和印象，这些印象可能正确，可能接近，也可能差得很远，不正确。金融企业应该讲求真实形象或实值形象，而防止出现不真实的虚值形象。实值形象可以持久，而虚值形象则不能持久，只是一种假象。

（四）有形形象和无形形象

金融企业的形象有有形和无形之别。

① 有形是指企业经营管理中一切可以看得到的东西，包括企业的外部形象、服务态度、工作效率和效益，甚至一些经营策略、指导思想等概念化、抽象化的东西。

② 无形是建立在这些有形之上和超越有形的东西，如企业的信誉、知名度等等，是在有形的基础上产生的、它虽然无形，其价值却可能大大高于有形。金融企业经营货币信用业务，信誉特别重要，信誉是金融企业的生命，而信誉是无形的，金融企业丧失信誉就不能生存，即使其有形的房屋、资产等再雄厚，也是无用的。所以金融企业应该十分重视无形形象，把它看作是一种资产——无形资产，这是十分宝贵的财产。

三、塑造金融企业形象的具体方法

印象是通过人体的感官传递获得的。企业形象能否真实反映企业的精神文化，以及能否被社会各界和公众舆论所理解和接受，在很大程度上取决于企业自身的主观努力。

由于金融行业是构成社会团体的一个基层单位，其企业形象是以在社会经济活动中的行为为基础的，同时，又是社会公众和本单位职工认同的结果，所以，其形象的塑造是一项综合性的系统工程，应注意把握各种整体要素的优化，向社会突出展示自身的良好形象。具体表现为以下三个方面。

1. 优质、高效的服务形象

在市场经济条件下，金融行业也随着走向市场，应给社会提供一个文明礼貌、业务领域广阔、手段先进、灵活全优的服务形象。具体办法如下。

① 树立竭诚服务的思想，行为上恪尽职守、主动热情、诚恳待人。

② 技术上操作熟练，不出差错，效率一流。

③ 进一步拓宽领域，增强服务功能，在努力办好传统业务的同时，向多元化发展，适时推出适应市场经济的业务种类，改善服务手段。

2. 团结奋进，遵纪守法，素质优良的职工队伍形象

良好的职工素质和形象是塑造企业整体形象的主体，金融网点每一个部门都是面向社会的窗口，员工的精神面貌、群体意识、道德修养、法纪观念、技术水平、文化素质和仪表装束等都时刻展现在社会公众面前，因此，应注重员工队伍这一主体形象的塑造。

① 加强法制教育，树立员工遵纪守法的观念，做到懂法、守法，并依法办事，做到清正廉洁；

② 不以贷谋私，不以权谋利；

③ 开展业务知识和科学文化知识的学习，提高文化素质和专业技术水平，创一流工作成绩，从而向社会展现一支团结奋进、遵纪守法、素质优良的员工队伍形象。

3. 环境优美的外部形象

企业的建筑、设施、环境美化，是企业形象直观的外在反映，其整洁优美的外表，往往能引起公众的舒心感。所以，企业建筑设计应力求新颖、独特、美观，LOGO应醒目突出。另外，还应统一设计、统一标准建造营业楼，增强区域内的整体效果，同时营造环境优美、卫生整洁、充满生机的工作环境。创造金融业最直观的物化形象。

视野拓展 9.2

中国工商银行 LOGO

中国工商银行行徽整体上是一个隐性的方孔圆币，体现金融业的行业特征，并借题发挥出"方圆的规矩"的哲学思想。行徽的中心是一个"工"字，是经过特别变形的，中间断开，加强了"工"字的特点，而且表达了深层含义，两边对称，体现银行与客户之间平等互信的依存关系。以"断"强化"续"，以"分"形成"合"，是哲学上的辩证法，是银行与客户的共存基础。设计手法的巧用，强化了标志语言的表现力。

第二节
金融品牌建设

引例

招商银行联手阿里推出天猫营业厅联名信用卡

随着数字时代的到来和以阿里巴巴为代表的数字经济体的崛起，移动互联深刻改变了人们的生活与消费习惯。淘宝、天猫作为当今年轻用户消费的主阵地，不仅满足了年轻消费者现有的消费需求，更激发了他们对美好生活的向往和追求。

年轻人的选择就是招行信用卡的选择，招商银行信用卡牵手阿里巴巴，推出业内首张天猫系联名信用卡——招商银行天猫营业厅联名信用卡，在完善移动互联领域布局的同时，进一步深化品牌年轻化战略。

涉足通信，提供更多选择

阿里通信是阿里巴巴旗下负责所有通信业务类目的平台，主营天猫、淘宝、支付宝上所有通信类业务，拥有多样性的互联网通信服务平台，包括天猫营业厅、阿里大于通信能力平台、流量钱包、阿里通信 IoT 连接解决方案等。其中，天猫营业厅主要负责阿里通信的运营商业务，根据阿里巴巴生态开放的数据、技术和客户资源进行互联网通信服务，触达亿级用户，为通信业务打造出强大的互联网阵地。

而招商银行信用卡作为信用卡行业领先品牌，引领着中国信用卡行业的蓬勃发展。2017年，招行信用卡实现了近 3 万亿元的交易额，在拉动消费、助力经济腾飞方面扮演着重要角色。此次联手天猫营业厅推出联名信用卡，将各自优势资源进行整合，为用户带来更加便捷、优质的服务体验。

卡面炫酷，打造专属福利

招商银行天猫营业厅联名信用卡分为黑色版与黄色版，卡面设计以天猫形象为基础，设计时尚、年轻的特点。黑色版打造 3D 音乐场景，炫酷时尚，科技感十足。而黄色版则走可爱路线，画风激萌新奇，激光工艺的采用也让卡面更具质感。两版卡面设计均很好地贴合了年轻人的个性和审美需求。

除了年轻酷炫的卡面设计，招行天猫营业厅联名卡还为用户带来了丰厚的权益福利。至 2018 年 12 月 31 日(含)，凡申请并成功核发招商银行天猫营业厅联名信用卡的新户主卡持卡人，在卡片核发后的次两个自然月内分别刷卡达标，即可至招商银行掌上生活 App 领取淘宝充值连续 6 个月无门槛话费抵用券和连续 6 个月流量券。

同时，招商银行天猫营业厅联名卡持卡人(无论新旧户)于 2018 年 12 月 31 日(含)前，使用天猫营业厅联名信用卡在手机淘宝通过支付宝支付，还可享受招商银行信用卡双倍积分(每月总计 2000 元消费金额内)。

除此之外，凡申请并成功核发招商银行天猫营业厅联名信用卡的新户主卡持卡人，在卡片核发后的次两个自然月内刷卡达标，于 2018 年 12 月 31 日(含)前，还可参与每月一次的 iPhone X 抽奖活动。

主打年轻，深化移动互联

近年来，招行信用卡不断深化其在移动互联领域的布局，除了与阿里联手先后推出盒马联名信用卡、天猫营业厅联名信用卡等，还与百度、腾讯、京东等互联网巨头合作推出百度音乐联名信用卡、京东小白信用卡、腾讯新闻联名信用卡等产品，精准跟随年轻用户移动化、碎片化的生活方式转变。

事实上，除了互联网领域，招行信用卡已先后跨界音乐、出行、体育、动漫、游戏、时尚等多个领域，通过联合年轻人喜爱的 IP 和品牌，推出定制产品和专属福利，满足年轻用户社交、娱乐等多重需求。

启发思考：
招商银行的做法起到了什么作用？

国家在说品牌，企业在说品牌，咨询公司也在说品牌。在日常生活中，我们每天都接触到很多品牌，也会在消费时选择自己所喜欢的品牌商品，部分消费者更是"非名牌不买"。究其原因，不外乎品牌带给消费者的使用价值和可信度，它意味着高品质和高信誉。

品牌的意义在于建立企业形象从而赢得消费者的信任。企业品牌本身可以比喻为一个真实存在的人，一个有性格的人。而品牌形象塑造，塑造的就是这个人的性格。打个比方，银行品牌意义就是为了赢得每一个客户的信任，从而在每个客户身上实现更多的价值。这里提到的信任，就是银行品牌建设赋予其本身的主要特征——诚实。

品牌形象（Brand Image），是指消费者对传播过程中接收到的所有关于品牌的信息，进行个人选择与加工之后留存于头脑中的有关该品牌的印象和联想的总和。

在当今的市场竞争中，企业间的竞争已经由传统的产品竞争、价格竞争和市场占有竞争发展到了企业的品牌竞争。以期通过公司的文化和形象来吸引更多的客户，并将自己独特的形象印刻在客户的心里。

一、金融品牌建设的内涵

金融产品品牌就是为金融产品而设计的名称、术语符号或设计，其目的是用来辨认金融机构各自的产品或服务，并使这一特色金融产品与其他金融机构的产品和服务得以区别。

金融品牌建设，就是指金融机构通过对金融产品的品牌的创立、塑造，树立品牌形象，以利于在金融市场的竞争。

品牌形象的构成内容包括有形和无形。

1. 有形内容

又称为"品牌的功能性",即与品牌产品或服务相联系的特征。从消费者和用户的角度讲,"品牌的功能性"就是品牌产品或服务满足其功能性需求的能力(主要包括产品及其包装,生产经营环境,生产经意业绩,社会贡献,员工形象等)。

2. 无形内容

主要指品牌的独特魅力,是营销者赋予品牌的并为消费者感知和接受的个性特征。品牌的重要性不在于能获得更高的价格,而在于获得信任,产生附加值。

二、金融产品品牌的作用

作为一家有营销理念的企业,打造属于自己的名牌产品显然是提高自身竞争力、提高市场占有率以及争取更多顾客的有效途径。品牌可以成为一种信念,这种信念一旦形成,将在消费者心中产生类似信仰的效果。久而久之,企业知名度自然打响,也不必再追求广告效应。可口可乐的总裁说,即使把可口可乐在全球的工厂全部毁掉,它仍然可以在一夜之间东山再起。原因在于品牌作为巨大的无形资产,其重要性已经超过了土地、货币、技术和人力资本等构成企业的诸多要素。

金融产品品牌有以下三个方面的作用。

1. 金融品牌具有识别作用

金融品牌对金融机构整体形象的提高有着不可低估的作用,我国金融政策正在开始向规范化、开放化、国际化方面发展,多数金融机构都纷纷开展金融政策允许的各种业务,金融产品日趋丰富。在此条件下,品牌作为识别标志自然就应运而生,以此在潜在客户心中留下简洁而深刻明了的印象,从而占据有利的位置。例如卖豆浆,张三豆浆店有独特的标志、统一风格的店铺设计以及添加营养成分等这类对产品定位的宣传,就一定比平平无奇的李四豆浆店卖得好得多。因为它的品牌效应让消费者感到认同和信赖,这就是为什么有人卖豆浆也能坐拥百万资产原因所在。

2. 金融品牌具有增值作用

金融产品品牌一旦在用户心目中树立了良好的形象和声誉,会大大提高金融品牌的附加值和金融机构的商誉。

3. 金融品牌具有促销作用

金融品牌个性的塑造,有利于金融机构按不同细分金融市场的要求开展特色金融服务。另外,当一种金融产品品牌得到推广以后,品牌就成为一种有效的广告,会在用户心目中产生一种联想效应。

三、金融企业品牌建设的内容

金融企业的品牌建设及塑造大致可分为内部建设和外部建设。内部品牌建设和外部品牌建设,既密切相关,又各自独立。所以,作为一个企业管理者,启动打造品牌工程,一定要两手抓。只有做到理念清晰、目标明确、内外兼修,才能做好品牌建设这项工作。

(一) 内部品牌建设

如果企业内部品牌建设没做到位,那么,必定会影响企业的整体形象。

内部品牌建设的内涵包括以下内容。

1. 人才队伍的建设

人才队伍又包括技术开发团队、市场营销团队和企业管理团队，还包括产品研发能力的拥有、市场开拓能力的拥有等诸多因素。人才队伍的建设是整体品牌建设的核心。没有了人才队伍建设这个核心，企业管理就是一句空话。

2. 规章制度的建设

企业的规章制度建设是保证企业按照规范化、科学化、细节化、人性化的目标迈进的第一步，是约束企业的每一个人的工作行为准则。它包括企业的各项管理、管理内容等。

3. 企业文化建设

企业文化建设是关系到企业软实力的积累和打造，企业内部凝聚力的培育等无形资产的拥有的问题。企业文化建设，包含企业内刊的创办、公司员工精神生活的丰富多彩，文化、体育等业余活动的开展、节假日的活动安排、公司员工困难的帮扶机制等。如企业理念、企业宗旨的选择和确定，各项规章制度的制定及建立，员工技术技能的培训等。内部品牌建设中最重要的核心内涵就是做内功，做好功课。俗话说，打铁还须自身硬。只有把企业自身的各项工作做好了，理顺了，才有条件和能力向外展示你的品牌影响力，才具备了做外部品牌建设的前提。

当年，深圳创维-RGB公司在中方法人代表总经理丁凯的领导下，建立了丰富多彩的企业文化体制。包括图书室、篮球、棋类及节假日的郊游、爬山、文娱活动、员工生日聚会。特别是在大年三十晚上，丁凯放弃了与家人一起过年的乐趣，到公司和留守员工一起包饺子，让留守员工们的心里热乎乎的。作为一个企业的负责人，丁凯能把员工当作自己的孩子一样关心、体贴，使企业充满一种家庭般的亲切氛围。这就是企业文化的核心之所在，是产生凝聚力的源泉之所在。

（二）金融企业的外部品牌建设

外部品牌建设就是定位、营造企业的形象、自尊、荣誉感、归属感、自豪感等要素。假如你在某一天的早上，突然看到某一个影响很大的报纸如《人民日报》《南方日报》《南方都市报》在某一版的显著位置刊发了某企业开发出一个新产品的新闻，你一定印象很深刻。这些报纸、杂志、电视、广播、网站等传播媒体就是企业外部品牌建设的最好媒介和平台，也是企业与市场接轨，向亿万潜在的消费者传递信息的最好渠道。企业的外部品牌建设包括以下内容。

1. 企业产品质量及市场开拓能力

企业的品牌形象就是企业的外部形象，它包含了企业的声誉、口碑、有无不好负面新闻影响等。市场销售网络的建设发展速度、市场份额是否稳定增长等，可证明市场开拓能力的强弱，关系到企业的效益。

2. 企业与产品的知名度

企业的知名度包括产品的知名度、产品在消费者眼中的知名度、美誉度等。

视野拓展 9.3

汇丰银行如何提高产品的知名度

汇丰银行是香港分支机构最多的银行之一，它拥有相当完善的硬件设施，持有汇丰银行的信用卡，可在遍布全球的420万家商户消费，在世界9000部环球通自动柜员机及全球20万间特约服务机构提款。

为了吸引更多的用户，汇丰银行的信用卡还附带了3种额外服务：第一，30天购物保障。使用信用卡所购之物如有损坏、失窃，可获高至3000港元的赔偿；第二，全球旅游保险。持卡人在旅游期间享有高达 200 万港元的个人意外保险，包括行李遗失赔偿、法律支援、保障及意外医疗津贴；第三，全球紧急医疗支援。持卡人只要致电就近热线，可获医疗咨询和转介服务，同时，持有信用卡可享受租车与有多家名店消费的折扣优惠，还可通过积分计划换取香港多家名店和餐馆的现金礼券。

所谓"积分计划"，是指每签账或透支现金 1 港元，对应某一分值，在银行规定的时间段中，凭累积的分数，可免费或以优惠价换取礼品、旅游或奖金。另外，汇丰银行还针对不同的消费群体，以及各个时期的热点采取不同的策略和不同的卡种。比如，为了争取学生这一消费群体，汇丰银行对大学生信用卡采取的策略是免缴首年年费，申请时赠送小礼品。

在 1998 年世界杯足球赛期间，汇丰银行利用这项全球瞩目的体坛盛事针对球迷推出了"世界杯万事达卡"，这张信用卡上印有"98 世界杯足球赛"的标志，并邀请球王贝利为其做广告宣传。另外，申请该卡可享受三种优惠，得到现金 100 元的体育用品名店购物券 3 张，凭卡在 3 家特约体育名店消费，享受九折优惠，获取最新的体育咨询，同时也享有 30 天购物保障，可参与积分计划等。所以，该卡一推出，就得到广大球迷的欢迎。

3. 科技开发的能力

科技创新即新产品推出上市的速度，科技创新的能力可以从推出新产品的速度周期中看出，长期没有新品推出就意味着开发能力低下，会严重影响消费者的美誉度的。

视野拓展 9.4

中国农业银行开启刷脸取款功能

2017 年 9 月 14 日环球网科技记者林迪报道，中国农业银行开启刷脸取款功能。

农行表示，此前农行已经在全国 37 个支行的超级柜台上启用了人脸识别，经过一年多的安全稳定运行，现在开始在部分城市启用"刷脸取款"。

操作十分简单，首先，点击页面右侧的"刷脸取款"按钮；然后界面跳转到拍摄页面，将会出现取款人面部的实时画面，系统对画面进行自动抓拍。抓拍成功，界面自动跳转到身份核验页面。取款人需在该页面输入身份证号码或者手机号码。核验通过后，界面上将显示取款人名下所有的农行卡卡号。取款人点击选择需要取款的卡号，然后输入取款金额。最后，为了保障安全，再输入卡的交易密码即可。

4. 产品广告的策划与投放能力

产品广告的策划及投放是否经典，是否具有人性化，是否有号召力，是否有深度内涵，是否吸引眼球等，都标志着品牌的代表内涵，即企业和产品的形象。

案例透析 9.1

花旗银行的长尾巴

一位先生在一个熙熙攘攘的大堂等人，他一不小心被后面的小偷乘虚而入偷了钱包。此时，奇怪的事情发生了，透过镜头，我们看到他的裤子后袋里走出了很多信用卡的签账单，旁白说："一旦您的信用卡掉了，麻烦的还不只是补发新卡，如果被冒用，损失就更大了。"那位先生裤子后面出来的签账单越来越多。变成了他一条长长的尾巴。连过路的漂亮姑娘也忍不住回头看他的窘态。

镜头一转，这位先生正在堆满他的尾巴的电话亭旁求救："花旗吗？我的卡掉了……"那边的小姐安慰道："李先生别担心，花旗会担负您所有被冒用的损失，而且在 24 小时内补发新卡给您。"

李先生拿着他补发的新卡在街上走,忽然发现从一位女士手袋里正生出一条信用卡签账单的尾巴,这时,顽皮的字幕出现:老天保佑,她用的是花旗信用卡。产品出现时,旁白说:"失卡免风险,花旗信用卡。"

启发思考:

广告起到了什么作用?

5. 行业峰会、研讨活动的策划与组织的能力

对于某一事件策划一个行业论坛及研讨会,这对于企业而言,是提升其整体形象的层次,学习高层次的企业管理经验的有效途径。一般来讲,大中型公司才有实力参与此类活动。

6. 危机公关的能力

危机公关能力,是在企业遇到危机时的一种自保自救的能力。已有许多企业随着掌舵人出现意外变数而随之一蹶不振,进而慢慢消失,如三株、科龙、巨人等。2004年11月,创维老板黄宏生被香港廉政公署以挪用巨额公款罪名突然逮捕,继而引致创维公司面临一场空前的危机。但以创维董事长张学斌为首的领导层,迅速采取措施,组织传播媒体、银行、供应商和市场代理商在媒体上发表联合声明,一致支持创维公司,迅速化解了这场危机。这场危机公关也成为一个经典案例。

案例透析 9.2

克兰梅重回货架上

感恩节是美国的一个传统节日,这一天美国人要吃一种叫克兰梅的酸果食品。1959年11月9日,美国卫生教育福利部长弗莱明突然宣布,当年克兰梅作物由于除草剂的污染,在实验室用老鼠做试验发现了致癌病变,虽然还不能证明在人身上是否也会有危害,但是他劝告公众自己酌情处理。

弗莱明的公告发布以后,立即在社会上引起强烈反响,克兰梅食品货架前顿时门庭冷落。生产加工克兰梅食品的企业大受其害。尤其是美国海洋浪花公司,这是一家专门生产克兰梅果汁果酱的企业。面对巨大的威胁,该公司认为,必须澄清事实,否则公司和整个行业都有可能破产。为此,他们制定了危机公关策略。

首先,公司专门调查了整个过程,发现这是一个误解。于是召开记者招待会,公布调查的全部情况,请有关官员、卫生、食品方面的专家、学者等发表权威性意见,以消除弗莱明公告造成的不良影响。

其次,打电报给弗莱明,要求他立即采取措施,挽回影响;致电艾森豪威尔总统,请他敦使政府改正错误。

再次,当时四年一度的美国大选即将开始,两位年轻的政客——肯尼迪和尼克松的竞选即将开始。海洋浪花公司通过一系列工作,在一次两人与公众见面的电视镜头中,肯尼迪吃了四份克兰梅果酱,尼克松喝了一杯克兰梅果汁。

通过一系列反攻措施,克兰梅又在感恩节前夕回到货架上。

启发思考:

美国海洋浪花公司是如何危机公关的?如果不这样做后果会如何?假设克兰梅由于除草剂的污染对人体有危害,美国海洋浪花公司又将如何危机公关?

7. 与媒体合作的深度与广度

在外部品牌建设的整个过程中,传播媒体都是一个全天候参与的要素,这是由它的功能和特性决定的。因为,企业的外部品牌建设和打造,需要向外部世界和空间传达大量的信

息,以传达企业的理念、产品理念、质量理念、服务理念、新品性能及所有能引起消费者关注的信息等诸多的要素。一个企业要想出名,要想做到家喻户晓、人人皆知的程度,必须与媒体合作,借助媒体平台的传播渠道,将本企业的各种信息传播出去,以达到广而告之的效果,这就是做品牌要解决的课题。做软性广告,不但是合情合理,而且还是行之有效的方式。

案例透析 9.3

汇丰银行的世界杯营销

2002年3月8日,足球世界杯赞助商之一的汇丰银行与雅虎中国达成协议,借助世界杯的契机开始策划和运行一套完整的联机行销方案。这次合作是汇丰银行进入中国内地市场后第一次在网上树立企业品牌形象、进行在线业务促销计划。

凭借雅虎作为国际足联全球唯一官方网上合作伙伴以及汇丰银行本身作为世界杯官方合作伙伴的有利条件,汇丰银行与雅虎中国的品牌合作为双方都带来积极影响。同时,世界杯期间雅虎中国推出的2002年世界杯聚焦网站与国际足联官方网站相辅相成,也为汇丰银行在国内外的形象推广提供了双重保障。

雅虎中国为汇丰银行精心打造了一个完整精彩的"汇丰银行为世界杯喝彩网站",该网站以"三重好礼,惊喜不断"的口号,配合丰富多彩的活动,吸引了众多客户。网站设置了三重好礼:第一重好礼——注册有好礼(赠送掌上计算机和手机);第二重好礼——寻宝世界杯(客户在浏览选定网站后,只需查找到4个图标,就可以赢得赴韩国观看中国队比赛的球票和世界杯纪念品);第三重好礼——足球挑战游戏(精彩的FLASH足球挑战游戏,采取积分制,积分最高者能得到PLAYSTATION 2游戏机一台和时髦的掌上游戏机)。同时,网站在明显位置突出汇丰银行最吸引客户的服务广告,以求让真正对理财感兴趣的客户可以跳过活动直接接受来自银行的服务,了解服务详细内容。

此外,雅虎中国还通过多种广告形式和有针对性的网页广告投放,在最大量程内、最准确的目标覆盖的前提下为汇丰银行带来大量浏览客户。据统计,在此期间,汇丰银行的广告一共用了多达12种形式,即疯狂广告、标准横幅、网上推荐、光标广告、文本链接、按钮广告、SKY"摩天大楼"广告、"画中画"广告、活动专区广告、直邮广告、雅虎通横幅广告以及超级横幅,吸引了大量眼球。同时,根据目标消费客户的特点,广告被有目的地投放在雅虎中国的各频道及页面中,科学地增加了客户点击的可能,迎合了客户的需求,将"需要的信息"送到"有需要的客户"面前,大大增加了企业的注册客户。

启发思考:
汇丰银行公共关系促销的特点有哪些?取得了哪些收获?

【教学互动】9.1

问:企业外部品牌建设的媒介和平台有哪些?
答:广告的策划与投入(灯箱、路牌、楼盘等),品牌媒体(中央国家级、省会级、地市级)的宣传与合作,品牌形象代言人的选择与邀请合作,新产品推出的造势活动的策划与实施,捐助与慈善活动的策划与实施,行业主题研讨、论坛、峰会的赞助策划与组织,还有借势造势的事件策划,邀请名人做品牌形象代言人等等,均属于外部品牌建设的范畴。

(三)企业内部品牌和外部品牌建设的关系

内部品牌建设和外部品牌建设是紧密相连、互为补充、互为影响的。犹如医学上的西医重治标，中医重治本。必须要标本兼治、内外兼修，才能收到事半功倍之效。内部品牌是企业的躯体，而品牌建设就是赋予这个躯体以生命，使它有血管、肌肉、五脏六腑、神经和灵魂，使这个企业鲜活起来。外部品牌则是这个企业的外部形象、自尊、荣誉、影响力、自豪感、归属感。只有一个鲜活的、强健的、具有强大战斗力的企业，才有可能在充满荆棘的前进道路立于不败之地。

【教学互动】9.2

问：招商银行为什么邀请郎朗做形象代言人？邀请郎朗做形象代言人有什么意义？

答：郎朗的音乐才华与其热情奔放的表演激情相得益彰，使他成为当今古典音乐领域最理想的诠释者和年轻人心中的偶像，其年轻、热情、活力、高雅、成功的偶像特性，能给招行品牌带来积极、高贵的品牌联想。

郎朗享誉世界，国际化认同度非常高，这与招行建设国际化品牌方向也非常一致；郎朗年轻有活力勇于创新，其演奏充满激情和朝气，与招行"创新、领先"的品牌个性吻合度高；郎朗作为联合国儿童基金会国际亲善大使，符合招商银行一直提倡的"企业社会责任"的理念……正是这种种的相通之处、共同的价值取向，让郎朗与招商银行走到了一起。

邀请名人做品牌形象代言人具有以下意义：

1. 提高关注度。名人都有很多追随者、崇拜者，邀请名人做品牌形象代言人，代言的品牌知名度也会因此而提高。

2. 示范作用。名人对消费者具有很大的影响力，人们的生活方式常常会仿效名人。

3. 产品定位。产品是给什么人用的，通常要借助于人物与品牌在广告中的关系来表达，因此，名人也可以起到定位品牌作用。

第三节
企业形象识别系统

引例

可口可乐的与众不同

恐怕世界上还没有一种产品，能像可口可乐那样拥有如此高的知名度。不管你走到世界的哪个地方，似乎都能看到它的"身影"。

使人过目不忘的 COCA-COLA 的标准字体、白色水线和红底色的图案；对各种大型体育活动的赞助等等。这一切都会使人联想到那具有特殊口感的饮料。

可口可乐公司的合作人之一罗兰·鲁宾逊创造了沿用至今的可口可乐名字和商标图案。

这就是用红色作为底色，在可口可乐名字左右两侧画上白色水波纹，表示清凉饮料。色彩本身除了具有知觉刺激，以引起人的一定的生理反应之外，还会经由观赏者的生活经验、社会意识、风俗习惯、民族传统、自然景观、日常生活等各方面的因素的影响，而对色彩产生具象的联想和抽象的情感。

可口可乐的商标图案设计正是利用了这种心理特征，使标志的红色在广大公众的心里产生一种健康的、热烈的、青春的、朝气的、新鲜温暖的而且还是充满气泡、蒸蒸日上的抽象情感的联想。事实上也确实产生了良好的反响。

罗兰先生还把可口可乐（COCA-KOLA）中的"K"换成了"C"，并亲手写下了漂亮的 COCA-COLA 手写体，并以此作为标准字体。由于是手写体，因此商标给人一种亲切感和动感，并给人留下一种深刻、清晰的印象。

除此之外，可口可乐公司从 1916 年起开始使用与众不同的饮料专用瓶。

启发思考：
可口可乐公司是如何做到与众不同的？

识别，简单说就是要能认出来，从众多同类企业中一下子分辨出来。金融机构之间由于业务和规章的限制，导致同业之间的经营经常会出现易模仿的特征，同业之间在产品设计、服务手段等各个方面的差距日益缩小，因此要增强自身的独特性就必须通过对企业文化和宣传的管理建立企业形象，确定最合适的客户群体。同时还要对企业的价值、个性、理念以及经营目标通过特殊的方式综合运用，更加系统、美观、个性的表现出来，这样才也有助于建立金融企业的信誉和品牌管理，以保障其在本行业中的地位。

一、企业形象识别系统（CIS）的内涵

19 世纪 60 年代，美国 IBM 公司首先提出了企业的 CIS 这一概念，CIS 是英文 corporate identity system 的简称，意译为企业形象识别或品牌形象识别。即将企业文化与经营理念，统一设计，利用整体表达体系（尤其是视觉表达系统），传达给企业内部与公众，使其对企业产生一致的认同感，以形成良好的企业印象，最终促进企业产品和服务的销售。

CIS 是一个现代设计理念与企业管理理论相结合、实体性与非实体性协调统一的完整传播系统。

1. CIS 是一种现代设计理念

（1）对内

企业可通过 CIS 设计对其办公系统、管理系统以及营销、包装、广告等宣传形象形成规范设计和统一管理，由此调动企业每个员工的积极性和归属感、认同感，使各职能部门能各行其职、有效合作。

（2）对外

通过一体化的符号形式来形成企业的独特形象，便于公众辨别、认同企业形象，促进企业产品或服务的推广。

2. CIS 是一种崭新的企业管理理论

CIS 主要针对企业的形象做出一系列设置和规划，在整体市场当中通过整体形象竞争脱颖而出。

① 产品形象。质量、款式、包装、商标、服务。
② 组织形象。体制、制度、方针、政策、程序、流程、效率、效益、信用、承诺、服务、保障、规模、实力。
③ 环境形象。企业门面、建筑物、标志物、布局装修、展示系统、环保绿化。
④ 社区形象。社区关系、公众舆论。
⑤ 标识形象。厂名、徽记、品牌、商标、标准字体、标准色彩、构图规范。
⑥ 广告形象。广告词、广告音乐、广告歌曲、广告人物、广告色彩、广告风格。

二、企业形象识别系统的构成

CIS 有理念识别系统（MIS）、行为识别系统（BIS）和视觉识别系统（VIS）三个子系统（见图 9.1），三者相互联系、相互促进、不可分割；三者功能各异、相互配合、缺一不可。它们共同塑造企业的形象，推动企业的发展。

CIS 中的三部分分别处于不同层次。如果以一棵树来比喻 CIS 的话，VIS 是树冠包括绿叶、花和果实，BIS 是树干，而 MIS 则是树根。树干和树冠须从根部吸取水分和养分，而

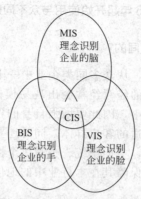

图 9.1 CIS 的构成

树根只有通过树干和树冠才能证明自己存在的价值。如果我们将 CIS 比作一个人的话，MIS 是脑，BIS 是手，而 VIS 是脸，三者偏废一方，都将不能形成完整的形象。"心"之想，需要通过"手"之做才能实现，需要通过"脸"之情才能展现。

（一）MIS（mind henity system, MIS）理念识别系统，也称理念统一化

理念识别 MIS 又称 MI，其具体含义是指企业在长期的经营实践活动中形成的与其他企业不同的存在价值、经营方式，以及生产经营的战略、宗旨、精神等。日本著名的百货商店银座松屋店曾将"顾客第一主义"作为其理念。麦当劳的企业理念是："时间、质量、服务、清洁、价值"。企业理念识别的实质，在于确立企业的自我，以区别于其他企业。对于金融机构来说就是通过统一的具体运作方式使员工达成共识，统一行为规范，获得社会公众对金融机构的识别认同。

MI 是 CIS 的核心，它是整个 CIS 的最高决策层，给整个系统奠定了理论基础和行为准则，并通过 BIS 与 VIS 表达出来。所有的行为活动与视觉设计都是围绕着 MIS 这个中心展开的，成功的 BIS 与 VIS 就是将企业的独特精神准确表达出来。

MIS 的主要内容包括企业精神、企业价值观、企业文化、企业信条、经营理念、经营方针、市场定位、产业构成、组织体制、管理原则、社会责任和发展规划等。

(1) 对内

影响企业的决策、活动、制度、管理等。

(2) 对外

影响企业的公众形象、广告宣传等。

（二）BIS（behavior identity system, BIS）行为识别系统也叫员工行为形象

企业行为识别是指企业在内部协调和对外交往中应该有的一种规范性准则。这种准则具体体现在全体员工上下一致的日常行为中。也就是说，员工们的一招一式的行为举动都应该是一种企业行为，能反映出企业的经营理念和价值取向，而不是独立的随心所欲的个人行为。企业的行为识别是企业处理和协调人、事、物的动态运作系统，是一种动态的识别形式，它通过各种行为或活动将企业理念贯彻、执行、实施。

如果说 MIS 是 CIS 的"想法"，那么 BIS 就是 CIS 的"做法"，也就是说企业活动识别是 CIS 的动态识别形式。BIS 起到承上启下的作用，是具体工作的具体规定。

作为 CIS 的"做法"，BIS 有对外、对内两类活动。

1. 对内行为识别系统

金融企业对内的行为识别系统所指的就是建立企业的内部行为规范，通过 BIS 的建设和执行对内部人员实行管理，培养内部员工共同遵守的行动指南和行为准则。它包括员工行为规范、职业道德、管理制度、福利待遇的具体实施措施等内容。主要应该注意如下几个方面。

(1) 制度严格化

企业必须有一个严格的制度才能有力的规范制度作为保证，才能规范自身的言行，统一自己的整体形象以及维护自身的信誉和赢得客户的信任。企业的每一项规章制度的建立也应该基于人性化的原则，根据自身的定位和实力制定合适且新颖的规章制度以保持自身的活力和个性。在对待内部员工管理的问题上也应该提出相应的奖惩制度，以鼓励士气，优化企业的整体效率。

例如，日本本田公司为了鼓励员工提出各种合理化建议，就建立了一种按提出建议的数量与质量给予评分的奖励制度。分数可以累计，分值每到一定程度就可以获得各种奖项，分值达到某个数值还可以由公司出钱出国旅游。日本大荣百货有一种"人才盘点"规则，每半年盘点一次。适当调整各种岗位，破除等级观念，及时选拔一些更合适的人来担任合适的职务，同时，让各个岗位的人能多一点视角来观察企业的各种岗位。把企业看成一个整体，使上下都懂得每一个岗位都重要，每一个岗位也都明白其他岗位的难处，提高了协作精神。

(2) 服务规范化

企业的服务质量集中表现于员工服务态度和服务流程当中，服务的好坏直接决定了金融机构在竞争当中的成败。因此，在实际的操作过程当中，员工们应当以熟练的操作技术和诚恳的态度来面对客户，将客户需求的服务真正的落在实处。而这种效果的来源则只有服务规范化能够提供帮助。

(3) 操作标准化

由于金融企业的业务范围比较广，各个业务之间会存在很小的差异，因此标准的操作则成为避免操作风险，成就金融企业标准化业务的最佳方式。

操作标准化处于两个方面。

① 对行业的操作进行规范，将业务之间的操作流程细分出来。

② 对员工进行内部的培训，对所有的业务流程都能够熟练地掌握。

2. 对外行为识别系统

金融企业的对外行为识别系统即为企业向外部所传达的企业形象，旨在将企业的经营观念和企业精神传达出去，让外界更为清晰地了解到公司的经营文化以维持自身的公众形象。具体的传播方式则包括各种公司的对外活动，如公共关系、公益活动、文化活动等。

行为识别的操作必须有一系列的条款来保证，而只有展现理念精神、激活内部机制、富有创造性才能保证行为识别的特有价值。

视野拓展9.5

日本电器商场的公共关系

在日本有一家电器商场，顾客购买了一台吸尘器回家发现是坏的，立即打电话给这家电器商场。不一会儿，商场经理就驱车来了，一进门就恭喜顾客中了奖，并解释说，本店准备了一台不良吸尘器，是专为顾客中奖预备的。同时奖一台优质的吸尘器到顾客的手中，使坏事变成了皆大欢喜的好事。此事被广为流传，商场的这一行为反映出这家商场的经营理念。基于为顾客着想，而不是首先想到自己要有麻烦和损失。同时，这一行为所产生的美誉效果，或许任何广告宣传都不一定能达到。

无论对内、对外的行为准则，都不是常规的规章制度所能规范的。商场可以规定"产品实行三包"，但不能保证真正遇到具体问题的时候，有关人员能够做出类似日本电器商场的创意，且能够带来皆大欢喜的良好结局。

(三) 视觉识别系统 (visual identity system, VIS) 也叫视觉识别形象

视觉识别是指通过具体化视觉化的表现形式来显示公司的独特形象，是公众能够明确地识别出该公司的企业文化，接受企业所传达的理念。也就是说将上述的企业理念、企业文化、服务内容、企业规范等抽象概念转换为具体符号，塑造出独特的企业形象。视觉识别是企业的门面，在CIS系统中最具有传播力和感染力，最容易被社会大众所接受，据有主导的地位。

由于金融企业的理念较为抽象，因此公司需要通过标识、广告等具象的表达来传播。所以视觉识别是传播力量与感染力量最为直接的一种形式。一般来说包括两个部分：基本要素系统和应用要素系统。

1. 基本要素系统

基本要素识别是指能够直接表现企业名称、任务、理念等的专用符号或者标语标识。通过利用这些具象化的文字、颜色、字符等的组合，加上广告传播等手段来对企业自身进行宣传，以达到扩大市场占有率和提高知名度等目的。

主要包括：企业名称、企业标志、标准字、标准色、象征图案、宣传口语、市场行销报告书等。

2. 应用要素系统

应用要素系统主要是用来传播银行基本要素系统的媒介。指通过具象的环境设计来传达企业精神的方式。

① 办公用品：信封、信纸、便笺、名片、徽章、工作证、请柬、文件夹、介绍信、账票、备忘录、资料袋、公文表格等。

② 企业外部建筑环境：建筑造型、公司旗帜、企业门面、企业招牌、公共标识牌、路标指示牌、广告塔、霓虹灯广告、庭院美化等。

③ 企业内部建筑环境：企业内部各部门标识牌、常用标识牌、楼层标识牌、企业形象牌、旗帜、广告牌、POP广告、货架标牌等。

④ 交通工具：轿车、面包车、大巴士、货车、工具车、轮船、飞机等。

⑤ 服装服饰：经理制服、管理人员制服、员工制服、礼仪制服、文化衫、领带、工作帽、纽扣、肩章、胸卡等。

⑥ 广告媒体：电视广告、杂志广告、报纸广告、网络广告、路牌广告、招贴广告等。

⑦ 产品包装：纸盒包装、纸袋包装、木箱包装、玻璃容器包装、塑料袋包装、金属包装、陶瓷包装、包装纸等。

⑧ 公务礼品：T恤衫、领带、领带夹、打火机、钥匙牌、雨伞、纪念章、礼品袋等。

⑨ 陈列展示：橱窗展示、展览展示、货架商品展示、陈列商品展示等。

⑩ 印刷品：企业简介、商品说明书、产品简介、年历等。

视野拓展9.6

Citi 的来历

1998年，旅行者集团与花旗集团两个企业巨头合并，组成了世界上最大的银行。旅行者集团的商标是著名的红伞，"Citi"（花旗）中的小写字母"t"可以当作雨伞的手柄。在字母"t"上加上那红色的拱形，就成了合并公司的完美标识。而这道弧线，也像是把顾客与企业联系起来，增加了亲切感。

三、金融业 CIS 的特点

1. 战略性

CIS 是一个长期性的工作，贯穿于金融企业的整体运营布局之中，无论是品牌标志的构想还是经营理念和企业文化的建立，都并非在短时间之内即可完成的，所以设计好的企业形象也是需要企业坚持遵循和长期完成而不轻易改变的战略目标。由于企业形象识别系统并不仅仅是对于企业内部的一种要求，更多的是向外界的展示，因此 CIS 也有全局性的特点，联系了整个金融企业经营的方方面面。所以 CIS 是一个有全局性战略特点的系统。

2. 系统性

CIS 实质是由三个子系统所组成的，即 MI 理念识别系统、BI 行为识别、VI 视觉识别。三者相辅相成，缺一不可，只有三者的统一、和谐运用才能够收到预期的效果。在金融企业的日常经营当中，所有的经营活动都应当以基本理念和经营哲学为基础，而经营理念则又与内部文化紧密结合。通过规范化的行为等视觉信息传递出来。所以 CIS 是一个系统性并渗透于企业各个方面的一种设计。

3. 独特性

金融企业之间在市场上的竞争是相当激烈的，由于金融产品的创新是受制于监管的，且在同行业当中也极其容易被复制，所以产品的独特性上会有所干扰，然而服务的独特性却是难以取代的，CIS 就是在金融企业的服务方面加强了个性的设计，区别于整个市场上的其他金融机构，来塑造金融企业的独特识别功能，以向外界传达出企业的文化和价值。

4. 传播高效性

导入 CIS，可以使信息达到统一性和一致性，以节省企业信息传播的成本，防止信息的误导。

本章小结

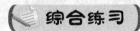

塑造金融企业形象 ⇒ 金融品牌建设 ⇒ 企业形象识别系统

综合练习

一、概念识记

企业形象　外部形象　内部形象　实值形象　虚值形象
有形形象　无形形象　品牌形象　品牌建设　企业形象识别系统

二、单项选择题

1.（　　）其含义是企业高层的思想系统，包括企业宗旨、企业精神及信条、经营哲学、管理模式、时常战略等。
　　A. 行为识别　　　　B. 理念识别　　　　C. 视觉识别　　　　D. 其他识别

2.（　　）是以明确完善的企业经营理念为核心，制定企业的制度、组织管理、教育、行为等。
　　A. 理念识别　　　　B. 视觉识别　　　　C. 行为识别　　　　D. 其他识别

3.（　　）是 CI 设计的动态识别形式，是理论识别的重要载体。

A. 行为识别　　　　B. 理念识别　　　　C. 视觉识别　　　　D. 其他识别
4. (　　) 是 CI 系统的核心和原动力。
A. 行为识别　　　　B. 视觉识别　　　　C. 其他识别　　　　D. 理念识别
5. 麦当劳的"M"形拱门一般可以被归入企业形象系统中的 (　　)。
A. 理念识别系统　　B. 行为识别系统　　C. 视觉识别系统　　D. 符号识别系统
6. (　　) 是 CI 的静态表现，是一种具体化、视觉化的符号识别传达方式。
A. 理念识别　　　　B. 行为识别　　　　C. 其他识别　　　　D. 视觉识别
7. 如果把 CI 比作人，那么 MI（理念识别）可以称为 (　　)。
A. 企业的"脸"　　B. 企业的"手"　　C. 企业的"心"　　D. 企业的"眼"
8. 下列不属于企业外部行为的是 (　　)。
A. 产品开发　　　　B. 公共关系　　　　C. 流通政策　　　　D. 员工教育
9. 下列不属于企业内部的行为识别是 (　　)。
A. 工作环境　　　　B. 生产福利　　　　C. 干部教育　　　　D. 促销活动
10. 企业形象是指企业内外部公众对企业形成的一致的认同感和价值观，是对企业整体形象的 (　　)。
A. 综合评价　　　　B. 深入了解　　　　C. 外在看法　　　　D. 基本了解

三、多项选择题

1. 以下哪些属于企业形象的有形要素？(　　)
A. 产品形象　　　　B. 环境形象　　　　C. 业绩形象　　　　D. 社会形象
2. 关于形象，下列说法中正确的有 (　　)。
A. 企业形象都是有形的
B. 任何企业都有一个属于自己的特定的形象
C. 企业形象从其本质而言，是社会公众对企业一切活动及其表现的总体印象和评价
D. 形象本身既是主观的又是客观的
3. 以下哪些属于 BIS 的内容。(　　)
A. 经营宗旨　　　　B. 领导行为　　　　C. 服务行为　　　　D. 公关行为
4. 关于企业的员工形象，下列说法中正确的是 (　　)。
A. 员工形象是指企业员工的整体形象
B. 员工形象主要是指企业员工的个人形象
C. 员工形象中并不包括管理者的形象
D. 员工形象包括管理者形象和员工形象
5. 企业形象的有形要素包括 (　　)。
A. 产品形象　　　　B. 业绩形象　　　　C. 员工形象　　　　D. 环境形象
6. 在企业市场营销活动中，(　　) 对视觉识别基本要素应用最广泛。
A. 产品　　　　　　B. 包装　　　　　　C. 广告　　　　　　D. 公共关系
7. 领导艺术的内容主要包括 (　　)。
A. 待人的艺术　　　　　　　　　　　　B. 办事的艺术
C. 管理时间的艺术　　　　　　　　　　D. 休闲的艺术
8. 名牌产品的价值构成主要有以下哪几个方面。(　　)
A. 使用价值　　　　B. 文化价值　　　　C. 交换价值　　　　D. 维护价值
9. 以下哪些属于企业形象的无形要素？(　　)
A. 企业理念　　　　B. 企业制度　　　　C. 企业信誉　　　　D. 员工形象
10. 下列要素中属于企业形象有形要素的是 (　　)。

A. 产品形象　　　　B. 环境形象　　　　C. 业绩形象　　　　D. 社会形象

四、判断题

1. CI 包括三大部分：企业主体形象、企业印象、企业识别。（　）
2. MI 代表的是企业行为识别，即企业的宗旨、企业精神和信条、经营哲学、管理模式、市场战略等。（　）
3. 企业内部的行为识别包括市场调查、产品开发、公共关系、促销活动、流通政策等。（　）
4. BI 是 CI 的静态表现，是一种具体化、视觉化的符号识别传达方式。（　）
5. 企业形象是指企业的基本特征在公众心目中的客观反映，是企业与企业交流的纽带。（　）
6. 市场经济条件下，独此一家别无分店是客观现实，故"酒香不怕巷子深"。（　）
7. 中国企业在塑造企业形象时应有中国特色，重视中国文化元素的运用。（　）
8. 塑造企业形象就是要将企业包装得漂亮一点。（　）
9. 商标对企业来说是一种无形资产，它不受厂房、设备、商品和人员的生命周期的限制，因此比起有形财产更为珍贵。（　）
10. 目前企业竞争演变成单一的价格战。（　）

五、简答题

CI 的三大构成要素是什么？

六、实操题

写出 CI 策划书，内容包括：策划对象的现状；导入 CI 时机、动机；提出 CI 设计的依据即设计概念。

习题参考答案

第一章 客户经理

第一节 客户经理的基本素养

【引例】客户经理小吴的大额储蓄战略

答：小吴得到客户有资金实力的信息后，向支行行长做了汇报，并给客户做了详尽的、规范的《服务方案》，亲自拜访客户，与客户进行真情交流，最终打动客户，实现了与客户的成功合作。

起到了沟通金融企业与客户的桥梁作用：

1. 及时捕捉到客户有用信息。
2. 及时跟进客户，向客户营销。
3. 用真情感动客户；用优质服务留住客户。

【案例透析】1.1

答：作为一名客户经理必须具备良好的职业素养。东风公司案件说明了不讲职业道德的行为是由于这些工作人员缺少个人品德的修养造成的。轻视自己的人格，不用个人品德来约束自己，面对职业道德守则，仍我行我素，以个人为中心，丧失了一名员工的职业操守，是很可耻、可悲的事情。所以对员工的品德教育尤为重要。

【案例透析】1.2

答：真正打动董先生的是客户经理的专业知识。这也说明了，客户经理要具备相关财务、金融知识和理财知识等业务知识，只有熟悉这些知识、熟悉银行的理财产品、熟悉相关的法律法规，并加以运用，才能为客户制定合理的理财规划，提供投资建议，保证更优质的服务。

第二节 客户经理的礼仪规范

【引例】丰子恺教子女懂礼仪

答：（答案可不唯一）

1. 公共场所不吸烟；
2. 不插队；
3. 吃饭的时候让长辈先动筷子；
4. 敬酒的时候杯子比别人低；
5. 朋友从远方来，如果条件允许的话要去接站；
6. 升国旗的时候要行注目礼；
7. 家里来人开门面带微笑，右手横臂式热情地说"里边请"，主动倒一杯热水双手递上，拿杯时右手在上左手在下微笑地说一声"请喝水"；
8. 坐下时不要盘腿，要紧闭双腿向左侧偏斜；
9. 如果是长辈来，做到长辈说话不要插嘴；

10. 客离时要和家人一起站立说一声"多坐一会吧"或是"有时间再来"等。

第三节　客户经理制度

【引例】没有规矩，不成方圆

答：如果没有规和矩，就无法制作出方形和圆形的物品。同理，行为举止也要有标准和规则，做人要遵纪守法。

【综合练习】

二、单项选择题

1~5　ABBDD；6~10　BCAAB

三、多项选择题

1~5　ABCD、ABCD、ABCD、ABCD、ABCD；6~10　ABC、ABCD、ABCD、ABCD、ABCDE

四、判断题

1~5　√√√√√；6~10　√√×√×

五、简答题

答：客户经理发挥着在营销工作中极其重要的作用，他们的工作质量如何，工作态度怎样，都会对行业的发展有一定的影响。

1. 客户经理是金融企业与客户的联系人。

2. 客户经理是企业信息的媒介。

（1）客户的信息和需求要通过客户经理传达给银行内部有关部门。

（2）银行的各种信息也通过客户经理传递给客户。

3. 客户经理是客户经理制的重要载体。

六、分析题

答：客户经理的工作性质决定了其必须具备良好的道德素质、业务素质、人际沟通素质及心理素质，这些素质除少部分与生俱来外，大都可以通过后天学习得到。关键在于要持久开展向同事学、向朋友学、向领导学、向书本学、向实践学、自我训练式学习活动。

第二章　金融营销战略

第一节　对客户分类

【引例】我国银行目标市场定位分析

答：

变量	细分
性质	公司业务和个人业务
收益方式	网上银行和个人金融业务
地理位置	城市和乡村
渠道	网上和柜面
产品	存款、中间业务和消费信贷
业务种类	中小企业、个人金融和中间业务；零售类信贷业务和公司业务

第二节　搜寻目标客户

【引例】寻找目标客户

答：

1. 网络

搜索引擎（谷歌、雅虎、百度等）；财经网站（如新浪财经、和讯等）；行业网站如房地产网站——焦点网、钢铁网站——兰格网等；

2. 文献报纸

中国各行业的年鉴、财经类报纸（如《中国证券报》《上海证券报》《经济日报》和本地的一些重要报纸）、市场专家报告。

【案例透析】2.1

答：客户经理发现自己的贷款户的资金流向是原料供应商，通过这种"客户推荐客户"的方法找到了原料供应商这个优质客户。

赢在以下几个方面。

1. 银行多了一个存款优质客户；
2. 银行通过对原料供应商的支持（如帮助供应商解决其流动资金问题），更有效地保证对化工企业的原料供应；
3. 资金的封闭运作，容易控制客户风险。

第三节　目标客户营销战略

【引例】制定目标客户营销战略

答：1. 目标客户开发价值初步评价表根据企业的具体情况从以下几个方面考虑：

（1）资产规模；（2）客户原料供应/产品销售区域；（3）市场占有量/市场影响；（4）年销售量；（5）现金流量净额；（6）利润；（7）资产负债率；（8）信用记录；（9）法律诉讼；（10）是否为上市公司；（11）其他金融企业的争夺态势；（12）行业情况；（13）目前对金融产品的需求；（14）企业核心负责人工作两年以上。

2. 目标客户名单表根据企业的具体情况从以下几个方面设计：

（1）目标客户名称；（2）主要业务范围；（3）通信地址；（4）联系方式；（5）或为现实客户的可能性；（6）拟投入的开发资源。

【案例透析】2.2

答：

1. 了解业务流程；
2. 学习相关的业务知识；
3. 分散风险；
4. 逐步扩大银行授信规模，丰富授信品种。

【综合练习】

二、单项选择题

1～5　CDADC；6～10　ACDDC

三、多项选择题

1～5　ABC、ABCD、ABCD、ABCD、ABCD；6～10　ABCD、ABCD、ABCD、ABCD、ABCD

四、判断题

1～5　√√××√；6～10　√×××√

五、简答题

答：普遍寻找法也称逐户寻找法或者地毯式寻找法。其方法的要点是，在营销人员特定的市场区域范围内，针对特定的群体，用上门、邮件发送、电话、电子邮件等方式对该范围内的组织、家庭或者个人无遗漏地进行寻找与确认的方法。比如，将某市某个居民新村的所有家庭作为普遍寻找对象。

优点：既可锻炼营销人员的陌生拜访能力，又可了解市场和客户。

缺点：费时费力，成果无法预测，并带有一定的盲目型。

六、分析题

答：区别于其他外资银行，花旗银行选择了用贷款公司的形式接触中国广大的农村市场。

农村地区吸收存款的渠道相对健全，而当地贷款的需求却远远得不到满足。因此，花旗选择满足农村地区信贷供给不足和多元化金融服务体系的需求这个市场目标。

第三章　客 户 调 研

第一节　制定调研方案

【引例】制作客户调研计划表、资料收集情况对照表

答：

沈阳市道义农机服务公司客户调研计划表

调研对象名称	沈阳市道义农机服务公司	调研时间安排	×年×月×日
调研对象地址	沈阳市于洪区道义镇	联系方式	×××××××××
调研范围	☑客户本身调查　□所在行业调查　□所在区域调查		
被调研方接待人员	☑客户主要决策者（董事长、总经理、财务总监等） □中层干部（部门负责人） □一般干部		
我方调研人员及分工	1.×××	2.×××	3.×××
	询问	实地	分析财务报表
调研要达到的目标	了解企业基本情况	了解企业规模及实际经营状况	分析企业三个报表
调研的方式	☑实地调查　☑与主要人员谈话　☑收集财务报表、规章制度等书面资料　□问卷调查 □电话调查　☑其他		
调研的主要内容	☑基础调查　☑客户竞争力调查　☑市场状况调查　☑项目调查　☑行业状况调查 ☑关联方调查		
调研结果的整理与分析	整理与分析责任人	展示形式	大致完成时间
	×××	PPT	×年×月×日

资料收集情况比照表

拟收集资料		实际收集资料
基础资料		
□	企业设立的协议合同	□
□	验资报告	□
□	批准文件及营业执照（复印件）	□
□	公司出资人状况（行业、规模、产品、财务、资信）资料	□
□	出资方式、到位情况资料	□
□	法定代表人资格证书	□
□	企业代码证书	□

续表

拟收集资料		实际收集资料
基础资料		
☐	公司章程	☐
☐	董事会成员名单	☐
☐	贷款卡(复印件)	☐
☐	市场竞争状况资料	☐
☐	市场供求状况资料	☐
☐	对客户依赖程度资料	☐
☐	销售收款方式	☐
☐	竞争范围及种类	☐
☐	供应商资料	☐
	客户竞争力资料	☐
☐	生产力利用率	☐
☐	设备状况	☐
☐	财务控制	☐
☐	内部管理人员	☐
☐	与银行往来情况	☐
项目资料		
☐	设计院报告、可行性研究报告	☐
☐	执行工程相关人员的项目、技术经验	☐
☐	建设准备情况,包括原料、能源、交通等方面的情况	☐
☐	资金来源及到位情况	☐
☐	项目建设合同	☐
☐	供应商及供应能力	☐
	其他资料	☐
☐	表外负债	☐
☐	债权债务纠纷清单	☐
☐	各种法律文件复印件	
☐	客户财务效益分析资料	☐
☐	主要销售客户清单	☐
☐	市场和行业分析报告	
☐	客户经营管理及人财物资源配置说明	☐
☐	资质等级	☐
☐	发展规划	☐
☐	存在问题分析	☐
☐	近3年财务报表、分析资料及审计报告	☐
☐	企业营销战略及实施计划	☐
☐	企业组织机构图及企业高级管理人员简介	☐
☐	企业管理制度汇编	☐
☐	需收集的其他资料	☐

客户经理签字

年　月　日

第二节 实地调研

【引例】 现场访谈

答：

访谈记录表

访问者				职务/职业	
被访问者	高层管理人员		工作单位		
职务/职业		专业/专长		联系电话	
访问时间		访问地点		访问方式	
访问主题					
访问目的					
访问提纲	对企业目前经营状况的描述		对未来企业的经营目标预测		对本行业的看法,对行业趋势的看法
	对主要竞争对手的界定及评价		对企业的优势及劣势评价		对项目组的期望及要求
访问记录					

访谈记录表

访问者				职务/职业	
被访问者	部门经理		工作单位		
职务/职业		专业/专长		联系电话	
访问时间		访问地点		访问方式	
访问主题					
访问目的					
访问提纲	任职时间		该部门主要的工作职责		该部门的人员构成及内部分工
	该部门与其他相关部门的配合关系		过去三年该部门的重大事件(做的活动、组织机构变革、工作内容变革等)		对主要竞争对手的界定及评价(市场部、管理部)
	企业及竞争对手的主要产品的价格、渠道、销售方式(市场、管理部)企业人员构成及评价(人事部)		主要竞争对手的重大活动及事件描述		本部门的优势及劣势评价
	本企业的优势及劣势评价		对企业的未来的期望		对项目组的期望及要求
访问记录					

【案例透析】3.1

答：基于上述"几乎是空手套白狼"的贷款申请，客户经理应该婉言拒绝客户。

1. 有房产抵押在银行，但银行不是拍卖行，银行贷款如果要靠处置房产来收回，证明工作是失败的。
2. 银行更注重客户个人资信以及真实的还款能力，如果拿不出任何证明还款能力的证据，银行是要拒绝贷款的。
3. 并不是每一个来申请贷款的客户，银行就一定要贷。

这个案例，告诉我们贷款客户就注重两点——还款能力和还款意愿是否强烈。

（1）注重考察客户真实的第一还款来源

抵押物属于贷款第二还款来源，只是最后一道保障，而这个保障也是有风险的，尤其是目前房价已经处在一个警戒线的情况下，如果高房价泡沫破灭，未来，有可能抵押物处置所得还不足收回贷款。

（2）辩证看待客户开出的收入证明

国家公务员、教师、医生、金融、烟草、电力、电信等收入稳定群体，他们出具的收入证明几乎是工资证明，而其他行业收入高低不稳定，因此要辩证看待。

【案例透析】3.2

答：某集团拥有较高的财务管理能力。它的"自动划款零余额管理"减少了公司的资金沉淀，提高了资金的使用效率，也节约了利息成本。当然，要成功实现"自动划款零余额管理"，需要资金管理部门掌握详细的各部门用款计划和各银行的资金情况，某集团的资金管理部门很好地做到了这一点。

财务管理水平的高低对企业的盈利性有着重要的影响，因为财务管理可以帮助企业分析成本上升的原因以及采取何种措施可以控制成本的过快增长；可以揭示企业可能在何时遇到流动性问题并提出解决办法，以及从经济学的角度科学分析某项投资的合理性以及相关的融资成本与方式。没有较强的财务管理能力的企业比较容易出现问题贷款，且容易因财务管理混乱而引发经济案件。

【案例透析】3.3

答：（1）美丽服饰集团的财务经营业绩良好，销售情况保持良好的增长速度，盈利逐年增加，2016年资产净值为2060万元，而且影响短期贷款偿还的主要指标——流动性比率也保持在合理水平，有较强的短期偿债能力，尚未发现影响其偿还短期贷款的不利因素。

（2）长期贷款有较为充足的抵押品，经专业评估，被抵押的土地和建筑物现值能够抵偿贷款本息。

（3）但是，借款人的销售渠道过分依赖于单一的客户，美国经销商负责其90%的销售量，存在集中性风险，经销商的经营管理风险会直接影响借款人的经营，而在国际贸易中存在许多不确定因素。因此，借款人如果未能拓展其销售渠道，改变经营战略，那么这种较为单一的销售策略对企业长期持续经营会产生较大影响，在未来也将直接影响借款人的贷款偿还能力。

【案例透析】3.4

答：A公司销售毛利率＝(550－420)÷550＝23.64％　A公司销售净利率＝46.57÷550＝8.47％。

在分析时应注意的问题

（1）销售毛利率反映了企业产品或商品销售的初始获利能力，是企业净利润的起点，没有足够大的毛利率便不能形成较大的盈利。

① 销售毛利率的分析与销售毛利额分析相结合，可以评价企业对管理费用、销售费用、财务费用等期间费用的承受能力。

② 销售毛利率随行业的不同而高低各异，但同一行业的毛利率一般相差不大。与同期行业的平均毛利率比较，可以揭示企业在定价政策、产品或商品推销或生产成本控制方面存在的问题。

③ 企业之间在存货计价和固定资产的折旧方法等会计处理中的差异也会影响销售成本，进而影响毛利率的计算，这一点应在企业之间作横向比较时加以注意。

(2) 销售净利率。在分析企业的销售净利润率时，可以从以下几方面进行考虑：

① 销售净利润率是企业销售的最终获利能力指标。比率越高，说明企业的获利能力越强。但是不同行业的指标不尽相同，越是高科技企业，其销售净利润率就越高。越是重工业和传统制造业，其销售净利润率也越低。分析应该结合不同行业的具体情况进行。

② 从指标计算可以看出，只有当净利润的增长速度快于销售收入净额的增长速度时，销售净利润率才会上升。

③ 净利润的形成并非都由销售收入所产生，它还会受到诸如其他业务利润、投资收益、营业外收支等因素之影响，故而在分析比较时应多加注意。

④ 在进行不同行业间比较时，必须考虑不同行业和不同时期的情况，设定参考基准进行比较，否则将无法得出正确结论。

【案例透析】3.5

答：

(1) 应收账款平均数＝(期初应收账款＋期末应收账款)/2＝(32＋36)/2＝34

(2) 应收账款周转率＝销售收入/[(期初应收账款＋期末应收账款)/2]＝680/34＝20 次

(3) 应收账款周转天数＝360/应收账款周转率＝360/20＝18 天

(4) 存货平均数＝(84＋96)/2＝90

(5) 存货周转次数＝产品销售成本/[(期初存货＋期末存货)/2]＝450/90＝5 次

(6) 存货周转天数＝360/存货周转次数＝360/5＝72 天

(7) 营业周期＝18＋72＝90 天

【案例透析】3.6

答：

(1) 资产负债率＝负债总额/资产总额×100％＝(5634＋54258＋9472＋66438＋172470＋41686)÷848402×100％＝349958÷848402＝41.25％

(2) 产权比率＝负债总额÷股东权益×100％

产权比率＝负债总额/所有者权益总额×100％＝349958÷(92400＋406044)×100％＝70.21％

(3) 权益乘数＝总资产÷股东权益(＝1＋产权比率)

权益乘数＝848402÷(92400＋406044)×100％＝1.70(或＝1＋产权比率)＝1＋70.21％＝1.70)

三个指标都能反映资产、负债和所有者权益之间的关系，都存在负债资金和股权资本问题。

【案例透析】3.7

答：

(1) 流动资产＝(1503600＋30000－840＋60000＋210000－12000＋450000)＝2240760

流动负债＝(90000＋60000＋1000000)＝1150000

营运资本＝2240760－1150000＝1090760

(2) 流动比率＝(流动资产合计÷流动负债合计)×100%
　　　　　＝(2240760÷1150000)×100%
　　　　　＝1.95%

(3) 速动资产＝流动资产－存货＝2240760－450000＝1790760
　　速动比率＝(速动资产÷流动负债合计)×100%＝(1790760÷1150000)%
　　　　　＝1.56%

(4) 现金比率＝(货币资金＋交易性金融资产)/流动负债×100%
　　　　　＝(1503600＋30000－840)÷1150000
　　　　　＝1.33

(5) 流动比率的标准值是 2，该企业流动比率为 1.95，较为适当；速动比率的标准值为 1，该企业速动比率 1.56，高于标准值，说明企业偿还短期负债的能力较好；现金比率一般认为 0.2 以上为好。如果现金比率过低，企业就面临不能按期偿还到期债务，或者不能满足正常生产经营及紧急情况下现金的需要。但如果现金比率过高，就意味着企业货币资金的有效利用不足。

第三节　撰写调研报告

【引例】根据资料填表

答：银行对 Z 集团系列公司授信项目调查报告

业务发起行：香江支行

一、授信项目概况

企业	Z(集团)系列公司		性质	股份	行业	批零
授信	总量	品种及金额(存量余额)	期限	利率	保证措施	
存量	20000 件	一般额度授信 20000 万元	两年		担保	
申请	20000 件	一般额度授信 20000 万元	两年		担保	

业务简述：××香江区贸易公司已建立华南地区最大的物流中心，仓储总面积达 10 万平方米，并完成了部分货仓的电子化改造，目前已经达到每天吞吐货物量达 30 万件，日配送客户最多达 3000 家的水平，在物流行业中具有较强的竞争力。

A 公司正加紧建设一个现代化的电器产品配送的物流中心，从而进一步提高工作效率、营运能力。目前两家公司正朝着向集代理、配送、电子化仓储管理于一体的经营方向发展。对公司储存货物两家公司都有严格的进出货管理，通过安装电子信息系统，实时监控商品的进出情况、储存情况，并对储存商品实行先进先出法，有效提高工作效率，同时对仓存商品保持在公司月销售配送量内，加快存货周转，避免资金不合理占用，保证公司资金流动性。

二、企业资信

人行资信	贷款卡号		卡状态	
	□正常　□不良(详细情况)：			
信用等级	级别： 香江区贸易公司 AA 级 A 公司 AA 级		五级分类	

调查评价：销售网络完善、经营和财务状况良好、还款来源充足、货款回笼稳定、能保证以销售收入偿还银行贷款本息。

三、企业主体

(一)注册情况　Z(集团)有限公司成立于 2014 年 11 月

法定代表人：冯××	注册资本：10000 万元	实收资本：
实际控制人：冯××	经营年限：2	□新建　□改制

续表

注册地址及电话：				
办公地址及电话：				
工厂（或仓库）地址及电话：				
工商执照号：		年检状况：		
工商记录：□正常　□不良（详细情况）：				
国税登记号：		地税登记号：		
税务记录：□正常　□不良（详细情况）：				
基本账户开户行：		账号：		
结算账户开户行：		账号：		
（二）股东及实际控制人				
股东名称	出资额	出资比例	出资方式	到位情况
冯××	9000	90%		
马××	500	5%		
莫××	500	5%		
四、管理与经营				
（一）经营范围				
（二）信息披露				
（三）领导层履历				
（四）员工结构				
总人数	管理人员	技术人员	普通职工	
中专以下	大专	本科	本科以上	
五、财务分析				
（一）报表概况				
报表类型：□单一　□合并（范围）：				
审计情况：	□已审　□未审	审计机构：		
（二）财务数据				
存货周转率	每年周转次数为8次。			
主营业收入（月）	11000万～12000万元			
销售资金占用	1.5亿元			
利润总额	1.××市香江区××贸易公司	净利润	比上年增长	
		3620万元	78%	
	2.××市A电器有限公司	3719万元	72%	
	净利润：			
销售收入		销售收入	比上年增长	
	1.××市香江区××贸易公司	12.13亿元	20%	
	2.××市A电器有限公司	7.3亿元	50%	
用电量				
用水量				

续表

六、抵押担保　Z(集团)有限公司成立于2014年11月,注册资本10000万元,股东包括:冯××,出资比例90%;马××,出资比例5%;莫××,出资比例3%;黄××,出资比例2%,公司法人代表冯××。Z(集团)公司成立目的是逐步将冯××先生直接投资或控股一系列企业进行统一管理和运筹。但目前Z集团公司暂时还未能完全发挥作用,公司并没有编制合并报表。目前Z(集团)有限公司并没有贷款,只为下属子公司××市海珠区××贸易公司及××市A电器有限公司贷款作担保。

七、调查评价
　　××市香江区××贸易公司是我行AA级信用企业,成立于90年代,前身为××贸易商行,后于2006年变更为现名,属集体所有制企业,主营业务为批发、零售各种饮料、食品、日用品等。目前,该公司注册资本2680万元,实收资本15000万元,资产总额62443万元,员工500多人,320台大、中型运输车辆,拥有华南地区规模最大的物流中心。2014年8月该公司被××市政府评为优秀民营企业,同年9月被我分行评为"双50"工程的重点客户。
　　当前,公司经营已达一定规模,综合竞争力较强,主导销售产品中众多品牌获得区域内一级代理权,市场前景较好。
　　××市A电器有限公司是我行AA级信用企业,公司成立于2008年3月5日,是一家集空调、冰箱、洗衣机及小家电为主的商业批零公司,现拥有资产41069万元,员工500人,下属分公司分布市内各区和深圳特区、东莞、佛山、肇庆等地区,在同行业中有良好的声誉。随着企业经营规模的不断扩大,客户的市场竞争力也不断增强。

八、企业其他重大事项
　　两家公司所代理产品均为市场上适销、名牌饮料、食品、日用品、电器等产品,并且已取得这些品牌在××地市地区的独家代理权。同时分别在珠江三角洲地区建立较大的销售网络及营销代理队伍,并通过完善的经营管理、规范运作模式,向华南地区进行拷贝推广,建立相互支持、互相呼应的分销经营实体,并逐步扩张分销地域,构建一个稳定、完善的南中国消费品物流、配送、分销网络。在销售资金占用结构及回笼方面两家公司情况均相近。以××公司销售资金占用及回笼情况为例说明,目前公司已取得有珠江啤酒、怡宝、可口可乐、娃哈哈、红牛等几十个产品的代理权,单就珠江啤酒和怡宝蒸馏水产品年销售额就超4亿元。

九、风险因素及对策
风险因素:
(1)应收账款及存货占用大是商贸业的共性,也是银行面对的风险。
(2)Z集团公司不直接参与下属子公司经营,对下属子公司短期资金需求,统一由集团公司调配,容易造成银行借款统一使用的风险。
对策
(1)积极利用市场信息引证搜集的信息,判断公司发展道路的准确性。
(2)定期通过人民银行系统查询Z集团公司、香江区××贸易公司,A公司三家企业在各家银行的总体负债情况,动态判断偿债压力,在保持我行一定业务份额的同时,注意我行在公司总体负债中的占比,避免承担过高风险。
(3)密切注意公司的发展动向,定期、不定期对公司进行走访,动态掌握企业的经营状况与财务状况。通过收集第一手资料来正确检测财务分析的质量和准确性。另外定期对企业存货商品进行实地盘查,测算企业销售资金合理占比,判断企业资金的使用情况。
(4)建立完善的贷后跟踪机制,增强贷后管理的能动性。提高对企业存在的风险源、风险点、风险程度和风险趋势分析,并随时关注企业的市场表现和财务状况,判断企业的创新能力和发展潜力。
(5)加强对企业的信息收集、整理、分析和挖掘,动态分析企业的生命周期和所处的阶段,并及时发现和处置贷款风险,正确把握退出时机,最大限度确保贷款资金安全。

十、调查记录

时间	地点	人员	内容
2016年2月11日	Z集团系列公司	赵钱孙李	实际经营
			管理情况

十一、综合结论
　　通过给予Z(集团)系列公司一般额度授信20000万元,期限两年,其中流动资金贷款7000万元,银行承兑汇票13000万元。具体额度分配为:××市香江区××贸易公司一般额度授信14000万元(其中流动资金贷款5000万元,银行承兑汇票9000万元);××市A电器有限公司一般额度授信6000万元(其中流动资金贷款2000万元,银行承兑汇票4000万元),同意的条件为:①落实合法有效的第三保证手续;②开立银行承兑汇票,按照总行有关规定交存保证金;③追加大股东冯××个人合法、有效的连带责任担保。

本人承诺对以上陈述的真实性负责。

客户经理(签名):　　　　　　　　部门主管(签名):

联系方式:　　　　　　　　　　　部门公章:

2016年4月15日

【综合练习】
二、单项选择题
1~5 DDCCC；6~10 CDDAD
三、多项选择题
1~5 AB、ABCD、ABCD、ABCD、ABCD；6~10 ABC、ABCD、ABCD、ABCD、ABCDE
四、判断题
1~5 √√√××；6~10 √√√√√
五、简答题
答：
1. 要素
①材料；②分析；③结论。
2. 结构
（1）标题
（2）正文
①基本情况；②存在问题；③解决办法
（3）结尾
（4）附件
六、分析题
答：D银行只注重对A公司的财务分析、现金流量分析，而忽视了对其进行非财务因素分析，如A公司的法人治理结构、关联企业、管理能力等，结果还是造成贷款损失。

第四章 营销环境分析

第一节 宏观环境分析

【引例】中国光大银行营销环境调查分析
答：经济环境、政策法律环境、人口环境、社会文化环境、技术环境，以及国内环境和国际环境。
【案例透析】4.1
答：任何一个企业的生存和发展，都要受到他所生存的社会环境的影响。环境的变化可能会对企业的经营造成冲击和挑战，使企业受到"环境威胁"，也有可能对企业营销管理带来富有吸引力的领域和优势，使企业获得"市场机会"。在营销过程中，优势是相对的，只有凭借客观的营销环境创造优势才能够取胜市场。因此，企业必须像生物有机体一样，开启"环境之窗"，持续不断地监视其市场营销环境，随着环境的变化而不断调整自身的组织、战略和策略等一切可控因素，力求达到自身发展与周围环境的协调与平衡。
【案例透析】4.2
答：S公司存在法律风险，根据《担保法》第三十七条第五款的规定，"依法被查封、扣押、监管的财产不得抵押"，以及《担保法解释》中第八十一条的规定"最高额抵押权所担保的债权范围，不包括抵押物因财产保全或者执行程序被查封后或债务人、抵押人破产后发生的债权"，贷款银行的2500万元贷款本息不属于房地产抵押担保债权，因为，该笔贷款是法院在2014年10月22日对作为最高额抵押物的办公楼实施查封措施以后，借贷双方于2014年11月15日签订借款合同并发放的贷款，贷款银行丧失了对该抵押房产的优先受偿权。

第二节 微观环境分析

【引例】中国光大银行微观营销环境调查分析

答：银行客户、竞争对手、社会公众，以及内部环境及竞争优势。

第三节 环境分析的一般方法

【引例】我国网上银行业务发展的SWOT分析

答：略（答案不唯一）

【综合练习】

二、单项选择题

1～5 ACDAB；6～10 BCDCB

三、多项选择题

1～5 ABCD、ABCD、AB、AD、ABC；6～10 ABCDE、BCE、AD、ABCD、BDE

四、判断题

1～5 ×√√√√；6～10 ××√×√

五、简答题

答：1. 受教育程度；

2. 价值观念；

3. 风俗习惯；

4. 宗教信仰及语言文字；

5. 审美观念、参照群体。

六、分析题

答：

1. 分析创新型成长企业不同与传统的成熟性的企业的经营模式，没有成熟经验积累和模式借鉴，风险评估存在一定的问题。招商银行有独特的优势。

2. 分析招商银行重点关注的行业。

3. 分析中国邮政储蓄银行优势。

4. 邮政银行面对的是小微企业，而招商银行更注重的是企业的创新性。所以邮政银行的客户重点应该是小微企业。

第五章 金融营销策略

第一节 产品策略

【引例】平安金融航空母舰一个客户多个产品一站式服务

答：平安综合金融集团集"平安保险、银行、证券"于一身，采取"一个客户多个产品一站式服务"，有力推动业务前线销售多元产品的效率，对于中国平安提高服务效率、降低运营成本等方面作用明显。

"一个客户多个产品一站式服务"可以简化操作流程，一人受理，内部运作，方便办事，提高效率。推广普及容易、成本低廉，且可实现边际效益最大。

第二节 价格策略

【引例】日本寿险产品原价公开引争议

答：日本寿险保险公司保险产品的价格由两部分构成。

1. 纯保费。纯保费是将来有可能支付给保险金受益人的那部分储备用的费用。其实，这部分是和投保方将来的保障真正有联系的部分。

2. 附加保费。附加保费的部分，实际上是使用于保险公司经营费用开支的部分。其中包含保险营销员的营销费用，保险代理等中介公司的代理费用，以及保险公司的一部分收益部分。

3. 各家寿险公司的纯保费的费率的计算方式大致相同，而附加保费的费率不同。
(1) 大型寿险公司纯保费为 3 万日元，附加保费为 5 万日元，保费为每年 8 万日元；
(2) 网络型寿险公司纯保费为 3 万日元，附加保费为 1 万日元，保费为每年 4 万日元。
因为网络型寿险公司无保险营销员进行营销，所以公司经营的成本大幅度下降，附加保费用于公司经营的费用随之下降，因此，该公司的附加保费可以是大型寿险公司的 20%。

第三节 渠道策略

【引例】拓宽服务渠道

答：莘县农商银行引入"互联网＋"战略，走"智能化道路"，提升金融服务能力，快速响应客户需求。1. 实施去"去单（折）用卡"，加快存单（折）业务向卡业务转化；2. 完成对全部网点的装修改造，重点服务核心客户、高端客户；3. 加大电子银行业务宣传、营销、推介力度。

优点：成本低、效率高、覆盖面广、发展快。

【案例透析】5.1

答：保险公司采用的分销渠道有两类：一类是直接分销渠道，另一类是间接分销渠道。直接分销渠道，亦称直销制，是指保险公司利用支付薪金的业务人员向准保户推销保险产品和提供服务。这种方式适合于实力雄厚、分支机构健全的保险公司。间接分销渠道，亦称中介制，是指保险公司通过保险代理人和保险经纪人等中介机构向准保户推销保险产品。在保险市场不健全的时期，保险公司大都采用直销制进行保险营销。但随着保险市场的发展，保险公司仅仅依靠自己的业务人员和分支机构进行保险营销是远远不够的，也是不经济的。无论保险公司的资金实力有多雄厚，都不可能建立一支足以包容整个保险市场的营销队伍，即使可能，庞大的工资支出和业务费用势必提高保险经营的成本。因此，在现代保险市场上，保险公司在依靠自身业务人员进行直接营销的同时，更加广泛地利用保险中介人进行间接营销。

1. 间接营销渠道的优劣势分析

优势：扩大了销售渠道，拓展了市场，对市场的占有率有很重要的作用。

劣势：间接营销人员一般对保险的各个险种不是很了解，在给客户推荐的时候往往是凭着自己的主观想象来介绍险种的功能和收益，但是实际上没有这么高的保障或收益。一旦客户出险或要拿不到当时营销人员承诺的收益时，就给客户留下了相当不好的影响，直接影响到一个庞大的群体，这对我们的保险行业发展相当不利

2. 直接分销渠道的优劣势分析

优势：
(1) 能迅速了解投保人的保险需求和保险市场的变化情况。
(2) 有利于树立和维护保险公司良好的社会形象。
(3) 有利于降低业务费用和分销成本。
(4) 有利于保险公司实行低价竞争的策略。

劣势：
(1) 保险公司自身的销售力量毕竟是有限的，只利用直接分销渠道进行销售，不利于销售市场的扩大。
(2) 采取直接分销渠道时，为了扩大销售保险公司不得不增加内部员工的人数，这样会导致机构臃肿的不利后果，增加员工的工资及福利待遇等成本开支。

第四节 促销策略

【引例】香港银行卡营销策略

答：香港银行卡营销采取了营销推广的策略。其作用是：

(1) 加速新产品进入市场的过程。当消费者对投放市场的新产品尚未充分了解时，通过必要的促销措施可以在短期内迅速为新产品打开销路。

(2) 抗衡竞争者的促销活动。

(3) 刺激消费者的购买欲望即通过适当的促销措施，使消费者对产品形成好感，促成其购买行为。

【案例透析】5.2

答：国际银行的广告策略巧妙之处在于，它一反一般的广告手法，没有在广告中播放任何信息，而以整个纽约市电台在同一时刻的10秒钟"沉默"引起市民好奇心理，从而不自觉地去探究根底，使国际银行的名字"不告而人人皆知"，达到了出奇制胜的效果。

启示：对营销来讲，重要的是效应，至于这种效应是正效应还是负效应，另当别论，关键是要吸引眼球，要敢为天下先。

【案例透析】5.3

答：公共关系活动是企业整体营销活动的重要组成部分，是一种"软推销术"。公共关系在企业市场营销活动中的作用主要体现在以下几个方面。

1. 有利于树立企业形象和塑造产品品牌；
2. 有利于建立企业与消费者之间双向的信息沟通；
3. 有利于企业消除公众误解和化解危机；
4. 有利于增强企业内部的凝聚力，协调与外界的关系。

好的公关促销活动，对于企业提高知名度、建立信誉、激励各种营销人员以及完成企业目标都有事半功倍的效果。农行山东分行以电子银行业务作为切入点，以年轻一族为目标客户群，目的是培养年轻一族成为潜在客户和现实客户，并通过年轻一族分享朋友圈扩大影响范围。

【案例透析】5.4

答：在促销实践中，企业不是单纯的运用某一种促销方式，往往是根据需要把几种促销方式有机组合起来同时运用。营销要确定最佳促销组合，充分发挥各种促销方式的集合效应。促销组合是企业根据促销的需要，对人员推销、广告、公共关系与营业推广等几种促销方式的选择、运用与组合的搭配策略。促销组合的基本原则是，其效率最高且费用是低。这种组合是相辅相成、相互补充、互为协调的。

【综合练习】

二、单项选择题

1～5 BAADA；6～10 BADDD

三、多项选择题

1～5 ABCD、ABD、ABCD、ABCD、ABCD；6～10 ABCD、ABCD、ABCD、ABD、ABD

四、判断题

1～5 √√√×√；6～10 √√√××

五、简答题

答：金融机构开展促销活动，主要步骤如下：

1. 确定目标促销对象。

2. 决定促销目标。
3. 确定促销预算。
4. 决定促销组合。

六、分析题

答：金融业业务模式高度趋同，产品种类基本一样，致使利润空间不断缩小。在僧多粥少的金融市场竞争中，有的金融机构为了快人一步，先人一招、胜人一筹，以求分得一块较大的"蛋糕"，进行不正当竞争。如变相高息揽存，进行壮大自身"实力"，从此也为自身埋下诸多隐患。

不正当竞争的危害：①破坏了金融秩序；②毁坏了信誉形象；③给资金造成了严重风险。

价格通常是影响产品销售的关键因素，企业的定价策略又是市场营销组合中最为活跃的因素，带有强烈的竞争性和多因素的综合性。企业营销活动能否成功，在一定程度上取决于定价的合理性。产品，定价不仅是一门科学，而且是一门艺术。价格的决定必须遵循客观经济规律的要求。金融产品定价要考虑经营成本，金融机构高息揽存、高利放贷的最终结果是储户的存款难以支付，"东窗事发"。阿尔巴尼亚一些"投资公司"为了吸引投资，推出了"金字塔式集资计划"，以高达96%以上的年息集资，不符合客观经济规律，最终导致了全国性的政治经济危机。

第六章 与客户合作

第一节 设计作业方案

【引例】写出与 A 公司作业的方案

答：

尊敬的 A 公司：

自 2011 年年底开始，我行先后与国内一些著名企业建立了长期战略合作关系，利用自身资金、网络、人才等方面的优势，有力地推动了这些企业的发展，在为企业配置生产经营过程中所需资本和资金以及提供资本运作方面的专业顾问服务、资产重组等方面积累了丰富经验。（以上主要是对过去合作企业进行回顾）

通过前一阶段的合作，我们认识到贵公司在通信产品方面拥有先进的技术、大量的人才、丰富的经验和完善的销售渠道，其他产品也具有很高的知名度和市场占有率。贵公司围绕主营业务与世界一流企业建立了一系列技术先进、成长性好和运作规范的合资公司，在资本运作和企业经营管理方面积累了丰富的成功经验，为主营利润的提高和今后的资本运作提供了广阔空间。同时贵公司经营业绩较好，股本适中。有较好的股本扩张能力和良好的筹融资能力。（以上主要是挖掘客户的价值）

基于这种基本判断，我们认为贵公司符合我行核心客户的要求，但目前我们对贵公司的金融服务仍然停留在一般客户的层次上，我们希望把与贵公司已有的良好合作关系进一步推向深入，通过建立一种长期战略合作关系，充分发挥双方的优势资源，通过稳健的生产经营和资本经营手段，使贵公司发展成为具有高技术含量、产品先进、高成长性的一流上市公司，以优良的业绩为股东提供长期持续增长的回报，树立良好的公司形象和市场形象。

（以上主要提出合作的目标）

我们对贵公司的现状和未来发展进行初步判断后认为，贵公司要达到这种发展战略目标，仍面临一些障碍。短期来看，贵公司目前面临一些现实竞争压力，手机产品市场竞争激烈，价格存在下滑趋势，利润增长难以跟上股本扩张速度。长远来看，贵公司还需进一步巩固和发展主业并进行适度的多元化经营，以获得较强的盈利能力和分散主业风险。对此，我们觉得可以采取的对策有：

(1) 通过增加新的投资，扩大主营产品的生产规模，降低成本，提高产品市场竞争力和市场占有份额。

(2) 进一步加强营销网络建设，加大新产品营销力度。

(3) 通过产品链的延伸扩张，降低成本，增加产品附加值。

(4) 通过资本经营寻找和确立新的业务增长点，获得更加持续稳定的利润增长。

(以上主要向客户提出发展建议)

以上对策均需有清晰合理的发展战略、及时足量的资金支持以及高超的生产经营管理和资本经营技术的支撑。这些单靠企业单方面的资源和力量是难以达到的，如能获得一家专业银行的资源配合，将会在质上和量上均取得一个飞跃。

同时，随着银行业竞争激烈程度的加剧，我们也逐渐感到需要培育一批长期稳定的优质客户群，促进银企共同长远发展。为此，我们明确提出以市场为导向、以核心客户为中心、全面为企业配置资金、资本和银行专业顾问服务的战略定位。根据这种战略构想，从2011年年底开始，我行逐步转换和调整经营思路，先后与国内一些著名企业建立了长期战略合作关系，利用自身资金、网络、人才等方面的优势，有力地推动了这些企业的发展，在为企业配置生产经营过程中所需资本和资金以及提供资本运作方面的专业顾问服务等方面积累了丰富经验。通过数年的努力，我们在这些方面确立了牢固的市场品牌和地位，这是我们对与贵公司今后成功合作拥有足够信心的根本保障。

(以上主要介绍银行优势)

根据对贵公司的了解，我们初步设想为贵公司提供以下特别定制的服务。

(1) 综合授信项下的资金支持。对贵公司日常的生产经营活动和有价值的投资项目予以及时足量的资金支持，包括为满足日常生产经营活动提供融资便利（常规的公开授信额度）以及项目投资和资本运作方面所需的融资安排（专项备用授信额度），适时把握商机，赢得市场竞争的效率。

(2) 长期战略咨询。与贵公司一同制定解决目前面临困难及未来长远发展所需的战略方案，总体部署及阶段性行动步骤。

(3) 专业金融顾问。利用我行在财务顾问和资产重组实践方面所积累的丰富经验，在企业的兼并收购、资产置换等资本经营活动中，发挥专业金融顾问的作用，并进行最合理的资金安排，为贵公司的投资项目的选择、评估和筹融资方案设计等方面提供全面的专业服务；连续不断地搜索和发现符合贵公司发展战略目标的优质资产，实现资产购买和股权收购，促使贵公司资本低成本快速扩张，并同时保持满意的盈利能力。

(以上主要介绍银行的产品方案，为本合作建议书的核心内容)

收到我行的建议书后，敬请贵公司慎重考虑这种合作的内容和方式，并敬请给予正式回函。(结语)

××银行
×年×月×日

第二节　与客户谈判

【引例】谈判流程

答：

谈判过程如下：

甲方：得知贵单位将为职工进行财产保险的消息，我们很高兴，此举定能得到广大职工的赞成和拥护。

乙方：过奖了，此乃我们的本职工作。我们十分荣幸地欢迎你们到我单位来。

甲方：谢谢。请允许我介绍我的成员，我们的业务主任、秘书和我。为了和贵单位达成协议，我们带来了十二分的诚意。

乙方：是的，我们注意到了，您的诚意让我们感动。

甲方：俗话说，独木不成林，所以我带来了我的骨干成员，希望您别介意；同时也希望我们能愉快地达成协议。

乙方：我们也希望如此，不过达成协议需要双方的共同努力。看得出，您在单位里肯定是一个最有权威的人。

甲方：过奖了。这是本人的名片及单位证明等材料，请你仔细过目。如有必要，我还可以直接和单位最高领导联系。

乙方：（看过资料后），不必了，你们的信誉我们早有所闻。

甲方：那么，在协商之前，我们想听一听你们的意见，好吗？

乙方：我单位决定为本单位职工 450 人进行财产保险，每人保险 10000 元，但由于对险种及费用标准不太熟悉，所以至今悬而未决，我们更希望能在保费低、手续简单、服务周到的保险公司里投保。

甲方：那当然。那就让我把情况介绍给你们吧，关于财产保险，其类型有两种：一是长效保险，二是短效保险。长效保险一年期满后，可续保；短效保险一年期满后退还保金，至于险金问题，统一由保险公司决定，与同行业相同。值得一提的是，据可靠消息，银行利率将下调，全国保险行业将会重新调整保险金，保险金上浮势在必行，这一点相信你们也会考虑到，详细资料请看《保险合同》。

乙方：谢谢你们的详细解释。你们认为哪一险种更安全、更实惠呢？

甲方：听您的讲话，是不是您单位社会治安问题较乱？

乙方：言重了。不过天灾人祸为人力不可抗拒，安全些会更好。

甲方：如此说来，既要安全，又要实惠。这种保险是有的，长效还本保险应该是一种比较理想的险种。一旦出事故，可获赔偿，若续险，十年期满后可返还保险储金，不知你们的意见如何？

乙方：在回答这个问题之前，请允许我问一下，贵公司对于付款方式和付款手续有何规定吗？

甲方：合同中已明确规定，计价和支付用同一货币和汇率。我们是无法改变的，在国内最好是用人民币来支付。

乙方：是的，我们也不是出口创汇单位，只不过贵单位与我单位相距甚远。我们想听一听，你们对此能提供哪些服务呢？

甲方：为了安全起见，我们认为，最理想的办法是你们派人亲自到本公司办理签约及支付手续。我知道这样做给你们增加了困难，但这样会使你们感到更安全。

乙方：你们的意见我也有同感。这样吧，煮熟的鸭子不怕飞，我们休息一下，我把意见向领导汇报后再重新商量好吗？

甲方：那么，等一会见怎么样？煮熟的鸭子冷了也变味。希望能尽快和你们一起品尝。请代我们向你们领导问好。

乙方：贵单位的意见，我们领导已考虑，我们觉得贵公司在签约手续及售后服务方面仍缺乏诚意，我也想与贵单位签约，但恕我爱莫能助。

甲方：你是不是说不再考虑与我们的合作？

乙方：我们也不想这样。除非你们重新考虑我们已提到的条件。

甲方：我们已考虑过你们的意见，但这样做已经超过了我们的业务范围，确实是很困难。

乙方：可是据我们所知，贵单位过去与其他客户的业务往来中，并不缺少这方面的服务，我想就不用我多说了吧。

甲方：（笑一笑）。如此看来，你们早已掌握了我们的材料，佩服，佩服。这样吧，为了表示我们的歉意，也表示我们的诚意，请你们谈一谈你们的具体要求，我们再作答复，好吗？

乙方：我们就不客气了。我们的条件是：①双方签约时，我们以转账的方式付款，以后你们每年派人到本单位办续约手续；②理赔时由贵单位受理，我方对所付费用一概不负责。

甲方：看来也只好如此了。那么，我们现在就一起品尝这只煮熟的鸭子，如何？

感受：

对乙方这是一场优势条件下的谈判，而甲方则处于劣势。双方在谈判中抱着既互相合作，又实现各自的目的的指导思想去进行谈判，谈判中斗智斗勇，终于签订了合同。

1. 乙方处于优势条件下，实施了以下谈判策略和技巧：

（1）巧妙地验证了对方的身份及其权威性。

（2）谈判中勇于开高价，为今后的讨价还价留下了余地。

（3）巧妙地运用了权力优先策略及最后通牒策略，一方面为自己准备了台阶摆脱尴尬局面，另一方面逼使对手让步，取得了谈判的胜利。

2. 甲方虽处于劣势，但由于策略得当，也实现了自己的目的。主要策略有：

（1）勇于开高价，为自己讨价还价留有余地。

（2）营造和谐的谈判环境。

（3）运用了润滑技巧，以便使对手接受自己的条件。

（4）运用了不开先例技巧，用来抑制对方提出更苛刻的条件。

【案例透析】6.1

答：谈判资料和信息在制订谈判计划和战略的依据的重要性可以表现在以下几个方面：

（1）谈判资料和信息是制订商务谈判方案的依据；

（2）谈判资料和信息是控制商务谈判过程的手段；

（3）谈判资料和信息是商务谈判双方相互沟通的中介。

【案例透析】6.2

答：当商务谈判双方决定在以求交易条件互为让步的基础上达成一致时，谈判就进入让步阶段。在商务谈判中，让步是必然的、普遍的现象。如果谈判双方都坚持自己的原始报盘或讨价还价条件，协议将无法达成。因此，从某种意义上讲，让步是谈判双方为达成协议而必须承担的义务。让步本身就是一种策略，它体现了谈判人员通过主动满足对方需要的方式来换取自己需求满足的精神实质。

第三节 起草协议文本

【引例】证券营销推广合作协议文本的起草

答：

银行证券营销推广合作协议

中国农业银行××分行—××证券××服务部

第三方存管营销推广合作协议

随着××证券公司和农业银行总行第三方存管业务的合作上线，第三方存管业务的发展为我们两家提供了更新的业务合作契机。在第三方存管业务中银行方可以通过合作分享股市巨大的存管资金,锁定客户保证金存管资金,发展证券市场优质、高端客户,提高中间业务收入,锻炼员工营销技能,多方面占领市场先机。

××证券××营业部××服务部是当地唯一合法的证券投资机构,是投资者进行证券投资的首选场所;为了实现强强联合、优势互补,双方决定,共同推出符合市场需求的营销活动,大力推广"农行××分行—××证券××服务营业部第三方存管"业务。为此,双方特制定本营销推广方案。

一、营销活动目标与计划

在双方相互支持和配合下,从2016年4月19日到2016年5月31日的活动推广期间内,实现新增"农业银行—××证券第三方存管"股票客户3000户的开户目标。

二、合作方式

双方在合作上主要采用业务竞赛等方式,通过加强培训、加大奖励力度、各种渠道的营销推广宣传、驻点营销、营销人员营销等途径,促进"农业银行—××证券第三方存管"业务发展,具体合作模式如下:

1. 由农行组织,排列出各网点培训时间表,以网点为单位开展"农业银行—××证券第三方存管"业务培训。培训内容包括股票基金基础知识、开户培训、"农业银行—××证券第三方存管"的优惠措施及服务等方面的内容介绍。

2. 在农行二级分行的协调和支持下,××证券与相关网点开展一次"农业银行—××证券第三方存管"推介会或股评报告会等活动,活动目标客户主要以企业、小区和集团客户为主,共同营销"农业银行—××证券第三方存管"客户。

3. ××证券可在有条件的农行网点派驻营销人员,主要负责客户营销、客户服务、客户咨询以及与银行的联络等工作。

4. ××证券在双方合作期间,提供更多、更优惠的措施吸引客户,构筑良好的营销平台,从而吸引客户,更便于营销。

三、××证券××服务部三方存管客户的优惠措施

1. 开户费奖励。银行职员每开一户奖35元。

2. 农行员工本人开户免开户费(由农行方在员工确认表上盖章确认,见附件一)。

3. 报销客户转托管费用(深圳A:30元人民币)。

4. 开户客户每人可获赠证券业务基础知识小册子。

5. 凡开户客户均可提供现场指导、电话指导、免费手机短信指导和免费增值服务产品。详情请登录××证券网址www.ghzq.con查询,有关服务内容、发送方式、发送频率详见下表:

序号	产品	产品内容(文档版)	产品推送方式	频率
1	每日资讯	①财经分析 ②大势研判 ③热点板块 ④金股追踪 ⑤新股定价	①网上浏览 ②邮件 ③(摘要短信提醒)	每天
2	股票池	在研究股票池的基础上精选个股,实时跟踪	①网上浏览 ②邮件	每月四次
3	国海投资策略周报	侧重中期投资策略,对阶段性的行业配置提供各大权威研究机构的观点;主要内容:市场投资策略、行业投资策略、市场焦点分析等	①网上浏览 ②邮件 ③(摘要部分短信提醒)	每周

续表

序号	产品	产品内容（文档版）	产品推送方式	频率
4	每周金股	对市场热点板块和个股进行跟踪准备	①网上浏览 ②邮件 ③短信	每周
5	行业与公司研究	主要内容：对于一些有成长性、业绩好的上市公司和有发展前景、行业独特的公司进行研究	网上浏览	实时

6. 将 2016 年 4 月、5 月定为"农业银行—××证券第三方存管客户营销优惠活动月"，活动期间，优惠如下：

(1) 活动期间，××证券××营业部给予银行方开发"农业银行—××证券第三方存管"有效股票客户的银行员工进行差级奖励。

A. 股票市值 5000～2 万元的有效户奖励 50 元/户。

B. 股票市值 2 万～10 万元的有效户奖励 100 元/户。

C. 股票市值超过 10 万元的有效户奖励 200 元/户。

(2) 农行每个员工可免费开户另外获赠一个免费开户名额。

(3) 在对员工奖励的同时，为了调动网点员工们团结合作的积极性，对营销工作先进的网点进行奖励。活动期间按网点每月开户数进行分级奖励

A. 网点开户数 100 户/月，奖励 1000 元/每个网点。

B. 网点开户数 150 户/月，奖励 2000 元/每个网点。

C. 网点开户数 200 户/月，奖励 3000 元/每个网点。

(4) 有效户的界定，满足其中一条即为有效户：

A. 或沪股东账户有交易 10000 元以上交易记录。

B. 或沪股东账户托管股票市值在 5000 元以上。

(5) 奖励兑现时间安排

A. 员工开户奖励，按月统计并兑现。

B. 网点集体营销奖励，2016 年 4 月 30 日兑现。

(6) 礼品赠送：活动期间，每开一户农行—××证券××营业部××服务部第三方存管业务的股票账户，即有精美礼品相送，送完即止。

四、农行对三方存管的优惠措施

1. 对于活动期间办理第三方存管业务的客户可以免费开办借记卡。对于属于中央和地方预算单位、国有（控股）企业（分支机构）等大型机构的客户可以免费申请农行金穗公务员卡，其特点：①免卡费、免年费、免担保、到农行办理业务可以免排队；②信用额度为 1 万～5 万元不等，25～56 天免息期；

2. 营销活动期间，市分行将对全辖新拓展客户较多的先进个人进行费用奖励，奖励标准如下：

① 个人营销新户数达 100 户以上的奖励营销费用 2000 元。

② 个人营销新户数达 80 户以上的奖励营销费用 1600 元。

③ 个人营销新户数达 50 户以上的奖励营销费用 1000 元。

④ 个人营销新户数达 30 户以上的奖励营销费用 600 元。

五、××证券相关措施

1. 对于银行理财中心的高端客户，由××证券提供核心客户小组的专人服务，根据客

户的不同理财风格及收益需求，为客户量身定做专业理财组合方案，配置专职个人理财顾问，为客户制订多功能、全方位的资产管理计划，以实现客户资产保值、增值的财富目标。

2. 客户引导。××证券向客户重点推荐中国农业银行并全力引导客户选择中国农业银行作为存管银行。

3. 负责向银行员工提供相关的股票、基金及第三方存管知识的培训。

六、农行相关措施

1. 中国农业银行合作网点可通过多种方式进行营销宣传，包括网点海报和宣传折页、网银、及时语、电邮推送、对账单、声讯广告、媒体广告和软文等。

2. 农行各分支机构在网点理财专区开展营销宣传。

3. 中国农业银行各网点与本部共同拓展团体客户，联合举办股评会、股民培训班、私人理财产品推介会等，发展批量客户。

4. 各网点须建立《农行—××证券三方存管客户开户确认表》（见本方案附件二）作为统计网点、营销人员业绩的根据。营销人员每营销一户新客户必须在《农行—××证券三方存管客户开户确认表》列明所营销客户的姓名、手机号，营销人员姓名等信息。

5. 各网点如需预约开户或者在办理业务中遇到问题可以直接与相关客户经理联系。

七、××证券、农行北海分行客户经理联系人名单

负责区域×× 　　姓名×× 　　联系电话××
××营业部 　　　　　　　　 营销部经理：××
××服务部 　　　　　　　　 服务部经理：××
××分行辖区各网点 　　　　 机构部总经理：××
××分行辖区各网点 　　　　 机构部客户经理：××

八、××证券委托电话、咨询电话、网址

委托电话：96100××××

网址：www.ghzq.com.cn

证券投资合作协议

编号：TZ-××

管理方（甲方）： 　　　　　　操盘方（乙方）：
身份证号码： 　　　　　　　　身份证号码：
现住地址： 　　　　　　　　　现住地址：
联系电话： 　　　　　　　　　联系电话：

传　　真： 　　　　　　　　　传　　真：
邮　　箱： 　　　　　　　　　邮　　箱：

【综合练习】

二、单项选择题

1～5　ACCBC；6～10　CBDDD

三、多项选择题

1～5　ABCD、ABCD、ABCD、ABCD、ABCD；6～10　ABCD、ABCD、ABC、ABCD、ABC

四、判断题

1～5　×√×√√；6～10　√×√√√

五、简答题

答：合作建议书内容
① 提交背景（对过去的合作进行回顾）；
② 挖掘客户价值；
③ 提出合作的目标；
④ 向客户提出发展建议；
⑤ 介绍本金融机构的优势；
⑥ 介绍金融产品方案（本合作建议书的核心内容）；
⑦ 结语。

六、分析题

答：谈判过程应该是导入阶段、概说阶段、明示阶段、交锋阶段、妥协阶段、协议阶段。

在商务谈判中间，最重要的应明确双方不是对手、敌手，而是朋友、合作的对象。理想的商务谈判不能简单地看成是利益争夺的过程，而是一个双方互相沟通、交流、寻求共同发展的过程。

第七章 营销策划

第一节 营销策划的基本知识

【引例】 日本新生银行的符号化

答：要客户记住承诺客户的服务。

所有的技术、渠道都只是实施手段，唯有独到的创意、细致的分析、精准的定位、出色的策划，才是策划服务中的精髓，也是真正对客户具有至关重要意义的环节。日本新生银行用一个非常简单的阿拉伯数字"5"来做符号：开始是用"5分钟"来解决方案："请给新生银行5分钟时间"，然后将"5"这个数字不断演绎，变成一个抽象的概念，演绎为新生银行所提供产品的性质以及所有的服务承诺。并且这样的品牌理念在广告、门店网点、宣传册等做了很好的互动结合和运作。

第二节 撰写营销策划书

【引例】 沈阳市邮储银行以借假日营销

答：本案例的策划如下。

1. 创新品牌内涵

"优卡"贷记卡在沈阳市拥有的知名度不高，大多数客户对它的认识仅仅停留在借记卡的层面。很多客户并不了解邮储银行卡中还有贷记卡这个产品。如何让客户在较短的时间内产生对优卡贷记卡的印象，是一个重要的问题。贷记卡作为一个功能强大的金融产品，如果只是简单描述功能，会让人觉得烦琐和无味，根本无法引起目标客户的兴趣。本策划案例中沈阳市邮储银行以"快乐"作为突破口，不仅给目标客户感官上的愉悦，更让其产生了刷贷记卡享受快乐假期的愿望。此外，对于尚未拥有贷记卡的客户，也起到了很好的激励作用。

2. 以目标客户需求为出发点

沈阳是经济较繁荣的地区，各家银行贷记卡的目标客户群体基本雷同，即20～40岁，收入较高、属于社会消费主流人群的中青年客户。营销活动是为了更好地推动业务发展，绝不是应付之举。综观各家银行在节日期间的贷记卡营销活动，大多数以刷卡送积分、刷卡抽奖为主要内容，客户难免产生审美疲劳。本策划案例中沈阳市邮储银行认为目标客户群体在享受自由的生活方式的同时也会注重快乐的家庭生活，选择全家游玩的四个旅游购物景点正好满足了客户的节日需求。

3. 探索银行卡业务促销"双赢"新模式

沈阳市邮储银行在以往开展促销活动时往往是单方面行动，造成投入大、收效成本高的局面，忽视了调动合作伙伴参与促销的积极性，使得现行的促销活动局限性很大，不能充分利用现有资源。本着互惠互利原则，本策划案例中促销活动的受益者不单单是银行一方，通过赠送门票产生的客源为旅游景点带来了餐饮、纪念品销售等方面的收益，通过返还抵扣券的形式扩大了商户的销售额，通过全地区的宣传也提升了四个旅游购物景点的知名度。双方的共同合作使得在促销的形式上、深度上以及经费的分摊等方面都有了更高层次的提升。

第三节 营销活动策划

【引例】浦发银行开心信用卡

答：农行山东分行以电子银行业务作为切入点，以年轻一族为目标客户群展开的掌上银行在线营销活动，目的是培养年轻一族成为潜在客户和现实客户最后成为终身客户，并通过年轻一族分享朋友圈扩大影响范围。

"情浓多彩金秋 心牵绿园社区"活动策划

为进一步落实"金融知识进万家"活动，努力拓展我行周边社区潜在客户群，使"绿园小区"成为我行本年度重点服务和维护的社区。我行拟抓住眼下社区居民贮藏秋菜在户外活动较多这一有利时机，开展一次有突破性的进社区活动。

经多次与"绿园小区"物业管理部门及"沈阳晚报"、辽宁教育电视台等媒体联系沟通，拟定近日（待定）进"绿园小区"开展"情浓多彩金秋 心牵绿园社区"活动。

一、活动目的

1. 与"绿园小区"物业管理部门充分接触，了解社区业主情况，掌握经济状况，建立良好的协作关系，为今后长期的良好合作打下良好基础。

2. 与部分业主进行接触，了解潜在客户的金融需求，争取潜在客户资料。

3. 提升我行美誉度、扩大网点周边影响力。

4. 通过活动宣传我行目前热销的理财产品和储蓄存款，推介我行永安卡、网银等超值服务，吸引目标客户。

二、活动主题

拟采取"情浓多彩金秋心 牵绿园社区"为活动主题。

三、活动时间

待定。

四、活动地点

绿园小区。

五、参加人员

我行组织4～5名营销宣传人员在现场宣传服务。（名单附后）

六、宣传方式

1. 由社区利用信息栏向业主发布活动信息并进行预约。

2. 在社区悬挂横幅、散发宣传资料。

3. 展开强大的宣传营销攻势，全方位进行宣传、介绍特色业务品种。

七、准备工作

1. 报纸、网络有关宣传我行的资料准备200份。

2. 辽宁监管局批准开业的资料准备200份。

八、活动内容

1. 活动前,我行员工负责登记客户资料,并向客户发放我行产品宣传资料等,以理财产品和储蓄存款为主。

2. 向来宾发放我行纪念品。

3. 由我行组织开展与来宾互动活动,现场提问我行相关业务,加深印象,来宾答复即获我行纪念品。

4. 理财经理、客户经理、大堂经理在现场与重点客户沟通,有来行意向,留联系方式或预约业务现场送礼品一份。

5. 在业主抽奖环节,由我行提供二等奖奖品 10 份,三等奖奖品 100 份。

于洪永安村镇银行
2015 年 9 月 24 日

【综合练习】

二、单项选择题

1～5 ABDBD;6～10 DACCB

三、多项选择题

1～5 ABC、ABCD、ABCD、ABCD、ABCD;6～10 ABCD、ABCD、ABCD、ABCD、ABCD

四、判断题

1～5 √√√√×;6～10 ×√√√×

五、简答题

答:

1. 明确营销目标。

2. 收集信息并分析资料。

信息是策划的基础,没有信息就不能策划,所以收集信息非常重要,收集更多高质量、有价值的信息,这对营销策划非常重要。

3. 制定准确的策划方案。

4. 推出策划方案。

六、实操题

答:

于洪区永安村镇银行营销

策划书

营销策划:于洪区永安村镇银行长江支行市场部

主策划人:陈××、韩××

二〇一五年三月三十日

目　录

序文 ……………………………………………………………………………………… 307

一、于洪区永安村镇银行长江支行发展现状和前景预测 ……………………………… 307

二、于洪区永安村镇银行长江支行竞争分析……………………………… 309
三、于洪区永安村镇银行长江支行营销策略……………………………… 311
四、于洪区永安村镇银行长江支行营销预期目标………………………… 312
五、于洪区永安村镇银行长江支行营销效果评价及建议………………… 312
六、与辽宁金融职业学院合作营销活动时间安排………………………… 312
七、营销成本控制…………………………………………………………… 313
八、控制应变措施…………………………………………………………… 313
九、附录……………………………………………………………………… 313

序　文

目前，存款利率即将放开，存款保险制度就要出台，客户对利率会更为敏感，人们的风险意识也在增强，银行竞争将更加激烈，中小银行面临更大挑战。为应对中国金融市场的制度规则、行为方式及利益格局的变化，转变于洪区永安村镇银行长江支行经营方式，提高核心存款规模，扩大渠道营销力度，增强经营的稳定性，为实现总行提出的建设社区银行的长远目标打下扎实基础，我们特制订本营销方案。

1. 本方案的指导思想是通过营销活动的调查、分析、实施、评价、总结，支行统一设计调查提纲，找出成功可复制营销模式，以此与周边社区建立长效机制，提高周边社区居民在于洪区永安村镇银行长江支行存储行为的黏性。

2. 本方案主要涉及内容和解决以下问题
（1）于洪区永安村镇银行长江支行发展现状和前景预测
（2）于洪区永安村镇银行长江支行的优势劣势和机会威胁分析
（3）于洪区永安村镇银行长江支行的营销策略
（4）于洪区永安村镇银行长江支行与大学生的营销活动方案

于洪区永安村镇银行长江支行营销策划书

一、于洪区永安村镇银行长江支行发展现状和前景预测

（一）沈阳市于洪区永安村镇银行长江支行地理位置

沈阳市于洪区永安村镇银行长江支行坐落于陵西街道的中心区域。陵西街道位于皇姑区黄河大街以西，怒江北街以东，泰山路以北至三环的区域范围内，下辖21个社区，总人口20.7万人，是于洪区人口最多的街道，也是最靠近市区的区域，经济、交通相对发达（见图1）。

沈阳于洪区永安村镇银行长江支行自成立以来，在短短的三年时间里，立足于洪，深入到乡镇，面向三农，服务小微企业、个体工商户及城乡居民，充分发挥"小、快、灵、优"——"支持小微、办事快捷、政策灵活、服务优质"的经营特色。办理各项存贷款、资金结算、现金管理、委托代理等业务，以及为客户提供个性化、专业化的金融服务。

（二）沈阳市于洪区永安村镇银行长江支行存储现状

沈阳于洪区永安村镇银行长江支行方圆1000米的区域，有5家商业银行：建设银行、盛京银行、农商银行、交通银行、工商银行，且集中分布在于洪区永安村镇银行长江支行附近（见图2）。

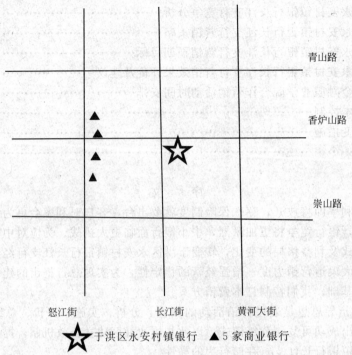

图1 于洪区永安村镇银行长江支行地理位置

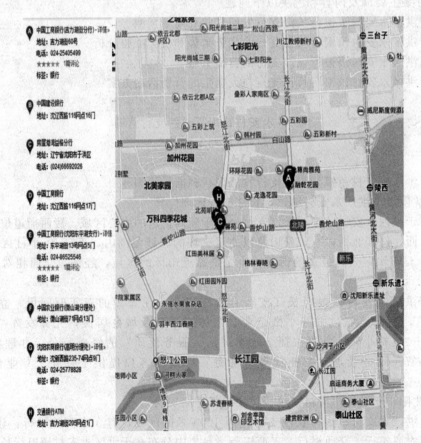

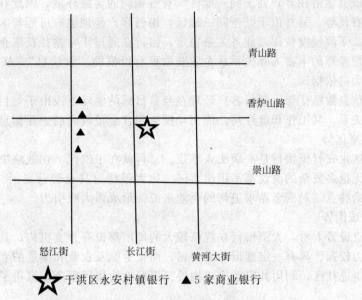

图 2 于洪区永安村镇银行长江支行周边银行分布

多年来这些银行已经积累了大量的现实客户和忠诚客户,并且,由于其业务多数限于储蓄、结算、信用卡等业务,与长江支行业务雷同,规模相近,同质化严重,分流了长江支行的储蓄、结算、信用卡等常规业务。

截止到 2014 年 7 月 31 日,长江街支行时点存款合计 39121 万元,其中对公存款 29901 万元,占全部存款的 76.4%;个人存款 9220 万元,占全部存款的 23.6%;借记卡发卡 1664 张,占计划发卡数的 16.6%;POS 机布放 15 个,占全年计划数的 1.9%。从以上数据可以看出,储蓄存款稳定性差,增长乏力,占全部存款的比重偏低,存款质量不高,存款结构亟待调整改善;个人储蓄存款的工作薄弱也从渠道建设的滞后表现出来,特别是发卡量和 POS 机布放量较少,直接影响个人储蓄存款的规模。

(三)沈阳市于洪区永安村镇银行长江支行未来前景

机遇和挑战并存,优势和劣势同在,永安村镇银行凭借"因事而异""因人而异"的灵活机动的经营理念,金融服务上的信贷成本优势,始终以"老百姓的银行、小微企业的银行、民营企业的银行"定位,成本和服务的优势必将会在银行业的竞争中突围而出,成为银行界的"巨无霸",对促进于洪区经济和沈阳金融体系的和谐发展起着重要作用。

二、于洪区永安村镇银行长江支行竞争分析

(一)优势分析

相比大型银行机构可以依靠现有的规模、技术以及物理营业网络节点保持发展优势,中小银行经营管理体制、经营方式、特色服务等方面更"接地气",沈阳于洪区永安村镇银行由知名的商业银行发起设立,具有非常成熟的城乡金融服务经验;而股东在沈阳经济区总部银行的独特背景,让于洪永安村镇银行对本地区公众和企业的特点了如指掌;由于民营资本的参股,使其与民营经济、小微企业更加贴心、更加理解它们的需求;有于洪区政府的注资,与当地政府的关系更紧密,会享受当地政府的政策扶植;而坐拥于洪区 CBD 和行政中心,又处于市区内繁华地段的地理优势,让于洪永安村镇银行迅速辐射于洪全境,链接沈阳财富动脉,成为城乡金融服务业的重要力量。

1. 信息优势

(1)信息搜集深度上的优势。于洪永安村镇银行坐落在于洪区,与其有着业务往来的中小企业或其他潜在客户处于同一地区,有着相同的金融环境,因此在信息搜集的时间和空间上都占有优势,另外由于处于同一地区,银行客户经理也有可能与客户的利益相关者有着密切关系,了解程度较深,业务关系稳定;银行在通过正常途径获取企业经营信息外,还可以利用客户经理的丰富人际关系从企业获取更有价值的"软信息",从而为银行的信贷决策提供强有力的依据。

(2) 信息激励优势。银行客户经理在经营目标的驱动下或由于与目标客户的利益相关者存在人脉关系,其工作积极性高,能主动搜集到含金量较高的企业信息。

2. 效率优势

于洪区永安村镇银行是一级法人单位。总行就在于洪区。在战略决策和经营思路上具有自主权。无论多复杂的决议都不用出市区。比大银行更具有经营灵活、对市场变化反应快、决策迅速的特点。对资金需求迫切的企业来说能形成强大吸引力。

3. 地域优势

从网点设置上看,大型银行在规模较大的城市都设有分支机构,其目标客户也基本锁定在盈利能力较强、具有一定规模的大公司,而很少顾及农业和偏远的乡村地区。于洪区永安村镇银行走进社区,利用其灵活的机构设置更好地为居民服务,赢得了基层老百姓较高的美誉度。

4. 费用优势

于洪区永安村镇银行在服务收费上相对于大型银行要低很多,相对较低的资金占用,更有利于客户的资金运转,因此大大提高了中小银行对客户的吸引力。

(二) 劣势分析

1. 规模劣势

于洪区永安村镇银行注册资金 10000 万元,资金规模较小,无法有效满足大型集团客户的资金需求,从而很大程度上对这些优质客户忍痛割爱。

2. 金融创新能力弱

较大型的新产品开发基本需要采取外包给专业公司的方式,使得单位开发成本高,一旦新产品的市场未达到预想的规模,就会出现较大的新产品开发风险。上马一个项目成本太高,譬如银行卡业务,而由于业务规模小,网点少,开发银行卡业务的成本无法分摊,只能自己承担,因此不敢创新银行产品。

(三) 机会分析

1. 地方政府的支持

于洪区政府是于洪区永安村镇银行的股东之一,为促进于洪区地方经济发展,于洪区政府很希望于洪区永安村镇银行不断发展壮大,因此,于洪区永安村镇银行容易得到于洪区政府的相应的保护和支持,比如于洪区政府掌握的资金大多存在于洪区永安村镇银行,比较优质的基础设施项目贷款由永安村镇银行来实施,于洪区政府可以干预控制的金融服务项目,如代发工资、代收水电费等也大多落户于于洪区永安村镇银行。

2. 农村资金供给不足

建设新农村的任务概括起来主要有两项:一是推进现代农业建设,二是大力发展农村公共事业。两项建设事业的顺利进行,都需要大量资金的投入。农村资金供给不足,但是农村金融却又有广大的前景,正好为于洪区永安村镇银行提供了更广阔的空间与机会。

3. 国家扶持中小企业

2013 年 11 月,党的十八届三中全会正式提出"发展普惠金融。鼓励金融创新,丰富金融市场层次和产品。"这是党中央在正式文件中首次使用"普惠金融"概念,这是政策表述的重大调整和进一步的突破。在中国经济发展进入新常态时期,打造大众创业、万众创新和增加公共产品、公共服务是经济发展的新引擎，无论是国家层面还是地方层面，相关主管部门陆续出台了构建众创空间，扶持小微企业发展的新政策。村镇银行的发展得到了国家政策的大力扶持，目前监管部门已出台多项政策支持其发展，并且初步形成了财税、金融政策相结合、正向激励的扶持政策体系，有效调动了村镇银行支农的积极性。

于洪区是辽宁省第一个经济区新型工业化综合配套改革试验区。政策的扶持为于洪区永安村镇银行提供了为中小企业服务的空间，迎来难得机遇。

（四）威胁因素

1. 传统的优势业务领地被分割蚕食

于洪区永安村镇银行毗邻的建设银行、交通银行设立了专为中小企业服务的机构，正在分走本来属于于洪区永安村镇银行的市场。此外，于洪区永安村镇银行还要面对国家倾力支持的农商银行的"围剿"，传统的优势业务领地面临着被蚕食的尴尬境地。

2. 银行业竞争的日益加剧

于洪区永安村镇银行在毗邻的建设银行、交通银行、农商银行的夹缝中生存，加之建设银行、交通银行、农商银行频频致力于产品和服务创新加剧了竞争的激烈态势。

3. 业务范围狭窄

于洪区永安村镇银行主要业务是服务于洪区，对于洪区中小企业发放贷款，其业务进展对于洪区地方经济的依赖性很大，其经营业绩也很容易因于洪区地方经济变动而出现大幅度波动。

三、于洪区永安村镇银行长江支行营销策略

通过对外部环境和内部环境的分析，得出以下结论：要想抓住机遇迎接挑战，就要明确目标市场，准确定位，通过宣传、培训、渠道等策略使潜在客户变为现实客户最终成为忠实客户，使目标客户熟知"永安银行"，感受到"可靠的银行""身边的银行""服务好的银行"。

具体策略如下。

（一）明晰目标市场，准确把握市场定位。

以长江街方圆1000米的社区居民为主要对象，以于洪区居民为主要潜在目标客户。加强对这些群体的宣传，普及储蓄知识、理财知识、金融安全知识，宣传永安银行理念，提供特色服务。

1. 宣传（小册子、POP宣传栏、画廊、宣传单、海报、电子设备、QQ群、挂架）

2. 特色服务

（1）结婚换新钱、小贩换零钱

（2）提取现金（30万元以下不预约）

3. 冠名参加居委会的活动（文化节、邻居节、重阳节等）

（二）采取用个人网上银行优惠的政策吸引客户。比如降低交易的费用，积分换奖品或现金等等。使得更多的人通过网银的便利和方便而更多的了解永安银行。

（三）在营业点的休息区、等待区投放有关永安银行的宣传资料相关介绍以及在永安银行办理业务的具体步骤、优惠政策、理财知识等。加大在营业点的宣传和推广力度。

（四）加强和学校的合作，让学生接受和推广永安银行的银行产品，参与到永安营销活动中。

（五）举办形式多样的促销和宣传活动：比如储蓄存款幸运抽奖、储蓄有赠品、免年费、免交物业费（目标社区）、对老年广场舞队赞助服装等活动。

（六）加强和主流媒体的合作，加强宣传，比如网络、电视（注意电视台的选择和时段的选择）、报纸（专业化的和大众化的）、杂志（大众杂志和金融财经类专业杂志）、广播等媒体的合作。

四、于洪区永安村镇银行长江支行营销预期目标

通过以上的行动达到以下目标。

1. 宣传面更广

本次宣传覆盖陵西街道 21 个社区及社区周边企业及个体工商户，社区居民包括常住人口、流动人口、退休人员、上班族、生意人。直接接触人数在 10 万人左右。

2. 培训人数更多

① 每个小区计划直接培训 10 名协办人员，全街道共培训 210 人，分 7 次培训完毕。

② 到各社区利用社区活动中心，培训民间团体领头人或骨干，按每个社区 10 个团体，一个团体培训 3 人，共培训 630 人。

3. 各项指标完成更好

（1）存款

通过营销，累计带动存款 1.5 亿元，计划 2015 年上半年带动存款 5000 万元，2015 年下半年带动存款 1 亿元。

（2）贷款

通过社区推荐、房产抵押形式带动社区周边企业、个体工商户、社区居民小微贷款 5000 万元，实现利息收入 500 万元。

（3）POS 机

通过社区周边商户安装 POS 机 200 个。

（4）开卡

通过营销，确保社区居民开卡 10000 张。

（5）开户

通过营销社区周边商户，力争开立对公账户 1000 个。

通过支行的特色服务，通过客户的切身体验，通过客户的口碑传播，让居民切实感受到社区银行的魅力。让目标客户熟知"永安银行"，并立刻联想到"于洪区的银行""可靠的银行""身边的银行""服务好的银行"，给居民带来最多实惠的银行。

五、于洪区永安村镇银行长江支行营销效果评价及建议

根据社区居民的硬性指标完成情况，结合日常检查记录，分阶段对各社区的营销效果做出评估，发现存在问题，调整营销策略，由小区负责人提出具体改进措施和建议，并组织实施。

六、与辽宁金融职业学院合作营销活动时间安排

自 4 月 11 日至 5 月 24 日

内容\时间	1	2	3	4	5	6	7	8	9	10	11	12
培训	■	■										
宣传			■	■	■	■	■	■	■	■	■	■
POS			■	■	■	■	■	■	■	■	■	■
银行卡			■	■	■	■	■	■	■	■	■	■
准备	■	■										

注：灰色为活动时间。

七、营销成本控制

印刷费	1000张×0.1元	100元
条幅费	50/幅（1宽×长5米）	50元
租车费	550元/台×2台×10次	1100元
人工费	20元/天×100人×5次	1000元
指导费	100元/天×5天	500元
策划费		1000元
其他		200元
合计：人民币贰万元整		20000元

八、控制应变措施

此策划每一周由各执行负责人做以小结，并为实施中遇到的问题和风险采取相应的应变措施。

九、附录

附录1：营销结果评价表
附录2：营销活动反馈表
附录3：大学生活动方案
附录4：陵西街道社区通讯录
附录5：员工与社区联系表
附录6：各社区管辖小区名单
附录7：按人群营销方案宣传实施表
附录8：陵西街道基本情况调查
附录9：陵西街道社区情况统计表
附录10：陵西街道位置图
附录11：陵西街道责任区划分
附录12：宣传及培训内容

（略）

沈阳于洪永安村镇银行长江街支行
二〇一五年三月三十日

第八章　客户关系管理

第一节　客户价值评估

【引例】 将客户按照贡献大小排列顺序

答：（答案不唯一）。这个问题没有标准答案，只是启发大家在判断客户时需要收集比较全面的信息，然后综合客户实际状况才能得出比较准确的判断。

从公司的角度来判断	从产品的角度来判断	从人的角度来判断
1. 企业的类型 (1)工厂型、贸易公司型、工贸结合型 (2)国营、民营、外资、合资 2. 经营的状况 出口比例、成立时间 3. 规模 年营业额、厂房大小、员工人数 4. 企业的目标及发展方向 是扩大内销还是拓展海外市场、看好哪个市场、计划达到多大的出口额、今后的发展方向	1. 热销产品 网站上比较多的产品、与环境（时事）相关的产品 2. 一般产品、偏门产品 太过专业的产品、杂志或网上的同行极少，甚至没有，偏离行业类别 3. 产品的质量 产品在市场上的定位、产品的质量不在高低，在于稳定性及市场的需求	1. 职位 职称、主管工作、年龄 2. 个性 (1)内向 关注利益、细节，比较理智、注重数据 (2)外向 注重效率，注重交流方式

【案例透析】8.1

答：

对客户排序

客户6	客户5	客户20	客户4	客户9
1200	1050	960	890	750
客户14	客户8	客户16	客户13	客户2
710	660	630	530	460
客户12	客户19	客户15	客户1	客户10
410	400	380	350	320
客户18	客户11	客户3	客户17	客户7
280	220	180	110	90

计算得：

总＝10580（全部相加）；

A 类＝10580×70％＝7406；

B 类＝10580×20％＝2116；

C 类＝10580×10％＝1058。

分类：

一直相加，直到接近 A 类的销售额 7406，但不超过 7406 为止，即：

A 类客户为

1200＋1050＋960＋890＋750＋710＋660＋630＋530＝7380

B 类客户则是在 A 类的基础上继续相加，为 7406＋2116＝9522，相加到 9522 为止，但不超过 9522，即：

B 类客户为

460＋410＋400＋380＋350＝2000 剩下的就是 C 类，

C 类客户为 320＋280＋220＋110＋90＝1020

种类	客户				
A	客户6	客户5	客户20	客户4	客户9
	客户14	客户8	客户16	客户13	
B	客户2	客户12	客户19	客户15	客户1
C	客户10	客户18	客户11	客户3	客户17	客户7

【案例透析】8.2

答：从 3 个表格中可以看出，该项企业连续三年的客户管理效果明显，淘汰了低价值客户，保留了高价值客户。因为优质客户的保持率逐年提高，客户年平均订单数量逐年增加，每张订单的平均采购额明显增加，总收入呈明显递增势态；与之相反的是维持客户的成本越来越低，最后实现了总客户毛利和平均客户毛利的大幅度增加。

第二节 客户关系管理

【引例】为基金公司设计客户信息来源与集成管理示意图

答：（答案不唯一）

1. 客户信息收集

这个阶段是收集客户的有关信息，主要包括：客户反馈信息如客户咨询、投诉和要求等和客户特征信息如客户概况、需求特征和行为特征等。

通过建立数据库将散落在不同区域不同系统不同形态的客户资料、交易数据、企业资源等，整合为一致的格式。

2. 客户信息分析

该阶段是利用有关的客户信息分析技术，如资信分析技术、信息预测技术、综合分析技术等多种分析手段对所得到的客户信息进行分析处理，目的是将所得到的信息形成对企业管理决策的客户评价信息，如客户的资信状况、客户的忠诚度、盈利能力等。

通过资源共享使得企业决策主管、营销人员，可随时掌握客户行为变化，并针对市场状况制定相对应的营销策略。

3. 企业决策

该阶段是根据对客户的评价，通过系统搜集顾客资料，更精确地了解顾客群或个别购买者的需求，进而做出与客户是否交易以及交易的条件、服务水平等重要管理问题的决策，提供顾客个性化服务。

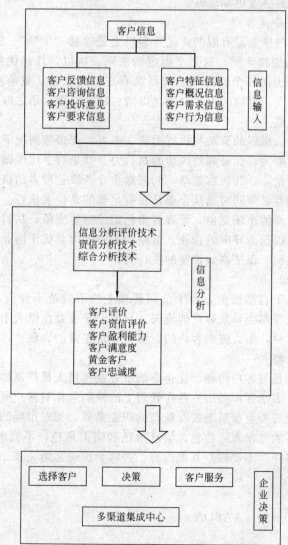

【案例透析】8.3

答：如果不是银行服务人员通过客户关系管理系统发现老人的儿子是该行的大客户，有可能由于银行的"认真",导致老人儿子这个大客户的流失。

第三节 处理客户流失

【引例】制定应对客户流失的策略

答:分析流失原因

1. 是否是公司人员流动导致客户流失

公司人员流动导致客户流失是企业客户流失的重要原因之一,特别是公司高级营销管理人员,是公司最大最不稳的"流动大军",如果控制不当,在他们流失的背后,往往伴随着客户的大量流失。其原因是因为他们手上有自己的渠道,也是竞争对手企业所看到最大的个人优势和资源。

客户流失的应对策略

留住人才的关键是为他们提供新的成功机会,创造并设计一些挑战机会以刺激员工去追求更高的业绩。只有当员工感到自己在工作中能够得到不断的支持,能够不断地学到新的东西,他们才会留下来并对企业更加忠诚。

2. 是否是竞争对手夺走客户

任何一个行业的客户毕竟是有限的,优秀客户更是珍稀"宝物",20%的优质客户能够给一个企业带来80%的销售业绩,这是个恒定的法则。所以,往往优秀的客户自然会成为竞争对手争夺的对象。任何一个品牌或者产品都有自己的软肋,竞争对手就是利用你的软肋,一有机会就乘虚而入,对你的大客户动之以情、晓之以理、诱之以利。

客户流失的应对策略

要想留住客户群体,良好的策略与执行力缺一不可。在多数情况下,企业与竞争对手的差别就在于双方的执行能力,保证高效快捷的执行力。如果对手比你做得更好,那么他就会在各方面领先。成功的企业,20%靠策略,60%靠企业各级管理者的执行力。事实上,要制定有价值的策略,管理者必须同时确认企业是否有足够的条件来执行。在执行中,一切都会变得明确起来。面对激烈的市场竞争,管理者角色定位需要变革,从只注重策略制定,转变为策略与执行力兼顾。以行为导向的企业,策略的实施能力会优于同业,客户也更愿意死心塌地地跟随企业一起成长。保证高效快捷的执行力。

3. 是否是沟通不畅

有些客户的流失属于自然流失,由于公司管理上的不规范不到位,长期与客户缺乏沟通,或者客户转行转业等都会导致客户的流失。目前,企业处在供大于求的状态,所以如果不能够很好地去维护客户,那么流失客户的资源是非常正常的表现。

客户流失的应对策略

在管理上最重要的是与客户沟通,让企业的服务或营销人员控制协调好客户关系,传达好客户的要求、意见。多给客户提出一些在管理上的缺陷和你对客户所在市场的见解,让客户接受你的思维。这就需要企业员工要有较高的职业素养,和对市场的敏感,以及丰富管理技巧。当然,要注意不能忽视人际角色、信息角色和决策角色,不能干预客户更多的事情,除和客户正常的业务以外,不要掺杂其他内容,否则会影响客情关系。

【综合练习】

二、单项选择题

1~5 ADDCC;6~10 AABDA

三、多项选择题

1~5 ABCD、ABCD、ABCD、BCD、ABCD;6~10 ABCD、ABCD、ABCD、ABCD、ABCD

四、判断题
1~5 √√×√√；6~10 √√√√

五、简答题
答：（1）基础资料
这是客户的最基本的原始资料。主要包括客户的名称、地址、电话、所有者、法人代表及他们的个人性格、兴趣、爱好、家庭、学历、年龄、能力、经历背景，与本公司交往的时间，业务种类等。这些资料是客户管理的起点和基础，他们主要是通过销售人员对客户的访问收集来的。

（2）客户特征
主要包括市场区域、销售能力、发展潜力、经营观念、经营方向、经营政策、经营特点等。

（3）业务状况
包括客户的销售实绩、经营管理者和业务人员素质、与其他竞争者的关系及与本公司的业务关系及合作态度等。

（4）交易现状
主要包括客户的销售活动现状、存在的问题、保持的优势、未来的对策、企业形象、声誉、财务状况、信用状况等。

六、分析题
答：（答案不唯一）
1. 首先张先生和团队要树立客户管理的理念，改变原来的工作方法和思路。该公司是通过招聘更多的销售及服务人员来应付忙碌的业务。这种理念和工作方式已经被社会淘汰。
2. 利用信息技术，引进CRM软件系统。
（1）利用CRM软件系统建立客户档案。例如：将客户名称、地址、电话、传真等"静态信息"和业务过程中随时都在发生的各种"动态信息"分门别类地整合到"客户管理"模块中，形成"以客户为中心"的星状信息分布格局，完整地记录客户生命周期中各个阶段的详细信息，提升各个环节的工作效率，解决"客户信息无法有效整合共享"的问题。
（2）根据客户的价值和需求等因素对客户进行分类，并提供有针对性的产品服务和营销模式，针对80%的普通客户，采用标准化的服务流程，降低服务成本。
（3）通过CRM系统为大客户量身定做金融方案。梳理客户资料，从销售额、销售量、欠款额、购买周期等多角度进行测量，然后从中选出20%的优质客户。
① 针对这20%的客户制定特殊的服务政策，进行重点跟踪和培育，确保他们的满意度。
② 针对已经流失的重点客户，采用为其提供个性化的服务方案和服务保障方案等手段，尽量争取客户回归，以此抓住重要客户，避免大量客户流失，培养客户的忠诚度。
这些改进措施，使公司能够针对不同客户进行有限资源的优化配置，最大限度满足客户需要，培养客户忠诚度。

第九章　企业形象

第一节　塑造金融企业形象

【引例】渣打的"人设"
答：
1. 渣打银行成立了一个专门小组去世界各地宣传自己的文化。
2. 渣打银行提出了新的品德承诺："一心做好，始终如一"。

（1）将新的品牌理念承诺传达给员工；
（2）给客户承诺提供公平的交易；
（3）遵守所在国法律法规；
（4）将理念融入自己的核心业务流程；
（5）渣打积极融入所在的社区参与公益事业。
3. 渣打银行最终树立了积极的形象，成为亚洲、非洲及中东具领导地位的全球最佳国际银行。

第二节 金融品牌建设

【引例】招商银行联手阿里推出天猫营业厅联名信用卡
答：招行信用卡发力年轻客户群，围绕品牌年轻化战略，与更多的品牌合作，推出贴合年轻人需求的产品和服务，将招行信用卡年轻化的形象渗透到更多的年轻消费者中去。

【案例透析】9.1
答：在这里广告发挥了先导作用，提高了信用卡的知名度，使客户了解了产品的特点和益处。

【案例透析】9.2
答：
1. 快速反应：公司专门调查了整个过程，发现这是一个误解。于是召开记者招待会，公布调查的全部情况，请有关官员、卫生、食品方面的专家、学者等发表权威性意见，以消除弗莱明公告造成的不良影响。如果不及时处理，社会负面效应持续扩散给企业带来不可挽回的损失。
2. 引导舆论：美国海洋浪花公司于是召开记者招待会，公布调查的全部情况，请有关官员、卫生、食品方面的专家、学者等发表权威性意见，以消除弗莱明公告造成的不良影响。美国海洋浪花公司如果自己是对的，就要澄清事实。
3. 借助权威：危机情况时企业容易被社会质疑，这时通常要借助权威机构来建立话语的可信度。
① 美国海洋浪花公司打电话给美国卫生教育福利部长弗莱明，要求他立即采取措施，挽回影响；同时致电艾森豪威尔总统，请他敦使政府改正错误。
② 当时四年一度的美国大选即将开始，两位年轻的政客——肯尼迪和尼克松的竞选即将开始。海洋浪花公司通过一系列工作，在一次两人与公众见面的电视镜头中，肯尼迪吃了四份克兰梅果酱，尼克松喝了一杯克兰梅果汁。美国海洋浪花公司通过权威人士来证明克兰梅可放心食用。
假设克兰梅由于除草剂的污染对人体有危害，美国海洋浪花公司应该快速反应。
1. 如果自己是错的就道歉；
2. 有责任感：一定要承担相应责任，树立正面形象；
3. 稀释危机：赶紧转移话题，最大限度地稀释危机的负面影响，并可借社会注目的时机，推出正面话题，树立正面形象。

【案例透析】9.3
答：①可信度高；②传达力强；③趣味性浓。
汇丰银行不失时机地借助世界杯这一有利契机，第一次在网上树立企业品牌形象，进行在线业务促销计划，为汇丰银行在国内外的形象推广提供了双重保障。通过雅虎中国的多种广告形式和有针对性的网页广告投放，在最大量程内、最准确的目标覆盖的前提下为汇丰银行带来大量浏览客户和潜在客户。这是汇丰银行进入中国内地市场后实施的一套非常成功的行销方案。

第三节 企业形象识别系统

【引例】可口可乐的与众不同

答：企业形象识别的意义就在于使自己的产品能够从其他的产品中区别出来，可口可乐公司通过与众不同的个性特点，从同类产品中脱颖而出。

1. 产品的识别性。可口可乐公司通过 Coca-Cola 的标准字体、白色水线和红底色的商标图案等使人过目不忘。

2. 产品的包装上的特点是最容易获得的识别性因素之一，因此，可口可乐的专用瓶，从一开始就将自身从众多的同类产品中区分开来，给人一个清晰、明确的形象。

3. 产品的品质是最为内在的、最具说服力的识别因素，可口可乐通过具有特殊口感的饮料，从众多的同类产品中区分开来。

【综合练习】

二、单项选择题

1~5　BAAAC；6~10　DCDDA

三、多项选择题

1~5　ABCD、BC、BCD、AD、ABCD；6~10　ABCD、ABC、ABCD、ABC、ABCD

四、判断题

1~5　×××××；6~10　×√×√×

五、简答题

答：

CIS 有理念识别系统（MIS）、行为识别系统（BIS）和视觉识别系统（VIS）三个子系统（如图 CIS 的构成所示），三者相互联系、相互促进、不可分割；三者功能各异、相互配合、缺一不可。它们共同塑造企业的形象，推动企业的发展。

六、实操题

答：

1. 说明 CI 策划对象的现状，并简要分析原因。

2. 找出导入 CI 的合适时机，要解决的问题。

3. 提出设计概念，为 CI 设计提供依据。

4. 提出与经营宗旨、企业精神、价值观、形象口号等相应的内容。

参 考 文 献

[1] 崔丽．生活在城市边缘［J］．《中国青年报》．2012.02.05．
[2] 陈伟．曹军新．新兴市场国家代理银行的发展与普惠金融的实现［J］．新金融．2012.07．
[3] 杜晓山．小额信贷的发展与普惠性金融体系框架［J］．中国农村经济．2006.08．
[4] 侯加林．基于普惠金融理念的连片山区支付体系建设研究［J］．武汉金融．2013.10．
[5] 焦瑾璞．我国金融体系需要更多的普惠金融机构［N］．中国经济导报．2013.11．
[6] 章金萍．现代商业银行客户经理．浙江大学出版社，2003．
[7] 杨明生．商业银行客户经理必读．中国金融出版社，2003．
[8] 王良平．银行客户经理．广东经济出版社．2000．
[9] ［美］菲利普·科特勒：《市场营销管理学》．亚洲版．中文版．北京：中国人民大学出版社，1997．
[10] 陈佩爱．商业银行防范化解金融风险．大连：海天出版社，1997.12．
[11] 何建民．现代营销管理案例分析．上海：上海外语教育出版社，2001．
[12] 阴双喜．网络营销基础．上海：复旦大学出版社，2001．
[13] 刘永章、叶伟春．银行营销．上海：上海财经大学出版社，2001．
[14] 王培志．市场营销学案例教程．北京：科学技术出版社，2001．
[15] 王培志．市场营销学．北京：中国经济出版社，2002.5．
[16] 沈蕾，邓丽梅．金融服务营销．上海：上海财经大学出版社，2003．
[17] 夏英．市场营销案例．北京：机械工业出版社，2004．
[18] 张学陶．商业银行市场营销．北京：中国金融出版社，2005．
[19] 耿印权，曾立星．营销实战精要．北京：中国经济出版社，2005．
[20] 张洪涛．保险营销管理．北京：中国人民大学出版社，2005．
[21] 耿印权、曾立星．营销实战精要．北京：中国经济出版社，2005.1．
[22] 赖丹声．银行营销实战原理．北京：清华大学出版社，2006．
[23] 赖丹声．银行营销实战案例．北京：清华大学出版社，2006．
[24] 王方华，彭娟．金融营销．上海：上海交通大学出版社，2008．
[25] 梁昭，高静．金融产品营销与管理．北京：中国金融出版社，2010．
[26] 周小明，唐小飞．金融服务营销．北京：机械工业出版社，2010．
[27] 丘华．服务营销．北京．科学出版社，2010．
[28] 徐晟．金融企业营销理论与实务．北京：清华大学出版社，2011．
[29] 宋炳方．商业银行客户营销．北京：经济管理出版社，2011．
[30] 韩宗英．金融服务营销．北京：化学工业出版社，2012．
[31] 杨群详．商务谈判．大连：东北财经大学出版社，2014．
[32] 陈佩爱．商业银行防范化解金融风险．大连：海天出版社，1997．

参 考 网 站

(1) 中国金融网 http://www.zgjrw.com
(2) 中国人民银行 http://www.pbc.gov.cn/
(3) 中国银监会 http://www.cbrc.gov.cn/
(4) 中国证监会 http://www.csrc.gov.cn/
(5) 中国保监会 http://www.circ.gov.cn/
(6) 中国建设银行 http://www.ccb.com.cn/
(7) 中国银行 http://www.bank-of-china.com/
(8) 中国工商银行 http://www.icbc.com.cn/
(9) 中国农业银行 http://www.abchina.com/
(10) 中国建设银行 http://www.ccb.com.cn/
(11) 中国证券网 http://www.cnstock.com
(12) 香港金融管理局 http://www.info.gov.hk/
(13) 银行客户经理专业网站 http://www.abc861.com/
(14) 微软中国 http://www.microsoft.com
(15) 中国营销传播网 http://www.emkt.com.cn/

(16) 中华营销网 http://www.china-net.com/
(17) 和讯网 http://www.hexun.com
(18) 新浪财经 http://finance.sina.com.cn
(19) 腾讯财经 http://finance.qq.com
(20) 搜狐财经 http://business.sohu.com
(21) 网易商业/财经 http://biz.163.com/http://money.163.com
(22) 东方财富网 http://www.eastmoney.com
(23) 中金在线 http://www.cnfol.com
(24) 财经网 http://www.caijing.com.cn
(25) 雅虎财经 http://finance.cn.yahoo.com